MAURITIUS

& LA RÉUNION

Eine Übersichtskarte mit den eingezeichneten Reiseregionen finden Sie in der vorderen Umschlagklappe.

TOP 10

1 Grand Baie
S. 63–68
Wer auf Mauritius nur an den verlockenden Pool-Landschaften liegen bleibt und den Unterwasser-Spaziergang im Indischen Ozean oder einen Segeltörn zu vorgelagerten Schnorchel-Inseln verpasst, ist selber schuld.

2 Botanischer Garten in Pamplemousses
S. 77–85
Seerosen groß wie Badewannen, mannshoher Lotus und Palmen aus aller Welt beeindrucken im Botanischen Garten auf Mauritius – auf die Besucher warten 600 Pflanzenarten und zahllose Fotomotive.

3 Trou d'Eau Douce
S. 118 ff.
Der Himmel auf Erden: ein romantisches Fischerdorf vor imposanter Bergkulisse. Eines der weltbesten Hotels, das Shangri-La Le Touessrok, steht hier und lässt Tropenträume wahr werden.

4 Piton de la Petite Rivière Noire
S. 148, 149
Die besten Panorama-Weitblicke auf Mauritius verheißen die vielen Aussichtspunkte und ein Aufstieg auf den höchsten Berggipfel im Black River Gorges National Park.

5 Grand Bassin
S. 152 ff.
Farbenpracht und religiöse Anmut: Die Tempel um den heiligen Kratersee auf Mauritius sind Pilgerziel für Tausende Hindus. Gott Shiva, der Zerstörer des Bösen und Retter der Menschheit, ist auch zugegen.

6 François Leguat Giant Tortoise and Cave Reserve
S. 172 f., 175 f.
Die schönste Attraktion auf Rodrigues, zu erreichen nach einer Wanderung durch einen wilden Canyon: Nicht nur Kinder sind angesichts der Aldabra-Riesenschildkröten ganz aus dem Häuschen.

7 La Réunion aus der Vogelperspektive
S. 194 f., 302
Per Helikopter oder im ULM-Ultraleichtflugzeug schwebt man über die sensationelle Landschaftskulisse, direkt über Vulkankrater und Steilhänge, Lagune und Wasserfälle.

8 Piton Maïdo
S. 201 ff.
Spektakulärer Ausblick auf fast alle Zwei- und Dreitausender von La Réunion: Hier kann man die Augen über die Insel wandern lassen – und bekommt Lust selbst die Wanderschuhe auszupacken, um Berge und Talkessel zu erobern.

9 Piton de la Fournaise
S. 218–225
Durch eine rostrote Mondlandschaft zum Ursprung der Insel La Réunion: Am Vulkanrand bietet sich eine faszinierende Kulisse aus Kratern, Lava-Steppe und senkrechten Bergwänden.

10 Cirque de Mafate
S. 255–261
Wer die Dörfer in diesem Talkessel auf La Réunion besuchen will, muss gut zu Fuß sein: Keine Straße, nur steile Gebirgspfade führen hierher, wo man im Schatten der Bergriesen in einfachen Gästehäusern übernachten kann.

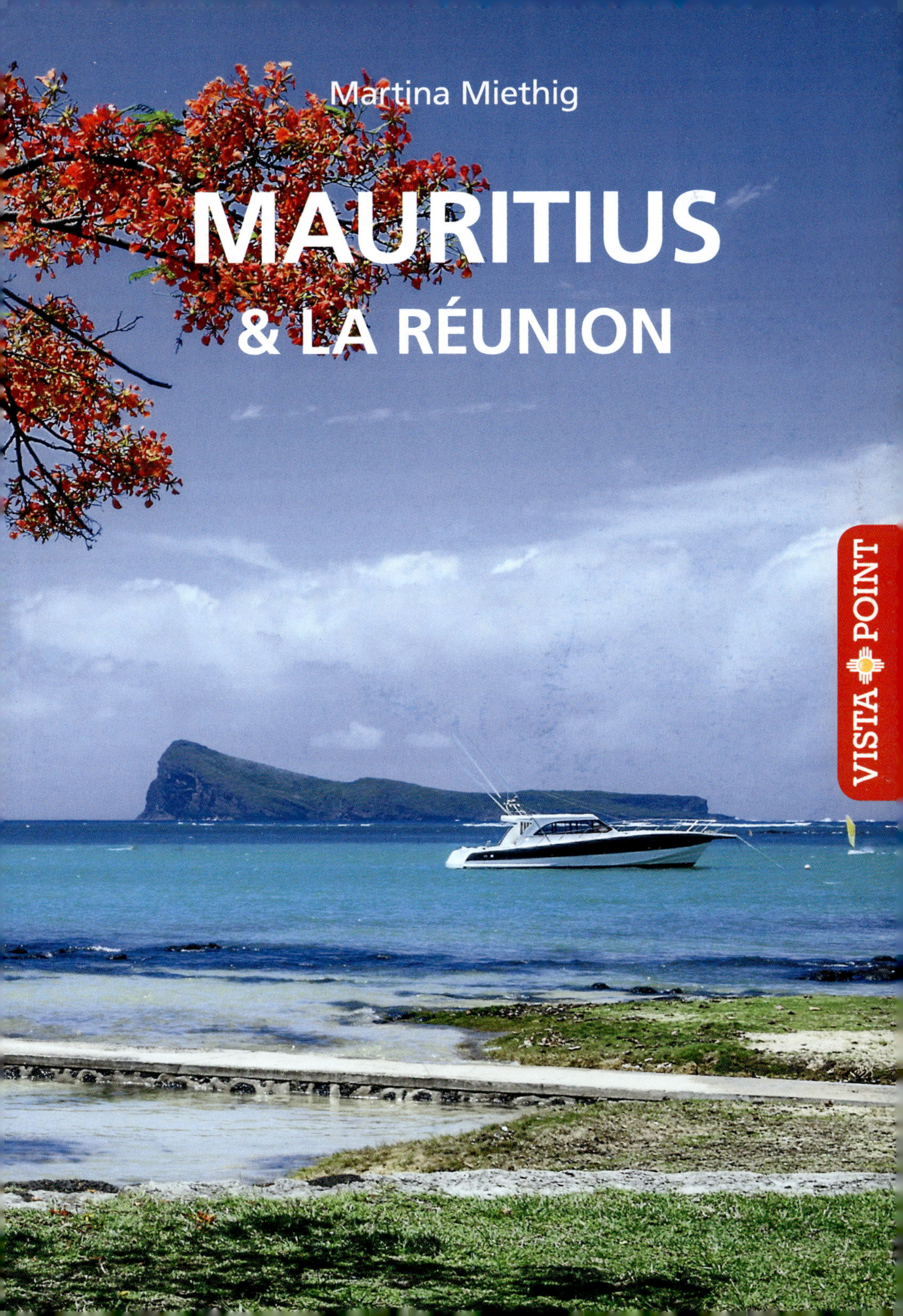
Martina Miethig
MAURITIUS
& LA RÉUNION
VISTA POINT

DIE MASKARENEN

MAURITIUS, RODRIGUES UND LA RÉUNION

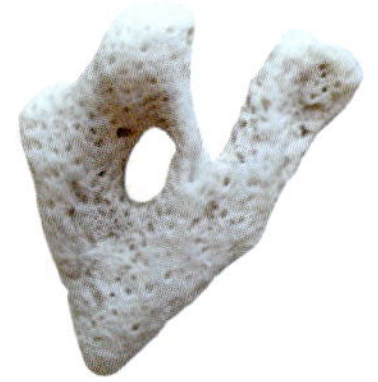

Es sind winzige Flecken im Indischen Ozean, auf der Weltkugel fast nur mit Lupe wahrnehmbar: drei Eilande – oval, grün, vulkanisch – irgendwo im Dreieck zwischen Afrika, Australien und der Antarktis. Wer den Namen Mauritius hört, gerät sofort ins Schwärmen, wie vermutlich schon der portugiesische Seefahrer Dom Pedro Mascarenhas um 1512/13, nach dem die Inselgruppe benannt ist. Zu den Maskarenen gehören neben Mauritius die 600 Kilometer nordöstlich davon liegende, kleine Schwesterinsel Rodrigues (1,5 Stunden im Propellerflieger von Mauritius), das zweitgrößte der vier zur Republik Mauritius gehörenden Eilande, und als dritte im Bunde das französische Überseedepartement La Réunion (200 km westlich von Mauritius). Die Maskarenen sind die Spitzen eines Hochplateaus, einer gewaltigen Vulkankette unter dem Meeresspiegel, die vermutlich vor 200 Millionen Jahren beim Zerfall des Superkontinents Gondwana entstanden ist.

Historie, Kochkünste und Sprachen auf den drei Inseln ähneln sich, und so hat man die Qual der Wahl: Wohin im Maskarenen-Archipel soll man nun reisen? Wie wäre es mit einer

Anflug auf Mauritius mit Sicht auf die zerklüftete Halbinsel mit dem Le Morne Brabant, der zum UNESCO-Weltnaturerbe zählt

Tauchern und Schnorchlern aus aller Welt bieten die Maskarenen faszinierende Korallengärten mit einer bunten Vielfalt an tropischen Fischen

Kombination: Am besten man heiratet auf Mauritius und genießt Hummer und Schampus, lernt auf Rodrigues ordentlich Kitesurfen und Sega zu tanzen und erobert danach die spektakuläre Bergwelt La Réunions.

Mauritius – Honeymoon und Hummer

Charakteristisch ist seine kubische Körperform: der Kofferfisch

Stella Clavisque Maris Indici – »Stern und Schlüssel des Indischen Ozeans« – so lautet das Motto auf dem mauritischen Wappen. Eine Anspielung auf die strategische Bedeutung der Insel für die früheren Seefahrer auf dem Weg nach Indien. Mauritius schwimmt etwa 1800 Kilometer vor der Ostküste Afrikas knapp über dem Wendekreis des Steinbocks. Bis nach Indien sind es noch rund 4000 Kilometer, nach Australien 5500 Kilometer, nach Deutschland 9200 Kilometer.

Es sind die Berge, die Mauritius ein fast verwunschenes Antlitz geben: spitz wie Zipfelmützen, kegelförmig oder turmartig, sanft

In Port Souillac im Süden von Mauritius kommt die Brandung ungehindert ans Ufer

Die deutsche Firma Südzucker nimmt den Hauptanteil des auf Mauritius hergestellten Zuckers ab und vertreibt ihn international.

ansteigend wie Meereswellen oder steil in den Himmel gereckt wie zu Stein erstarrte Angeber, gekrönt von Felsbrocken, die auf einer Nadelspitze zu balancieren scheinen. Keiner der Berge ist sehr hoch (max. 828 m), aber alle sind majestätisch und erhaben, endlose Zuckerrohrfelder umgeben ihre Flanken. Bereits Mark Twain schwärmte, Gott hätte Mauritius als Vorlage für sein Paradies benutzt.

Das Korallenriff birgt maritime Überraschungen in allen Farben des Regenbogens und schützt die Insel wie ein kreisrunder Wall vor den Gewalten des Meeres und den Haien. Der Fischreichtum zieht Taucher und Sportfischer in Scharen an. Die Gewässer gehören zur Weltspitze der Hochseefischerei, das Städtchen Grande Rivière Noire an der Westküste ist Treffpunkt der Angler. In zig Schattierungen schimmert der Ozean, von indigo bis aquamarin, smaragdgrün bis türkis. Die Lagune hinter dem Riff endet an feinsandigen, alabasterweißen Stränden: Trou aux Biches, Mont Choisy, Grand Baie, Belle Mare, Île aux Cerfs, Flic en Flac um nur einige der Strandoasen zu nennen. Segelyachten, Katamarane und Glasbodenboote ankern in sichelförmigen Buchten, traditionelle Pirogen hissen ihre Segel und nehmen Urlauber mit auf einen Törn entlang der 177 Kilometer langen Küste.

Nur im Süden prallt der Indische Ozean mit aller Macht gegen die zerklüftete Küste, was aber auch seinen Reiz hat. An den steilwandigen Klippen wie Le Souffleur und dem Kap Le Gris Gris kann sich der Reisende im Angesicht der Meeresbrecher in die Seeleute hineinversetzen, die vor vier Jahrhunderten an der menschenleeren Küste vor Zyklonen Schutz suchten. Oder die Geschichten über Piraten nachvollziehen, die sich auf Mauritius zurückzogen und hier vermutlich ihre Schatztruhen vergruben. Oder sich den Alltag der ersten Siedler aus Holland und Frankreich vorstellen, die noch gegen Malaria, Pest und Cholera, gegen Feuersbrünste und Sümpfe ankämpfen mussten.

Familienpicknick unter Kasuarinen am Public Beach Mont Choisy am Pointe aux Canonniers: Alle Strände auf Mauritius sind öffentlich, selbst die Abschnitte vor den Fünfsternehotels

Bei diesem Überlebenskampf fern der Zivilisation hat der Mensch viel von der ursprünglichen Flora und Fauna der Insel zerstört. Fluch und Segen zugleich war eine Hinterlassenschaft der Holländer: der Zucker. Die Zuckerinsel im Indischen Ozean ist noch heute zur Hälfte von Zuckerrohrplantagen bedeckt – die Monokultur ist widerstandsfähig gegen Stürme und Klima, zudem ein wichtiges Exportgut und Devisenbringer. Wegen der seit Jahren sinkenden Weltmarktpreise werden heutzutage auch die Nebenprodukte der Zuckerindustrie immer wichtiger. Aus Bagasse, Faserresten, die bei der Fabrikation von Zucker aus Zuckerrohr übrig bleiben, wird z. B. Elektrizität produziert, die heute fast ein Fünftel des Strombedarfs der Insel deckt. Auch Bio-Ethanol oder Bio-Dünger werden aus Nebenprodukten hergestellt. Der neueste Trend: Zuckerrohrfelder zu Immobilien!

Allenthalben verströmen exotische Pflanzen ihre Wohlgerüche

Seinen größten Ruhm – dem Namen nach – verdankt der Inselstaat einem zerstreuten Graveur: Die Schlafmütze hatte 1847 zwei Worte auf einer Druckplatte verwechselt und seitdem spielt die Welt der Philatelie, der Briefmarkenkunde, verrückt. Nur noch nach Übergabe von Millionen-Dollar-Summen wechseln die blaue Mauritius und ihre orangerote Schwester ihre anonymen Besitzer.

Einzigartige Vogelwelt

Weltweit einzigartig ist auch der Mauritiusfalke – ein gefiedertes Prachtstück, die Diva in der Vogelwelt. Was für ein Erlebnis, wenn dieser einst vom Aussterben bedrohte Greifvogel im Black River Gorges National Park oder im Kestrel Valley an der Ostküste heranschwebt und dem Ranger den Köder aus der Hand schnappt! Dann beginnt auch der Fremde zu verstehen, wieso Tierschützer jahrelang in den Felsnischen auf Mauritius herumkraxelten, immer auf der Suche nach den weltweit letzten vier Exemplaren im gesprenkelten Federkleid.

Eine ausgestorbene Berühmtheit von Mauritius: der flugunfähige, plumpe Dodo

Ein anderer Vogel hatte nicht solch ein Glück und keine Verbündeten – und wurde trotzdem zu einer Berühmtheit: der Dodo. Der truthahnähnliche, einst über die Insel watschelnde (weil flugunfähige) Vogel ist heutzutage nur noch im Staatswappen zu sehen, als Holzspielzeug, ausgestopft im Museum, auf T-Shirts oder Briefmarken. Die Holländer haben bei ihrer Kolonisation erst über diesen unbekannten, hässlichen Vogel gelacht und ihm dann um 1690 den Garaus gemacht. Er wurde durch die von Holländern eingeschleppten Ratten und Haustiere ausgerottet, die Krankheiten übertrugen und seine Eier fraßen.

ZUCKERROHR

Im mauritischen Winter, zwischen Juni und November, sind zwei Drittel der Insel von blühenden Zuckerrohrfeldern bedeckt. Es soll schon vorgekommen sein, dass Ortsfremde sich im Labyrinth zwischen den bis zu vier Meter hohen Pflanzen verirrt haben. Der Zuckerrohrfarmer sieht an den silbrigen Büscheln, dass die Zeit der Ernte naht. Das Schneiden der armdicken Stängel ist immer noch reine Handarbeit – übrigens oftmals Frauensache. Die Arbeiter und Arbeiterinnen stehen vermummt mit Hut, Tuch und Handschuh in der sengenden Hitze, vier bis fünf Monate dauert die Saison-Plackerei, möglichst im Akkord, denn bezahlt wird nach geernteten Tonnen.

Die Pflanze wurde bereits 1639 vom holländischen Gouverneur Van der Stel aus der Kolonie Batavia (Java) nach Mauritius gebracht und hier angepflanzt. Ein Jahrhundert später versorgte man die Seefahrer mit dem Zucker, später mit dem Nebenprodukt Arrak, einem hochprozentigen Zuckerrohrschnaps. Der französische Gouverneur Labourdonnais ließ 1743 die ersten Zuckerplantagen mitsamt Fabriken errichten: Ville Bague und Ferney. Die Pflanze erwies sich als relativ anspruchslos (Sonne und der felsige Boden reichen ihr) und sie trotzte den häufigen Zyklonen von allen landwirtschaftlichen Anbauprodukten am besten – ihre Stängel richten sich nach Unwettern einfach wieder auf und wachsen weiter.

Madagaskarweber im Zuckerrohr

Nur mit den Sklaven gab es immer wieder Ärger. Wegen des massenhaften Bedarfes an Arbeitskräften auf den Zuckerrohrplantagen legten sich die mauritischen Zuckerbarone sogar mit Napoleon im fernen Paris an. Eine liberale Gesinnung und Menschenrechte (entsprechend der Französischen Revolution von 1789) oder gar die Bezahlung der Schinderei passten nicht ins Geschäft mit dem Zuckerrohr. Unter den Briten im 19. Jahrhundert wurde der Ausbau der Zuckerindustrie weiter vorangetrieben und die Ernte innerhalb eines Jahrzehnts verdreifacht. Nach dem Ende der Sklavenhaltung auf Mauritius (die Briten zahlten sogar noch eine Entschädigung in Höhe von zwei Millionen Pfund an die Zuckerbarone) strömten ab 1835 Hunderttausende indische Vertragsarbeiter ins Land.

Zuckerrohrernte vor dem spitzen Gipfel des über 800 Meter hohen Pieter Both

Mannshohe »Mauern« säumen die Straßen: Beinahe 90 Prozent der kultivierten Agrarflächen werden auf Mauritius für eine intensive Zuckerrohr-Monokultur genutzt

Doch der technische Fortschritt machte auch vor Mauritius nicht halt und so ersetzten bald Dampfmaschinen die menschliche Kraft an den Zuckermühlen.

Der Zuckerboom in der Mitte des 19. Jahrhunderts fand ein schnelles Ende: Die Konkurrenz der Zuckerinsel Kuba war enorm und Großbritannien hatte begonnen, den süßen Saft selbst aus Zuckerrüben herzustellen. Der Zuckerpreis auf dem Weltmarkt fiel dramatisch. Trotzdem blieb Mauritius lange der wichtigste Lieferant an die britische Krone und erlebte in den 1970er Jahren sogar einen weiteren Boom, der für 90 Prozent der Landeseinnahmen sorgte. Eine Rekordsumme erbrachte die Ernte 1973: 718000 Tonnen.

Nach 2006 befand sich die Zuckerindustrie erneut in der Krise: Seitdem zahlt die EU, Hauptabnehmer des mauritischen Zuckers, keine Garantiepreise mehr für den süßen Rohstoff, sondern nur noch die niedrigeren Weltmarktpreise. Inzwischen steigt der Wert des Zuckers aber wieder, obwohl er seit 2013/2014 wieder einem Preisverfall ausgesetzt war. Bis heute hat sich das Zuckerrohr als eines der drei wichtigsten Exportgüter des Landes behauptet: Rund 450000 Tonnen werden jährlich exportiert, der größte Teil der mauritischen Zuckerernte.

Der Reichtum der früheren (meist franko-mauritischen) Zuckerbarone lässt sich heute noch an den schmucken Kolonialvillen erkennen. Einige restaurierte Ruinen von Zuckermühlen sowie die Zuckerfabriken Belle Vue Harel in Mapou im Norden der Insel und F. U. E. L. Sugar Milling im Osten des Landes können besichtigt werden. Auf den bis zu 1000 Hektar großen Plantagen werden in der Erntesaison zwischen Juni und November die einzelnen Produktionsschritte der Zuckerherstellung erläutert. Den besten Überblick bietet das Museum L'Aventure du Sucre bei Pamplemousses.

Die Arbeit in den Zuckerohrfeldern zählt auf der Insel nicht zu den begehrten Arbeitsplätzen

Multikulti-Insel

Mauritius ist heute eines der dynamischsten und reichsten Länder Afrikas – ein afrikanischer Tigerstaat mit Wachstumsraten wie man sie sonst nur aus Asien kennt. Es gibt weder eine nennenswerte Arbeitslosigkeit noch Diktatoren und Probleme mit Ureinwohnern, keine Bettenburgen und Rotlichtviertel, keinen Massentourismus und Fremdenhass. Weder Malaria übertragende Mücken noch giftige Schlangen können Urlaubern etwas anhaben – lediglich Taxifahrer gelten als blutsaugende Spezies.

All dies lässt die kosmopolitischen Insulaner gelassen ihren Alltag auf ihrer kleinen Tropeninsel leben, ohne große politische Höhepunkte und Auseinandersetzungen in der rund 400-jährigen Inselgeschichte. Die fast 1,3 Millionen starke Bevölkerung ging hervor aus Kolonisatoren (um 1600), Sklaven (17./18. Jh.), Piraten (18. Jh.) und Kulis (19. Jh.). Mauritius ist ein Schmelztiegel der Kulturen mit vielen Gesichtern, ein Kaleidoskop aus den Kochkünsten, Kleidern und der Musik Afrikas, Asiens und Europas. Die Hindus und Chinesen haben Shiva und Konfuzius mitgebracht, die Schwarzen ihren lebensfrohen Tanz namens Sega und die Europäer das Schul- und Rechtssystem, die Amtssprache und die Landvermessungsgeräte. Bis heute hat sich nicht viel geändert: Während die meisten Politiker und Landesoberhäupter aus der herrschenden Schicht der Inder stammen und die Chinesen die lukrativsten Geschäfte machen, gehören die Ländereien und Besitztümer noch immer den weißen Franko-Mauritiern, auf den Zuckerrohrfeldern arbeiten überwiegend die schwarzen Kreolen.

So unterschiedlich die Herkunft der Inselbewohner, so verschieden sind auch die Sprachen auf Mauritius. Amtssprache ist Englisch, weil das Eiland politisch zum British Commonwealth of Nations gehört. Die Oberschicht spricht meist die französische Sprache, von der sich *Morisyen* ableitet, eine Kreolsprache, die ein Großteil der Bevölkerung im Alltag spricht. Darüber hinaus hört man vielerorts indische und chinesische Dialekte, auf der Nachbarinsel Rodrigues ist das *Rodriguais* vorherrschend, ein kreolisch-französischer Dialekt.

Kokoswasser dekorativ serviert

Im Himmel auf Erden

Schon Joseph Conrad, Charles Baudelaire und Charles Darwin haben sich von der Landschaft Mauritius und seinen charmanten Bewohnern verzaubern lassen, ebenso wie heutzutage die Reichen, Mächtigen und Schönen aus aller Welt, die die kleine Insel als erstklassige Bade-, Taucher- und Golfdestination zu einem Hauptziel des Luxus-Tourismus auserkoren haben.

Dem Lockruf der legendären Luxushotels, der Leading Hotels of the World, folgen jährlich mehr

als eine Million Urlauber. Die Architektur vieler Nobelherbergen ist phänomenal, Materialien und Dekor sind nur vom Feinsten – märchenhafte Sanssoucis in Harmonie mit der Natur. Kein Wunsch bleibt hier unerfüllt, gleichgültig ob man nun heiraten oder einputten, wandern oder reiten, baden oder Wasserski fahren will.

Sonnenaufgang am Indischen Ozean: Die Luxusresorts auf Mauritius lassen keine Wünsche offen

Nicht zu vergessen sind die kulinarischen Höchstgenüsse *à la mauricienne* und der konkurrenzlose Service von Angestellten, die bis zu fünf Sprachen beherrschen, und Butlern, die einem jeden Wunsch von den Augen ablesen. Kurz: Der Himmel auf Erden, jenseits von Afrika, das ist Mauritius.

Rodrigues – Kreolisches Aschenputtel

Die rund 600 Kilometer von Mauritius entfernte Schwesterinsel Rodrigues präsentiert das afrikanische Mauritius. Nirgendwo sind die Wurzeln der Kreolen deutlicher zu erkennen. Das Mini-Eiland inmitten einer türkis schimmernden Traumlagune ist das gemütliche Pendant zum aufstrebenden Mauritius, wo futuristische Hochhäuser des IT-Zeitalters mit den Bergen konkurrieren. Während auf der Hauptinsel Mauritius die moderne indische, manchmal sogar hektische Kultur prägend ist, herrscht auf Rodrigues mit seinen rund 42 000 Bewohnern – vorwiegend Gemüsebauern, Rinderzüchtern und Fischern – unverkennbar

Fischer beim Ausbringen seiner Fangkörbe vor der Insel Rodrigues

der afrikanisch-kreolische Lebensstil vor. Zeitlupe ist dagegen rekordverdächtig.

Die meisten Touristen, viele von Mauritius und La Réunion, suchen auf dem Inselchen das Kontrastprogramm zur berühmten Schwester: Eintauchen in die Stille, Urlauberdasein ganz nah am Alltag der Einheimischen, exotisch und aufregend ohne Lasershow, ohne Adrenalinschub beim Bungee-Jumping oder Löwen-Gassi-Gehen wie auf Mauritius, ohne Kaufrausch und ohne Sehen und Gesehenwerden. Auf Rodrigues gibt es bis heute mehr Ziegen und Schafe als Mofas oder Autos, mehr Tintenfisch-Curry und *Tek-Tek*-Muschelsuppe als aberwitzig teuren Hummer und mehr Mountainbikes als Whirlpools. Weit und breit ist kein Hochhaus, kein Butler und kein Zuckerrohr zu entdecken. Rodrigues ist wahrlich ein Aschenputtel, das hoffentlich nie versucht, der großen Glamour-Schwester mit ihrem luxuriösen Ambiente nachzueifern.

Im Fischerdorf Rivière Cocos trocknen Tintenfische auf Gestellen in der Sonne (Rodrigues)

In den Fischerdörfern wie Rivière Cocos hängt der Tintenfisch an Gestellen in der Sonne, ansonsten herrscht hier offenbar Dauer-Siesta. In Port Sud-Est sammeln Frauen und Männer in Gummistiefeln bei Ebbe in langsamem Tempo Seegras oder Tintenfische mit harpunenähnlichen Spießen aus dem Schlick. In Saint-François kann man vom schönen Strand aus die Fischer beobachten, wie sie mit langen Stöcken aufs Wasser der Lagune schlagen und die Fische ins Netz treiben. Rodrigues versorgt seine elitäre Schwester mit Fisch und Hummer, Kühen, Ziegen und Gemüse.

Trou d'Argent – ein Traumstrand an der Ostküste von Rodrigues

Honeymooner-Fotoshooting am Cap Malheureux

HOCHZEIT IM PARADIES

»Sie fahren nach Mauritius, wann ist denn die Hochzeit?« Wer eine Reise in eines der Traumziele im Indischen Ozean bucht, wo Flitterwöchner unter Palmen an endlosen Stränden flanieren und sich mit ausgefallenen Arrangements wie Paar-Massagen und anderen Überraschungen in den Luxushotels verwöhnen lassen, der muss sich diese recht neugierige Frage gefallen lassen. Wer es noch nicht weiß (weil er nicht »Traumhotel« und ZDF guckt): Die mauritischen Hotels richten mittlerweile täglich mindestens eine Hochzeit aus, und wahrscheinlich wird Heiraten auf Mauritius bald all-inclusive sein, ob man will oder nicht.

Aber ganz im Ernst: Wer tatsächlich den Bund fürs Leben auf Mauritius schließen möchte, sollte rechtzeitig an die Beschaffung aller notwendigen Unterlagen denken. Denn eines ist sicher: Kein Weg ins Paradies ohne einige kleine Hürden. Spezialveranstalter helfen bei den Vorbereitungen. Benötigt werden beispielsweise das *non resident/non citizens certificate,* das spätestens zehn Tage vor dem Hochzeitstermin beim Registrar of Civil Status beantragt werden muss, sowie amtlich bestätigte Geburtsurkunden in französischer oder englischer Übersetzung (www.govmu.org).

Dafür dürfen die Brautleute auf Mauritius dann auch heiraten, wo immer sie wollen: Wie wäre es beispielsweise mit einem Ja-Wort unter Wasser mit gluckerndem Sauerstoffhelm beim Undersea Walk oder barfuß am Strand mit Champagner und einer Sega-Band, die den Takt zum Glück angibt? Oder auf einer blitzweißen Yacht, während über dem Indischen Ozean die Sonne glutrot versinkt und die mauritischen Berge in weiches Licht taucht?

MAURITIUS UND RODRIGUES IN ZAHLEN UND FAKTEN

Staatsform: Parlamentarische Republik (British Commonwealth)
Präsidentin: Ameenah Gurib (seit 2015)
Premierminister: Pravind Jugnauth (seit 2017)
Fläche: 2040 km² (inkl. Agalega-Inseln, Cargados-Carajos-Archipel und Rodrigues mit 104 km²)
Bewohner: Einer offiziellen Schätzung von 2014 zufolge leben auf Mauritius und Rodrigues 1,3 Millionen Menschen.
Bevölkerungszusammensetzung: 50 % Hindus, ca. 32 % Christen, ca. 17 % Moslems, ca. 2 % buddhistische Chinesen
Durchschnittseinkommen: ca. € 290 monatlich
Arbeitslosenquote: 8 %
Analphabeten: 11 %
Touristen: Mauritius (ohne Rodrigues) hat 2014 erstmals die Millionen-Marke geknackt: 1,27 Mio. Touristen reisten 2016 nach Mauritius, dies entspricht einem Zuwachs von 4,6 % gegenüber dem Vorjahr. Ca. 103 000 Besucher von ihnen kamen aus Deutschland (ca. 50 % mehr als noch im Jahr 2012!).
Zucker-Export: ca. 450 000 t jährlich
Wälder: 2 %, Zuckerrohrplantagen: 60 %

Nationalhymne Mauritius
Motherland
Glory to thee
Motherland, O
Motherland of mine,
Sweet is thy beauty,
Sweet is thy fragrance,
Around thee we gather,
As one people,
As one nation,
In peace, justice and liberty,
Beloved country may God bless thee,
For ever and ever.

Mauritische Flagge
Rot steht für den Kampf um Freiheit und Unabhängigkeit, blau für den Indischen Ozean, gelb für das »Licht der Unabhängigkeit«, grün für die Landwirtschaft und die vorherrschende Farbe auf dem Eiland.

Bleibt zu hoffen, dass Rodrigues' Tourismusmanager nicht aus den Augen verlieren, was ihr Eiland so attraktiv für ausländische Besucher macht: der bäuerlich-ländliche Charme. Schließlich wirbt die Insel für sich selbst als »Anti-Stress-Insel« …

La Reúnion – Indiana Jones lässt grüßen

Et voilà – ein kleines Stückchen Frankreich mitten im weiten Indischen Ozean. Die Maskarenen-Insel La Réunion schwimmt quasi als kleiner Satellit im Meer, 9200 Kilometer entfernt vom Mutterland. Das französische Überseedepartement ist mit nur 2500 Quadratkilometern etwa dreimal so groß wie Berlin oder so klein wie Luxemburg.

Um eines gleich klarzustellen: La Réunion ist keine klassische Badeinsel mit Südseeflair, selbst die Bewohner, die *Réunionnais*, zieht es im Urlaub nach Mauritius und Rodrigues, auch wenn sie ihre 27-Kilometer-Strände an der Westküste gerne »la Riviera« nennen. Haie und Korallenschrott, starke Passatwinde und Wellenbrecher machen das Baden dort eher ungemütlich. Doch allein für Sonnenanbeter und Badenixen wäre dieses Eiland viel zu schade! Auch Langschläfer haben hier schlechte Karten, oder besser: schlechte Aussichten. Denn ab spätestens zehn Uhr

Die Wandertour zum Höllenloch Trou-de-Fer (La Réunion) ist gut ausgeschildert

ziehen sich die seit 2010 von der UNESCO als Weltnaturerbe geschützten Talkessel im Inselinneren mit Wolken zu.

Ist Mauritius schon mit einigen markanten Bergspitzen gesegnet, so erscheint das französische La Réunion wie die Kulisse eines Fantasyfilms – geradezu außerirdisch schön. Hier könnten auch Flugsaurier oder Märchenfeen leben. Bis auf 3000 Meter schieben sich die Giganten in die Höhe, alles überragt vom höchsten Berg im Indischen Ozean, dem erloschenen Vulkan Piton des Neiges (3071 m). Auf kleinstem Raum drängen sich im Inselzentrum die Kolosse – mehr als 60 Berge sind höher als 500 Meter. Die Landschaft ist auf das Bizarrste zerklüftet, zusammengefaltet, gerafft und gequetscht, gestapelt und gestuft, abgeschnitten, zerhackt und zersplittert, wie eine Ziehharmonika zusammengeschoben oder mit der Harke eines querfeldein tobenden Riesen zerfurcht. An den Aussichtspunkten in die drei berühmten Talkessel La Réunions, die Cirques, steht man staunend und könnte Stunden in das Wunderwerk der Natur hinabschauen, etwa vom 2200 Meter hohen Piton Maïdo. Von den höchsten Spitzen der Talränder, den ehemaligen Kraterwänden, präsentiert sich das atemberaubende Gebirgsrelief, eine durch Vulkan-Launen im Laufe der Jahrmillionen entstandene, bizarr-wilde Schönheit. Passatwinde und Zyklone taten ein Übriges, um das Eiland derart einzigartig zu formen.

Atemberaubendes Panorama über dem kreisförmigen Talkessel Cirque de Mafate (La Réunion)

Ein Amphitheater aus lauter Zwei- und Dreitausendern: Hier erheben sich unglaublich steile Klippen, dort klaffen gigantische Risse, durch die Canyons zwängen sich Flüsse, die später als grandiose Kaskaden über Steilhänge, die wie nach einem Handkantenschlag abbrechen, in die Tiefe stürzen. Nackte Felswände, üppig wuchernde Dschungel-Kessel und wie abgesägt wirkende Felsplateaus, auf denen doch tatsächlich Weiler wie in einem Adlerhorst hocken – zum Greifen nah und doch eine ganze Tageswanderung entfernt. Straßen klettern auf die schmalsten Gebirgskämme hinauf, links und rechts nichts als Abgrund, oder schlängeln sich in Aberhunderten von Kurven und Kehren in die Berge, die reinste Achterbahnfahrt durch Tunnel und Täler.

Trekkingpfade winden sich als winzige Kerben in der Felswand und um fast senkrecht abfallende Berghänge. Zu Füßen der Wanderer befinden sich 1000 Meter tiefe Schluchten. Manchen Berggrat erobert man besser auf allen Vieren, bei manchem Wasserfall muss man aufpassen, dass man nicht gleich mit hinabstürzt. Eine Insel der Extreme, auf der man sich oft wie ein Winzling vorkommt.

Tourisme vert (grüner Tourismus) heißt das Zauberwort der Tourismusstrategen auf La Réunion. Von Trekking in isolierten Tälern ohne Straßen und Autos über Paragliding bis Tropen-Canyoning – hier gibt es offenbar keine Ecke, die nicht zu Fuß oder am Seil hängend, im Jeep oder aus der Luft erobert werden kann. Behelmte Abenteurer und Adrenalinsüchtige stürzen sich kopfüber ins schwindelerregende Nichts, seilen sich an imposanten Wasserfällen ab oder rauschen mittenmang der Stromschnellen jauchzend talwärts durch eine Jurassic-Park-Kulisse.

Outdoorparadies La Réunion: Wandern auf dem Rücken des Le Morne Langevin in 2400 Metern Höhe

Man möchte wieder 20 sein – oder wenigstens auf La Réunion wiedergeboren werden! Ganz neue Action-Ideen sind hier jüngst kreiert worden: Hydrospeed, Flyboard, Kajak Jump, Canoe Rafting und Tubing. Schneller, wilder, verrückter. Und so sucht die kleine Insel ihre Nische auf dem Weltmarkt und hat sie gefunden, wie die vielen erlebnishungrigen (jungen) Touristen beweisen. Zumindest im Indischen Ozean ist La Réunion konkurrenzlos.

Aber keine Sorge, auch der ganz normale Wanderer ohne Verlangen nach Nervenkitzel wird begeistert sein – man muss ja nicht gleich den dreitägigen und 173 Kilometer langen »Lauf der Verrückten« einmal quer über die Insel mitmachen... Ob mystisch verhangene Nebelwälder oder mondartige Wüstenlandschaften, ob Almwiesen mit Kühen und blühenden Callas auf den weiten Hochebenen oder ein erstaunlich aktiver Vulkan »zum Anfassen« – La Réunion ist so vielseitig attraktiv, dass man sich bald auf einer der weltweit schönsten Inseln wähnt. Nach nur wenigen Tagen, nach gefühlten 5000 Kurven, 10 000 Höhenmetern und 1000 Blasen möchte man nicht mehr weg! Das Rauschen der Wasserfälle und das Konzert der Tropenvögel, der kreolische Sprechsingsang der Einheimischen und der unverwechselbare Maloya Blues, der seit 2009 als immaterielles UNESCO-Erbe gilt – all das wird der Reisende vermissen.

Eruption am Piton de la Fournaise

Man wandert übrigens oft auf den Spuren geflohener Sklaven, die vor 300 Jahren nur in diesen unzugänglichen Schluchten und Tälern vor den Kopfgeldjägern Schutz fanden. Wer dem »Besitzer« die linke Hand eines Entflohenen präsentierte, bekam die Prämie. Nur aufgrund dieser leidvollen Historie konnte das typisch kreolische Völkergemisch aus Nachfahren der madagassischen Sklaven und der weißen französischen Kolonialherren entstehen, aus den Völkern Afrikas, Indiens und Chinas.

LA RÉUNION IN ZAHLEN UND FAKTEN

Staatsform: Parlamentarische Demokratie (gehört seit 1946 als Überseedepartement zu Frankreich und damit zur EU)
Präsident (Conseil régional de La Réunion): Didier Robert
Fläche: 2500 km² (50 km breit, 70 km lang, Ringstraße: 247 km)
Höchster Berg im Indischen Ozean: Piton des Neiges (3071 m)
Bewohner: 840 974 (2013)
Bevölkerungszusammensetzung: 45 % Kreolen, 25 %, Europäer 20 % Inder und Madagassen, 3 % Chinesen, 7 % sonstige Ethnien
Durchschnittseinkommen: € 1450 im Monat
Arbeitslosenquote: mehr als 30 % (Jugendliche: 60 %!)
Analphabeten: 21 %
Touristen: ca. 450 000 (2016)
Zucker-Export: ca. 66 000 t jährlich
Wälder: ca. 30 %

CHRONIK VON MAURITIUS UND LA RÉUNION

DATEN ZUR GESCHICHTE DER MASKARENEN

Dom Pedro Mascarenhas (um 1484–1555), portugiesischer Seefahrer und Entdecker: die Inselgruppe der Maskarenen verdankt ihm ihren Namen

1000 v. Chr.
Historiker vermuten, dass die Phönizier auf ihrem Seeweg um Afrika erstmals die kleine Insel Mauritius im Indischen Ozean entdeckt haben. Aber auch die seefahrenden Polynesier, Indonesier und Malaien könnten als Entdecker Mauritius' gelten, da sie bei ihrer Besiedlung von Madagaskar vor der afrikanischen Küste vor rund 2000 Jahren auf die Inseln ostwärts gestoßen sein müssten.

10. Jh.
Die Araber segeln mit Handelsschiffen an der Ostküste Afrikas entlang. Der Handelsreisende Hassan Ibn Ali erwähnt Mauritius 975 in seinen Schriften über die Inseln des Indischen Ozeans.

Ab 1502/03
Die Insel Mauritius taucht nun erstmals auf einer portugiesischen Seekarte als »Dina Arobin« auf. Sie wird in der Folge mehrfach von portugiesischen Seefahrern besucht. Nach Diego Fernandez Pereira, der als erster Europäer etwa um 1507 die Insel betritt, folgt 1512/13 Dom Pedro Mascarenhas, auf den ab 1516 die Bezeichnung Islas Mascarenhas (Maskarenen) für die Inselgruppe Mauritius, Rodrigues und La Réunion zurückgeht. Als Entdecker von Rodrigues im Jahr 1528 gilt jedoch Diego Rodrigues, nach dem die Insel benannt ist.

Wie schon zuvor den Arabern erscheint auch den Portugiesen eine Besiedlung der Inseln nicht lohnenswert, da die gesamten Maskarenen unbewohnt sind und somit keine Rohstoffe bzw. Handelspartner bieten. Sie nutzen sie lediglich als Stützpunkt auf ihrem Seeweg nach Indien – auf der Suche nach Gewürzen, Seidenstoffen und Edelsteinen. Mit den von den Holländern zur Proviantauffrischung ausgesetzten Tieren (Rinder, Schweine und Ziegen) gelangen schließlich auch Ratten von Bord nach Mauritius. Sie machen dem endemischen Vogel Dodo das Futter streitig, fressen seine Eier und machen ihm dadurch gegen 1690 schließlich den Garaus (vgl. S. 45).

Die Insel Mauritius wurde 1598 nach ihm benannt: Moritz von Oranien (niederländisch: Maurits van Oranje), Statthalter von Holland und Kapitän-General der Land- und Seestreitkräfte der Vereinigten Niederlande (Gemälde von Michiel van Mierevelt, 1566–1641)

Ab 1598
Bei allen seefahrenden Nationen sind die maskarenischen Inseln als Zwischenstopp beliebt, um Vorräte aufzufüllen und die Schiffe zu reparieren. Die Holländer unter Wybrandt van Warwijck besetzen die menschenleere Insel und benennen sie nach dem holländischen Fürsten Moritz von Oranien (Niederländisch Maurits van Oranje).

Ab 1638

Eine erste dauerhafte holländische Siedlung auf Mauritius wird in der Nähe von Mahébourg an der Ostküste gegründet: Port Zuydoosterhaven, der heutige Vieux Grand Port. Die holländischen Kolonisten beginnen im großen Stil mit der Rodung der Ebenholzwälder. Sklaven aus Madagaskar und indonesische Sträflinge aus Batavia (einer holländischen Kolonie; heute Java) werden nach Mauritius geschafft, doch die Versuche, Plantagen für Zuckerrohr, Tee und Tabak anzulegen, scheitern. Die Arbeitsmoral fern der Heimat ist gering, Zyklone und Piraten suchen die Insel immer wieder heim.

Auch die Geschäfte mit dem wertvollen Ebenholz verlaufen nicht wie erwartet. Die Holländer hatten den Markt damit überschwemmt und dadurch einen Preisverfall verursacht. Etwa zur gleichen Zeit besetzen die Franzosen die Inseln Rodrigues und La Réunion, die sie Île Bourbon nennen, und bauen sie zu Stützpunkten aus.

Erste Landnahme holländischer Seeleute während ihres Zwischenstopps 1598 auf einer Reise unter Admiral Jacob Cornelius van Neck auf Mauritius (um 1601, Kupferstich von Johann Theodor und Johann Israeal de Bry)

Hungrige Seeleute und frühe Kolonisten machten dem Dodo bereits im 17. Jahrhundert den Garaus (1626, Gemälde des Holländers Adriaen van der Venne)

1663

Die ersten Franzosen besiedeln La Réunion beim heutigen Saint-Paul.

1665

Der erste Gouverneur Étienne Regnault landet mit dem Schiff »Saint-Denis« auf La Réunion. Die Siedlung Saint-Denis wird 1667 von ihm gegründet.

1691–93

Eine Handvoll Hugenotten aus Frankreich versucht, die kleine Insel Rodrigues zu besiedeln – vergeblich, denn es fehlen die Frauen.

Chronik von Mauritius und La Réunion

Während des Unabhängigkeitskriegs gegen ihr Mutterland (1776–83) verbünden sich die US-amerikanischen Kolonisten mit Frankreich. Sie sind stark am Handel mit den von den Briten geraubten Gütern aus Asien interessiert, sogar ein amerikanischer Konsul wird auf die Insel Mauritius entsendet. Der Handel mit Reis, Tropenhölzern, Gewürzen und Sklaven im Hafen von Port Louis boomt.

1710
Die Holländer geben Mauritius wieder auf: Sie zerstören alle Gebäude und Forts, nur die Sklaven bleiben zurück. Piraten nutzen das Eiland in der Folge als Zufluchtsort während ihrer Raubzüge gegen die schwer beladenen Handelsschiffe auf ihrem Weg von Asien nach Europa.

Ab 1715
Die Franzosen unter Guillaume Dufresne d'Arsel nehmen Mauritius unter dem Namen Île de France in Besitz, um dem Piratentum Einhalt zu gebieten. Die Insel steht nun unter der Kontrolle des wichtigsten französischen Stützpunktes im Indischen Ozean, der Insel Bourbon (La Réunion). Mit Sklaven aus Afrika und Madagaskar bauen französische Siedler auf der Île de France und Île Bourbon ab 1722/23 die Plantagenwirtschaft und ab 1743 Zuckerraffinerien auf, Kaffee wird ebenfalls angepflanzt. Aus der holländischen Siedlung Noord-Wester Haven wird Port Louis, die nach dem französischen König benannte Hauptstadt.

Ab 1735
Diesen Zuständen macht erst Bertrand François Mahé de Labourdonnais ein Ende, als er am 5. Juni 1735 nach Mauritius kommt. Der Graf findet eine kleine Siedlung mit kaum hundert wackligen Hütten für 838 Menschen vor, umgeben von dichtem Wald und Sümpfen. Der Franzose, der sich zuvor als Leutnant und Kapitän der Französischen Ostindien-Kompanie einen Namen gemacht hatte, sorgt nun als Gouverneur der Île de France mit Tatendrang und Durchsetzungsvermögen für den wirtschaftlichen Erfolg auf der kleinen Insel und für eine erstmals gesicherte Wasser- und Lebensmittelversorgung. Die von ihm 1741 aus Brasilien mitgebrachte Kulturpflanze Maniok gedeiht bestens in dem subtropischen Klima und ernährt die Inselbewohner. Der Gouverneur lässt Straßen, Brücken, Häuser, Brunnen, Hospitäler, die Hafenanlagen und eine Werft in Port

Tausende von Sklaven arbeiteten im 18. Jahrhundert auf der Île Bourbon (La Réunion) für den Kaffeeanbau (um 1800, Aquarell von Jean-Joseph Patu de Rosemont, Musée national des Arts d'Afrique et d'Océanie, Paris)

Der tragische Tod von Virginie beim Schiffbruch der »St. Géran« 1744 (Gemälde »La Mort de Virginie«, um 1789, von Joseph Vernet)

Louis bauen. Die Île de France löst schließlich die Île Bourbon als französische Dependance im Indischen Ozean ab, die Verwaltung wird nach Port Louis verlegt. Die kleine französische Handelsniederlassung wird immer attraktiver für Kolonisten und Geschäftsleute und wächst unaufhörlich. Beide Inseln entwickeln sich zu blühenden und vor allem durch den Zuckerrohranbau einträglichen Kolonien.

1744
Das Unglück der »St. Géran«, die vor der Nordostküste von Mauritius sinkt, inspiriert den französischen Dichter Bernardin de Saint-Pierre einige Jahre später zu seiner Romanze »Paul et

BERTRAND FRANÇOIS MAHÉ DE LABOURDONNAIS

Labourdonnais war 1723 Kapitän der Marine in der französischen Ostindien-Kompanie und gilt heute als erster Nationalheld der Maskarenen-Inseln und anderer Eilande im Indischen Ozean, vor allem aber auf Mauritius, da er die Grundlagen für die Schaffung eines unabhängigen Inselstaates legte. Unter seiner Ägide wurden der Regierungspalast in Port Louis und seine Residenz in Pamplemousses (»Mon Plaisir«) geschaffen. Seine Statue steht am Hafen und die Stadt Mahébourg sowie Mahé, die Hauptinsel der Seychellen, sind nach ihm benannt. Seine Herrschaft endet im Jahr 1746. Der einst strahlende Held wird in der Pariser Bastille inhaftiert, da er Bestechungsgelder angenommen haben soll, wird aber rehabilitiert und stirbt verarmt 1753. Heute sind auf Mauritius und La Réunion Plätze, Hotels und Lokale nach dem Staatsmann benannt und in dem Roman »Paul et Virginie« von Bernardin de Saint-Pierre ist sein Andenken verewigt.

Denkmal für Bertrand François Mahé de Labourdonnais auf der palmengesäumten Place d'Armes in Port Louis

Virginie«. Die 1788 erschienene und in 30 Sprachen übersetzte Liebesgeschichte ist jedem mauritischen Kind bekannt.

1756–83

Der Siebenjährige Krieg (1756–83) zwischen Frankreich und England im Kampf um die Kolonien spielt sich auch im Indischen Ozean ab. Auf Mauritius wird die französische Marine mit Nahrungsmitteln und Wasser versorgt und Port Louis spielt als Flottenstützpunkt der Franzosen eine entscheidende Rolle.

Napoleon schickte seinen General Charles Decaen 1803 nach Mauritius

Ab 1750

Auch viele Piraten lassen sich im Laufe der Jahrhunderte auf der Insel nieder, die Hafenstadt Port Louis wird zu einem »Nest der Korsaren«. In der zweiten Hälfte des 18. Jahrhunderts plündern die Mauritier, allen voran der berühmt-berüchtigte Robert Surcouf, regelmäßig die britischen Schiffe, die die exotischen Schätze aus dem Fernen Osten transportieren. Das Piratentum sorgt für Nahrungsmittel und Reichtum auf der Insel (vgl. S. 78). Die Reichen leisten sich ein ausschweifendes Leben mit Glücksspiel, Bällen und Jagden.

1793

Umbenennung der Île Bourbon in Île de la Réunion in Erinnerung an den Zusammenschluss der Revolutionssoldaten aus Marseille mit den Königlichen Nationalgarden zum Sturm auf die Tuilerien am 10. August 1792 während der Französischen Revolution.

1796–1803

Auf der Île de France kommt es zu einem Aufstand gegen die Zentralregierung in Paris. Die Sklaverei soll im Zuge der Französischen Revolution (1789–99) auch auf den Inseln abgeschafft

Im August 1810 kam es zu einer Seeschlacht zwischen Briten und Franzosen vor Vieux Grand Port im Südosten von Mauritius

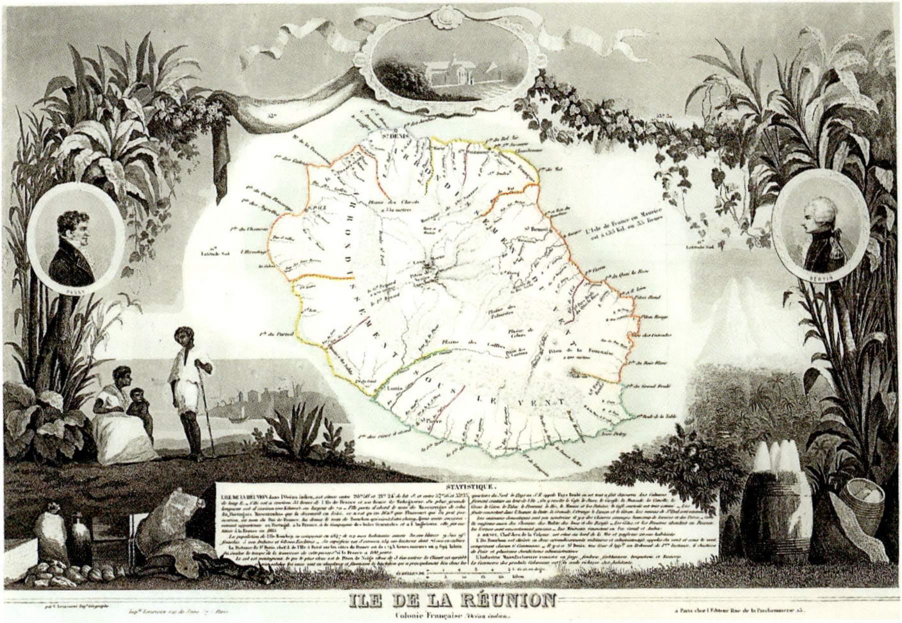

Île de la Réunion: historische Landkarte des französischen Kartografen Victor Levasseur von 1852

werden, was die Einheimischen nicht befolgen. Über Jahre befinden sie sich im Streit mit Paris – quasi in einem unabhängigen Zustand – bis Napoleon 1803 eine militärische Delegation unter General Charles Decaen schickt. Dieser macht aus Port Louis Port Napoléon und setzt die neue napoleonische Gesetzgebung, den *Code Napoléon*, ein. Die Sklavenwirtschaft wird den Bewohnern auf den Inseln weiterhin gestattet. Die Île de la Réunion wird 1806 in Île Bonaparte umbenannt.

1806–15

Im Rahmen des französisch-britischen Krieges über die Kontrolle im Indischen Ozean verhängen die Briten eine Blockade gegen die Île de France. Ab 1806 gelangt kein Schiff mehr nach Port Napoléon. Die englische Marine besetzt 1809 die Insel Rodrigues und errichtet dort einen militärischen Stützpunkt. Ein Jahr später, im August 1810, kommt es zu einer Seeschlacht vor Vieux Grand Port auf Mauritius, die überraschenderweise die Franzosen gewinnen. Doch nur wenige Monate später erobern die Engländer mit 70 Kriegsschiffen die Insel im Norden am Cap Malheureux und Gouverneur Decaen muss endgültig kapitulieren. 1814 wird den Briten das Eiland im Friedensvertrag von Paris schließlich offiziell übereignet. Aus der Île de France wird wieder Mauritius. Während die Verwaltung nach britischem Vorbild ausgerichtet wird, hält sich die Lebensart der Franzosen, denn die Zuwanderung britischer Siedler bleibt aus. Gesetze, Sprache und Ortsnamen bleiben auf Mauritius bis heute weitgehend französisch. Dennoch sind bereits mehr als 80 Prozent der Inselbewohner schwarze Sklaven.

Kontraktarbeiter aus Indien plagten sich auf den Zuckerrohrplantagen von Mauritius

Obwohl die Briten ab 1809 die Franzosen auch auf dem heutigen La Réunion besiegen – etwa bei der sogenannten Redoutenschlacht bei Saint-Denis 1810 –, sieht der Friedensvertrag die Rückgabe des Eilands 1815 an Frankreich vor.

1832–35

Zuckerrohr wird von den britischen und französischen Gouverneuren auf beiden Inseln verstärkt als Monokultur gefördert, da die Pflanze als einzige den häufigen Tropenstürmen standhält. Andere landwirtschaftliche Produkte wie Kaffee und Baumwolle werden wegen schlechter Erträge wieder aufgegeben. Die Zuckerbarone gehören zur neuen herrschenden Schicht auf Mauritius und La Réunion, die sich 1832 gegen die liberale britische Idee der Sklavenbefreiung sogar mit einem Generalstreik wehrt. Die endgültige Abschaffung der Sklaverei im Jahr 1835 auf Mauritius (1848 auf La Réunion) wird nur gegen eine hohe finanzielle Entschädigung der Plantagenbesitzer akzeptiert. Der nun folgende rasante Ausbau der Zuckerwirtschaft erfordert die zunehmende Einwanderung von Tamilen aus Südindien als schlecht bezahlte Plantagenarbeiter und Tagelöhner (Kulis). Insgesamt kommen bis 1909 rund 450 000 indische Vertragsarbeiter nach Mauritius, dagegen waren zuvor insgesamt etwa 100 000 Sklaven zwangsverschifft worden.

1848 wurde auf La Réunion die Sklaverei abgeschafft (Gemälde von Alphonse Garreau, Musée du Quai Branly, Paris)

1847

Durch einen Fehldruck eines Briefmarkensatzes entsteht die einzigartige Rarität der blauen und der roten Mauritius, für die in Philatelie-Kreisen heute Millionen Dollar gezahlt werden. Dabei stimmt lediglich ein einziges Wort auf der Marke mit dem Bild Königin Victorias nicht (vgl. S. 42).

Ab 1850

Mitte des 19. Jahrhunderts profitiert Mauritius vom weltweiten Zuckerboom, in dessen Folge 1865 eine Bahnlinie quer über das kleine Eiland gebaut wird (1964 stillgelegt). Auf La Réunion werden 1882 zwei Bahnlinien gebaut und ebenfalls später stillgelegt.

Ab 1869

Nach der Öffnung des Suezkanals verlieren Mauritius und La Réunion allmählich ihre Bedeutung als Handelsposten im Indischen Ozean. Die Zuckerindustrie kann sich nicht weiter gegen die Konkurrenz aus Kuba und den Rübenzucker aus England behaupten. Auch eingeschleppte Krankheiten und Rebellionen der indischen Arbeiter machen der Wirtschaft in der zweiten Hälfte des 19. Jahrhunderts zu schaffen, ebenso wie Malaria- und Pestepidemien, Wirbelstürme, Flutkatastrophen und Feuersbrünste.

Ab 1885/86

Die Mauritier dürfen nach einer Verfassungsreform ein Parlament (unter britischer Verwaltung) wählen. Gleichzeitig vollzieht sich durch die zu Hunderttausenden eingewanderten Inder auf beiden Inseln ein Wandel in der Kultur. Mauritius gilt lange als überbevölkert. 1901 besucht Mahatma Gandhi die indische Bevölkerungsmehrheit auf Mauritius.

Anfang des 20. Jh.
Malariaepidemien zwingen viele Insulaner zum Umzug von der Küste ins Hochland, wo Städte wie Curepipe auf Mauritius und Kurorte wie Cilaos auf La Réunion entstehen. In den 1920er Jahren profitieren die Inseln erneut von einem Zuckerboom. Wegen Unterbezahlung rebellieren 1937 die indisch-mauritischen Arbeiter, zuerst auf den Zuckerplantagen, dann in den Werften. Schließlich wird auf der gesamten Insel Mauritius der Notstand ausgerufen.

Ab 1942
Im Zweiten Weltkrieg nutzen die Briten Mauritius als Militärstützpunkt und erbauen den Flughafen in Plaisance an der Südostküste. Auf La Réunion herrscht aufgrund der zusammenbrechenden Wirtschaft eine Hungersnot. Das besetzte Frankreich kann die Schiffsladungen voll Zucker und Rum nicht mehr abnehmen und bezahlen.

1946
La Réunion wird zum französischen Überseedepartement *(Département d'outre-mer)*.

1958
Das allgemeine Wahlrecht wird auf Mauritius eingeführt, was viele der bis dahin stimmenlosen Arbeiter nutzen. Unter der

La Quaic – der Hafen von Port Louis um 1920

Trotz der Mechanisierung in der modernen Zuckerindustrie ist die Arbeit der Zuckerrohrschneider auf den Plantagen hart

Führung des Hindus Dr. Seewoosagur Ramgoolam kämpft die einflussreiche Labour Party (Parti Travailliste, PT) für die Unabhängigkeit des Landes. Im Zuge der Loslösung von der britischen Kolonialmacht kommt es zu ethnischen Unruhen, vorwiegend zwischen Kreolen und Moslems. Es sterben zirka 100 Menschen.

1968
Am 12. März wird Mauritius zum unabhängigen Staat innerhalb des britischen Commonwealth of Nations. Seewoosagur Ramgoolam wird erster Premierminister von Mauritius.

1989
Papst Johannes Paul II. besucht Mauritius und Rodrigues.

12. März 1992
Mauritius wird zur Republik ernannt.

1999
Der mysteriöse Tod des inhaftierten kreolischen Popstars Kaya nach seiner Festnahme wegen Drogenkonsums löst im Februar Rassenunruhen auf Mauritius aus. Aufgebrachte Schwarze randalieren, einige Hindus stecken daraufhin Hütten der Kreolen in Brand. Zehn Menschen sterben, das Inselparadies-Image Mauritius' und der Mythos des friedlichen Zusammenlebens aller Ethnien bekommen Risse. Die sozialen Konflikte zwischen oftmals verarmten Kreolen und regierenden Hindus werden deutlich.

2006–08
Die UNESCO erklärt das Immigrantenlager Aapravasi Ghat in Port Louis (2006) und den Berg Le Morne Brabant im Südwesten von Mauritius zum Weltkulturerbe.

2009/10
Die UNESCO erklärt 2009 den traditionellen Musikstil Maloya zum immateriellen Kulturerbe der Menschheit und 2010 La Réunions Vulkanlandschaften, die Talkessel und Hochebenen zum Weltnaturerbe.

2012
Im Februar kommt es zu sozialen Unruhen auf La Réunion, in mehreren Städten zu Plünderungen wegen der verteuerten Lebenshaltungskosten – immerhin 60 Prozent der Jugendlichen sind arbeitslos.

2011–17
Auf La Réunion sorgen mehrfach Haiattacken mit tödlichem Ausgang für Schlagzeilen. Die letzte von insgesamt zehn tödlichen Attacken ereignete sich im April 2017.

2013
Mauritius wird im März von heftigen Regenfällen heimgesucht. Innerhalb von zwei Stunden kommt es in Port Louis zu Sturzfluten, bei denen elf Menschen sterben, größtenteils in einer Auto-Tunnel-Unterführung.

2014
Bei den Wahlen am 10. Dezember siegt die Alliance Lepep. Sir Anerood Jugnauth wird neuer Premierminister.

2016
Mauritius wird Mitglied der Global Water Partnership, die sich für eine nachhaltige Nutzung der Wasserressourcen einsetzt.

2017
Neuer Premier ist Pravind Kumar Jugnauth, der Kopf der Partei Militant Socialist Movement (MSM), die seit 2014 die Regierung anführt.

»Vater der Nation und Architekt der Unabhängigkeit«: Seewoosagur Ramgoolam, erster Premierminister des unabhängigen Staates Mauritius

»Landing Place of Indentured Immigrants« (Vertragsknechte auf Zeit): Zwischen 1849 und 1920 wurde das Aapravasi Ghat in Port Louis zum Durchgangslager für etwa eine halbe Million vorwiegend indischer Vertragsarbeiter

Ostküstenpanorama aus dem Helikopter, im Hintergrund der Montagne du Lion

DIE SCHÖNSTEN REISEREGIONEN VON MAURITIUS

Region 1
Mauritius/
Port Louis

PORT LOUIS UND UMGEBUNG

DIE MULTIKULTI-METROPOLE

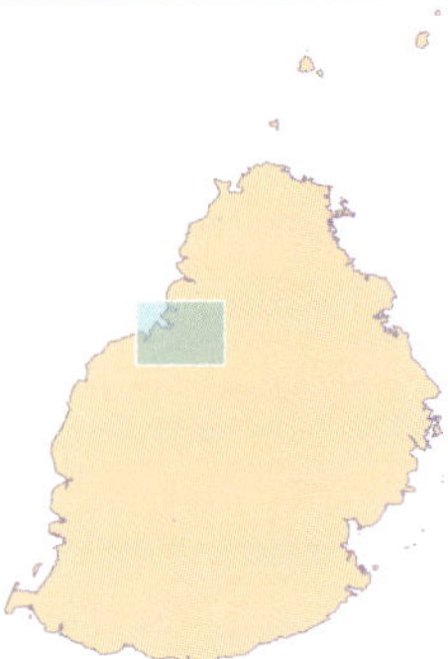

Bewacht von der Moka-Bergkette mit ihren kuriosen Gipfeln direkt an der Westküste schlägt in Port Louis das multikulturelle Herz von Mauritius. Manch einer hier sagt ganz französisch »Por Lui«, andere halten sich an die englische Aussprache, schließlich gehört man zum British Commonwealth. Port Louis ist das administrative und kommerzielle Zentrum des Inselstaates mit Regierungssitz, Banken, Geschäften und Einkaufspalästen, Museen und Theatern. Hier liegt der einzige Containerhafen der Insel, moderne Hochhäuser recken sich immer höher dem blauen Himmel entgegen, die Bergkulisse ganz nah hinter sich, dazwischen stehen zierliche chinesische Pagoden, Hindu-Tempel in allen Tuschkastenfarben, die älteste Kathedrale der Insel und die strahlend weißen Minarette der Moschee. Einige wenige chinesische *shophouses* mit

Fernblick vom Gipfel des Le Pouce über die Moka-Bergkette hinweg auf Port Louis

Auf der Aussichtplattform von Fort Adelaide: die City von Port Louis im Visier

schmiedeeisernen Balkonen und bunte Bretterbuden sowie ein paar Palmen konnten sich im modernen Antlitz der Hauptstadt behaupten. Die Pferderennbahn stammt noch aus der Zeit, als die Briten hier das Sagen hatten. Von Exotik ist die trubelige Inselmetropole jedoch Lichtjahre entfernt. Nur wenige ehrwürdige Kolonialgebäude in der Nähe des Regierungsgebäudes konnten die Stadtväter vor dem Abriss bewahren.

Rund 170 000 Mauritier sind hier zu Hause, in einem Städtchen, das sich gerne als kosmopolitisch bezeichnet. Es könnte eine verträumte Inselhauptstadt irgendwo auf der südlichen Erdhalbkugel sein – wäre da nicht die gleiche Anzahl an Pendlern, die wochentags ganz früh am Morgen aus allen Landesteilen in die Stadt strömt. Dann wird es eng auf den Bürgersteigen, Geschäftigkeit macht sich breit, Hitze und Staus stellen die Gemütsruhe der Mauritier auf eine harte Probe. Der Treffpunkt zum Luftholen sind das Le Caudan Waterfront Center in der Nähe des Hafens und die im September 2011 eröffnete Bagatelle Mall: Hier entspannen sich Geschäftsleute in der Mittagspause, Jugendliche und Familien mit Kindern sowie Touristen gehen auf Schnäppchenjagd. Ab dem späten Nachmittag, an Feiertagen oder am Wochenende wirkt Port Louis dagegen vergleichsweise ruhig und in der Nacht werden die Bürgersteige hochgeklappt.

Nähe Central Market in Port Louis

Rückblende: Die Holländer ließen sich als erstes im 17. Jahrhundert in der geschützten Bucht nieder und nannten die Siedlung Noord-Wester Haven. Der Naturhafen war sicher und einfach zu erreichen, die Segler mussten immer nur auf diesen merkwürdig geformten Berg mit dem runden Brocken auf dem spitzen Gipfel zusteuern, den sie später

Pieter Both nannten – nach einem 1615 vor der Nordküste ertrunkenen holländischen Seefahrer und Generalgouverneur. Die Windjammer im Hafen waren hier im Nordwesten der Insel durch die Berge vor den Südostwinden geschützt. Aber erst 1735 ging es wirklich aufwärts mit der kleinen Kolonie: Der neue französische Gouverneur, Graf Bertrand François Mahé de Labourdonnais (auch: La Bourdonnais), ließ den Hafen und eine Werft bauen, Straßen anlegen und den Regierungspalast errichten. Dafür setzten ihm die Mauritier 1859 ein Denkmal am alten

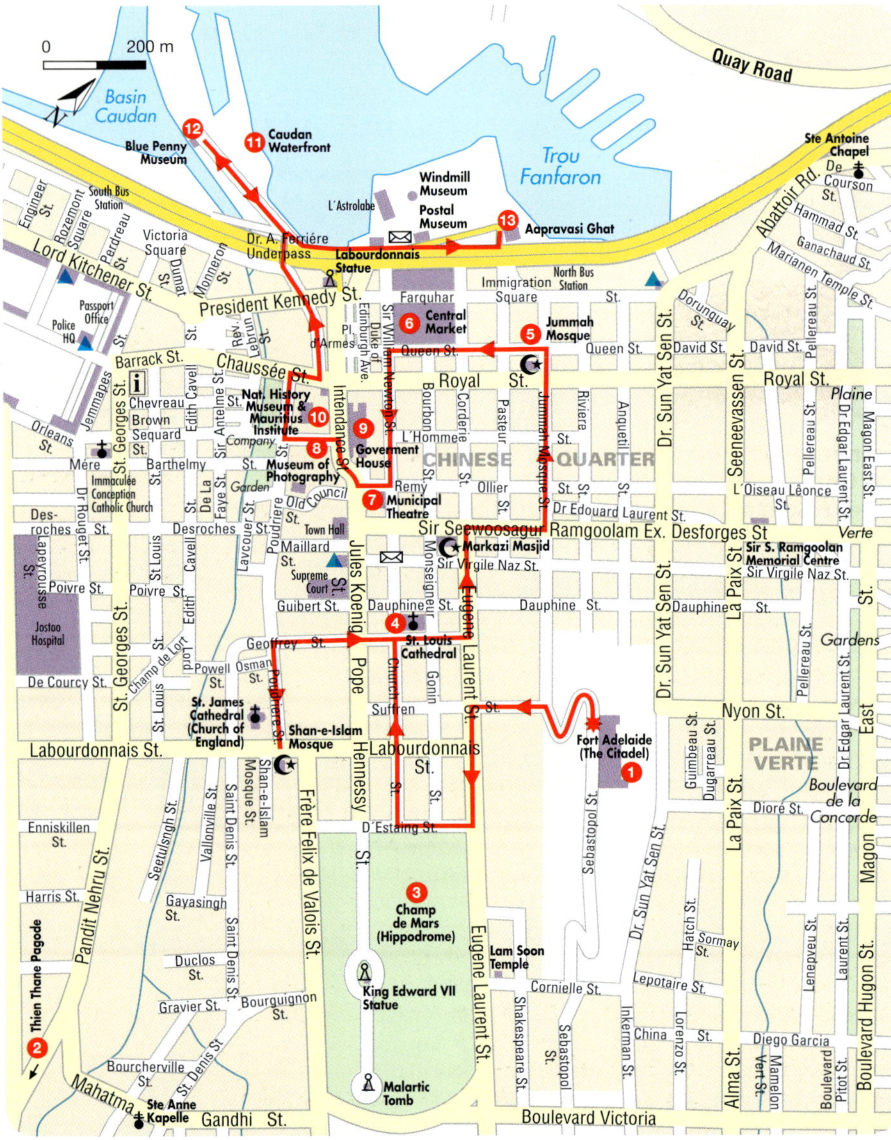

Exerzierplatz Place d'Armes gegenüber vom Hafen, wo der Graf noch heute auf die Spaziergänger herabschaut. In der Folgezeit entwickelte sich Port Louis zum Rückzugsort von Piraten, die von hier aus mit offiziellem Segen britische Handelsschiffe überfielen. 1770 wurde Port Louis zum Freihafen ernannt und zog Seefahrer, Freibeuter und Händler aus aller Welt an.

Seit dem 18. Jahrhundert dient Port Louis als wichtiger Handels- und Hafenplatz im Indischen Ozean

Unter dem französischen Gouverneur Charles Decaen (1769–1832) wurde die prosperierende Stadt kurzzeitig in Port Napoléon umbenannt, was die Engländer nach ihrer Eroberung der Insel 1810 wieder rückgängig machten. Während sich die reichen, vorwiegend weißen Städter und Zuckerbarone in den folgenden Jahrzehnten bei gesellschaftlichen Anlässen auf der Pferderennbahn und auf Bällen verlustierten, schufteten Zehntausende Sklaven auf den Zuckerrohrfeldern und in den Zuckermühlen.

Doch auch die wohlhabenderen Bewohner von Port Louis blieben von Katastrophen nicht verschont, etwa von dem verheerenden Feuer 1816, das einen Großteil der Stadt bis auf die Grundmauern zerstörte (und noch einmal 1892/93). 1866/67 forderte eine Malariaepidemie Zehntausende Opfer und trieb die reichere Bevölkerung in die kühleren Bergregionen, wo sie Curepipe gründeten. Port Louis blieb aber weiterhin das administrative Zentrum des Landes.

Ein Rundgang durch Port Louis

Den besten Panoramablick über die Hauptstadt verschafft ein kleiner Aufstieg (oder eine kurze Autofahrt) zum ❶ **Fort Adelaide** (La Citadelle), das auf dem Petite Montagne thront, einem Hügel mitten in der Stadt. Die kleine Festung ließ der britische Gouverneur Sir William Nicolay 1834–40 erbauen, um eventuelle Angriffe der Franzosen abwehren zu können. Auch wollte man die französischstämmige Bevölkerung zukünftig in Schach halten können, etwa wenn sie gegen die geplante Abschaffung der Sklaverei im Jahr 1835 rebellieren wollten. Später diente die Anlage einem friedlichen Zweck: Brach in einem der überwiegend aus Holz erbauten Häuser Feuer aus, wurde zur Warnung ein Kanonenschuss abgegeben. Im Hof trifft sich heute die Jugend bei Freiluftkonzerten von Rock bis *Seggae* (einer populären Mischung aus dem Volkstanz Sega und dem jamaikanischen Reggae).

Von hier oben liegt dem Betrachter die Stadt zu Füßen: Vorne am Meer steht der nicht sehr ansehnliche Turm der Mauritius Telekom, nicht weit entfernt erhebt sich wie ein angespitzter Riesen-Bleistift das mit 18 Stockwerken lange Zeit höchste Gebäude des Landes – die State Bank aus bräunlich rotem Marmor mit Spitzdach –, rechts davon überholt durch den 98 Meter hohen Tower der Bank of Mauritius. Dahinter erstreckt sich das riesige Areal des **Freihafens** mit dem drittgrößten Zuckerterminal der Welt. Immer noch werden hier jährlich rund 450 000 Tonnen Rohzucker in gigantischen Betonsilos gelagert und in alle Welt verschifft, fast zwei Drittel davon wird in die Europäische Union exportiert.

Die ehemaligen Verladekais im alten Hafen von Port Louis

Der Blick ins Hinterland wird durch die seltsam geformten Moka-Berge versperrt. Vom **Pieter Both**, dem zweithöchsten Berg der Insel mit seinem runden Felsen auf dem Gipfel, wurde prophezeit, dass der Felsbrocken nach dem Ende der britischen Kolonialzeit von der 821 Meter hohen Spitze herunterfallen würde. Seit 1968 ist Mauritius unabhängig und trotzdem sitzt der Felskoloss felsenfest. Benannt ist der Berg nach einem holländischen Seefahrer und Gouverneur, dessen Schiff 1615 in der Bucht von Tombeau sank. Der Däumling **Le Pouce** ist nicht weniger beeindruckend und kann relativ leicht bestiegen werden.

Weit in der Ferne, am Hang des Signal Hill, sieht man die kleine weiße ❷ **Thien Thane Pagode** schimmern. Das pittoreske achteckige Gotteshaus mit dem dreifach gestaffelten Dach ist ein modernes Beispiel der fernöstlichen Tempelbaukunst (erbaut 1950) und eine Miniatur-Kopie des berühmten Himmelstempels in Peking. Im Inneren der chinesischen Pagode,

die dem Jadekaiser gewidmet ist, empfängt den Besucher eine weihrauchgeschwängerte und rot-goldene Welt mit erhabenen Göttern und chinesischen Heldenfiguren. Während der Zeremonien übergeben die Gläubigen ihren Ahnen und den Göttern reichhaltige Opfergaben: Obst, Tee, Kekse, Bonbons und Blumen schmücken den Altar, der von Wächterfiguren umgeben ist. Die Toten wollen nach der konfuzianischen Tradition auch im Jenseits versorgt werden. Dazu verbrennen die Hinterbliebenen Papiergeld und Gegenstände aus Pappmaché, die die Verstorbenen im Himmel gebrauchen könnten, etwa kleine Autos und Villen. Leise, von Messingschellen und Tambourinen begleitete Gesänge erklingen, die Sandelholz-Rauchschwaden der Räucherstäbchen ziehen durch den Raum. Eine dreimalige Verbeugung mit Kniefall beendet das Gebet.

Zur Linken des Fort Adelaide, im Süden, liegt der ❸ **Champs de Mars**. Auf dem früheren Exerzierplatz, wo sich einst erbitterte Rivalen tödliche Pistolenduelle lieferten, werden heute nur noch unblutige Wettkämpfe ausgetragen – auf dem Rücken der Pferde. Die Pferderennen des

Der einstige Exerzierplatz der Inselhauptstadt fungiert heute als Pferderennbahn

Auf dem Champs de Mars von Port Louis galoppieren am Wochenende die Pferde

NEUJAHRS- UND FRÜHLINGSFEST

Wichtigstes Fest aller chinesischstämmigen Buddhisten und Konfuzianer ist das Chinesische Neujahr und Frühlingsfest (Januar/Februar), bei dem man sich bei Drachentänzen und Feuerwerk *kung tsi fa ts'ai* wünscht, die allerbesten Glückwünsche. Die Farbe Rot spielt dabei eine bedeutende Rolle, denn nur Rot hält die bösen Geister fern. Die Kinder bekommen in rotes Papier verpackte Geldgeschenke. Viele der rund 30 000 mauritischen Chinesen, deren Vorfahren im frühen 19. Jahrhundert als Kulis und Händler nach Mauritius kamen, sind jedoch heutzutage gläubige Katholiken und Anhänger Jesu.

Mauritius Turf Club finden seit 1812 auf Initiative des britischen Oberstleutnants Edward Draper in dem ovalen Hippodrom statt. Damit rühmt sich Mauritius, die älteste Pferderennbahn der südlichen Hemisphäre zu besitzen. In der Saison zwischen Mai und Dezember wetten die Mauritier am Wochenende auf ihre vierbeinigen Favoriten; die meisten Rennpferde sind aus Südafrika importiert. Es herrscht Jahrmarktstimmung rund um die 1300 Meter lange Bahn. Bis zu 20 000 Besucher drängen sich an manchen Wochenenden auf dem Platz und um die Buchmacher und so manch einer nimmt am Ende des Tages ein kleines Vermögen mit nach Hause, ein Rupie-Millionär. Hier wurde übrigens am 12. März 1968 erstmals die mauritische Flagge (grün-gelb-blau-rot) statt des britischen Union Jack gehisst und noch heute finden die alljährlichen Feiern zum Unabhängigkeitstag mit Paraden auf der Rennbahn statt.

Nicht unerwähnt bleiben sollte die ❹ **St. Louis Cathedral** in der Church Street, eines der ältesten Bauwerke der Insel aus dem Jahr 1752, mit ihren zwei klobigen quadratischen Türmen, eine Rekonstruktion von 1933. Der Springbrunnen mit seinen Löwenskulpturen vor dem Gotteshaus ist dagegen ein echtes historisches Kunstwerk aus dem Jahr 1786. Hinter der Bischofskirche liegt das Palais Episcopal, der Sitz des katholischen Bischofs. Im schlichten Inneren der Kathedrale werden die Leichname der Gattin von Gouverneur Labourdonnais und ihrem Sohn aufbewahrt. Etwas fotogener ist die nicht weit entfernte, 1819 erbaute **St. James Cathedral** in der La Poudrière Street mit ihrem hübschen Spitzturm auf einem säulengetragenen Vorbau – hier war schon der südafrikanische Desmond Tutu als Erzbischof und Gastprediger zu Besuch.

Minarett der Jummah-Moschee

Mauritius vereint ganze 87 Religionen bzw. Glaubensrichtungen. Rund ein Fünftel der mauritischen Bevölkerung glaubt an Allah und den Propheten Mohammed. Und so betritt der Fremde in der ❺ **Jummah-Moschee** (Central Islamique Mosque, Markaz-e-Islam-Masjid) in der Innenstadt eine gänzlich andere religiöse Welt: Die »Große Moschee«, ein strahlend weißes Prachtstück an der Royal Street, ist von mit Türmchen verzierten Mauern und Arkaden umgeben – ein Hauch von Tausendundeiner Nacht in der sonst eher eintönig und westlich wirkenden Umgebung. In Mintgrün leuchten die Türen und Fensterläden. In der zwischen 1855 und 1885 erbauten Moschee, der ältesten auf Mauritius, versammeln sich moslemische Männer fünfmal täglich zum Gebet, die Frauen beten zu Hause. Durch ein mit Buntglas, Holzschnitzereien und Kupfergravierungen geschmücktes Portal gelangen die Gläubigen ins Heiligtum. Die Gebetshallen sind mit farbenprächtigen Teppichen, Kronleuchtern, Säulen und Torbögen ausgestattet, unter denen die Gläubigen andächtig niederknien und sich beim Beten mehrmals gen Mekka verbeugen. Vor dem Gebet müssen sie sich im linken Raum waschen. Außerhalb der Gebetszeiten surrt der Staubsauger durch die heiligen Hallen und die Ventilatoren drehen träge ihre Runden.

Auf den ❻ **Central Market** mit seinen vier Hallen in der Queen Street (Rue de la Reine) sollte man sich so früh wie möglich wagen und sich einfach von den Massen durch das historische Eingangstor schieben lassen – ein buntes Kaleidoskop von Mauritius mit all seinen Kulturen ist hier anzutreffen, und das schon seit seiner Gründung um das Jahr 1840. Auf dem Basar tummeln sich täglich bis zu 25 000 Mauritier, jeder feilscht, wiegt und plauscht – denn auch als Kontakt- und Nachrichtenbörse dient der trubelige Ort. Alle Gesichter, Gerüche und Farben der Insel sind hier vertreten: indisch, chinesisch, afrikanisch, europäisch. Duftende Öle und nicht so wohlriechender Fisch, Snacks aus Kokosnuss und Ananas, Frühlingsrollen oder Teigtaschen, farbenprächtige Gemüseberge, Pyramiden aus Obst, edle Seidenstoffe, Kunstfasern oder T-Shirts mit sonnigen Motiven sind zu bestaunen.

Ethnische Vielfalt

Buntes Treiben herrscht in den Hallen des Central Market in Port Louis

Quirliges Straßenleben an einem Werktag in Port Louis

Es herrscht ein babylonisches Stimmgewirr (es gibt 22 Sprachen und 33 Dialekte auf Mauritius!), ein Händler unterbietet den nächsten. Die »Kräuterdoktoren« lugen hinter ihren Gewürzständen hervor und wissen für alle Wehwehchen oder (psychologischen) Mangelerscheinungen das passende Heilkraut. Ein Losverkäufer wird von Kunden auf der Suche nach dem großen Glück umringt – vielleicht ist der mauritische Jackpot zu knacken. Fleisch wird aus Rücksicht auf die Moslems in einer getrennten Abteilung verkauft. Auch landestypische Souvenirs, Kunsthandwerk, aus Holz geschnitzte Masken, Korb- und Lederwaren sowie religiöses Beiwerk und Poster diverser Hindu-Gottheiten werden an den Buden feilgeboten. Touristen sollten sich vor dem Kauf jeglicher Ware (außer Obst und Gemüse) auf diesem Markt nach den angemessenen Preisen für Ausländer erkundigen und hartnäckig, aber freundlich feilschen – manch ein Urlauber ist hier schon das Zehnfache des Touristenpreises losgeworden.

Auf dem Central Market gibt es nur für Obst und Gemüse Festpreise

Nicht weit entfernt behauptet sich an der viel befahrenen Hauptverkehrsstraße Intendance Street das fast 200-jährige ❼ **Stadttheater** (Municipal Theatre). Die glorreichen Zeiten im »ältesten Theater der südlichen Hemisphäre« mit rauschenden Bällen und Theatervorführungen sind längst vergangen: In dem schmalen, ockergelben Haus im neoklassizistischen Baustil (1822), dessen Portal und Terrasse von sechs Säulen getragen werden, haben heute ein Kindertheater und Laienensembles ihre Heimat, ab und zu werden Ausstellungen gezeigt und Hochzeitspartys der besseren Gesellschaft gefeiert. Im Innern lohnt sich ein Blick in den kleinen, liebevoll restaurierten Theatersaal mit seinen holzgeschnitzten Rängen und die mit Malereien und Kerzenleuchtern verzierte Kuppel-Decke. Gegenüber vom Theater

DIE KRÄUTERDOKTOREN

Mister Naiken lehnt entspannt an seinem Stand Nr. 460 im Central Market von Port Louis. Der Mann ist vor lauter Büscheln aus grünen, wohlriechenden Kräutern und Schildern kaum zu sehen. Doch der grauhaarige Mauritier muss nicht marktschreierisch Aufmerksamkeit erwecken, seine Stammkunden vertrauen ihm. Sogar ganze Touristengruppen kommen hierher und fragen um Rat, meistens nach Mitteln zum Abnehmen. Seit 50 Jahren verkauft der Kräuterhändler alle möglichen Arten von Grünzeug gegen alle möglichen Arten von Wehwehchen – Diabetes, Rheuma, Verstopfung, Asthma, Hämorrhoiden – wie schon sein Großvater und Vater an derselben Stelle. Wenn Mister Naiken in den nächsten Jahren in den wohlverdienten Ruhestand geht, übernimmt sein Neffe das Geschäft.

Die Kräuter, Wurzeln und Beeren sind immer die gleichen geblieben. Seit Jahrhunderten helfe beispielsweise Eukalyptus mit »Hähnchenfüßen«-Blättern gegen Migräne, sagt Mister Naiken, und auf die richtige Dosierung komme es an.

Für das Aphrodisiakum wird eine gewisse Parul-Wurzel in heißem Wasser gekocht, lässt er die Kunden geheimnisvoll wissen. Das wirke bei Männern und Frauen: »Eine Tasse am Morgen, eine Tasse am Abend und schon sind Sie im Paradies, das wirkt sofort!« Bisher habe sich kein Kunde beschwert oder einen Tee reklamiert. Im Gegenteil: Nicht ohne Stolz zeigt er den Ordner mit Dankesschreiben aus aller Welt. Die wild wachsenden Kräuter kauft Mister Naiken Sammlern ab, aus den Ingredienzien mixt er seine Tees, Öle und Pülverchen eigenhändig – einige Skeptiker behaupten allerdings, die Kräuterdoktoren würden immer die gleichen drei Kräuter benutzen ...

beeindruckt ein weiteres schönes Kolonialhaus in Taubenblau mit filigranen Balkongittern und kunstvollem Dachzierrat, in dem der Schweizer Konsul residiert.

Nur ein paar Schritte führen in die Old Council Street in das 8 **Musée de la Photographie,** in dem das Sammler-Ehepaar Marie-Noelle und Tristan Bréville seit 1966 lauter Kostbarkeiten aus der Welt der Fotografie zusammengetragen hat. Die Foto-Leidenschaft der Mauritier kommt nicht von ungefähr: Einer der ersten Fotokamera-Besitzer im Jahr 1839, als diese weltweit eingeführt wurden, stammte von der Insel. Unter den Ausstellungsstücken sind rund 1000 Kameras, außerdem 9000 historische Postkarten und 700 teils antike Bücher zur Fotografie.

Eines der ältesten Gebäude der Insel ist zugleich das politisch bedeutendste: Den 9 **Regierungspalast** (Hôtel du Gouvernement) in der Intendance Street ließ Gouverneur Nicholas de Maupin 1729–35 errichten, vollendet wurde es von Labourdonnais 1740 als einstöckiges Holzhaus mit Ziegeldach und Steinsäulen. Das zweite Stockwerk wurde 1806/07 unter dem Gouverneur General Decaen aufgesetzt. Mächtige Flamboyant-Bäume verdecken das zierliche Haus mit seinen luftigen Veranden fast. Heute tagt das mauritische Parlament in den klimatisierten Neubauten dahinter. Im Ehrenhof hält eine marmorne Königin Victoria wacker ihr Zepter, hinter ihr halten leibhaf-

Das älteste Postamt der Insel steht seit 1868 in Port Louis

Verspielte Türmchen, Arkaden und Pavillons: die Einkaufsmeile Le Caudan Waterfront in Port Louis

tige Uniformträger Wache. Das Innere mit Gemälden, Kolonialmöbeln und Parkettboden ist Normalsterblichen leider nicht zugänglich.

Schräg gegenüber und neben dem Jardin de la Compagnie mit seinen Schatten spendenden und Luftwurzeln werfenden Banyan-Bäumen liegt das ⓾ **Naturkundemuseum** (Mauritius Institute) in einer hübschen, gelb getünchten Kolonialvilla. Schon seit 1831 werden hier Exponate aus Naturwissenschaft und Inselgeschichte gesammelt: ausgestopfte Vögel und Rehe, Meeresschildkröten und Walskelette, eingelegte Schlangen und Echsen, aufgespießte Schmetterlinge, Muscheln, Korallen und anderes Meeresgetier. Ungekrönte Stars der kleinen engagierten Ausstellung sind zweifellos der flugunfähige Solitär (als Skelett zu besichtigen) und der rekonstruierte Dodo, das einzigartige mauritische Vogelwesen. Der *Didus ineptus* oder *Raphus cucullatus* wurde ab Mitte des 17. Jahrhunderts nicht mehr auf der Insel gesehen, er verschwand in den ewigen Jagdgründen, ausgerottet von den Kolonialherren.

Durch einen Fußgängertunnel gelangt man auf die Hafenseite der Stadt, wo das älteste Postamt der Insel steht, 1868 erbaut. Eine Esplanade führt unter Palmen vorbei an Kinderspielplatz und Springbrunnen nach Süden zum Vergnügungs- und Shoppingcenter ⓫ **Le Caudan Waterfront**. Der Architekt Maurice Giraud scheint von Disney-Märchenschlössern inspiriert gewesen zu sein, man wandelt unter lauter verspielten Türmchen, Arkaden und Pavillons in zartem Rosé. 150 Geschäfte haben sich in der zweistöckigen Einkaufspassage am Hafen angesiedelt: Duty-Free-Schmuckläden, Boutiquen, Souvenirgeschäfte, drei Kinos, ein Fünfsternehotel, Nachtklub und Kasino, Restaurants und Imbisse, Cafés und Eisdielen, Reisebüros und Kunstgalerien. Neben dem Blue Penny Museum kann man bei Siro Piké frisch gepressten Zuckerrohrsaft genießen. Im Food Court hat man die Qual der Wahl zwischen mediterraner, indischer und libanesischer Küche. Hier ist immer was los, vor allem am Wochenende, wenn Livemusik von Jazz bis Reggae gespielt wird. Im Hafenbecken liegen Motoryachten vor Anker, einige Kahnbesitzer bieten Hafenrundfahrten an (Handeln nicht vergessen!).

Gegenüber zieht das private ⓬ **Blue Penny Museum** die Besucher in seinen Bann – mit einer originalen blauen und roten Mauritius, dem größten Schatz der Insel. Die wertvollen Briefmarken mit dem Druckfehler aus dem Jahr 1847 sind Leihgaben der Mauritius Commercial Bank und wurden dort zuvor jahrelang im Tresor aufbewahrt. 1993 hatte ein Zusammenschluss aus mauritischen Firmen und der MCB diese beiden Marken auf einer Schweizer Auktion für 38 Millionen Rupies (fast 1 Mio. Euro) erstanden. Die Marken werden aus konservatorischen Gründen nur einmal in der Stunde für zehn Minuten beleuchtet. In dem Museum finden Briefmarkensammler aber auch viele andere sehenswerte Marken im Original. Eine Abteilung widmet sich der tragischen Liebesgeschichte von Paul und Virginie, außerdem sind historische Landkarten, Schiffsmodelle, nautische Instrumente und Wrackfunde zu sehen.

Aapravasi Ghat war ein Lager für indische Einwanderer

Etwas weiter nördlich erinnert das ⓭ **Aapravasi Ghat** am Trou Fanfaron Basin an ein bitteres Kapitel der Geschichte: Das Durchgangslager wurde 1849 für indische Vertragsarbeiter eingerichtet, die nach der Abschaffung der Sklaverei (1835) die schwarzen Arbeiter auf den Plantagen ersetzten. Bis 1909 kamen auf diese Art 450 000 Inder ins Land. Von dem 1923 geschlossenen Lagerkomplex sind heute nur noch die Kaimauer, das Eingangstor, die Krankenstation, Mauerreste und Fundamente von Wohn-, Küchen-, Wasch- und Toilettenbauten zu sehen, dennoch erklärte die UNESCO das Areal 2006 zum Weltkulturerbe. Seit dem 2. November 2014 bietet das Beekrumsing Ramlallah Interpretation Centre eine multimediale Ausstellung.

Ein Highlight für Philatelisten: das Blue Penny Museum

Einem Irrtum verdankt die blaue Mauritius ihren Weltruhm: 2 Pence war 1847 der Ausgabewert der berühmten blauen Briefmarke aus der britischen Kronkolonie Mauritius

DIE BLAUE MAURITIUS

Es war Anfang des 20. Jahrhunderts in Frankreich: Ein kleiner Junge verbrachte seine Nachmittage nach der Schule in den verstaubten Archiven der Firma seines verstorbenen Vaters in Bordeaux. Er war auf der Suche nach einer ganz bestimmten Briefmarke, von der er in einem philatelistischen Fachblatt gelesen hatte. Des Vaters Firma hatte geschäftliche Kontakte nach Mauritius. Die Marke hieß: die blaue Mauritius. Der Schuljunge fand keine Briefmarke, sondern einen Briefumschlag: den »Bordeaux-Brief«, der gleich zwei der weltberühmten Marken aus Mauritius trug – eine blaue und eine orangerote. Für umgerechnet 10 000 Euro verkaufte der französische Junge seinen Schatz.

Soweit die Legende, oder eine von vielen Geschichten rund um die Mauritius-Marken. Wahr ist: Der berühmte Bordeaux-Briefumschlag – das »Kronjuwel der Philatelie« – mit beiden Marken wechselte zuletzt in der Schweiz für insgesamt 3,3 Millionen Euro den (anonymen) Besitzer: Ganze 42 Sekunden hatten die Interessenten in einem wahren Duell geboten, der Preis schoss in Hunderttausender-Schritten in die Höhe, bis »eine Dame in Schwarz« den Zuschlag erhielt. Noch nie war so viel Geld für ein philatelistisches Sammlerstück bezahlt worden! Bei dieser legendären Auktion 1993 waren insgesamt fünf Marken des japanischen Industriellen und Sammlers Hiroyuki Kanai versteigert worden.

Rückblende: Einem zerstreuten Graveur verdankt Mauritius seine begehrteste Attraktion. Der 21. September 1847 war das Geburtsdatum der blauen und roten Mauritius, nur sieben Jahre nach der Einführung der Briefmarke in Großbritannien. Die Insel war das vierte Land weltweit, das Briefmarken druckte – nach England, der Schweiz und Brasilien. Anlässlich eines großen Maskenballs im Regierungspalast von Port Louis, den der Gouverneur Sir William und seine Gattin Lady Gomm am 30. September 1847 gaben, wurden 500 orangerote One-Penny- und 500 indigoblaue Two-Pence-Marken gedruckt und auf die Einladungsschreiben geklebt.

Doch die Marken hatten eine Macke. Sie verdanken ihren weltweiten Ruhm einem Fehler auf den Druckvorlagen, die zwischen 1847 und 1859 benutzt wurden: Anstelle der normalen Aufschrift »Post Paid« hatte der Graveur Joseph Osmond Barnard »Post Office« eingraviert, angeblich stand er unter Zeitdruck. Die Briefe wurden – ohne großes Aufsehen zu verursachen – mit den fehlerhaften Marken in alle Welt verschickt. Der Brief nach Bordeaux (am 4. Oktober 1847 abgeschickt) brauchte auf der Seereise über England, Boulogne und Paris 85 Tage, ehe er in Bordeaux ankam. Erst 1869 entdeckte Madame Borchard aus Bordeaux das heute weltweit so geschätzte Malheur – und die Weltreise der seltenen Marken konnte beginnen …

Der sogenannte Bordeaux-Brief zählt zu den wertvollsten philatelistischen Sammlerstücken

Die meisten anderen Fehldrucke verschwanden unbeachtet im Papierkorb. Von den Marken existieren heute vermutlich nur noch zwölf blaue Mauritius (Two Pence) und 14 rote Mauritius (One Penny) in privaten Sammlungen, für die auf Auktionen Rekordsummen geboten werden. Auch Queen Elizabeth II. ist im Besitz je einer blauen und einer roten Mauritius. Die fehlerhafte Druckplatte liegt im Londoner British Museum.

SERVICE & TIPPS

Mauritius Tourism Promotion Authority (MTPA)
Victoria House (4. und 5. Stock)
St. Louis St., Port Louis
✆ 203 19 00
www.tourism-mauritius.mu
Mo–Fr 9–16, Sa 9–12 Uhr

⑫ Blue Penny Museum
Le Caudan Waterfront
Port Louis, ✆ 210 92 04
www.bluepennymuseum.com
Mo–Sa 10–17 Uhr, Eintritt Rs 245
1868 erbautes Museum, in dem die weltberühmten Briefmarken blaue und rote Mauritius (Fotos und Videos verboten!) ausgestellt sind. Souvenirshop.

⑧ Musée de la Photographie
Old Council St. (Rue du Vieux Conseil), Port Louis
✆ 211 17 05
www.museedelaphotomaurice.com, Mo–Fr 10–15 Uhr
Eintritt Rs 300, bis zu 12 J. frei
Faszinierend nicht nur für Fotografen: Mehr als 1000 Kameras sind seit 1966 in dem privaten Museum zusammengetragen worden – darunter so wertvolle Antiquitäten wie eine Linse aus dem Jahr 1834.

⑩ Naturkundemuseum/ Natural History Museum & Mauritius Institute
Jardin de la Compagnie, La Chaussée St.
Port Louis
Mo–Fr 9–16, Sa 9–12 Uhr
Geringfügiger Eintritt
Naturwissenschaftliche Sammlung inklusive des berühmten ausgerotteten Dodos und des flugunfähigen Solitärs. Außerdem Staatsbibliothek und Galerie.

⑬ Aapravasi Ghat
1 Quay St., Trou Fanfaron Basin, Port Louis
✆ 217 31 57, -58, -59
www.aapravasighat.org
Mo–Fr 9–16, Sa 9–12 Uhr
Kostenlose Führungen, Dauer 25–45 Min.
Denkmalgeschützter Lagerkomplex, der 1849 für indische Vertragsarbeiter auf den Zuckerrohrplantagen eingerichtet wurde. 1923 wurde das Lager geschlossen, 2006 von der UNESCO zum Weltkulturerbe ernannt. Die Ruinen lassen sich am besten im Rahmen einer Führung erkunden. Neu ist das Beekrumsing Ramlallah Interpretation Centre mit seiner Multimediaausstellung.

Auf der gesamten Insel gibt es keine extra Vorwahlen! Handy-Nummern beginnen seit dem 1. September 2013 mit einer 5 und sind achtstellig, mit der 0 am Anfang neunstellig. Die Vorwahl für Mauritius von Deutschland aus ist +230.

Place d'Armes: Hochhäuser wie die State Bank recken sich dem blauen Himmel entgegen (Port Louis)

Bunte Vielfalt auf dem Central Market in Port Louis: landwirtschaftliche Produkte aus dem fruchtbaren Umland

6 Central Market/ Marché de Port Louis
Queen St., Port Louis
Mo–Sa 6–18, So 6–12 Uhr
Hier findet man die berühmten Kräuterdoktoren und rechter Hand die Souvenirstände (meist ab 8 Uhr geöffnet). Handeln ist oberstes Gebot, die Waren sind meist überteuert, Festpreise gibt es nur für Obst und Gemüse. Vorsicht vor Taschendieben und Tricksereien: Safran ist hier nicht das echte, kostbare Safran, sondern nur gelbes Kurkuma.

3 Champs de Mars
Haupteingang: D'Estaing St., Port Louis
Infos über den Mauritius Turf Club: Rue Dr. Eugène Laurant, Port Louis
✆ 212 22 12
www.mauritiusturfclub.com
www.crown-lodge.net
Alte Pferderennbahn, auf der der Mauritius Turf Club von März bis Dezember jeden Samstag- und Sonntagnachmittag Rennen veranstaltet. Hier wurde 1968 die Unabhängigkeit Mauritius ausgerufen.

Chinatown
Rund um Royal & Dr. Sun Yat Sen Sts., Port Louis
Mauritius hat eine große chinesische Gemeinde. Ihr Viertel befindet sich zwischen den Freundschaftstoren auf der Royal Street. Unzählige chinesische Restaurants und Geschäfte gibt es hier zu entdecken.

1 Fort Adelaide/ La Citadelle
Sebastopol St., Port Louis (Auffahrt über Suffren St.)
www.otayo.com (für Veranstaltungen, auf Französisch)
Mo–Sa 9.30–17.30 Uhr
Das 1834–40 erbaute Fort steht auf dem Petite Montagne. Von hier hat man einen schönen Blick über die Stadt. Ab und an finden Open-Air-Konzerte im Hof statt. Allein oder nachts sollte man allerdings nicht hierherkommen. Souvenirladen.

5 Jummah-Moschee/ Central Islamique Mosque/ Markaz-e-Islam-Masjid
Royal & Jummah Mosque Sts. Port Louis
www.jummahmasjid.org
Mo–Do 8–12, Sa/So 14–15 Uhr
1855–85 erbaute, älteste Moschee auf Mauritius, hier findet das Eid-ul-Fitr-Fest zum Abschluss des Ramadan-Fastenmonats im Juli/August

Eines der ältesten Gebäude von Mauritius: Government House

statt. Der Besuch während der Gebetszeiten ist nicht erwünscht, betreten darf man nur den Vorhof und nur in langen Hosen, das gilt für Frauen und Männer. Schuhe werden im Vorraum ausgezogen. Außerdem: Koranschule (Madressa), Garten, Bibliothek und das Mausoleum des frommen Peer Jammah Shah.

9 Regierungspalast/ Government House
Intendance St., Port Louis
1729–35 errichtet ist dies eines der ältesten Gebäude Mauritius'. Das Innere ist leider nicht zugänglich, aber das zweistöckige Gebäude mit den luftigen Veranden ist auch von außen einen Blick wert. Im Hof steht eine Statue der englischen Königin Victoria.

7 Stadttheater/ Municipal Theatre
Intendance St.
Port Louis
In dem neoklassizistisches Bauwerk aus dem Jahr 1822 fanden früher rauschende Bälle und große Theatervorführungen statt. Das Innere besticht durch einen schön restaurierten Theatersaal mit aus Holz geschnitzten Rängen und einer bemalten Kuppel-Decke.

4 St. Louis Cathedral
Guibert Dauphine & Church Sts., Port Louis
Ältestes Kirchenbauwerk der Stadt aus dem Jahr 1752. Davor steht ein schöner alter Springbrunnen mit Löwenskulpturen. Im Inneren wurden die Gattin des Gouverneur Labourdonnais und ihr Sohn begraben.

2 Thien Thane Pagode
Justice St., Signal Hill
Port Louis
Chinesische Pagode, in der das wichtigste Fest aller chinesischstämmigen Buddhisten und Konfuzianer gefeiert wird, das Chinesische Neujahr und Frühlingsfest (Januar/Februar) mit Drachentänzen und Feuerwerk. Die Schuhe muss man vor dem Betreten ausziehen.

The Courtyard
Chevreau St./ St. Louis St.
Port Louis (nahe Naturkundemuseum)
✆ 210 08 10
http://le-courtyard.com
Mo–Fr 8–11, 11.30–15, nur Fr ab 17.30 Uhr
Mit kleinem Innenhof und einem klimatisierten Raum ruhig und angenehm im Trubel der Hauptstadt gelegen. Küchenchef Alain serviert mauritische Speisen vom Feinsten. €€€

Folgende Preiskategorien gelten sowohl auf Mauritius und Rodrigues als auch auf La Réunion für ein Hauptgericht ohne Getränke:

€ – unter 10 Euro
€€ – 10 bis 25 Euro
€€€ – 25 bis 40 Euro
€€€€ – über 40 Euro

Fort Adelaide in Port Louis

La Bonne Marmite
18 Sir William Newton St.
Port Louis
✆ 212 24 03
www.bonnemarmite.com
Mo–Fr 11.30–14.30 Uhr; Abendessen nur nach Reservierung
Alteingesessenes Lokal mit indischem Büfett im Parterre (Rs 500/€12) oder Speisen im vornehmeren Ambiente im zweiten Stock des Kolonialhauses. €–€€

Canton
15 Emmanuel Anquetil St.
Chinatown, Port Louis
✆ 242 21 64
Tägl. 10–20.30 Uhr, Sa–So länger
Für den (chinesischen) Hunger zwischendurch – schnell, einfach und lecker: In dem China-Lokal geht es flott zu, aber zur Mittagszeit muss man eventuell sogar auf einen Tisch warten, die Einheimischen schwören auf das Lokal (nicht zu verwechseln mit dem wesentlich feineren Grand Canton in der 47 Queens St., €€). €

Le Caudan Waterfront
Marina Quay, Caudan
Port Louis
✆ 211 95 00, www.caudan.com
In dem riesigen Shoppingkomplex laden viele Bars und Clubs von 18–21 Uhr zur Happy Hour, meist spielt abends ab 19 Uhr immer irgendwo eine Live-Band.

Le Caudan Waterfront Casino
Marina Quay, Caudan
Port Louis
✆ 211 95 00
www.caudan.com

DER DODO

Allgegenwärtig: der Dodo, hier auf einem Strandlaken

Er begegnet dem Urlauber auf Schritt und Tritt: als plüschiges Souvenir oder wertvolle Goldmünze, auf dem mauritischen Wappen und auf der Briefmarke. Dabei lebt der Dodo seit mehr als 300 Jahren nicht mehr – und wurde doch zu einer Art Maskottchen des Inselstaates. Der weltweit einzigartige Vogel war nicht gerade eine Schönheit: Mit seinem riesigen Hakenschnabel und dem dicken Hinterteil watschelte er auf zu kurz geratenen Beinen herum und die Holländer spöttelten bei seinem Anblick im 17. Jahrhundert: Was für ein Dodo (Faulpelz)! Für seine Trägheit konnte der fettleibige, 25 Kilogramm schwere Dodo nichts. Nur mit den über Jahrmillionen verkümmerten Flügeln ausgestattet war er der Umwelt hilflos ausgeliefert, besonders nachdem die Holländer Tiere auf der Insel ausgesetzt hatten. Die mit an Land gelangten Ratten und Affen fraßen dem Dodo schließlich die Nahrung weg, die Holländer sammelten seine Eier und innerhalb von vier Jahrzehnten war er ausgerottet. Zwischen 1681 und 1693 soll er das letzte Mal gesehen worden sein. Im englischen Sprachgebrauch ist der Dodo mittlerweile ein Synonym für mausetot – *dead as a Dodo.*

Das Schicksal des hässlichen Drontenvogel aus Mauritius ist kein Einzelfall und gilt unter Wissenschaftlern als Paradebeispiel für das rasche Ende von Gattungen auf isolierten Inseln, nachdem diese von europäischen Kolonisten und Eroberern in Besitz genommen wurden. Bis auf ein paar Knochen und einen Schädel im Museum von Oxford ist von dem *Raphus cucullatus* nichts übrig geblieben. Heute kann man ein originalgetreues Modell des Dodos im Naturkundemuseum von Port Louis und in Saint-Denis auf La Réunion bewundern.

Tägl. 10–2 Uhr, im 1. Stock 20–4 Uhr
Roulette, Blackjack, Poker, Spielautomaten und zwei Bars. Handys und Fotos sowie Sandalen und Shorts nach 19 Uhr sind verboten.

Bagatelle Mall
An der M1, Moka
Mo–Do 9.30–20.30, Fr/Sa 9.30–22, So 9.30–15 Uhr
Zahlreiche Geschäfte, Restaurants und Cafés in einer Mall etwas außerhalb von Port Louis.

Corderie Street
Port Louis
In der Straße nahe dem Hafen findet man viele Textilien.

Hémisphère Sud
Im Le Caudan Waterfront
Marina Quay, Caudan
Port Louis
www.hemispheresud.com
Mo–Fr 9–17 Uhr
Eleganz in Leder: Schuhe, Handtaschen, Gürtel und vieles mehr.

L'Argonaute
Im Happy World Shopping Center, 37 Sir William Newton St.
Port Louis
Mo–Fr 9–16.30, Sa 9–12 Uhr
Hier findet man allerlei touristischen Schnickschnack auf zwei Etagen, aber auch gutes Kunsthandwerk und Schmuck (die Muscheln und Korallen sollte man jedoch nicht kaufen).

11 Le Caudan Waterfront und Port Louis Waterfront
Marina Quay, Caudan
Port Louis
✆ 211 95 00
www.caudan.com
Geschäfte Mo–Fr 9.30–17.30, Sa 9.30–19, So 9.30–12 Uhr
Lokale tägl. ab ca. 10 Uhr bis nach Mitternacht
Rund 150 Läden und Boutiquen, Souvenirshops (etwa Le Craft Market) und Juweliere, Schönheitssalons, viele Fast-Food-Lokale, Cafés und Restaurants, Kinos und ein Spielkasino. Oft treten hier samstags- und sonntagabends Musiker auf (19–21 Uhr), am Samstagmittag gibt es Jazz-Musik vom Mo'Zar Music Workshop (12–14 Uhr).

Zahlreiche Geschäfte und ein breites gastronomisches Angebot locken zur Caudan Waterfront

Hübsche Souvenirs: exotisch duftende Seifen oder handgeflochtene, farbenfrohe Körbe

Bunte Regenschirme zum Schutz vor Sonne oder tropischem Regen: vor dem Le Caudan Waterfront Center in Port Louis

IN DER UMGEBUNG VON PORT LOUIS

1 LE POUCE UND PIETER BOTH

Der Berg Le Pouce wacht unübersehbar über der Hauptstadt Port Louis. Er ist verlockend und abschreckend zugleich, einem Stinkefinger nicht unähnlich (die Bewohner von Port Louis waren jedoch offensichtlich Optimisten und nannten ihn den Daumen). Wer seine majestätischen 812 Meter erklimmen will – das letzte steile Stück ist die reinste Kletterpartie –, wird belohnt mit einem sagenhaften Ausblick über Port Louis und den Indischen Ozean. Die gesamte Insel ist von hier aus mit einem Rundumblick zu erfassen. An den Wochenenden teilt man sich den relativ leichten Pfad auf den Berg allerdings mit vielen anderen einheimischen Ausflüglern. Der drei- bis fünfstündige Weg führt ab Moka ausgeschildert aufwärts, durch Zuckerrohrfelder und Wald, über Bäche und an steilen Abhängen entlang.

Auch der **Pieter Both** (820 m) mit seinem markanten Felsbrocken auf der Spitze kann (über Crève Cœur) bestiegen werden, allerdings ist hier Erfahrung, eine gute Ausrüstung (Bergsteigerschuhe, Seil) und Schwindelfreiheit nötig. Oben angelangt haben ohnehin nur maximal acht Bergsteiger auf dem engen Gipfel Platz. Der landesweit zweithöchste Berg findet sich als Nationalsymbol sowohl im offiziellen Landes-Emblem als auch auf Briefmarken – ein Aufstieg gehört zu den besten Adrenalin-Kicks für Klettersportler, die Mauritius zu bieten hat.

Ein schönes Beispiel kreolischer Architektur: die Kolonialvilla Eureka nahe dem kleinen Örtchen Moka

SERVICE & TIPPS

Le Pouce und Pieter Both
Ca. 3 km südöstlich von Port Louis
Der Le Pouce bietet den besten Ausblick über Port Louis und ganz Mauritius. In 3–5 Stunden gelangt man hinauf, die Wanderung ist je nach Kondition leicht bis mittelschwer, bei Regen wird der Pfad schlammig (ab Moka ausgeschildert).

Auf den Pieter Both führen Wandertouren und anspruchsvollere Klettertouren (821 m). Man muss sich mit Seil und Eisenhaken hochangeln. Ab Crève Cœur braucht man etwa eine Stunde. Buchbar z. B. über Vertical World Ltd. (www.verticalworldltd.com).

2 MOKA

Einen Hauch vergangener Zeiten spürt der Urlauber im Ort Moka, wo die Kolonialvilla **Eureka** (La Maison Créole) die Besucher empfängt. Kaum hat man die Autobahn verlassen, findet man sich in einem Zauberwald am Fluss Baptiste wieder: Ebenholz- und einheimische Tatamaka-Bäume, Bäche, kleine Kaskaden und natürliche Jacuzzi-Pools. Das alte, ehrwürdige Holzhaus, das ein Museum beherbergt, steht in einem herrlichen Parkgelände vor dem steil aufragenden Berg Ory. Die Villa wurde um 1830 von britischen Siedlern im alten kreolisch-französischen Stil erbaut, ganz aus weißen Holzlatten und zierlichen Holzsäulen, gekrönt von einem schwarzen, mit Gauben besetzten Ziegeldach. Sage und schreibe 109 Türen führen hinein und sorgen für einen frischen Luftzug. Die koloniale Ausstattung – Vitrinen und Sekretäre, Kronleuchter, Vasen und Porzellan sowie alte Musikinstrumente und Seekarten – vermitteln einen Eindruck der luxuriösen Lebensart der Plantagenbesitzer im 19. Jahrhundert und die Veranda lädt zum gemütlichen Verweilen ein.

Pieter Both Mountain: Der zweithöchste Berg von Mauritius sieht aus, als würde er eine riesige Steinkugel auf seiner Spitze balancieren

Region 1
Mauritius/ Port Louis

Aussichtsplattform Weihnachtsstern: ein Rotohrbülbül

SERVICE & TIPPS

Eureka (La Maison Créole)
Eureka Lane, Moka, Montagne Ory (rund 6 km südlich von Port Louis)
✆ 433 84 77
www.eureka-house.com
Mo–Sa 9–17, So 9–15 Uhr
Eintritt Rs 175–300
In der Kolonialvilla verspürt man einen Hauch koloniale Lebensart, bewahrt in einem Museum inmitten ursprünglich wilder Natur mit Öko-Pfad und Wasserfall. Außerdem Galerie, Souvenirshop und ein Restaurant (http://maison-eureka.restaurant.mu, €–€€), auch Picknicks werden auf Wunsch veranstaltet.

Besondere Schmuckstücke im Haus sind das Himmelbett, das holzgeschitzte chinesische Schlafgemach und ein hübsches schmiedeeisernes Kinderbett. Auch das Badezimmer mit Sitzwanne und antikem Holzklosett ist durchaus sehenswert. Auf der Wiese im Garten stehen einige Sonnenliegen und Parkbänke bereit.

Ob man hier auf der Veranda nun echt mauritische Kost in drei Gängen verspeist (dann ist die Haus-Besichtigung inklusive) oder nicht: Nach dem Rundgang durch die Villa bietet sich auf jeden Fall ein (Verdauungs-)Spaziergang zu den kleinen, nicht weit entfernten Wasserfällen an: Der etwas steil ansteigende Pfad

Eureka: ein Hauch kolonialer Lebensart

BERGE VOLLER LEGENDEN

Um die markanten Berge auf der Insel ranken sich viele Sagen und Mythen (vgl. Le Morne Brabant, S. 139, 142). So auch um die imposante Felsformation, die über die Hauptstadt Port Louis zu wachen scheinen. Die Mauritier glauben seit Jahrhunderten daran, dass das Glück ihnen hold ist, solange der runde Stein, der auf der Spitze des Pieter Both balaciert, nicht herunterrollt. Schließlich habe man auch die Entlassung in die Unabhängigkeit 1968 gut überstanden, obwohl die Briten dies erst zulassen wollten, so sagt man, wenn der Stein irgendwann in ferner Zukunft abgebrochen wäre ...

Mythenumrankter Berg: Pieter Both

Und so thront die Felskugel bis heute weiter auf der Spitze des Berges. Und wenn der Gipfel sich in Nebelschwaden oder Wolken hüllt, dann glaubt man fast die Geschichte, die hier erzählt wird: von dem Jungen namens Santaka aus Crève Cœur, der eines Tages vor einem Regenschauer Schutz suchte und zwischen den Felsen eingeschlafen war. Da erschienen ihm einige dort lebende Feen, die sich tanzend und singend näherten. Er musste ihnen versprechen, sie nicht zu verraten. Doch Santaka verriet das Geheimnis und ward augenblicklich zu Stein. Wer also den 820 Meter hohen Pieter Both erklimmt (nichts für Kletteranfänger!), klettert über den Kopf des jungen versteinerten Mauritiers – und wird die Moral der Geschichte verstehen ...

lässt sich am besten mit festen Schuhen bewältigen und führt durch ein schönes Waldstück (Mückenspay ist von Vorteil, an regnerischen Tagen kann es matschig werden).

Gerade nach der Regenzeit führt die Kaskade naturgemäß deutlich mehr Wasser und sprudelt in mehreren Schweifen über eine senkrecht abbrechende Felswand, ein verlockendes Naturbecken zwischen den steilen Felsen und inmitten üppig grüner Urwaldkulisse wartet auf diejenigen, die ihr Badezeug mitbringen und kurz ins kühle Nass eintauchen wollen.

Hinweis: Man sollte sich vor einem Besuch erkundigen, ob das Haus eventuell wegen Renovierungsarbeiten geschlossen ist (ebenso an hinduistischen Feiertagen wie Diwali oder für Privatfeiern, manchmal speisen auch große Reisegruppen auf der Veranda, auch die oberen Stockwerke können geschlossen sein).

DER NORDEN

PALMENHERZEN, PICKNICKKORB UND PIRATEN

Ein gelbgefiederter Dorfweber neben seinem Hängenest (oben)

Entlang der gesamten Nordküste stößt man – wie bei Péreybère – immer wieder auf kleine private Opferschreine am Ufer des Indischen Ozeans

Ob Piraten oder Weltumsegler, Präsidenten oder Hollywoodstars – sie alle kamen und kommen nach Grand Baie: in diese verlockend türkisblaue Badebucht mit den meisten Urlaubsattraktionen auf Mauritius. Tagsüber treibt man Wassersport, nachts ist in dem Städtchen oft mehr los als in der mauritischen Hauptstadt! Insider wissen: Das allein heißt nicht viel, und glücklicherweise hat sich auch das Touristenzentrum Grand Baie seine liebenswerten, landestypischen Seiten bewahrt. Dafür sorgen schon die mauritischen Familien, die sich an Feiertagen und Wochenenden in Sari und Shorts, das Carri Poulé und die Samosas im Picknickkorb, unter die Touristen aus aller Welt mischen.

Dabei hatte der Norden mit seinen hübschen versteckten Badebuchten und endlosen Stränden einen ziemlich schlechten Ruf in der Insel-Historie: Unglückskap nennen die Einheimischen die nördlichste Spitze des Landes, wo einst regelmäßig Schiffe versanken und die alten französischen Kolonialherren die Seeschlacht gegen die neuen Kolonialherren aus Großbritannien verloren. Und zu allem Überfluss sollen Piraten hier ihre Schatztruhen vergraben haben. Aber auch ganz friedliche Seefahrer hinterließen ihre Spuren. Jahrhundertealte Schoner erzählen Geschichten von allen Weltmeeren und werden in der berühmten Schiffsmodellfabrik Historic Marine nachgebaut, etwa die »Gorch Fock« als Miniaturausgabe. Der Botanische Garten von Pamplemousses zieht Besucher aus allen Landesteilen an und vermittelt ein üppiges tropisches Landschaftsbild mit Palmen, Ebenholz und Lotosteichen. Manch ein Urlauber geht dennoch lieber *unter* Wasser spazieren – ehrlich, kein Seemannsgarn, auch das ist hier möglich …

Vor der Nordküste: grandioser Ausblick auf die unbewohnte Insel Coin de Mire mit ihrer nach Süden hin abfallenden Klippe und dem lang gezogenen, grünen Rücken

0
3 km
N
Cap Malheureux
Pte l'Hortal
Coin de Mire
Pte d'Azur
Beau
Nôtre Auxili
Pte Église
Péreybère
Camp Pavé
Pointe aux Canonniers
Île aux Phales
Vadapazhanee Murugan Kovil
Mare Sè
Grand Baie
Grand Baie
B13
B11
Mont Choisy
B36
Trou aux Biches
The Vale
A4
B11
B12
Maheswarnath Mandir Shivala
B38
Fond du Sac
M2
Trio
Camp Scipion
Camp Lilas
Triolet
Mt Virer 70
Batterie des Grenadiers
Mauritius Aquarium
B35
Plaine des Papayes
Petite Pointe aux Piments
B37
Bois Mangues
Tombe
Camp Moti
Bon Air
Belle Vue Harel
Grande Pointe aux Piments
Gowsal
B17
Château Labourd
Solitude
Morcellement St. Andre
Sir Anerood Jugnauth Stadium
Mapou
Ansien Arsenal français
Balaclava
Tombe
Baie aux Tortues ou de l'Arsenal
Pamplemousses
Riv. Citron
A5
B17
Mon Rocher
Moulin à Poudre
B18
L'Aventure du Sucre
Beau Plan
Service d'In
The Mount 162
Hospital Sir. Seewoosagur R.
le Goulet
B11
Baie du Tombeau
Sir. Seewoosagur Ramgoolam Botanical Garden
St François
Pamplemousses
Petit Gamin
Tombeau
Arsenal
L'Espoir
B29
Madame Cayeux
Calebasses
The Mount
Sinatambou
M2
Camp des Embrevades
Baie du Tombeau
Riche Terre
Bois Marchand
Mon Goût
Petite Rosalie
Pte Roche Noire
Khoyratty
R. des Calebasses
B20
D'Epinay
A2
La Cocoterie
Terre Rouge
Bois Pignolet
Îlot
Grande R
Roche Bois
Le Hochet
B19
Château de Villebague
Fort George
Notre Dame
Baillache
Sainte-Croix
Long Mountain
Belvédère
Abercrombie
Congomah
B30
Valton
Long Mountain
Plaine des Calebasses
Cité la Cure
Ruisseau Rose
Port Louis
L'Échelle
La Nicolière
B49

Cap Malheureux
Pte Butte aux Sables
Anse la Raie
Pte Madras
Bassin Paquet
Passe Vacaos
Butte à l'Herbe
Pte aux Roches
Barachois
Passe D'Oscorne
Pte Oscorne
St- François
Pèlerinage St-Michel
Grand Gaube
Petit Camp
Pte Bernard
Melville
Réunion Maurel
Roche Terre
Germain
Petite Pointe
Bassin Bernard
Camp La Serpe
Passe Latazar
Pte Bernache
Matapan Island
Mamzelle Jeanne
Madame Azor
Anse Bonseruent
Île d'Ambre
Mapou
Leclezio
Goodlands
6
St-Antoine
Belmont
Grande Pointe
Pte Orientale
Passe St-Géran
Îlot Maunick
Grande Barachois
Bassin Goémons
Rivière du Rempart
Bois d'Oiseaux
Passe Des Citronniers
Passe Des Goelettes
Poudre d'Or
Monument St-Géran
Ste Philomène
Bassin Humbert
Cottage
Forbach
Espérance Trebuchet
Esperance
Poudre d'Or Hamlet
Passe Des Pirogues
Panchvati
Anse du Bain
Pte Lascars
Pointe Lascars
Baie la Rivière
Îlot du Mort
Pte Bonhomme
Pte de l'Embarcadère
Piton
Beau Séjour
Haute Rive
Bras de Mer des Fregat
La Clémence
Le Ravin
Rivière du Rempart
Gokoola
Pte de Roche Noire
Canal
Amitié
Mon Loisir
Plaine des Roches
Roches Noires
Antoinette
Barlow
Belle Vue Maurel
Mare Sarcelles
Riv. du Rempart
Amaury
Bois Jacot
Pte Lafayette
Monument Special Mobile Force
Poste la Fayette
Pte Radeau
Mon Songe
Bras de Mer Belcourt
Pte d'Esny
Bague
Plaine des Roches
L'Aventure
Île Malno
Poste de Flacq
Pont Praslin
Mare d'Australia
Riv. Françoise
Îlot Aigrettes
B13
B14
A5
B15
B16
A6
B21
B22
A2
Île aux Serpents
Pte Corinthie
Île Ronde
Pte Matapa
Pigeon House Rock
Île Plate
Îlot Gabriel
Coin de Mire

An den mauritischen Stränden weit verbreitet: possierliche Sperbertauben

❶ BAIE DU TOMBEAU

Bloß nicht vom Namen abschrecken lassen! Die Baie du Tombeau, die »Grabesbucht« etwa fünf Kilometer südlich von Pointe aux Piments, ist eine der malerischsten Buchten auf Mauritius – und eine der einsamsten, jedenfalls unter der Woche. Ihren irreführenden, eher gruseligen Namen verdankt die Grabesbucht vermutlich dem 1615 vor der Nordwestküste ertrunkenen Admiral Pieter Both, der hier irgendwo begraben sein soll. Die Landstraße ist an der Küstenseite bei Le Goulet gesäumt von Wochenendhäusern, Villen und einigen Gästehäusern. Im Landesinnern stößt man auf weite Zuckerrohrfelder und Palmen, dahinter stehen die Bergwächter von Port Louis Spalier, vom bizarren Pieter Both bis hin zum »Däumling« Le Pouce: spitz, zackig, zipfelmützig, mit oder ohne Kuppel – eine grandiose Kulisse. Das Filetstück der Tombeau-Bucht, der goldene Sandstrand, liegt im Norden: eine halbrunde Sichel, die sich ums türkisblau schimmernde Meer schmiegt. Der breite Strand wird flankiert von Filaos, Laubbäumen und Palmen. Hier fließt der Rivière du Tombeau ins Meer, ein paar Fischerboote schwanken im Tintenblau und einsame Muschelsucher stapfen durch den Schlamm. Auch Schatzsucher sollen an dieser Mündung schon nach alten Piratenschätzen gebuddelt haben, bisher erfolglos.

SERVICE & TIPPS

Baie du Tombeau
Die Gegend ist bzw. war einige Jahre als Treffpunkt der Drogendealer und -konsumenten verschrien, es gab einige Raubüberfälle. Bis heute zieht die Baie du Tombeau eher zwielichtige Gestalten an (Prostitution, Gentlemen-Strip-Bar ...). Trotzdem gilt der Ort aber wieder als sicher, teils werden die Buchten und Strände mit Kameras überwacht. Dennoch sollte man vor allem als Frau nicht abends und nicht allein hierherkommen. Vorsicht: Der Fluss kann starke Strömungen aufweisen.

❷ POINTE AUX PIMENTS

Nach schier endlosen, wogenden Zuckerrohrfeldern im Landesinnern erreicht man an der Küste den Pointe aux Piments. Der ein bis zwei Kilometer lange, von Felsen durchsetzte Strand beginnt hinter einer Wiese mit Kasuarinen, im Norden begrenzt durch die **Batterie des Grenadiers**: Die Reste dieser ehemaligen Granatenstellung der Franzosen lassen ahnen, wie umkämpft dieses Eiland im weiten Indischen Ozean einst war. An den Wochenenden wird es hier voll, mit rollenden Imbissbussen und plärrenden Eisbuden, kein Meter bleibt von picknickenden Mauritiern unbesetzt. Angler stehen im seichten Wasser, andere suchen Krebse und Muscheln. Am Abend lässt man sich auf den Bänken nieder und genießt das Farbenspiel des Sonnenuntergangs über dem Indischen Ozean.

Das **Mauritius Aquarium** hat hier ebenfalls seinen Sitz und begeistert die Besucher mit 200 Arten von farbenprächtigen Fischen und anderen Meeresbewohnern, von bunt gestreiften Clownfischen über furchterregende Muränen und Haie bis zu den Meeresschildkröten, die sich in mehreren Bassins und Becken tummeln.

An dem Küstenabschnitt rund ums südlichere **Balaclava** und die hübsche **Baie aux Tortues** (Baie de L'Arsenal) haben sich einige Luxushotels angesiedelt.

Kindergartengruppe vor dem Aquarium in dem kleinen Küstendorf Pointe aux Piments

SERVICE & TIPPS

Mauritius Aquarium
Coastal Rd., Pointe aux Piments
✆ 261 45 61
www.mauritiusaquarium.com
Mo–Sa 9.30–17, So 10–16 Uhr, Fischfütterung tägl. 11 und 15 Uhr, Eintritt Rs 300, Familien 200 p.P.
Schillernde Unterwasser-Flora und -Fauna mit rund 200 verschiedenen Arten von Meeresbewohnern.

Le Brisant Resto
Coastal Rd., Pointe aux Piments (neben dem Aquarium)
✆ 261 59 23, 057 70 49 66 (mobil)
Tägl. 11.30–15.30, manchmal auch 18–22.30 Uhr
Gegenüber einer kleiner Bucht an der Straße gelegenes, einfaches BBQ-Lokal mit Seafood (etwa King Prawns oder Hummer), Fisch und vielen authentischen einheimischen Gerichten. WLAN. €–€€

Soleil Couchant Restaurant
Royal Rd., Pointe aux Piments (an der B35, nahe dem Recife Hotel), ✆ 261 67 86
Nur mittags geöffnet
Ein etwas im Hinterland gelegenes Lokal mit Plastikmobiliar, aber leckeren und preiswerten Curry-Gerichten. €

Ananta Art Gallery
Victoria Hotel Rd.
Grand Point aux Piments
✆ 251 61 02
Bildhauer Devanand Bungshee erschafft schöne Skulpturen aus Bronze und Zement, der Künstler hat unverkennbar ein Faible für Dodos und Echsen, aber auch die Fantasie anregende Stücke ohne Souvenir-Charakter findet man in seiner auffälligen Laden-Werkstatt.

Freizeitangeln in Petite Pointe aux Piments

Pure Lebensfreude am Public Beach in Petite Pointe aux Piments

»Fliegende Schmuckhändlerin« am Strand von Trou aux Biches

3 TROU AUX BICHES

Nur ein paar Kilometer nördlich von Pointe aux Piments erstreckt sich einer der schönsten und längsten Strände der Insel mit vorgelagertem Korallenriff. An der rund sechs Kilometer langen, sanft geschwungenen Halbbucht von Trou aux Biches werfen Kasuarinenwäldchen ihre Schatten über den breiten Strand, an dem die bunten Saris der Mauritierinnen leuchten – als ständen sie im Farbenwettstreit mit dem türkis-blau-grünen Ozean. Hochseefischer aus aller Welt zieht der hier ansässige Sportfischerclub Le Corsaire an. Windsurfer teilen sich das verlockende Meer mit Badenden und Parasailern im Landeanflug. Die Sonnenanbeter versorgen sich an Imbissen, der Eiswagen plärrt Countrymusik.

Die meisten Mauritier kommen zum Ende der Woche hierher und übernachten in Familienzelten auf dem Campingplatz unter Kasuarinen. Dabei herrscht Arbeitsteilung nach alter Tradition: Die Männer angeln und grillen, die Frauen kochen das leckere Curry.

Die Küstenstraße B38 (übergehend in die B36) passiert Richtung Norden immer mehr Hotels, Restaurants, Läden (v. a. mit Taucherausrüstungen) und einen Golfplatz, bis sie hinter dem populären und schönsten öffentlichen Strand Mont Choisy am Pointe aux Canonniers – einer einstigen Garnison der Franzosen – einen scharfen Knick landeinwärts macht und in die grandiose Grand Baie mündet. Am **Mont Choisy** kann es an einem Sommerwochenende schon mal voll und laut werden, wenn sich 10 000 Mauritier hier tummeln und zehn Eiswagen vor sich hindudeln. Auf dem einstigen Garnisons-Areal empfängt heute das Hotel Le Canonniers seine Gäste, hier sind noch immer die französischen Kanonen zu sehen und ein restaurierter Leuchtturm, der im 18. Jahrhundert seinen Lichtstrahl über die tückische Küste und die Landspitze sandte.

Spaziergang an einem der schönsten Sandstrände von Mauritius: Trou aux Biches

Mit Klanghölzern und Zimbeln: farbenprächtiges Hindu-Fest der indischen Gemeinde auf der Hauptstraße in Triolet

Ausflugsziel:

Rund zwei Drittel der mauritischen Bevölkerung sind indischer Abstammung, die Hälfte aller Mauritier vertraut dem hinduistischen Pantheon, dem Abertausende von Gottheiten und Verehrte in vielen Erscheinungsformen angehören. Einer der schönsten Tempel der hinduistischen Glaubensgemeinschaft steht in Triolet: der **Maheswarnath Mandir Shivala**. Die Landstraße durch das auffallend indisch geprägte Städtchen sollte man jedoch während der Rushhour unbedingt meiden. Von den Abgasen und dem Zentimeter-Stoßverkehr auf der einzigen Hauptstraße bekommt Shiva im Maheswarnath Mandir Shivala nichts mit, der Tempel liegt am nördlichen Stadtrand von Triolet, von Trou aux Biches am besten zu Fuß zu erreichen (1,5 km).

Der Tempel ist das größte hinduistische Heiligtum unter den insgesamt rund 125 Hindu-Tempeln auf Mauritius und wurde 1891 erbaut. Das weiße quadratische Gebäude im Zentrum der idyllischen Anlage wird von einer Kuppel mit Türmchen gekrönt. An allen Seiten ist es geschmückt mit farbenfrohen Blumenranken, Ornamenten und Mustern sowie fast kitschigen Fresken, die wichtige Hindu-Götter darstellen. Vor dem säulengetragenen Eingang zum Heiligtum wacht Shivas Reittier Nandi, im schlichten Inneren ist Shivas phallisches Symbol, der Lingam, mit einem roten Tuch bedeckt. Davor verbreiten Öllampen und Sandelholz-Stäbchen den typischen angenehmen Tempelduft. In den Ecken wachen weitere Götter: rechts vom Eingang die Frau Shivas, Parvati, links sein Sohn, der Elefantengott Ganesh, hinten an der Wand Lord Kartika (auch Murugan). In anderen Schreinen im Tempelhof wird u. a. Vishnu, Krishna und Ganesh gehuldigt.

Am Eingang zum Tempelheiligtum des Maheswarnath Mandir Shivala in Triolet wacht Shivas Reittier Nandi

Unterwegs in Trou aux Biches

SERVICE & TIPPS

Le Pescatore
Royal Rd. (B36), Trou aux Biches
✆ 265 63 37
http://pescatore.restaurant.mu
Mo–Sa 12–14 und 19–22 Uhr
Eines der besten Restaurants der Insel. In diesem exquisiten Seafood-Lokal speist man romantisch auf einer Terrasse am Meer, z. B. Lamm in Orangen-Anissauce, Risotto oder Palmherzen – alles gar nicht so teuer, sofern man nicht angesichts der großen Weinauswahl schwach wird. €€€

L'Assiette du Nord
Royal Rd. (B36)
Trou aux Biches (nahe der Ampel)
✆ 265 70 40
Populäres Seafood-Lokal mit frischem Fisch, der stets mit leckeren Saucen serviert wird, es gibt aber auch Huhn, Rind und Lamm. Absolut preiswert, nur die Bedienung könnte etwas schneller sein. €

Le Dodo
Royal Rd. (B13)
Pointe aux Canonniers
✆ 263 63 89
Gemütliches Bambus-Rattan-Lokal, das Fischsuppen, Marlin-Tartare, gratinierte Krebse, Rindersteak und Hühner-Curry serviert – das Beste aus der europäischen und asiatischen Küche. €

Blue Safari Submarine
Royal Rd. (B36)
Trou aux Biches (nahe dem Hotel Coralia Mont Choisy)
✆ 265 72 72
www.blue-safari.com
Tägl. 8.30–15.30 Uhr
30-m-Tauchgang ab Rs 4900, U-Boot ab 8 J., Scooter ab 16 J.
Per U-Boot zum Riff und dem Wrack der »Star Hope«: Die Scooter werden selbst durch die Unterwasserwelt manövriert, allerdings nur bis zu 3 m Tiefe, das U-Boot taucht ab bis auf 35 m, man kann an Bord auch ein besonderes Ereignis feiern, ein Mittagessen genießen oder sich das Ja-Wort geben.

Corsaire Club – Centre de Pêche du Nord
Royal Rd. (B36)
Trou aux Biches
✆ 265 52 09
Beste Zeit für *big-game fishing*, das Hochseeangeln von großen Fischen, ist Dezember bis Februar.

Die größte hinduistische Tempelanlage auf Mauritius: Maheswarnath Mandir Shivala in Triolet

Köstlichkeiten für ein Strandpicknick: Kokosnüsse und …

Ausflugsziel:

Maheswarnath Mandir Shivala
Shivala St., Triolet (am nördl. Ortsrand von Triolet, nahe dem Busbahnhof, 1,5 km südöstl. von Trou aux Biches)
Tägl. 5–17.55 (!) Uhr
Wichtiger Hindu-Tempel aus dem Jahr 1891. Zum spektakulären Fest Thaipoosam Cavadee (Jan./Feb.) kommen Tausende Hindus zum Kasteien und Beten.

Die Schuhe sind vor dem Betreten des Haupttempels und der anderen Schreinhäuschen auszuziehen. Falls der Tempelwächter oder Priester auf Wunsch die verschiedenen Tempelfiguren erläutert, ist eine kleine Spende selbstverständlich.

… frittierte Teigbällchen zubereitet unter Filaos in der Ortsmitte von Grand Baie

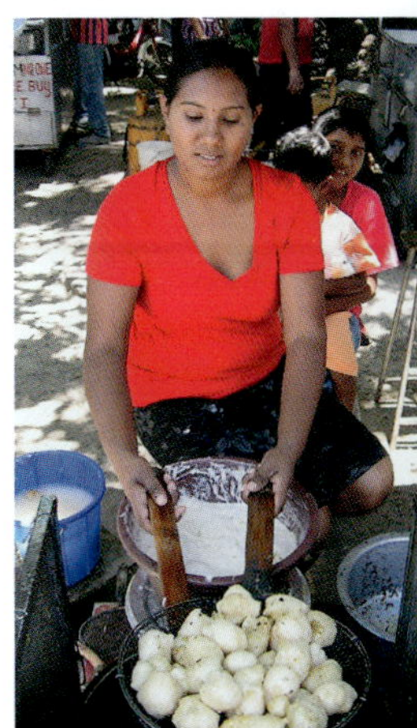

4 1 GRAND BAIE

Weiße Yachten und Katamarane blitzen in der weiten blauen Bucht, Urlauber genießen ihre Happy-Hour-Cocktails mit Blick auf den Yachtclub. Ein Wasserskiläufer saust winkend vorbei. Palmen und Filaos an den Stränden, wo bunte Surfsegel im Wind flattern, lilafarbene Bougainvilleen blühen in allen Hotelgärten. Ab und zu protzt ein Cabrio auf der Uferpromenade – war das nicht eben Sharon Stone …?!

Manch ein Mauritier spricht sogar vom »kosmopolitischen Grand Baie, der Côte d'Azur von Mauritius«. Doch der erste Eindruck trügt: Grand Baie liegt nicht an der Côte d'Azur, auch wenn man hier durchaus einem Präsidenten oder Supermodel beim Souvenirbummel oder beim Dinner begegnen kann. Der erste Badeort auf Mauritius, keine 20 Kilometer nordöstlich der

Hauptstadt, hat sich an manchen Ecken seine unaufgeregte und legere Atmosphäre bewahrt – aus den Zeiten als dies noch ein ruhiger kleiner Fischerflecken war. Hier ist gar kein Platz für Angeber: Kaum ist man im »Ortszentrum« – erkennbar an Bank, Supermarkt, Restaurants, Boutiquen und Autoverleih – dem Bus entstiegen und ein paar Minuten auf der Einkaufsmeile Sunset Boulevard entlang der Küste geschlendert, ist die City von Grand Baie (12 000 Einwohner) auch schon durchquert. Kein Ort, für den Urlauber unbedingt ein Abendkleid oder den Smoking einpacken müssen – es sei denn, man logiert im noblen Sechs-Sterne-Etablissement Royal Palm. Doch die Auswahl ist groß, immerhin eröffnete bereits in den 1970er Jahren das Merville Hotel als erstes in Grand Baie.

Insgesamt zieht sich die »Große Bucht« über fünf Kilometer zwischen dem Pointe aux Canonniers und dem Örtchen Péreybère an der Nordwestküste entlang. Die meisten Strandstücke sind von edlen Hotels belegt. Hier bleiben die Urlauber bis auf einige fliegende Händler, die ihr Glück mit Strandtüchern und T-Shirts versuchen, tagsüber unter sich und erst am späten Nachmittag bricht man zum Bummeln im Ortskern auf.

Den **Fischmarkt** direkt am Ufer gibt es immer noch, aber er ist überschaubar geworden. An einigen Ständen warten von Montag bis Samstag auch nachmittags noch Fische und Seafood in allen schillernden Farben auf meist einheimische Käufer.

In seiner Mitte ist der Badeort untrügerisch mauritisch, vor allem am Wochenende: Familien entspannen sich unter *Filaos* auf den Bänken an der Promenade, einige haben hier sogar ihre Zelte trotz Verbot aufgeschlagen. Schweift der Blick über

Pastellfarbene Gottheiten schmücken den …

die Bucht nach Süden, trifft er in der Ferne auf die Berge Pieter Both und Le Pouce. Die Fischer werkeln an ihren Booten, eine Frau steht mit gerafftem Sari bis zu den Knien im Wasser und planscht mit dem Sohn. Wer baden will, geht am besten zum winzigen, aber bildschönen Strand La Cuvette gleich neben dem Royal Palm Hotel.

Abends füllen sich die Bürgersteige, in Grand Baie haben die meisten Geschäfte bis weit nach Sonnenuntergang geöffnet: Schiffsmodelle, Bikinis und T-Shirts, Schmuck, CDs und naiv anmutende, typisch mauritische Gemälde in allen Regenbogenfarben warten auf neue Besitzer. Nicht jedes feilgebotene Kunsthandwerk stammt tatsächlich aus Mauritius – man sollte sich genau nach dem Herkunftsland der Schnitzereien erkundigen, wenn sich das »echt mauritische« Souvenir nicht als eigentlich indonesisch entpuppen soll.

... Tempel Vadapazhanee Murugan Kovil an der Hauptstraße in Grand Baie

Zweifellos hat Grand Baie die höchste Konzentration an Bars und Restaurants auf der Insel, am meisten los ist am Wochenende, wenn die Jugendlichen aus allen Landesteilen hierher strömen, wo sie bis zum Sonnenaufgang schwofen und feiern. Die mittlerweile viel zu enge B13 führt mitten durch den Ort, sie ist hoffnungslos verstopft in den Abendstunden, Pop und Seggae dröhnen aus Autos und Geschäften. Einige mauritische Jungs nutzen die Gunst der Stunde und wispern den blonden Urlauberinnen »Bonsoir Madame« hinterher – in der Hoffnung, sie in einem der Nachtklubs und Diskotheken wiederzutreffen, etwa im angesagten Goodfather Club, in der unscheinbaren BaraBar, im Les Enfants Terribles oder dem Buddha Club.

Einen besinnlichen Besuch wert ist der Tempel **Vadapazhanee Murugan Kovil** an der Hauptstraße, von dem bei Sonnenuntergang die Gebete herüberschallen. Der Hindu-Tempel wurde 1967 am Strand errichtet und dem Kriegsgott und Shiva-Sohn Murugan geweiht (auch Kartika und Skanda genannt). Man beachte die kunstvollen Götterfiguren am Gopuram-Turm über dem Eingang, die dem südindischen Madras-Stil entsprechen (Chennai School of Fine Arts Madras). Sie stehen, hocken oder lehnen in lässiger Haltung an den scharfen Profilen, Ecken und Gesimsen und schauen auf die Besucher herab. Besonders viele Hindus zieht es zu den Festen Aadi Khartigai (August) und Skanda Shasti (November) hierher, doch der größte Ansturm der Gläubigen und Büßer findet zum Thaipoosam Cavadee (Januar/Februar) statt, wenn die Hindus mit Selbstkasteiungen und Gebeten ihren Gott Murugan um Vergebung all ihrer Sünden bitten, z.B. mit dem Tragen eines schweren Holzgestelles, dem Cavadee, und in die Haut gesteckten Nadeln.

Nachruf auf die »Isla Mauritia«
Leider ist das legendäre Segelschiff seit einer Havarie 2011 nicht mehr in Betrieb. Der originale, 1852 auf Mallorca erbaute Schoner mit 32 Metern Länge war schon einmal 1959 unter mysteriösen Umständen gesunken. Nach einer Totalrestaurierung trat das Schiff dann in diversen Abenteuerfilmen auf, segelte zwischen Europa und der Karibik hin und her, bis es schließlich 1989 den Indischen Ozean durchquerte und vor Mauritius Anker warf. Nach Millionen Seemeilen ist die »Isla Mauritia«, eine Grande Dame der Schifffahrtsgeschichte, nun im wohlverdienten Ruhestand, fürs erste in der Bucht Grand Baie.

Ausflugsziel:

Knapp vier Kilometer vom Ortszentrum Grand Baies entfernt hat sich im Norden der kleine, schöne Strand bei **Péreybère** zum Ziel derer gemausert, denen Grand Baie schon zu touristisch

Das Restaurant »The Beach House« an der Bucht von Grand Baie

oder zu teuer ist, etwa die preisbewussten Franzosen, die hier gerne überwintern, Rucksackreisende und Familien. Ein paar Restaurants, Bars und unzählige Ferienhäuser sowie preiswerte (oft sehr einfache) Apartments haben sich entlang der Küstenstraße und im Hinterland angesiedelt. Einige Strandhändler und Beachboys plaudern mit Touristinnen unter Kasuarinen, Kajaks stehen bereit zur Spritztour ins funkelnde Nass. Im Norden kann man die flachen Felsen erklimmen und in Ruhe die Aussicht auf das Treiben genießen oder selbst zum Schnorcheln am Riff ins Wasser steigen. Die Taucher rund um Grand Baie treffen sich an den drei Wracks »Silver Star«, »Amar« und »Star Hope« (alle in 22–40 m Tiefe), die auch viele farbenprächtige Fische anlocken.

Obwohl ein Nachtjäger ist der bizarre, aber giftige Lionfish auch tagsüber zu beobachten

SERVICE & TIPPS

Vadapazhanee Murugan Kovil
Royal Rd. (B13), Grand Baie
Tägl. 6–18 Uhr
Hindu-Tempel zu Ehren des Kriegsgottes Murugan (Kartika).

The Beach House
Royal Rd. (B13)
Grand Baie
✆ 263 25 99
www.thebeachhouse.mu
Tägl. 11–15 (Lunch), 15.30–18 (Snacks), 18–22 Uhr (Abendessen)
Restaurant und Beach Bar, in dem man auch frühstücken kann. Unten rustikale Bänke, oben Bar mit schöner Hafenblick-Veranda (nur abends geöffnet). Spezialität sind die Garnelenspieße, aber es gibt auch Steaks, Salate, Rippchen, scharfe Thai-Salate und sogar Eisbein. Abends und an Wochenenden besser reservieren. Oft spielen Live-Bands und baden kann man hier auch, ein Handtuch wird gestellt. €€–€€€

Le Capitaine
Royal Rd. (B13), Grand Baie (nahe der Polizeistation)
✆ 263 68 67
www.lecapitaine.mu
Tägl. 11.30–15 und 18.30–22.30 Uhr
Eines der ältesten Lokale der Insel: Man speist in toller Lage unter freiem Himmel am Meer. Es gibt vor allem Fisch und Meeresfrüchte auf einheimische Art zubereitet. Leider

etwas hochnäsige Kellner. Billardtische und Livemusik. €€

Sunset Café
Sunset Blvd., Grand Baie
✆ 263 96 02
www.sunset-cafe-grand-baie.restaurant.mu
Tägl. 8–22.30, Happy Hour tägl. 16–19 Uhr
Beliebtes Café mit kleinen Snacks und Eis, von der Veranda lässt sich das Treiben im Yachthafen schon beim Frühstück am besten beobachten. Außerdem Pizza, Steaks, Fish & Chips und Salate, Bier, Smoothies und Cocktails. €–€€

Café Müller
Royal Rd. (B13), Grand Baie
✆ 263 52 30
Mo–Fr 8–17, Sa Brunch 10–14, Okt.–März Brunch 10–14 Uhr (reservieren!)
Bei Maren Müller schmaust man in einer winzigen Garten-Oase. Ihr Samstagsbrunch ist eine Institution: mauritisch-indische Spezialitäten und Leckereien vom Büffet, ansonsten kann man sich gesund satt essen mit Sandwiches, Omelette, Crêpes (mit interessanten Füllungen), geräuchertem Marlin, vielen Salaten (auch Tofu) und ebenfalls hausgemachtem Apfelstrudel. €

Luigi's
Royal Rd. (B13), Grand Baie (im Norden neben der Total-Tankstelle)
✆ 269 11 25
www.luigis.restaurant.mu
Di–Fr, So 18–23, Sa 12–14.30 und 18–23 Uhr
Ob Steinofen-Pizza oder Pasta, Lamm oder Lachs, Rinder- oder Fischfilet – ein echter Italiener, gut und preiswert. Ein kleines Gläschen Rum gibt's immer dazu. Man speist auf der (lauten) Terrasse oder drinnen. Am Wochenende muss man reservieren! WLAN. €

The Domaine
Narainen St., The Vale, Upper Vale (ca. 3 km südöstlich von Grand Baie)
✆ 263 52 86
Großes Speiselokal in einer alten Scheune im bäuerlich anmutenden Hinterland, wo die Hähne krähen und nachts die Hühner in den Bäumen sitzen. Vorspeisenteller aus Calamares und Krevetten, spottbillige Bratreis-Gerichte, gegrillter Fisch, Chili-Hühnchen oder Hühner-Curry. Abends sollte man besser reservieren, da hier viele Einheimische speisen. €

BaraBar
Royal Rd.
Grand Baie
✆ 059 36 13 51 (mobil)
Mi–Sa 20.30–2 Uhr
Unscheinbar aber oho: In dem hässlichen Betonklotz an der Total-Tankstelle, im Inneren mit dem Charme eines Wohnzimmers, treffen sich die ansässigen Millionäre, so sagt man … Livemusik, Reggae, Elektronik-Pop usw.

Es macht Spaß zu Feilschen im Grand Baie Bazar

Brigitte Charoy
Royal Rd. (B13), Grand Baie (am westlichen Ortsende)
✆ 263 09 63
www.brigittecharoy.com
Die Deutsche führt eine Boutique mit lauter schönen, indisch angehauchten Dingen und Prêt-à-porter-Ware: Saris und Sarongs, Schmuck und Accessoires. Auch Strand- und Kinderkleidung sowie originelle Strickfiguren wie der Dodo.

Grand Baie Bazar
Racket Rd., Grand Baie (Abzweig von Royal Rd., Richtung Restaurant La Jonque)
Mo–Sa 6–18, So 6–12 Uhr
Souvenirs und Schnickschnack, Kleider und T-Shirts, Pareos und Saris, Dekoartikel, Taschen und Gemälde. Was immer das touristische Herz begehrt, hier wird man fündig. Man muss allerdings feilschen! Auch Obst und Gemüse für Selbstversorger.

Pride Mark
Im Shoppingcenter La Croisette Sottise, Twenty Foot Rd., Grand Baie
Markenwaren zu Spottpreisen (aus Überschuss-Produktionen): Wrangler-Jeans für € 10, ein Armani-Hemd für € 7 oder gleich ein ganzer Anzug für knapp € 50.

Sunset Boulevard
Uferpromenade, Grand Baie
Meist teure Läden und Boutiquen mit edler Seidenbekleidung, Juweliere und Cafés.

Solar Undersea Walk
Coastal Rd., Grand Baie (Uferpromenade nahe der Caltex-Tankstelle)
✆ 263 78 19
www.solarunderseawalk.com
Exkursionen tägl. außer So 9–13.30 Uhr, Rs 1200
Wer im Urlaub möglichst viel unternehmen will – ob auf oder unter Wasser – ist in Grand Baie am richtigen Platz. Der Renner unter den Aktivitäten ist der Undersea Walk (ab 7 J.). Mittlerweile wandeln die Unterwasserspaziergänger auch vor anderen Badeorten auf dem Meeresgrund, etwa in Black River und Belle Mare an der Ostküste.

Beschaulichkeit am Cap Malheureux: Ohne Hast repariert ein Fischer sein Boot

5 CAP MALHEUREUX

Auf dem Weg ans Nordkap von Mauritius passiert man, von Westen kommend, den schmalen **Strand Coin de Mire**, wo oft die Tretbootfahrer und Kanuten aus dem gleichnamigen Hotel im flachen Wasser unterwegs sind, und etwas später einen idyllischen Friedhof mit Meerblick-Grabstätten und einem riesigen Banyan-Baum. Immer näher scheint die unbewohnte **Insel Coin de Mire** zu rücken, die von Weitem einer Robbe ähnelt, ihre Nase aus dem Wasser reckend. Die schroffe, 163 Meter hohe Steilküste dieses Eilandes erhebt sich etwa vier Kilometer vor der

UNTERWASSERSPAZIERGANG IN GRAND BAIE

An Bord des solarbetriebenen Bootes sind alle in gespannter Erwartung, alle sehen martialisch aus: Tauch- oder Badeanzug mit kiloschwerem Bleigürtel um die Hüften, Gummi-Boots, 40 Kilogramm schwerer Helm auf den Schultern. Das Unternehmen wirbt damit, dass »alle und jedermann« an dem Unterwasserspaziergang teilnehmen können, man muss nicht einmal schwimmen können. Boris Becker machte es vor, wie die Broschüre verrät, und in unserer Truppe sind ein Mann mit Beinprothese, ein Kind und eine füllige 70-jährige Engländerin. Der Ausflugsleiter setzt ihr den wasserdichten Helm auf, die Brille kann sie aufbehalten, und dann geht's ab unter Wasser auf den Grund der drei bis vier Meter tiefen Lagune.

Dort angelangt nehmen sich alle Unterwasserspaziergänger an die Hand und tippeln los: Es ist wie Laufen auf dem Mond, Tauchen und Schlafwandeln in einem. Tatsächlich werden Astronauten auf diese Weise ausgebildet. Blasen steigen auf, Blubbergeräusche im Helm. Die Unterwasserspaziergänger tänzeln durch das Wasser, fast schwerelos und wie in Zeitlupe. Mit Brot angelockt, umzingeln uns plötzlich Hunderte Fische: lauter schwarz-weiß-Gestreifte, einzelne in Rosa, andere im Regenbogen-Outfit und einige mit feuerrotem Streifen. Eine wahre Fisch-Armada, die anderen sind vor lauter Unterwasserfauna auf einmal nicht mehr zu sehen. Tintenfische schweben über Korallengärten, die Weichkorallen fühlen sich an wie Wackelpudding. Man berührt ein haariges Etwas, eine Riesenmuschel, die sich sofort schließt, ein Angestellter schießt die Unterwasserfotos, die im Preis inbegriffen sind.

Was für eine Ruhe hier unten herrscht! Eine Szenerie fast wie in einem Abenteuer von Jules Verne – wie in »Zwanzigtausend Meilen unter dem Meer«, wo Kapitän Nemos Mannschaft den Meeresboden bestellte, um die Besatzung der »Nautilus« mit Lebensmitteln zu versorgen. Nach 20 Minuten ist der Spaziergang vorbei. Die indische Urlauberin Rashmi sagt strahlend: »Ich fühle mich wie die erste Frau auf dem Mond!«

Zu hoffen ist, dass die Teilnehmer des »Undersea Walk« die empfindlichen Korallen nicht berühren

Tagesfang: schillernde Barrakudas

Küste Mauritius', Ausflügler im Katamaran nehmen die markante Silhouette tagtäglich ins Visier ihrer Kameras.

Zurück zum Festland: Wenn die kleine hübsche Kapelle **Nôtre Dame Auxiliatrice** mit ihrem rotem Satteldach, dem kecken Giebel und freistehenden Glockentürmchen hinter einer Kurve erscheint, dann ist das Kap erreicht, das so viel Unglück gebracht hat: Cap Malheureux. Viele Schiffe kollidierten hier mit dem Riff und sanken. Im Inselnorden spielte sich auch die bekannte Tragödie von »Paul und Virginie« ab, ein Liebespärchen, dessen Schicksal durch den Schiffbruch der »St. Géran« besiegelt wurde – jedenfalls im Roman von Bernardin de Saint-Pierre (vgl. S. 127). Historisch belegt dagegen sind die Geschehnisse vom 2. Dezember 1810: Hier, an der nördlichsten Spitze von Mauritius, landeten die Engländer nach mehrtägiger, erbitterter Seeschlacht gegen die Franzosen, um Besitz von dem kolonialen Eiland zu ergreifen. Einen Tag später wurde der Kapitulationsvertrag von den Franzosen unterschrieben.

Heute herrscht am Kap träge Ruhe, besonders am frühen Morgen. Auf dem schmalen Streifen Sand vor der malerischen Kirche hämmern einige Fischer an ihren Kähnen, zwei Muschelverkäufer versuchen ihr Glück mit den ersten Touristen auf Erkundungsrundfahrt, einige Dominospieler sind konzentriert bei der Sache und ein junger Mann trägt seinen Fang zum Mofa: einige silbrig glänzende Barrakudas, die hier »Woowoo« genannt werden.

Bei der Weiterfahrt Richtung Osten über die Bucht von **Anse la Raie** bietet sich ein Stopp am **Pointe Madras** an. In der weit geschwungenen Bucht rauscht der Wind durch die Kasuarinen und lässt die Fischerboote auf den Wellen tanzen. Einige Fischer ziehen am Abend ihre Netze hinter sich her durch das seichte Wasser. Am westlichen Ende der Bucht leuchten die weißen Villen des Paradise Cove Boutique Hotels. In der östlichen Ecke der Bucht steht ein kleiner, dem Elefantengott Ganesh und Vatergott

In der sanften Dünung dahindümpelnde Pirogen am Cap Malheureux

Katamarane bringen Tagesausflügler zur Îlot Gabriel

INSELN IM NORDEN

Etwa 20 Kilometer nördlich von Mauritius treiben diese beiden von Wind und Wetter merkwürdig geformten Inselchen im Meer: **Round Island** (Île Ronde) und die **Île aux Serpents**. Allein von ihren Namen sollte man sich kein Bild machen, denn weder ist die »Runde Insel« rund noch gibt es Schlangen auf der »Schlangeninsel«. Die Schlangen leben auf der runden Insel.

Im Gegensatz zur kahlen Schlangeninsel ist Round Island ein steilwandiges Paradies für Ökologen: Auf diesem schroffen, 154 Hektar großen und isolierten Eiland im Meer wachsen noch die letzten Exemplare der Hurricane-Palme, der Talipot-Palme und die seltene Flaschenpalme sowie die häufiger vorkommende Pandanus-Palme. Vom Aussterben bedrohte, weißschwänzige Wasservögel finden hier Zuflucht, um ungestört zwischen den Felsen nisten zu können, endemische Reptilien wie die nur anderthalb Meter lange Keel Scale Boa und Gunthers Taggecko sind weltweit nur noch auf diesem Fleckchen Erde anzutreffen. Seit 1984 stehen die beiden Eilande unter Naturschutz und lediglich Ökologen ist der Zutritt erlaubt – und selbst sie müssen ihre Schuhe vor dem Betreten ausleeren und abklopfen, um nicht etwa fremde Samen in das empfindliche Ökotop einzuschleppen. Doch die Wissenschaftler sind zuversichtlich: Das Ökosystem erholt sich langsam, aber sicher.

Flat Island (Île Plate), eine flache Insel mit schönen Stränden und einem Leuchtturm, und die nur hundert Meter entfernte **Îlot Gabriel** sind dagegen Ziele der täglichen Yacht-Ausflügler und Schnorchler aus den Badezentren im Norden, ebenso die Insel **Coin de Mire** mit ihrer imposanten Steilküste. Flat Island hat eine bewegte Vergangenheit als Quarantäne-Station für Schiffspassagiere auf ihrer Passage nach Mauritius: 1891 starben hier rund 1000 Menschen, die wegen des Ausbruchs der Pocken in Europa nicht auf das nur elf Kilometer entfernte Mauritius durften. Der Roman »Ein Ort fernab der Welt« des Franco-Mauritier Jean-Marie Gustave Le Clézio, der 2008 den Literaturnobelpreis erhielt, schilderte 1998 das damalige Geschehen. Ein Friedhof auf dem Inselchen kündet noch heute davon.

Juveniler Kofferfisch: Sie leben bevorzugt in den Lagunen des vorgelagerten Barrierereriffs

Cap Malheureux bei Ebbe mit der Kapelle Nôtre Dame Auxiliatrice, eines der beliebtesten Fotomotive der Insel

Ein farbenprächtiger Leoparden-Drückerfisch: Sein Habitat sind Korallenriffe und sandige Lagunen

Shiva gewidmeter Schrein – umringt von bunten Gestalten der hinduistischen Mythologie. Ein hübscher Platz für Andachten!

Vor allem an hinduistischen Feiertagen wie dem Maha-Shivaratri-Fest im Februar/März versammeln sich viele Gläubige hier. Doch die meisten kommen zu Ganga Asnan im Oktober/November ans Meer. Das Fest dient dem Gedenken an den heiligen indischen Fluss Ganges und seinen göttlichen Ursprung. Die Fluten des Ganges geben den Hindus aus aller Welt bekanntlich die Möglichkeit sich von ihren Sünden reinzuwaschen. Die Mauritier müssen dazu nicht unbedingt nach Indien pilgern. Da der Ganges in den Indischen Ozean mündet und sein Wasser somit auch die Küste von Mauritius umspült, strömen die mauritischen Hindus zu Tausenden an ihre eigene Landesküste. Die Gläubigen nehmen hier ein reinigendes Bad, sprechen Gebete und übergeben kleine Opfergaben und bunte Kanwar-Gestelle dem offenen Meer und den Göttern – um so auf ihren Segen zu hoffen.

SERVICE & TIPPS

Nôtre Dame Auxiliatrice
Cap Malheureux (direkt an der Küstenstraße B13)
Bildschöne und fotogene Kapelle. 100 m westlich liegt ein idyllischer Friedhof mit einem riesigen Banyan-Baum.

Kanaco
Royal Rd.
Cap Malheureux (nahe dem Friedhof)
✆ 262 83 78
Mo–Sa 11.30–15.30 und 18.30–22 Uhr
Familiäres Lokal mit kreolischer Hausmannskost. €€

Le Capre
Royal Rd.
Le Pavillon, Cap Malheureux (an der B45, beim Busbahnhof)
✆ 262 64 83 und 052 55 61 08 (mobil)
Auf Fisch und Meeresfrüchte spezialisiertes Lokal im Süden des Ortes, besonders Hummer, Garnelen, Tintenfisch und frischen Marlin gibt es hier. Außerdem hausgemachten

Rum. Der Besitzer greift auch gerne mal zur Gitarre.
€€

Dreamcatcher
Büro: 251 Morcellement Anna, Flic en Flac
Abfahrt: unterhalb der Kirche am Cap Malheureux
✆ 057 05 07 95 (mobil), in Deutschland:
✆ (089) 458 149 92
www.dreamcatcher-mauritius.com
Ganztägige Katamaran-Touren zu den im Norden vorgelagerten Inseln und (noch) einsamen Schnorchelplätzen. Unter deutscher Leitung mit maximal zwölf Gästen und inkl. BBQ-Lunch. Es werden außerdem zweistündige Sunset-Touren sowie Hochzeitstörns angeboten.

HISTORIC MARINE

Aus aller Welt gehen die Bestellungen bei der 1982 gegründeten Firma ein. Aus importiertem Teakholz und Mahagoni zaubern die 125 Kunsthandwerker und Angestellten in mühsamer Kleinarbeit nach Originalplänen die Modellschiffe: US-Kriegsschiffe aus dem 19. Jahrhundert wie die »U.S. Constitution« aus dem englisch-französischen Krieg (1812–14) oder der Raddampfer »Mississippi«, die »Saint Géran«, die vor Mauritius sank, die Dschunke »Red Dragon« aus dem Südchinesischen Meer, die majestätische »Wasa« aus Schweden, der italienische Trainings-Schoner »Amerigo Vespucci«, der legendäre Dreimaster »Bounty« von Captain Bligh, der von den Meuterern schließlich in Brand gesetzt wurde, und nicht zu vergessen Captain Cooks »Endeavour«. Auch deutsche Seefahrer und Möchtegern-Kapitäne kommen auf ihre Kosten. Ausgestellt sind die »Gorch Fock« sowie die aus dem 17. Jahrhundert stammenden Schoner »Wappen von Hamburg« und »Berlin«.

Am teuersten sind die Modelle der prächtigen »Souvereign of the Seas« aus der britischen Flotte, eines der ältesten Segelschiffe aus dem 17. Jahrhundert, und der französischen »Royal Louis« mit 120 Kanonen an Bord. Man beachte die aufwendigen Bronzearbeiten an diesen Modellen: Wappen, Kanonen, Bugfiguren – alles bis ins Kleinste detailgetreu modelliert. Bis zu fünf Monate Arbeit steckt in den kleinen, nicht gerade billigen Kunstwerken. Zu den Kunden zählten schon Alain Delon, Catherine Deneuve und Phil Collins.

Modellschiffe und Souvenirs rund ums Segeln: Historic Marine in Goodlands

Ruhe statt Trubel an der Bucht von Grand Gaube

6 GOODLANDS

Die Landstraße B14 ins Landesinnere rollt sanft auf und ab Richtung Goodlands, dem größten Ort des Nordens. An den verstreuten Überresten von Kaminen der einstigen Zuckerrohrfabriken lässt sich erkennen, wie ausgeprägt dieser Wirtschaftszweig hier im Norden der Insel einst war – und immer noch ist. Anders als auf der restlichen Inselfläche ist der Norden weithin flach bis hügelig bis zu den Nicolière-Bergen und daher für den Anbau der Nutzpflanze bestens geeignet. Während der Blüte der Zuckerrohrpflanzen sieht der Reisende im Auto manchmal nur noch haushohe Wände aus grünem Zuckerrohr bekrönt von silbergrauen Büscheln, durch die man wie in einem Tunnel hindurchfährt und in denen man sich nicht selten verfährt. Die ältesten und bekanntesten Zuckerrohrplantagen sind Belle Vue Harel beim Ort Mapou und Mon Loisir.

Im unverkennbar indisch geprägten Städtchen Goodlands (4 km von der Küste entfernt) besuchen zahllose Urlauber tagtäglich die größte Modellschiff-Fabrik des Landes, **Historic Marine**: Die Ausstellung historischer Windjammer und Schoner ist faszinierend, denn wer wollte nicht schon immer einmal auf den Spuren von Piraten und Entdeckern wandeln – und sei es nur in einer Werkstatt. Wer mit dem Auto anreist, sollte die Rushhour meiden, auf der einzigen Hauptstraße herrscht dann ein asiatisch anmutendes Gewirr aus Bussen, Mofas und Radlern, Taxis und Saris.

Ausflugsziele:

Nordwestlich von Goodlands liegt **Grand Gaube**, das sich als winziger Fischerort an einer fast kreisrunden Bucht entpuppt, mit einem Hindu-Tempel mitten im Zuckerrohrfeld und zwei Hotels für Urlauber, die Ruhe statt Trubel bevorzugen.

Wer in dieser Gegend in den Fußstapfen alter Seemänner, Haudegen und Piraten reist, sollte einen kurzen Abstecher nach **Poudre d'Or** südlich von Goodlands machen. Das Dorf an der Nordostküste taucht in historischen Dokumenten aus den Staatsarchiven und in Legenden als mögliches Versteck von Piratenschätzen auf. Immerhin lautet der Name des Ortes übersetzt »Goldstaub«. In den 1950er Jahren stolperte ein Bauer im nördlichen Belmont über einen Koffer voller Goldmünzen. Seitdem graben und tauchen hier und auf der vorgelagerten Île d'Ambre immer wieder schatzsuchende Expeditionsgruppen aus aller Welt: Dabei kamen in den 1960er Jahren zwar das Wrack der »Saint Géran« (vgl. S. 127) und ein paar Münzen zutage, aber das war's dann auch schon mit den begehrten Schätzen – vielleicht bezieht sich der verheißungsvolle Name ja doch nur auf die Farbe des hiesigen Strandes. Von den Bänken am Obelisk-Monument für die 1744 vor dieser Küste gesunkene »Saint Géran« kann der Fremde den Meerblick genießen und noch ein bisschen im Schatzfieber schwelgen – oder selbst Pläne zur Schatzsuche schmieden.

SERVICE & TIPPS

Historic Marine
Zone industrielle St. Antoine
Goodlands (ausgeschildert)
✆ 283 94 04
www.historic-marine.com
Mo–Fr 9–17, Shop auch Sa/So 9–12 Uhr
Werkstatt für historische Schiffsmodelle mit Shop, außerdem edles marines Mobiliar aus Teak, Ebenholz und Mahagoni. Es werden auch Modelle als Auftragsarbeiten gefertigt. Die Preise liegen höher als andernorts – doch ein Blick auf die Qualität und die Details überzeugt. Die Schiffe werden auf Wunsch in Holzkisten verstaut und an die Heimatadresse zugestellt bzw. für die Flugreise sicher verpackt. Weitere empfehlenswerte Werkstätten befinden sich in Curepipe und Pamplemousses.

Ausflugsziel:

Island Wings Mauritius
ZI Mon Loisir, Sugar Estate (Airstrip)
Rivière du Rempart
✆ 057 29 02 86, 054 21 49 87 (mobil)
www.islandwingsmauritius.com
Ultraleichtflieger Rs 3500 (20 Min.), Segel-Wasserflugzeug Rs 6500 (30 Min.)
Spektakuläre Rundflüge in einem Ultraleichtflugzeug oder Segelflieger über der Nord- und Ostküste, je nach Wind und Wetter ganzjährig zu buchen.

7 2 PAMPLEMOUSSES

Der **Sir Seewoosagur Ramgoolam Botanic Garden Pamplemousses** ist eine der Hauptattraktionen der Insel – und das mit Recht: In dem herrlichen Park wandelt der Besucher auf schnurgeraden Palmenalleen, schattigen Spazierwegen entlang von Fischteichen oder auf verschlungenen Pfaden unter gigantischen

Lotosteich im Sir Seewoosagur Ramgoolam (SSR) Botanic Garden Pamplemousses

Banyan-Bäumen mit Luft- und mannshohen Brettwurzeln. Der Rivière Citron und Kanäle schlängeln sich durch das üppig grüne Areal, wo kleine Pavillons und Bänke zur Rast einladen. Schon das schmiedeeiserne, weiße Tor zum Botanischen Garten ist ein denkmalgeschütztes Schmuckstück (19. Jh.) und wirkt mit seinen Verschlingungen, Windungen und Verdrehungen fast schon wie elegante Spitzenklöppelei.

Der Ort Pamplemousses und der Park entstanden bereits im 18. Jahrhundert als sich der Gouverneur Mahé de Labourdonnais hier 1735/36 seinen Landsitz »Château de Mon Plaisir« mitsamt Gemüsegarten einrichtete. Der Garten wuchs immer weiter mit importierten (medizinischen) Kräutern und Gewächsen aus Europa und Asien, mit denen schließlich sogar die Krankenhäuser und französischen Handelsschiffe versorgt wurden. Orchideen und exotische Gewürze aus den Molukken – wie Muskatnuss, Gewürznelke und Pfeffer – wurden auf Mauritius angepflanzt, um das damalige Gewürzmonopol der Holländer zu beenden. Ehrgeiziger Initiator des Projekts war ab 1768 Pierre Poivre, der Nachfolger von Labourdonnais. Von hier brachte man die Gewürznelke ab 1818 nach Sansibar, das heute zu den führenden

PIRATEN ALS VORFAHREN

»Mein Schatz gehört dem, der dies versteht.« Kurz bevor der berüchtigte Pirat Olivier le Vasseur (genannt La Buse: der Bussard) am 7. Juli 1730 auf der Insel Bourbon, dem heutigen La Réunion, gehängt wird, wirft er mit diesen Worten einen Zettel in die Menge, die vor dem Schafott auf seine Hinrichtung wartet. So sagt es jedenfalls die Legende. Der Schatzplan gelangte später in die Hände des Korsaren Bernardin Nageon de L'Estang – Le Butin – und in dessen Hauptquartier Mauritius, wo auch er seine Schatztruhen vergraben haben soll. In seinen Briefen verriet er die Orte: Vieux Grand Port und Vacoas.

Der Indische Ozean rund um Mauritius wimmelte zu jener Zeit vor Seeräubern, die sich ab 1710 auch auf Mauritius ansiedelten. Ihr Hauptstützpunkt war jedoch Madagaskar, wo sie mit »Libertalia« eine eigene Freibeuter-Republik ausgerufen hatten. Sie lauerten vor allem den britischen Schiffen auf ihrer Indien-Route auf und stahlen die kostbare Fracht: edle Seide, Gewürze und Gold. Die Bewohner von Mauritius (damals noch Île de France) waren durch das lukrative Freibeutertum durchaus zu angesehenen Handelsleuten geworden, vor allem die Amerikaner kamen den weiten Weg über den Atlantischen Ozean, um das Diebesgut zu erstehen. Die Mauritier nannten sich verharmlosend *Corsaires* (Korsaren) und bedienten sich eines Freibriefs der französischen Regierung, der ihnen den Status von Kriegsführern gegen das englische Königreich verlieh. Einer der erfolgreichsten mauritischen Korsaren war Robert Surcouf, der Schrecken der englischen Kapitäne. Etwa 50 Schiffe hatten »der König der Korsaren« und seine Mannen gekapert. Die britische East India Company hatte sogar ein hohes Kopfgeld auf ihn ausgesetzt, doch der Seeräuber starb 1827 eines natürlichen Todes als vermögender Reeder in Saint-Malo in Frankreich.

Lange Zeit grassierte auf Mauritius das Schatzfieber unter den Nachfahren der Piraten. Früher traf man sich bei Séancen, um die Toten nach den Schatzorten zu befragen, im vergangenen Jahrhundert beschäftigten sich Archäologen dann ernsthaft mit dem Thema. Die Wissenschaftler versuchten, die Briefe und Karten zu entziffern und gruben an diversen vermuteten Schatzplätzen, wie der Baie du Tombeau im Nordwesten, bei Trou d'Eau Douce an der Ostküste sowie bei Tamarin und Petite Rivière im Südwesten. In den 1950er Jahren fand dann ein Bauer in der Nähe von Belmont im Norden einen ganzen Koffer voller Goldstücke. In dieser Gegend um Poudre d'Or soll noch mehr von dem La-Buse-Schatz vergraben sein.

Eine Attraktion des Pamplemousses-Gartens: die riesigen Blätter der Amazonas-Wasserlilien

Exportländern zählt. Auch mit Zuckerrohr experimentierten die Mauritier in Pamplemousses, dazu importierte man im 19. Jahrhundert verschiedene Arten aus Australien, Java, Trinidad und Guyana. 1988 erhielt der Royal Botanic Garden den Namen des ersten Ministerpräsidenten des unabhängigen Mauritius, dessen Leichnam hier in einer feierlichen Zeremonie verbrannt wurde.

600 Pflanzenarten aus allen Ecken der Welt, sogar aus dem Amazonasbecken, sind auf dem 37 Hektar großen Gelände zusammengetragen worden. Allein die Vielzahl der verschiedenen Palmenarten ist beeindruckend: wuschelige und »königlich«-majestätische, kerzengerade und dickbäuchige, spindeldürre und spiralförmige, fächerartige, gelockte und natürlich Kokosnuss- und Betelnuss tragende. Ein Fünftel der Pflanzen ist endemisch, das heißt nur auf Mauritius zu finden. Sogar bis zu 300 Jahre alte Pflanzen und Bäume sind in dem ältesten botanischen Garten der südlichen Hemisphäre beheimatet, ebenso Gewächse, die vom Aussterben bedroht sind oder waren wie die mauritischen Ebenholzbäume.

Und erst die Fotomotive! Um die besten zu finden, braucht man keine Karte und keinen Führer. Wo ganze Reisegruppen verzückt in einer Reihe stehen und um die Wette knipsen, dort sind die botanischen Stars von Pamplemousses zu finden: der Lotosteich mit seinen mannshohen weißen oder rosafarbenen Blüten und nebenan die Wasserlilien vom Amazonas (Victoria regia) mit ihren gigantischen kreisrunden Blättern. Etwas mehr Glück braucht man bei der exzentrischen Talipot-Palme: Nur etwa alle 30 bis 40 Jahre lässt sie ihr prachtvolles Blütenwerk mit Milli-

Dokumentiert: Im Botanischen Garten von Pamplemousses pflanzte Nelson Mandela 1998 ein Ebenholzbäumchen

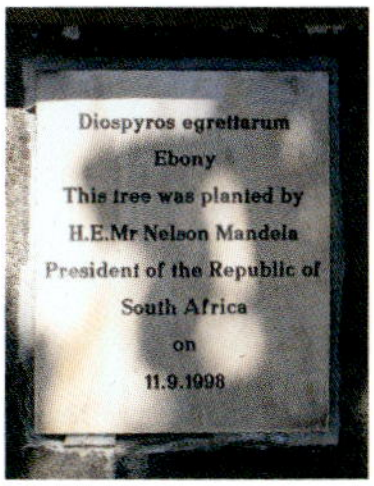

Die altehrwürdige Königspalmenallee im Botanischen Garten von Pamplemousses

onen von Blütenblättern blicken (so im März 2013), danach stirbt sie ab. Auch die Nase kommt auf ihre Kosten. Die Führer weisen auf wohlriechende Blätter, Hölzer und Wurzeln wie Zitrone, Eukalyptus, Ingwer und Zimt hin.

Die zweistöckige weiße **Kolonialvilla** mit der feingliedrigen umlaufenden, doppelstöckigen Veranda ist ein Nachbau aus dem Jahr 1850 im damals charakteristischen französischen Stil und dient heute als Sitz des Direktors. Ab und zu wird hier alles auf Hochglanz gewienert, wenn ein hoher Staatsgast in den historischen Gemächern empfangen wird, so wie Indira Ghandi, die im Botanischen Garten 1970 eigenhändig einen Bois d'olive (Elaeondron oriental) pflanzte (einer der Wege wurde ihr gewidmet), oder die englische Prinzessin Margaret, die 1956 einen Guavenbaum ins Erdreich setzte, oder Nelson Mandela, der mit einem Ebenholzbäumchen anreiste.

Ein Gehege mit Java-Wild, einige Aldabra-Riesenschildkröten, eine alte Zuckermühle (als Reminiszenz an die landesweit erste Zuckermühle, die in Pamplemousses stand) und einige Denkmäler zu Ehren wichtiger Persönlichkeiten wie natürlich Paul und Virginie befinden sich außerdem in dem Garten. Der Paul-et-Virginie-Weg führt wieder zum Ausgang.

Hat man den Botanischen Garten verlassen, sieht man gegenüber die zweitälteste Kirche der Insel, die römisch-katholische **Kirche des hl. Franz von Assisi** (St. François d'Assises), und eines der ältesten erhaltenen Gebäude von Mauritius, das einstige Pfarrhaus neben dem Friedhof. Das Gotteshaus aus groben Felsquadern mit einem einzelnen Glockenturm soll 1756 auf Geheiß des Grafen Labourdonnais errichtet worden sein. Das Innere unter einem von Holzgebälk getragenen Dach ist relativ schlicht. Im Park sitzen Paul und Virginie beisammen als bronzene Statue. Der benachbarte Friedhof beherbergt einige uralte Gräber und Mausoleen bekannter mauritischer Persönlichkeiten. Seine letzte Ruhe fand hier beispielsweise 1778 der Gouverneur René Magon, der Abt Buonavita (Geistlicher von Napoleon auf Elba) sowie eine gewisse Madame Adolphe Autard de Bragard (geb. Emmeline de Carcenac), die Charles Baudelaire in seinem Werk »Une Dame Créole« verewigte. Als die erst 39-Jährige auf See umkam, ließ die Familie sie nach alter Tradition bestatten – der Körper wurde einbalsamiert, das Herz in ein Ebenholzkästchen gelegt.

Ausflugsziele:

Fernab jeglichen Urlaubertrubels versteckt sich ein schönes Ausflugsgebiet im Zentrum der Nordhälfte von Mauritius: **La Nicolière**. Dieses über fünf Millionen Kubikmeter fassende Wasserreservoir ist 1929 angelegt worden. Von Pamplemousses folgt man zunächst gen Süden der herrlich baumbestandenen Allee (A2) und biegt ca. zwei Kilometer vor dem Örtchen Ville Bague nach rechts auf die B49 ab (dem Schild folgen). Durch weite Zuckerrohrfelder gelangt man danach über einen schmalen Damm bald ans Ufer des Stausees. Wer auf dem kleinen Parkplatz am See Rast macht, kommt sofort mit den Anglern ins Gespräch, sieht die Fische im Stausee übers Wasser »fliegen« oder kann ein bisschen entlang dem Kanal am Rande der Zuckerrohrfelder spazieren gehen.

Nach einigen Serpentinen auf der B49 reicht der Blick vom **Montagne Nicolière** bis zur Westküste, wo das Korallenriff als weiße Trennlinie zwischen dem Türkis der Lagune und dem Tiefblau des Ozeans zu erkennen ist. Dazwischen ein Meer aus allen nur denkbaren Grüntönen – Zuckerrohr, Bambus und Palmen wachsen bis hinunter zur Küste. Bei der Weiterfahrt mäandert die Landstraße über die Nicolière-Berge, durch ein Stück dichten Wald und auf den Rücken des **Mount Deux Mammelles** – vorbei an gelb blühenden Alamanda-Bäumen, Gemüse- und Ananas-Feldern und mit immer wieder fantastischem Panorama über die Nordhälfte von Mauritius und die markanten Berggipfel der Moka-Kette mit dem Pieter Both und dem Le Pouce. Aber immer schön Vorsicht vor den Kamikaze-Fahrern: Die Straße scheint auch eine beliebte Abkürzungs-Rennstrecke zwischen Ost- und Westküste zu sein.

Lächeln und Lachen gehört zum mauritischen Lebensgefühl (Botanic Garden Pamplemousses)

Ananasfelder vor der Kulisse des Mount Deux Mammelles

Im dem kleinen Ort **Mapou** dreieinhalb Kilometer nordöstlich von Pamplemousses steht das 1859 erbaute **Château de Labourdonnais:** ein neoklassizistisches Traumschloss, das sich schon seit 150 Jahren in Privatbesitz der Familie Wiehe befindet. Das architektonische Juwel wurde 2006 aufwendig restauriert und strahlt seit 2010 wieder die Eleganz und Pracht der vergangenen Epoche aus. Eine doppelstöckige, von zierlichen Säulen getragene Galerie umgibt das zweistöckige Teakholz-Anwesen. Man wandelt wie auf einer Zeitreise durch das viktorianisch gestaltete Speisezimmer, während die Schlaf- und Wohnzimmer mit französischem Mobiliar aus der Zeit Napoleons ausgestattet sind. Ein herrlicher Garten mit uralten Mangobäumen und riesigen Aldabra-Landschildkröten lädt zum Lustwandeln ein.

Gefiederter Gast: ein Mangrovenreiher auf einem Blatt der Amazonas-Wasserlilie »Victoria regia«

SERVICE & TIPPS

L'Aventure du Sucre
Beau Plan Pamplemousses
(ca. 500 m nördl. von Pamplemousses und dem Botanischen Garten)
✆ 243 79 00
www.aventuredusucre.com
Tägl. 9–17 Uhr
Eintritt Rs 400/200 (6–13 J.)
Alte Zuckerfabrik und audiovisuelles Zuckermuseum mit originalen Gerätschaften und Maschinen. Im Anschluss an den 1,5-stündigen Rundgang gibt es eine Zucker- und Rumverkostung. Eine Kinderecke bringt den Kleinen auf kindgerechte Weise die Geschichte des Zuckers näher. Außerdem: das mauritische Restaurant Le Fangourin (€€) und ein Shop mit Süßigkeiten, Rum und Kunsthandwerk.

Sir Seewoosagur Ramgoolam (SSR) Botanic Garden Pamplemousses
Royal Rd.
Pamplemousses
✆ 243 94 01
Tägl. 8.30–17.30 Uhr
Eintritt Rs 200 (bis 5 Jahre frei)
Herrlicher Botanischer Garten mit Seerosen- und Wasserlilienteich, Ebenholzbäumen, einer restaurierten Kolonialvilla und einer Zuckermühle, zwei Gehegen für Java-Wild und Riesen-Landschildkröten. Beste Besuchszeit ist wegen der Blütenpracht zwischen Dezember und April.

St. François d'Assises
Royal Rd., Pamplemousses
Tägl. 6–18, Messen Sa 16, So 8 Uhr
Zweitälteste Kirche des Landes, erbaut 1756. Im Garten schönes Denkmal von Paul und Virginie sowie eine Büste des Grafen Mahé de Labourdonnais.

Wiener Walzer Café
Powder Mill Rd.
Pamplemousses (an der Straße hinter der Kirche)
✆ 243 84 65
Man kann hier durchaus eine Pause machen und sitzt recht

gemütlich in Korbsesseln, es gibt einige Curry-Speisen, Fischfilet, Eis und Crêpes. Kaffee und Cappuccino sind allerdings weniger gut, die Sachertorte soll ähnlich misslungen sein – die offenbar selbsternannte »Pâtisserie« wird nicht von Österreichern geführt, wie man vielleicht vermuten könnte. €

Maritime Models Co. Ltd.
Royal Rd.
Pamplemousses
✆ 243 93 47
www.maritime-models.com
Kleiner Laden mit berühmten Schiffsmodellen. Man fabriziert hier auch handbemalte Fisch- und Hai-Modelle aus Fiberglas.

Ausflugsziele:

La Nicolière
Ca. 14 km südöstl. von Pamplemousses, Abzweig von der A2 auf die B49 (ausgeschildert) Stausee mit schönem bergigen, landwirtschaftlich genutztem Hinterland und Küstenpanorama.

Château de Labourdonnais
Mapou (3,5 km nordöstl. von Pamplemousses)
✆ 266 95 33
www.chateaulabourdonnais.com, tägl. 9–17 Uhr
Eintritt Rs 385/220 (ab 5 J.)
In dem neoklassizistischen Traumschloss wird ein Film über die vierjährigen Restaurierungsarbeiten gezeigt, es gibt ein kleines Museum mit Wissenswertem über die Schlosshistorie und die Besitzerfamilie Wiehe. Außerdem: eine echte Rum-Destillerie (www.rhumlabourdonnais.com) mit Verkostungs-Bar, das stilvolle Restaurant La Table du Château (tägl. 9–17 Uhr, Menü €€) und ein Shop mit Kunsthandwerk, Dekoartikeln, Delikatessen und Rum.

Dekorativ: Karminroter Pfeifen- oder Zylinderputzer (Callistemon citrinus)

Schulklasse bei den Java-Hirschen im Botanischen Garten von Pamplemousses

Region 3
Mauritius/
Der Westen

DER WESTEN MIT DER HOCHLAND-STADT CUREPIPE

VON LÖWEN UND WEHR-TÜRMEN, TAUCHERN UND SURFERN

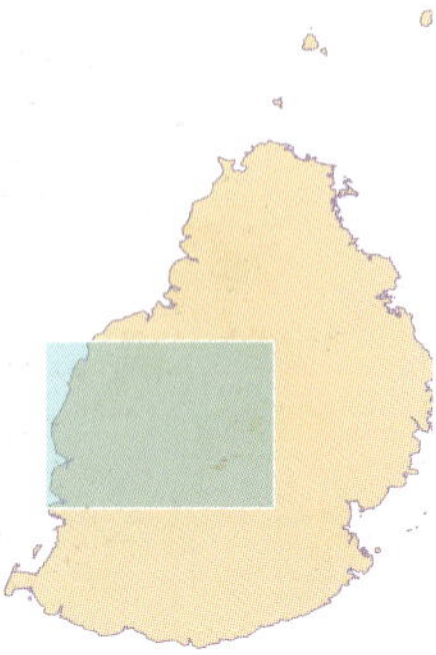

Was des einen Freude, ist bekanntlich des anderen Leid. Während sich die Urlauber an den sonnenüberfluteten Stränden vergnügen, ziehen viele Mauritier das kühlere Hochland vor. Für Mitteleuropäer vollkommen unverständlich, denn rund um die Stadt Curepipe regnet es fast pausenlos. Doch gerade deswegen ist die Landschaftskulisse üppig-grün und mit vielen Wasserfällen und einer erstaunlichen Flora und Fauna gesegnet.

Nicht nur bei Regen lässt es sich in den vielen modernen Einkaufszentren auf dem Hochplateau hervorragend stöbern und das eine oder andere Schnäppchen erstehen: Antiquitäten, Schiffsmodelle, Seidensaris oder Schmuck warten auf kauffreudige Kunden. Und das Kasino, die Bars und Diskotheken locken sogar die Nachteulen aus den Strandhotels ins Hochland. Aktivurlauber haben an der Westküste und im Bergland die Qual der Wahl: Soll man sich aufs Surfbrett schwingen oder sich im Kampf mit dem Marlin beim Hochsee-Wettfischen messen, einen der vielen herausfordernden Berggipfel bezwingen oder lieber geruhsam den Golfschläger schwingen?

Schräg-futuristisch: The Mauritius Commercial Bank (MCB) in der Ebène Cybercity bei Curepipe (Jean François Koenig Architects)

1 CUREPIPE

Wer auf der Autobahn M2 Richtung Hochland die ersten Siedlungen passiert, könnte glauben urplötzlich in einem Science-Fiction-Film gelandet zu sein, so schräg-futuristisch sind einige der Bauten entlang der Autobahn zwischen den Städten **Rose Hill** und **Quatre Bornes** (ca. 15 km südlich von Port Louis): Die markante Ebène Cybercity gilt als Hightechstandort und hypermoderne Technologiebrücke zwischen Asien und Afrika. Im mauritischen Silicon Valley erblickt man ein gigantisches, silbern glänzendes Oval, das auf Stelzen steht (die Mauritius Commercial Bank), geplant sind gewagte gitterförmige Büro-Konstruktionen, runde Wolkenkratzer mit Grasdach und ultramoderne IT-Paläste aus Stahl und Glas – alles unter dem Motto »Transforming the Skyline of Mauritius«.

Curepipe-Impressionen

Die umliegenden nördlichen Wohnsiedlungen und Vorstädte sowie **Curepipe**, **Vacoas**, **Floréal** und **Phoenix** sind in den vergangenen Jahren zu einem kilometerlangen Stadt-Bandwurm zusammengewachsen, der sich von Nordwesten nach Südosten quer durchs Landeszentrum zieht. Die Straßen steigen von der Westküste zaghaft in die Hochebene, nicht selten steht man mit angezogener Handbremse im Stau. Den Blick zieht ab und zu eine schöne alte Backsteinkirche oder Kathedrale auf sich, aber die eigentliche Anziehungskraft geht von den vielen Einkaufszentren und Märkten aus. Beim Bummeln und Stöbern an billigen Grabbeltischen oder in exklusiven Läden kann man hier schnell fündig werden, die meisten Läden für Antiquitäten, Souvenirs und Kleidung oder Juweliere gibt es in Curepipe.

Auch nach Ladenschluss geht im Hochland noch die Post ab: Im Kasino von Curepipe flackern die Lichter an den Spielautomaten. Einige sehr gute Restaurants in und um Curepipe verwöhnen ihre Gäste mit kulinarischen Spezialitäten. Kein Wunder, denn in Floréal haben die meisten ausländischen Botschafter und Mauritier aus der Oberschicht ihre eleganten Wohnsitze hinter hohen Hecken.

Auch wenn die kurze Autobahnfahrt quasi einen Blick in die Zukunft von Mauritius erlaubt, ist **Curepipe** nur fünf Kilometer später erreicht, wird es Zeit für einen Rückblick. »Curer la pipe« – das taten die Reisenden hier, wenn die Kutschen auf ihrem Weg von Ost- nach West-, von Nord- nach Süd-Mauritius im Hochland eine Pause einlegten: die Pfeife reinigen. Die Siedlung Curepipe entstand nach der verheerenden Malariaepidemie von 1866/67, als Tausende aus dem stickig-schwülen Port Louis von der Küste ins kühlere Hochland umzogen. Die Briten ließen sogar eine Eisenbahnlinie nach Curepipe bauen, die in den 1960er Jahren stillgelegt wurde. Heute ist Curepipe eine der größten Städte mit mehr als 90 000 Einwohnern.

Um keine allzu großen Erwartungen zu wecken: Curepipe ist nicht gerade eine architektonische Schönheit und die meisten

0
3 km
N
Pte aux Caves
Pte Petite Rivière
Fisheries Research Centre
Baie de la Petite Rivière
Albion
Camp Créoles
Belle Eau River
B78
Petite Rivière
Gros Cailloux
Le Bosquet
Coromandel
Chébel
Belle Etoile
Petit Malabar
A1
M2
La Grande Rivière Nord-Ouest
Beau Bassin
Canot
Grand Malabar Mts
St-Martin
Plaine St-Pierre
Mont Roches
Rose Hill
Pte Moyenne
Channel
Corps de Garde Nature Reserve
Corps de Garde
719
Stanley
Belle Rose
La Mecque
La Ferme Reservoir
Médine
Eau Bonne
Bambous
Mt St Pierre
A3
Quatre Bornes
Anna
Flic en Flac
La Source
B2
Palma
Beaux Songes
Palmyre
Cascavelle
River Papayes
Victoria Hospital
Bassin
R. St Martin
Casela Nature & Leisure Park
Wolmar
Clarence
Mt du Rempart
545
Trois Mamelles
629
La Caverne
River du Rempart
Vacoas
Quinze Cantons
Holyrood
Pte Sud Flic en Flac
Barachois
River du Rempart
Glen Park
Baie du Tamarin
Tamarin Estate
River Tamarin
Montagnes Vacoas
Camp Roches
Camp la Savanne
Pte du Tamarin
Tamarin
Black River
Magenta
Camp Mapou
Henrietta
River Boucan
Yemen
La Mivoie
Tourelle du Tamarin
548
632
Simonet
La Preneuse
Tour Martello
Tamarin Mountain
Tamarin Falls
Tamarin Falls Reservoir
River Tamarin
Grande de Rivière Noire
Baie de la Grande Rivière Noire
Les Salines
Tour Martello
Mare Longue Reservoir
Mare Ory

Snail Rock
Grand Glacis
Pieter Both
Melotte
Ripailles
Anse Courtois
Le Pouce 812
Grand Peak
Park à thémes
La Laura Malenga
Beau Bois
Mt Bar le Duc
Junction Peak
Guiby Peak
Roselyn Cottage
Le Bocage
Eye Hospital
Riv. Moka
l'Agrément
Mont Fleury
l'Avenir
Eureka
Moka
A7
Institut Mahatma Gandhi
Helvetia
St. Pierre
Espérance
Telfair
Verdum
Moka
Alma Hill
Riv. Francoise
River Cascad
B1
River Terre Rouge
Bar Le Duc
Cote d'Or
Dagotière
Quartier Militaire
B24
B27
Bagatelle
L'Assurance
Valetta
Reservoir
Vuillemin
River Sèch
R. des Plaines Wilhem
Belle Terre
Quartier Militaire
M2
Petit Camp
Cinq Arpents
504 Mont la Terre
Valentina
Highlands
Hermitage
B6
537 Verdun Hill
St-Antoine
Piton du Milieu Reservoir
Phœnix
Camp Fouquereaux
R. Terre Roug
Mesnil
River Vacaos
B4
Engrais Cathan
Engrais Martial
Dubreuil
Wooton
Floréal
Trou aux Cerfs
603
Curepipe
Grand River SE
Bety
Botanic Garden
Service d'Incendie
Midlands
Camp Caval
Mt d'Auvillard
M2
Ferrette
Ville d'Avray
Mt Lagrave 638
La Marie
Seizième Mille
Eau Bleue Reservoir
Plaines Wilhems
Bananes
A10
Curepipe Point 686
La Peyre
Nouvelle France
Cluny
Mt Pauline
Mare aux Vacoas
Bémanique
Pont Colville
A9

Besucher sehen die Stadt auf dem Hochplateau und ihre wenigen Attraktionen ohnehin nur durch einen grauen Regenschleier. Tage ohne Nieselregen sind in fast 600 Metern Höhenlage selten und bei 3000 Millimeter Regen pro Jahr ist ein Regenschirm zum Stadtbummel durchaus empfehlenswert.

In Curepipe sind einige schöne hölzerne Villen im typisch kreolischen Baustil zu bewundern, die den Beton-Bauboom glücklicherweise überlebt haben (besonders nahe der Sir John Pope Hennessy Street). Meist sind es charmante Blockhäuschen inmitten von verwilderten tropischen Gärten oder auf dem ordentlich gemähten englischen Rasen. Die Dächer tragen oft zwei oder mehrere Ecktürme, schmiedeeisernes oder handgeschnitztes Zierwerk und Balustraden schmücken die Fassaden, Korbmöbel stehen einladend auf säulenbestückten Veranden oder im Wintergarten. Das **Rathaus** (Hôtel de Ville) von Curepipe beispielsweise ist 1902 in traditioneller Architektur erbaut und als Schmuckstück der Stadt restauriert worden. Neben dem Kreisverkehr vor dem Rathaus erinnert eine Bronzestatue an Paul und Virginie, das berühmteste Liebespärchen der Insel (vgl. S. 127). Der Bildhauer Prosper d'Epinay (1836–1914) schuf 1881 die Figurengruppe, Virginies nasses Kleid lässt er wie eine zweite Haut an ihrem Körper kleben, eng schmiegt sich das Mädchen an den geliebten Paul, der seinen Schatz – entgegen der Romanvorlage – durch das Wasser trägt.

In der Nähe des Rathauses von Curepipe erinnert eine Bronzestatue an Paul und Virginie

Curepipe-Panorama vom Kraterrand des Trou aux Cerfs, im Hintergrund die Spitzen der Trois Mamelles und der mächtige Montagne du Rempart (rechts)

Hinter dem Rathaus versteckt sich ein unscheinbarer, weißer Flachbau: Im **Kasino** ist immer was los, egal ob der Besucher nachmittags oder nachts die düsteren Hallen betritt. Er wird emp-

fangen von ununterbrochenem Rasseln, Klingeln und Piepsen, vor den hypnotisch blinkenden einarmigen Banditen stehen Hunderte von Mauritiern: Frauen, Pärchen, Rentner – alle fasziniert vom vermeintlichen Spiel ums Glück. Nicht selten ist hier ein Jackpot mit 20 000 Rupies oder mehr zu knacken. Am Roulette-Tisch rollt die Kugel ab 20.30 Uhr bis in die frühen Morgenstunden.

Nicht weit entfernt fällt die schöne, römisch-katholische Kirche **Ste. Thérès d'Avila** ins Auge, die 1868–72 erbaut wurde. Ein besonders hässliches Bauwerk mit ockerfarbenem Turm zwängt sich mitten ins Stadtzentrum. Auf dem überdachten **Markt** (Marché de Curepipe) erlebt man ein kleines Kontrastprogramm zu den modernen, klimatisierten Einkaufszentren: Blumen, Obst, Kokosnüsse und anderes Grünzeug türmt sich in gewagte Höhen, die mauritische Hausfrau kauft hier täglich Getreide, Fleisch und Haushaltswaren ein.

Der **Botanische Garten** kann sich zwar nicht mit dem von Pamplemousses messen, aber einen Spaziergang ist das kleine Parkgelände im Westen der Stadt wert (bei Regen kann man mit dem Auto durchfahren). Kleine Teiche sind umgeben von einheimischen Baumarten, Palmen in Fächer- und Kugelform, Bananenstauden und Azaleen und ein kleiner hölzerner Pavillon lädt zum Verweilen ein.

Etwas weiter nördlich klafft ein riesiger, tiefer Krater mit 200 Metern Durchmesser im Boden: Der **Trou aux Cerfs** ist alltägliches Ziel der Jogger von Curepipe. Vor Millionen Jahren entstanden, raucht hier schon lange kein Vulkanschlot mehr, der Schlund zur einstigen lavaspeienden Hölle ist grün zugewachsen. Von der kurvigen Straße auf den Kraterrand bieten sich herrliche Ausblicke auf Curepipe und das bergige Umland. Wenn das Wetter mitspielt, sind von hier aus fast alle Berge von Mauritius in voller Pracht und Schönheit zu erblicken: ganz nah der Corps de Garde, der Montagne du Rempart und die Trois Mamelles, weiter weg im Norden Le Pouce und Pieter Both. Und bei ganz klarer Sicht soll man in südwestlicher Richtung sogar die Umrisse der Insel La Réunion sehen können.

Inmitten der Stadt Curepipe und im Zentrum von Mauritius: der nicht immer mit Wasser bedeckte Vulkankrater Trou aux Cerfs

Ausflugsziel:

Über das Dorf Henrietta führt eine Straße durch Zuckerrohrfelder und vorbei an Blumengewächshäusern zum Aussichtspunkt auf den **Wasserfall Tamarin** (auch: 7 Cascades). In der zerklüfteten, bewaldeten Landschaft rauscht die Kaskade in der Ferne über sieben Absätze insgesamt 250 Meter tief in die Schlucht, bevor die Wassermassen im Fluss Tamarin gebändigt werden und schließlich beim Ort Tamarin an der Westküste in den Indischen Ozean münden. Gelegentlich sieht man im unteren Bassin einheimische Angler, ein beliebtes mauritisches Freizeitvergnügen. Der auffällige, weiß-orange Turm in der Nähe der Aussichtsstelle ist übrigens ein *marati*, eine Versammlungshalle für hinduistische Hochzeiten und Feiern.

Der Tamarin-Wasserfall: Um seinen Verlauf bei einer Hikingtour zu erkunden, ist festes Schuhwerk gefragt, denn es geht über Stock und Stein ▷

SERVICE & TIPPS

Mauritius Glass Gallery
Pont Fer, Phoenix
✆ 696 33 60
Mo–Fr 8–17, Sa 8–12 Uhr
Eintritt Rs 100
Kleines Museum, das die Kunst des Glasblasens mit recyceltem und eingeschmolzenem Glas veranschaulicht, nach dem Motto »from waste to art« – Kunst aus Müll. Hier gibt es mundgeblasene Souvenirs, bunte Fenstermosaike, Vasen, Karaffen und vieles mehr.

Ebène Cybercity
Business Park, Rose Hill
http://1cybercity.mu
Futuristisches Business-Viertel der IT-Generation. Hier gibt's auch Hotels und Kneipen wie das Hennessy Park Hotel (www.hennessyhotel.com) mit seiner schicken, angesagten Bar.

Botanical Garden
Botanical Garden Rd., Curepipe
Tägl. 8–17 Uhr
Eintritt frei
Nach Pamplemousses ist dies der zweitgrößte botanische Garten des Landes.

La Clef des Champs
Queen Mary Ave., Floréal
✆ 686 34 58 und 686 25 09
www.laclefdeschamps.mu
Mo–Fr 11–15, Mo–Sa 18–22 Uhr
Hier speisen die Gäste in einer vornehmen Villa oder auf der Veranda im Mini-Garten. Internationale Speisekarte mit ausgefallenen Gerichten zu gehobenen Preisen, viele Cocktails und Weine. €€€–€€€€

King Dragon
St. Jean Rd., Quatre Bornes
✆ 424 78 88
Tägl. außer Di
Alteingesessen und immer noch einer der besten Chinesen auf der Insel (nicht zu verwechseln mit Green Dragon). €€–€€€

La Potinière
Sir Winston Churchill Rd.
Curepipe
✆ 670 26 48
Di–Fr 9–16 Uhr
Vornehmes und gemütliches Lokal. Buntes Menü mit traditionellen Klassikern wie Rinder-Curry oder Rougaille, Palmherzensalat, Meeresfrüchte, Soufflées, Suppen, Salate und Crêpes. €€

Grill & Go
Trianon Shopping Park
Quatre Bornes
✆ 454 44 45
www.spurinternational.com
Gehört zur beliebten Spur-Steakhouse-Kette: Fast Food für den eiligen Gast und ausgezeichnete Steaks. €–€€

Plaza Theater
Im Rathaus von Rose Hill
Royal Rd., Rose Hill
www.operamauritius.com
In dem viktorianischen Gebäude finden regelmäßig kulturelle Veranstaltungen statt: Kino, Kunstausstellungen, Opern, Theaterstücke und Popkonzerte; ein kleines Theatermuseum ist angeschlossen.

Le Saxo
Royal Rd., Beau Bassin
Fr/Sa ab 23 Uhr
Eintritt ca. Rs 300
Die richtige Adresse für alle, die sich einmal bei House und Hip-Hop unters mauritische Jungvolk mischen wollen.

Casino de Maurice
120 Teste de Buch St.
Curepipe (hinter dem Rathaus)
✆ 602 13 00
www.casinoofmauritius.com
Tägl. 10–14 und 20–4 Uhr
Bereits 1970 gegründetes Kasino. Roulette, Blackjack, einarmige Banditen.

Einkaufszentren
In folgenden Einkaufszentren

befinden sich viele interessante Geschäfte für Souvenirs, Bücher, Boutiquen, Schuhe und Schmuck. Die meisten sind Mo–Mi und Fr/Sa 10–18, Do, So

Hier wird jeder fündig: auf dem Wochenmarkt in Quatre Bornes und ...

10–13 Uhr geöffnet. In manchen, meist einfacheren Läden kann man handeln, andere haben Festpreise: die **Salaffa & Currimjee Arcades** in der Rue Emile Sauzier in Curepipe (z. B. Beautés de Chine mit fernöstlichen Souvenirs und Dekor, Phydra mit wohlriechenden Schönheitsprodukten für Mann und Frau, Lacaze mit Holzdekor in allen Varianten, v. a. Möbel und buntes Spielzeug, und L'Antiquaire mit antiken Möbeln, Schmuck, Porzellan, Puppen etc.), der **Adamas-Komplex** in Floréal (Mangalkhan), das **Orchard Center** in Quatre Bornes (St. Jean Rd.), **Le Continent Commercial Center** in Phoenix (Sivananda Rd.) sowie das **Atrium Shopping Center** in Rose Hill (Vandermeersch Rd.).

Comajora
Le Brasserie Rd., Forest Side
Curepipe
Mo geschl.
Älteste Modellschiff-Fabrik der Insel sowie ein Laden mit Schiffen in allen Größen. Eine weitere Schiffsfabrik namens Bobato befindet sich in der 53 Sir John Pope Henessy St.

First Fleet Reproductions LTD
74–76 Royal Rd., Phoenix
www.first-fleet-reproductions.com
Schiffsmodellfabrik, exportiert auch nach Deutschland.

New Bombay
In den Arcades Atchia
Royal Rd., Rose Hill
www.singlepartner.biz
Boutique und Schneider, der hochwertige maßgeschneiderte Anzüge innerhalb von 72 Stunden herstellt.

Poncini
Royal Rd., Curepipe
✆ 674 70 44
www.poncini.com
Mo–Sa 9.30–17.30 (im Sommer bis 18), Do bis 13 Uhr
Nobelster Schmuckladen der Insel, u. a. mit Cartier-Uhren. Viele Zweigstellen in den First-Class-Hotels.

Tulsidas & Tulsidas
– 242 Royal Rd., Curepipe
– 455 Royal Rd., Curepipe
– Sunsheel Centre, Curepipe
www.tulsidas.mu
Mo–Mi und Fr/Sa 9.15–18, Do bis 16.30, So unregelmäßig 9.15–13 Uhr
Als wäre man auf einem indischen Basar! Echte Seidensaris und Kurta-Pyjamas (importiert aus Indien und Hongkong),

Messingwaren, religiöse Devotionalien und Räucherwaren für die Nase. Aber auch ganz Modern-Schickes.

Wochenmarkt Quatre Bornes
Am Busbahnhof neben dem Orchard Center, Quatre Bornes
Do und So 8.30–14 Uhr
Besonders Kleidung – viele Designerware mit Fehlern oder aus der Überschussproduktion – kann man hier günstig erstehen bzw. feste erhandeln. Außerdem Seidenschals, Schuhe und Souvenirs. Auch einen deutschen Delikatessenladen gibt es mit deutschem Bier, Brot und Würstchen (www.quartiergourmet.com). Mi und Sa ist großer Obst- und Gemüsemarkt.

Gymkhana Golfclub
Suffolk Close, Vacoas
✆ 698 15 65
www.mgc.mu
Für alle, denen es an den Küsten zu heiß zum Einputten ist und denen gelegentlicher Nieselregen nichts ausmacht: ein privater 18-Loch-Golfplatz umgeben von reizvollen Berggipfeln.

Connections
Crater Lane, Floréal
✆ 696 99 33
www.connections.mu
Reisebüro unter deutscher Leitung, u. a. Stadttouren und Ausflüge in die Natur, beispielsweise in die Berge und Nationalparks.

Ausflugsziel:

Tamarin-Wasserfall
Beim Dorf Henrietta, ca. 5 km südwestlich von Curepipe
Eindrucksvolle Kaskade mit sieben Stufen. Rechts vom Parkplatz bei Henrietta führt ein etwa 20-minütiger Fußweg steil abwärts zu natürlichen Becken, in denen man baden kann (auch von Pétrin im Black River Gorges National Park gelangt man über einen dreistündigen Weg zum Tamarin-Wasserfall, vgl. S. 148 f.).

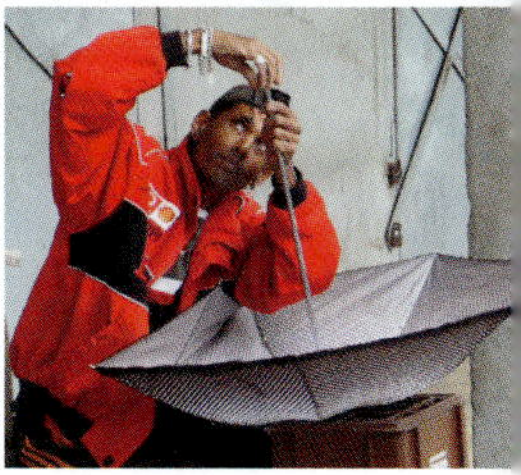

Überlieferte Handwerkstraditionen werden noch gepflegt: Schirm-Reparatur in Quatre Bornes

... auf dem Sonntagsmarkt in Quatre Bornes

2 CASELA NATURE & LEISURE PARK

Im Casela Nature & Leisure Park ca. acht Kilometer östlich von Flic en Flac kreucht und fleucht alles was zwei, vier oder auch mehr Beine hat. Die Hauptattraktion dieses 14 Hektar großen »Tierparks«, der eher ein Vergnügungspark für Zweibeiner ist, sind zweifellos die jungen Löwen, die man streicheln und auf einer einstündigen Pirsch mit einem Ranger sogar begleiten kann, sie klettern auf Bäume (dorthin gelockt mit Fleischhäppchen) und posieren für Fotos auf einem Ast direkt über den Honeymoonern aus aller Welt. Von den Teilnehmern verstehen nicht wenige kein Wort von den notwendigen Sicherheitsanweisungen auf Englisch und Französisch. Aber auch ohne Sprachbarrieren ist dies ein eher zweifelhaftes Vergnügen: Weder sind diese Tiere heimisch auf Mauritius (sie sind eigens für diese »Spaziergänge« in Südafrika gezüchtet worden), noch gibt es gezähmte Löwen und Geparden. Aber zweifellos ist dies ein gigantisches Geschäft, die Touren sind am Wochenende oft ausgebucht.

Java-Hirsche in der wilden Landschaft des Casela Nature & Leisure Park

Aber der Besucher kann sich vielleicht auch an weniger spektakulärer Fauna erfreuen, ohne Gefährdung von Mensch und Tier. Etwa das farbenprächtige, tropische Federvieh aus aller Welt. Insgesamt sind hier 150 verschiedene Vogelarten versammelt: schneeweiße Kakadus und schillernde Papageien – knallbunte bis phosphoreszierende Exemplare –, herumstolzierende Fasane und stolze Adler, weiße und schwarze Schwäne, glupschäugige Eulen, Flamingos in zartem Rosé, Straußenvögel mit langen Beinen und Nashornvögel mit enormen Schnäbeln. Stars unter den fast 3000 Vögeln sind die bildschönen, aber seltenen endemischen Mauritiussittiche und die Rosentauben (vgl. S. 151).

Auch die restliche Tierwelt in diesem herrlichen Park- und Gartengelände begeistert große und kleine Besucher, etwa Exotisches wie die australischen Wallabys (kleine Kängurus), bengalische Tiger und Panther, Zebras, jahrhundertealte Riesenschildkröten, Affen, Antilopen und Rehe. Kinder können auf Ponys reiten und auf einer Streichelfarm Tiere füttern. Außerdem kann man wandern, klettern und schwimmen, auf Hängebrücken wandeln und sich wie Tarzan an Seilrutschen in Wasserfälle stürzen.

Die Sega war ursprünglich die Musik der schwarzen Sklaven

SERVICE & TIPPS

Casela Nature & Leisure Park
Royal Rd., Cascavelle (zw. Flic en Flac und Tamarin)
✆ 401 65 00
www.caselapark.com
Tägl. April–Sept. 9–17, Okt.–März bis 18 Uhr
Eintritt ca. Rs 800/550 (3–12 J.), weitere Aktivitäten kosten extra
Löwentouren fast stündlich

Mo–Sa 8–15 Uhr, ca. Rs 3750 (€ 93)
Vergnügungspark mit großem Vogelreichtum, Riesenschildkröten und Löwen-Gassi-Gehen, Streichelzoo, der längsten Zipline Mauritiu Canyon Swing, Segway- u Quadbike-Touren sowie ei Restaurant (€–€€).

3 FLIC EN FLAC

Namensgeber des Fischerdorfes waren die Holländer, die e »Fried Landt Flaak« nannten: freies und flaches Land. Aus dem einstigen Fischerflecken am Rande der Sümpfe ist ein lang gezogener, attraktiver Urlaubsort mit vielen Hotels, nicht immer ansehnlichen Apartmenthäusern, Villen, Einkaufszentren, Boutiquen und Lokalen geworden – mittlerweile eines der größten Ferienzentren auf Mauritius. Der schier endlose Strand zieht sich fünf Kilometer südwärts über den Ortsteil **Wolmar** und wird im Süden begrenzt vom Tourelle du Tamarin (548 m) an der Baie du Tamarin. Am Wochenende treffen sich die Mauritier zwischen Kasuarinen und Imbisswagen am Strand, schlagen ihre riesigen Zelte auf und laben sich an Eiscreme, Currys und Chutneys. Taucher ziehen das steil aus dem Meeresboden ragende Wrack »Tug II« und die »Kathedrale« in 27 Metern Tiefe magisch an, ebenso Tausende von bunten Fischen, die sich hier tummeln. Abends taucht die untergehende Sonne die Küste in ein orangerotes Licht. Bald darauf leuchten die Lagerfeuer an den Hotelstränden: Zeit für die Sega. Die anmutigen Tänzerinnen schwingen – stets mit Blume im Haar – die Hüften zu der traditionellen, mitreißenden Musik.

Das Tourismuszentrum an der Westküste: Flic en Flac

Die Westküste: das von Zuckerrohrfeldern umgebene Flic en Flac im Vordergrund und die mächtige Erhebung des Corps de Garde im Hintergrund (Mitte)

Tantric de Maha Kali Tookay Temple: ein Hindu-Tempel für die Arbeiter der Zuckerrohrraffinerie Médine Estate nördlich von Flic en Flac

Ausflugsziele:

In der Nähe der nördlich gelegenen Zuckerfabrik Médine befinden sich einige Überreste und Türme der historischen **Zuckerfabrik Anna** mit einem wunderschönen Ausflugslokal. Bei einer Küstenfahrt über das hübsche Städtchen **Bambous** am Fuße des mächtigen Berges Corps de Garde (719 m) und vorbei am Wasserreservoir La Ferme erreicht man nach einigen Kilometern durch Zuckerrohrfelder den nördlich gelegenen Küstenort **Albion**, wo ein Leuchtturm beim Pointe aux Caves seine Lichtzeichen übers Meer schickt. In der Nähe erstreckt sich der **Pointe aux Sable**: Der Ort mit den eher hässlichen Wohnblocks hat einen kleinen Strand mit Fischerbooten und Bänken unter Kasuarinen, der einen Fernblick auf den Hafen von Port Louis bietet.

SERVICE & TIPPS

Flic en Flac Tourist Agency
Royal Rd., Flic en Flac
✆ 453 93 89
www.fftourist.com
Kleines privates Touristenbüro mit Internet, Mofaverleih und Vermittlung von Ausflügen.

Zub Express Restaurant
286 Coastal Rd., Flic en Flac
✆ 453 88 68
www.zub-express.com
Okt.–März Mo–Fr 10–16 und 18–22, Sa/So/Fei ganztägig, April–Sept. Mo–Fr 10–15 und 18.15–21.30 Uhr, Sa/So/Fei ganztägig
Einfache, traditionell zubereitete indische, chinesische und kreolische Küche in der Nähe des Strandes. Kein Alkoholausschank. €–€€

Ah Youn
Royal Rd., Flic en Flac
✆ 453 90 99
Tägl. 11–22 Uhr
Chinesische, kreolische und europäische Küche an der (lauten) Strandstraße. Mit Meerblick. €

Kenzi Bar
Av. Petite Marie, Flic en Flac (im Ortszentrum, in einer Seitengasse nahe Flic en Flac Rd. und dem Spar Shopping Center)
✆ 054 94 41 33 (mobil)
Fr und Sa tanzen die Einheimischen und Expats zu Livemusik inselbekannter Musiker in der

Am Pointe aux Caves – der Höhlenleuchtturm im Dörfchen Albion an der Westküste

kleinen urigen Garagenkneipe. Im Garten gibt es auch BBQ.

🍸 **Shotz Club & Beach Bar**
Royal Rd., Oasis Complex
Flic en Flac, http://shotz.mu
In der Open-Air-Disco treffen sich vor allem am Wochenende jugendliche Einheimische und Urlauber zum gemeinsamen Schwofen (am besten ab 1 Uhr), zu Schaumpartys und *good vibes.* Manchmal wird die Party einfach draußen am Strand fortgesetzt.

Ausflugsziel:

Domaine Anna
Médine, Flic en Flac (ca. 6 km nordöstl. von Flic en Flac)
✆ 453 96 50
Tägl. außer Mo 11.30–14.30 und 18.30–22.30 Uhr
Mit insgesamt 1000 Plätzen eines der größten Restaurants auf Mauritius, aber durchaus idyllisch mit gemütlichen Ecken im Grünen, Pavillons an Teichen und künstlichen Wasserfällen sowie schnatternden Gänsen auf den Wegen. In der ehemaligen Zuckerfabrik speist man hervorragenden Lobster und fangfrischen Fisch, aber auch Steaks (z. B. mit Roquefort-Sauce), Pekingente oder Hühnergerichte. Große Weinauswahl (nur Flaschen, ca. € 50). Am Wochenende Livemusik, dann wird's laut hier …
€€–€€€

4 BAIE DU TAMARIN

Die Tamarinde mit ihren säuerlichen Früchten hat dieser tief in die Westküste einschneidenden Bucht ihren Namen Baie du Tamarin gegeben. An dem schmalen, ruhigen Strand, von einem dichten Filao-Wald gesäumt, münden die Flüsse Tamarin und Rempart in den Ozean. Letzterer entspringt am Fuße des mächtigen Montagne du Rempart (das 777 m hohe »Bollwerk«), der stets im Hintergrund inmitten von grünen Zuckerrohrfeldern

Aus den Salinen bei Tamarin (oben) in Handarbeit gewonnen: »Fleur de Sel«

Markante Landmarke und Ausflugsziel für geübte Kletterer: der Montagne du Rempart

seine imposante, weithin sichtbare Felsnase in den blauen Himmel reckt: Das »Matterhorn von Mauritius«, so schwärmen die Einheimischen. In dieser regenarmen Küstengegend wird seit der französischen Kolonialzeit in rechteckigen Salinenbecken Salz gewonnen. Schon vor mehr als 100 Jahren erzeugten die Seeleute das Salz zum Einpökeln von Fleisch auf die gleiche Weise wie heute. Immer noch werden hier pro Jahr 2500 Tonnen Salz durch Verdunstung produziert.

Einen Namen über die Landesgrenzen hinaus hat sich die tiefe Bucht mit ihren hohen Wellen gemacht, geeignet für Anfänger wie echte Könner. Zwar kann sich die Tamarin-Bucht sicher nicht mit hawaiianischen Surfer-Mekkas messen, doch bis zu zwei Meter hohe Wellen wurden auch hier schon geritten. Beste Zeit für Surfer sind die Monate Juni und Juli. Allerdings ist auf den launischen Indischen Ozean nicht immer Verlass, manchmal herrscht monatelang Flaute. Dann heißt es Umsteigen auf den Trendsport SUP – beim Stand Up Paddling paddelt man gemütlich im Stehen auf der spiegelglatten Lagune.

Ausflugsziele:

Verhinderte Wellenreiter und (wasserscheue) Bergsteiger können auch den einige Kilometer südlich bei La Preneuse gelegenen **Tourelle du Tamarin** erklimmen: Vom 548 Meter hohen Gipfel bietet sich ein reizvoller Rundumblick über die Küste und das Hinterland; auch schwindelfreie Luftsegler schweben ab hier durch die Lüf-

te. Den etwa dreistündigen Aufstieg auf den steilwandigen, teils fast senkrechten Gipfel des **Montagne du Rempart** im Norden sollten dagegen nur erfahrene Felskletterer mit Seil wagen. Die östlich dahinter liegenden drei Spitzen der **Trois Mamelles** (629 m) werden am besten ab Quatre Bornes erobert. Der nicht weniger imposante **Corps de Garde** (719 m) ist von allen Bergen an dieser Küste am leichtesten zu besteigen (von Rose Hill nordöstl. von Tamarin über das Dorf Stanley, Dauer ca. drei Stunden).

SERVICE & TIPPS

Big Willy's
La Barachois, Tamarin Bay
Tamarin
✆ 483 74 00
www.bigwillys.mu
Di–Do 12–24, Fr/Sa 12–3 Uhr
Open-Air-Restaurant (Fast Food, Steaks, BBQ-Rippchen), Nachtklub mit DJs (Fr/Sa) und Sports Bar mit drei Riesen-Bildschirmen. Tägliche Happy Hour 18–20 und ab 22 Uhr, manchmal spielen Live-Bands im Garten. €–€€

Surfen
Treff der Surfer, Kiter und anderer Wassersportler ist die Tamarin Bay. Beste Surfzeiten sind Juni und Juli bis September, meteorologische Vorhersagen erhält man auf www.surf-forecast.com/breaks/Tamarin-Bay.

Ausflugsziel:

Montagne du Rempart
Der rund dreistündige Aufstieg ist nur für erfahrene Bergsteiger empfohlen und führt über Eisenhaken, Simse und einen steilen Grat in die Höhe (Infos z. B. bei Vertical World, ✆ 697 54 30, www.verticalworldltd.com).

Kitesurfer in der Tamarin Bay

5 GRANDE RIVIÈRE NOIRE

In dem ruhigen Fischerort zu Füßen des Tourelle du Tamarin treffen sich alljährlich zwischen November und März/April die Hochseefischer aus aller Welt. In den küstennahen Gewässern wimmelt es nur so vor Thun- und Schwertfischen (bis zu 100 kg schwer), Wahoos, Bonitos und Goldmakrelen, Barrakudas, Haien und bis zu 700 Kilogramm schweren Marlins. Das Meer fällt hier in Sichtweite vom Ufer steil in bis zu 600 Meter tiefe Abgründe. Auch unter Tauchern ist die Unterwasserwelt an diesem Küstenabschnitt wegen des Fischreichtums und markanter Felsengebilde, wie z. B. der imposanten »Kathedrale« in 27 Metern Tiefe vor Flic en Flac, beliebt. In diesem fantastischen Unterwasserdickicht entdeckt man Korallen – farbig wie Blumensträuße und geformt wie Blumenkohl –, fächerförmige Gorgonias und Schwämme in allen Regenbogenfarben. Seeigel schwenken ihre Stachel und Riesenmuscheln öffnen und schließen sich. Und erst die Fische: kunterbunt, mit Streifen oder Punkten, im neon-grellen Outfit, aber auch die eine oder andere hässliche Muräne. Delfine (meist in Gruppen von 20 Tieren) und Wale lassen sich hier öfter blicken und begleiten die Ausflugsboote und Katamarane. Von dem Fischerort kann auch die Île aux Bénitiers bei Le Morne per Boot erreicht werden (vgl. S. 139, 142).

Delfine in der Baie de la Grande Rivière Noire

Ausflugsziel:

Für einen Ausflug bietet sich der **Martello-Turm** an, nahe des Strandes von La Preneuse (ausgeschildert, Abzweig in Grande Rivière Noire). Hier an der Westküste finden sich noch einige dieser massiven Wehrtürme aus dem französisch-britischen Krieg – sie wurden von den Briten zwischen 1830–35 erbaut, mit unterirdischen Wassertanks und Kanone auf dem Flachdach. Bis zu 40 Soldaten fanden hier Platz. Der Rundturm von La Preneuse, der über die Baie de la Grande Rivière Noire wacht, ist zum Museum ausgebaut worden, sodass man das Monument über eine Leiter bis zur zehn Meter hohen Plattform besteigen kann.

SERVICE & TIPPS

Captive Breeding Center der Mauritius Wildlife Foundation
Grande Rivière Noire
✆ 697 60 97 (Hauptbüro in Vacoas)
www.mauritian-wildlife.org
Eintritt frei
Die Zuchtanlage der MWF, u. a. mit Mauritiussittichen, kann man nur nach telefonischer Voranmeldung besuchen, da es

normalerweise kein Besucherverkehr gibt. Ehrenamtliche Mitarbeit ist ebenfalls möglich, außerdem werden Besuche auf der Naturschutzinsel Île aux Aigrettes (vgl. S. 132 ff.) vermittelt.

Dolswim
La Balise, Grande Rivière Noire (vor dem Islands Sport Club)
✆ 054 22 92 81 (mobil)
www.dolswim.com
Dolphin Encounter: 2,5 Std., Rs 1999/1175 (€ 47/29, 5–12 J.)
Dolphin & Whale Encounter: 4 Std., Rs 3200/1975 (€ 79/49, 5–12 J.)
Delfinbeobachtungen und Schwimmen mit Delfinen ist nirgendwo leichter als an der Westküste – die Chance, auf sie zu treffen, liegt bei 90 %, wirbt der Veranstalter. Die Wale tauchen hier fast ganzjährig, Buckelwale nur Juli–Sept./Okt. und manchmal noch im Nov., eine bessere Chance besteht bei den größeren Pottwalen den Rest des Jahres.

Centre de Pêche La Carangue
Grande Rivière Noire
✆ 729 94 97
Hochseefischer treffen sich in diesem Verein, der mit sechs hochseegeeigneten Yachten ausgestattet ist.

Am Steg in Grande Rivière Noire: letzte Vorbereitungen der Skipper zur Katamaran-Delfin-Tour

Ausflugsziel:

Martello-Turm
La Preneuse, Tamarin (am Parkplatz zum Strand)
Di–Sa 9.30–17, So 9.30–13 Uhr
Eintritt Rs 80 (werktags), Rs 60 (Wochenende)
Fast 200 Jahre alter Wehrturm aus der britischen Kolonialzeit, in dem eine Ausstellung über den Turm untergebracht ist. Ein weiterer Turm steht etwa 5 km südlich an der Batterie de l'Harmonie am Pointe Koenig.

Bei den Katamaran-Touren zu den Delfinen, ausgehend von Black River/Rivière Noire, gibt es weder eine Delfin- noch eine Gut-Wetter-Garantie

Die breite Mündungsbucht des Grande Rivière Noire in den Indischen Ozean, weiter nördlich die Erhebung des Tourelle du Tamarin

Region 4
Mauritius/
Der Osten

DER OSTEN

VOM KINGSIZE-BETT AUF DEN TREKKINGPFAD

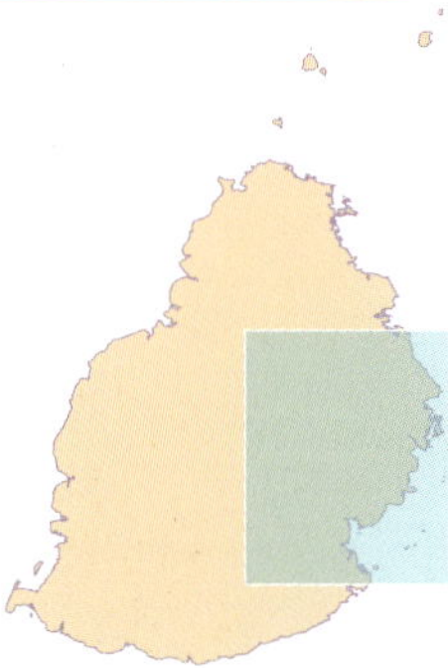

Eine atemberaubende Küstenstraße schlängelt sich kurvenreich im Osten der Insel immer entlang der Bergkette der Montagnes Bambous: Hier warten Hindu-Schreine am Strand, Moscheen empfangen die Gläubigen zu Füßen bizarrer Bergriesen, charmante Fischerdörfer beeindrucken in sanft geschwungenen Sichelbuchten. Und nicht zu vergessen die weißen Sandstrände von Roches Noires, Belle Mare und Trou d'Eau Douce mit ihren Luxusherbergen zwischen Gemüsefeldern und Ozean.

Diese malerische Gegend hatte es auch schon den Holländern angetan, lange bevor die Weltklasse-Hotels hier ihre Gäste mit dem unvergleichlichen Service *à la mauricienne* verwöhnten: An der Ostküste bei Vieux Grand Port ließen sich ab 1638 die ersten holländischen Siedler nieder. Leider sind heute bis auf ein paar Martello-Wachtürme und Mauerreste kaum noch Spuren der ehemaligen Besiedlung erhalten. Umso mehr lohnt sich ein Besuch im Marinemuseum von Mahébourg. Alte Kanonen, Gemälde, Kostüme und Landkarten lassen die Zeit der Seeschlachten und Piraten wieder lebendig werden.

Eine Hinterlassenschaft der Franzosen ist auch heute noch unübersehbar: jede Menge Zuckerrohr. Für die widerstandsfähige Kulturpflanze wurden die Tropen- und Ebenholzwälder von den Kolonisatoren fast vollständig abgeholzt. Wer sich ein Bild von der ursprünglichen Flora und Fauna auf Mauritius vor diesem Kahlschlag machen möchte, sollte Abstecher in die Naturschutzgebiete Vallée de Ferney oder auf die Île aux Aigrettes unternehmen – vom Kingsize-Bett auf den Trekkingpfad.

Am kilometerlangen weißen Sandstrand zwischen Belle Mare und Trou d'Eau Douce liegen einige der nobelsten Hotels von Mauritius ▷

Flamboyants (Flammenbäume) stehen zwischen November und Mai in voller Blüte

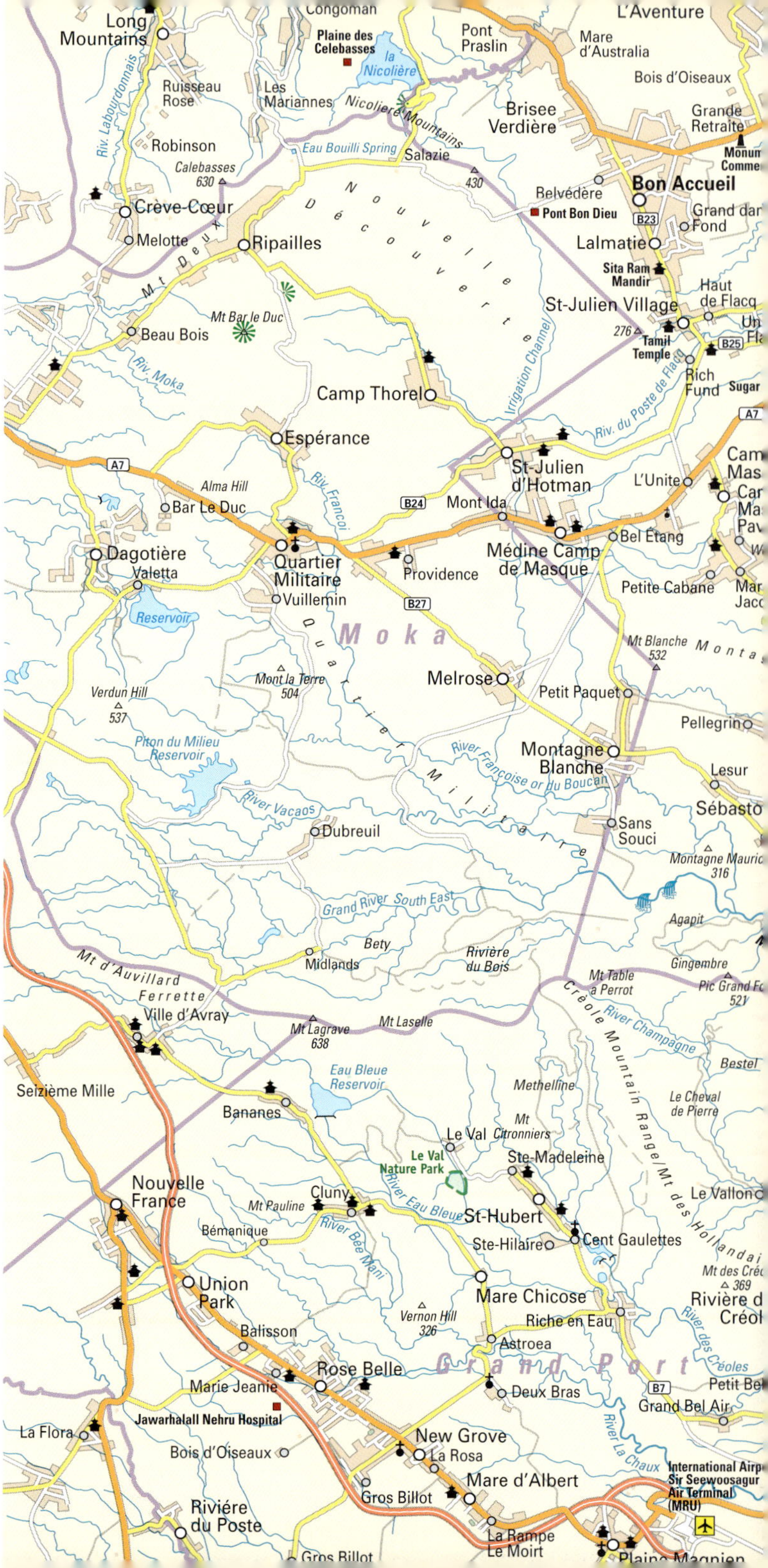

Seesterne sind im kristallklaren Wasser oft zum Greifen nah, aber die Berührung einiger Arten ist für den Menschen nicht ungefährlich

Poste de Flacq
Riv. Françoise
Poste de Flacq
Providence
Camp Poorun
B23
B32
Camp Raphia
Hermitage
Mare Casse Ghoon
Pte des Puits
Church Ste-Ursule
Camp Bouillon
Mare du Verger
Belle Mare Plage
St-Remy
Centre de Flacq
Mare La Chaux
Mare du Puit
Belle Mare
Pte du Puits des Hollandais
Camp Garreau
Mare aux Trois Îlots
Pte aux Boeufs
Bramsthan
Isidore Rose
Quatre Cocos
Palmar
Camp Bonnemère
La Gaiété
Mare Tatos
B59
Camp Ithier
Camp Marcellin
Queen Victoria
Mare Planche
Ecroignard
B26
Church Trou d'Eau Douce
Île Vacoas
Pte Quatre Cocos
B28
Petit Bois
La Laura
Trou d'Eau Douce
East Peak
Flacq
Île de la Batterie
Îlot Levrettes
La Caroline
Curé de St-Esprit
Bel Air Rivière Sèche
Îlot Lievres
Beau Rivage
Temple Bel Air
Îlot Mangenie
Île de l'Est
Hermitage
La Lucie
Riv. Sèche
Belle Rose
Ernest Florent
Clemencia
B28
Île aux Cerfs
Pont Lardier
Beau Champ
Mt Ravat
B27
Mt Couve
Grande Rivière Sud-Est
Temple Grande Rivière
Deep River
Île aux Chats
La Nourrise
Deux Frères
Île Camisard
Olivia
Deep River
Quatre Soeurs
Anse Cunat
Pte de la Batterie
Grand Rivière South-East
Bois d'Oiseaux
Mt Chat
Pte St Lain
La Commune
Etoile
Mt Villars
Marie Jeanne
Belle Rive
Pte aux Feuilles
Domaine de l'Etoile
Grand Sable
North Entrance
Bambous
Anse du Grand Sable
Mt Bambou 626
Îlot Flamants
Pointe aux Roches
Île aux Oiseaux
Pte aux Roches
Danish Entrance
Petit Sable
Anse du Petit Sable
Mt Camizard
Pointe du Diable
Pte du Diable
Anciennes batteries françaises
B28
Anse Bambou
Pte Corail
Piton Rouge
Mt Brise
Anse Jonchée
Bambous Virieux
Pte Bambou
Monument "Introduction de la Canne"
Anse Jonchée
Pte Masulipatan
Montagne du Lion 480
Domaine du Chasseur
Providence
Vieux Grand Port
Bois des Amourettes
Anse Colas
Pavillon du Grand Port
Rocher des Oiseaux
Île Marianne
Îlot Singe
Île aux Fous
South Entrance
Île aux Fouquets
Îlot Vacoas
Île de la Passe
Pte de la Colonie
Mahébourg
Notre Dame des Anges
Barachois Rochecouste
Île du Hangard
Île aux Aigrettes
Sri Vinayagur Seedalamen Kovil
Pointe D'Esny
Pointe D'Esny
N
0
3 km

5000 Palmen umgeben die Anlage des »One & Only Le Saint Géran« auf einer Landzunge bei Belle Mare

❶ BELLE MARE PLAGE

Am Küstenabschnitt ab der Peninsula Pointe de Flacq Richtung Süden beginnt eine der landschaftlich schönsten Gegenden von Mauritius. Kein Wunder, dass am etwa sechs Kilometer langen Strand bei Belle Mare die Spitzenhotels der Welt um die Gunst der Urlauber werben, z. B. das mehrmals zum weltbesten Hotel gekrönte Le Saint Géran, das Constance Belle Mare Plage, das LUX Belle Mare oder das Shangri-La Le Touessrok. Hier werden alle erdenklichen Wünsche nach (Wasser-)Sport, kulinarischen Genüssen oder abendlichem Entertainment perfekt erfüllt. Nachts flackern an einigen Hotelstränden die Lagerfeuer, die den Sega-Shows eine spektakuläre Kulisse bieten. Noch ist jede Menge Platz zwischen den Nobelherbergen, sodass Strandläufer bisher nur mit den Krebsen um die Wette laufen.

Den Mauritiern scheint es (noch) nichts auszumachen, dass die Paradestrände von Ausländern im knappen Bikini und mit Kajak besetzt werden – es bringt ja auch Arbeitsplätze. In der Theorie sind alle mauritischen Strände öffentlich zugänglich und es gibt ausreichend Ausweichmöglichkeiten, etwa die fabelhaften Strände nördlich von Belle Mare bei **Roches Noires** und **Poste Lafayette** oder etwas südlich der **Plage Palmar**, wo die Einheimischen noch immer fast unter sich bleiben.

Auch am rein öffentlichen Strand Belle Mare Plage herrscht am Wochenende reges Treiben in Shorts oder Sari. Die Wiese unter den Kasuarinen ist mit riesigen Zelten einem Zeltlager ähnelnd bebaut, ganze Großfamilien mit Oma, Kind und Kegel entsteigen Lastern und Bussen, bepackt mit Cola-Kisten, Plastikstühlen und Kühltaschen fürs Strandpicknick. Eine Familie betet auf einer kleinen felsigen Landzunge an einem Beton-Schrein mit roten Fahnen. Sie opfern den Hindu-Figuren, vor allem der schrecklichen, die Zunge herausstreckenden Kali (auch Durga), und legen am

Shiva-Lingam Bananen und Kokosnüsse nieder. Dahinter erstrecken sich weitere Sandbuchten mit palmwedelgedeckten Sonnenschirmen und Fischerbooten, in denen türkis schimmerndes Wasser träge an den schneeweißen Strand plätschert.

Ein kleiner, bildschöner Hindu-Tempel liegt weiter nördlich an der Pointe d'Esny auf einer Landzunge und wird wegen seiner reizvollen Lage direkt gegenüber der Lagune vom Hotel Le Saint Géran auch schwimmender Tempel genannt. Der strahlend weiße **Kashinath Mandir** mit seiner tulpenförmigen Kuppel ist über einen Damm zu erreichen (oder für Gäste per Motorboot vom Hotel Le Saint Géran). Zahllose Bildnisse und Figuren der hinduistischen Götterfamilie – alle in farbenprächtiger Kleidung – lassen sich hier in aller Ruhe bewundern. In den kleinen überdachten Schreinen vor dem Tempel sieht man Shivas Reittier Nandi, den Affengott und General Hanuman in heldenhafter Pose und die Göttin Lakshmi, zuständig für Wohlstand und Glück und zugleich Gattin von Vishnu, dem höchsten aller Hindu-Götter und Welterhalter. Innen im Haupttempel empfangen das Gottespaar Shiva und Parvati und ein kleiner Ganesh die Gläubigen, die am Lingam in der Mitte Bananen, Kokosnüsse, Rosen und Münzen als Opfergaben niederlegen. Beim Rundgang trifft man auf folgende Vertreter der Götterwelt: Krishna (mit Bambusflöte), Rama und Sita sowie die furchterregende, mehrarmige Durga (eine der vielen Erscheinungen von Parvati bzw. Kali). Zum Maha-Shivaratri-Fest lassen die Hindus hier festlich geschmückte Kanvar-Gestelle aus Bambus zu Wasser, um Shiva zu ehren und gnädig zu stimmen.

Der feine Sandstrand Plage Palmar umschließt eine türkisfarbene Bucht

IN DER WELT DER LUXUSHOTELS: LE SAINT GÉRAN

Der Aufenthalt im »One & Only Le Saint Géran« in Belle Mare stellt den Urlauber spätestens am Abend der Ankunft vor ungeahnte Entscheidungsprobleme: Baden in Badesalz oder Badeöl? Oder lieber duschen mit fünf verschiedenen Duschstärken – von harter Nadelspitzen-Massage bis zum sanften Wasserfallplätschern? Man kann sich auch auf die Marmorbank in der Duschkabine setzen und darüber sinnieren. Das Badezimmer (ach was, der Badesaal!) ist ein Traum aus Marmor, Terrakotta und edlem Teak mit Wandfresken und alles im passenden Muscheldesign. Das Le Saint Géran bietet nicht nur in der Junior-Suite Perfektion bis in die kleinsten Details.

Die Qual der Wahl hat der Gast in diesem Luxushotel alle paar Minuten. Beim Frühstück steht der Hungrige quälende fünf Minuten vor der Theke mit den Marmeladen: Baby-Ananas- oder Passionsfrucht-, Mango- oder Litschi-Konfitüre? Zweifellos, kein Ort für ein schnelles Frühstück.

500 Angestellte kümmern sich um die Gäste, der Service im Le Saint Géran ist legendär: Ist der Regenschirm nicht im begehbaren Schrank, streikt der Anrufbeantworter oder will man über das TV-Gerät eine E-Mail nach Hause schicken? Kein Problem, der Butler kommt auf Knopfdruck, rund um die Uhr. Viele Angestellte lernen Deutsch in der hauseigenen Schule, denn immerhin ein Drittel der Gäste kommt aus Deutschland, viele sind Stammgäste.

Die »Grand Dame of Mauritius« ist erst im Dezember 2017 nach aufwendiger Renovierung wiedereröffnet worden. Sie liegt seit rund 40 Jahren an der Ostküste auf einer malerischen Landzunge – fast vollkommen unsichtbar hinter einem Palmenmeer. Sage und schreibe 5000 Palmen ließ der Architekt hier um die Häuschen im Kolonialstil pflanzen, Frösche quaken an kleinen Kaskaden und in dschungeligen Tälern, Hibiskus, Bougainvilleen und Frangipani verströmen exotische Wohlgerüche. Das Gelände ist auf geheimnisvolle Weise so perfekt angelegt, dass die Wege zwischen Suiten und Restaurants, Stränden, Bootshaus, Shops, Golfplatz und Fitnessklub nie allzu weit sind – die sonst in weitläufigen Nobelherbergen üblichen (hässlichen) Elektro-Wagen bleiben dem Gast erspart.

Nicht nur das Hotel ist mehrfach als weltbestes Resort ausgezeichnet worden, auch die Küche der Restaurants hat so viele internationale Preise und Sterne eingeheimst, dass

Verwöhnmassage im »ESPA One & Only Spa«

Von seinem Privatpool genießt der Gast im »One & Only Le Saint Géran« in Belle Mare den Ozeanblick

manch ein Gast mit Ehrfurcht auf die »Rosenberghiis« schaut und sich kaum traut, den tellergroßen Riesengarnelen den Hals zu brechen. Beim Dinner im mit einem Michelin-Stern gekrönten Gourmet-Tempel zieht eine frische Meeresbrise durch das romantische Ambiente und mischt sich mit dem würzigen Duft von selbstgemachtem Naan-Brot aus dem Tandoori-Ofen. Jaspalsingh, einer von rund 80 Köchen, demonstriert mit Turban und weißer Schürze, wie der Fladenteig gegen die Wände des runden Steinofens geschleudert wird und dort weiter brutzelt.

Luxus pur: teilweise offene Bäder mit exotischer Flora

Abends sinkt der umsorgte Gast nach der Massage im ESPA One & Only Spa auf die Chaiselongue seiner Gartenterrasse – für den Besuch im Kasino ist keine Kraft mehr. Soviel Luxus strengt an! Der Indische Ozean brandet in der Ferne gegen das Korallenriff, Eiswürfel klimpern im Martiniglas. Die Auswahl an Schokoladen-Snacks in der Minibar ist größer als im Supermarkt zu Hause. Unauffällig spazieren die Security-Männer im Safari-Look durch den Garten. Schließlich sollen sich hier illustre Gäste aus aller Welt wohl und sicher fühlen, darunter Prinzessin Caroline von Monaco oder Catherine Deneuve. Natürlich gibt es eine eigene Villa für die Stars und Sternchen: eine Art Hotel im Hotel mit eigenem Restaurant, Pool und Angestellten. Privatsphäre, die sich manch ein Weltstar und Staatsoberhaupt ein paar Tausend US-Dollar pro Nacht kosten lässt ... (http://lesaintgeran.oneandonlyresorts.com).

Die Arbeitsbedingungen auf den Zuckerrohrfeldern sind aufgrund des Einsatzes von Pestiziden problematisch

Zuckerrohrernte: Das Schneiden der armdicken Stängel ist immer noch reine Handarbeit, das Häckseln erfolgt mechanisiert

Ausflugsziele:

Das Städtchen **Centre de Flacq**, ca. vier Kilometer westlich von Belle Mare, eignet sich gut zum Einkaufsbummel, sei es in der Markthalle (Mittwoch und Sonntag) oder im modernen Einkaufszentrum Virginie. Die betuchte Klientel der Luxushotels an der Ostküste bei Belle Mare hat einige exklusive Läden und Kunsthandwerker hierher gezogen, z. B. den Juwelier Matikola in der Market Road oder Bijoulux in der Charles de Gaulle Street.

Nur eine Viertelstunde Autofahrt von Centre de Flacq liegt im Südwesten **F.U.E.L.** (Flacq Union of Estates Limited), die größte der vier Zuckerfabriken der Insel, manch einer hält die gigantische Anlage sogar für die weltgrößte. Die Bagasse, die bei der Zuckerherstellung als Nebenprodukt anfällt, wird seit 1984 als Brennstoff benutzt, und so versorgt die Fabrik sich selbst und die Insel mit Strom (gedeckt wird rund ein Fünftel des gesamten Strombedarfs von Mauritius durch das Naturprodukt). Jährlich werden allein hier rund 950 000 Tonnen Zuckerrohr verarbeitet, um 100 000 Tonnen Zucker zu produzieren.

Der neueste Trend: Seit einigen Jahren werden Teile der alten Zuckerplantagen in teure Immobilien-Anlagen mit ultraschicken Eigentumsvillen verwandelt, etwa im Hinterland von Trou d'Eau Douce und Providence, vor allem für viele südafrikanische Investoren, die mittlerweile einen großen Teil der mauritischen Bevölkerung ausmachen – damit lässt sich offenbar mehr Geld als mit Zucker oder Strom verdienen …

Ein filigranes Kunstwerk in Weiß: der Hindu-Tempel Kashinath Mandir (Pointe d'Esny)

SERVICE & TIPPS

Kashinath Mandir
B15, Pointe d'Esny (10 km nördl. von Belle Mare)
Ganztägig zugänglich
Eintritt frei
Schmuckstück von einem Hindu-Tempel auf der Landzunge gegenüber vom Luxushotel Le Saint Géran.

Tapasake
Im Hotel Le Saint Géran
Pointe de Flacq, Belle Mare
✆ 401 16 88, www.lesaintgeran.oneandonlyresorts.com
Nur nach Reservierung 19–22 Uhr
Ein nicht nur lukullisches Erlebnis, denn man speist romantisch an der Lagune. Die offene Küche lässt Gäste (moderne) pan-asiatische Kochkunst miterleben – mit einem Hauch Tapas-Fusion, die Zubereitung hat schon was von einem Theaterbesuch ... €€€€

Beach Rouge
Im Hotel LUX Belle Mare
Belle Mare Plage
✆ 402 20 00
www.luxresorts.com
Tägl. 12.30–16 und 19.30–22.30 Uhr
Romantischer geht's kaum: Das Restaurant liegt direkt am Strand, wer will kann auch mit den Füßen im noch warmen Sand bei Kerzenlicht speisen. Mediterrane Küche, etwa das hervorragende Seafood-Menü (immer Mi abends).
€€€–€€€€

Symon's
Royal Rd. (B59)
Pointe de Flacq, Belle Mare
✆ 415 11 35
Tägl. 19–22 Uhr
Alteingesessenes Restaurant mit chinesisch-kreolischer Kost und großer indischer Speisen-Auswahl. €–€€

Ausflugsziel:

F.U.E.L. Sugar Milling Co. Ltd.
St. Julien (ca. 10 km südwestl. von Centre de Flacq)
✆ 402 33 00 und 059 40 21 40, -50 (Immobilienprojekte)
www.morcellement.com
Mo, Mi und Fr ab 16.30 Uhr
Kein Eintritt, aber ein Trinkgeld ist angebracht
Größte mauritische Zuckerfabrik, die man am besten in der Erntesaison zwischen Juni/Juli und November besichtigt.

Hindu-Frauen in farbenprächtigen Saris opfern im Kashinath Mandir

Die elastischen Filaos entlang der Strände erinnern an die europäische Lärche

2 3 TROU D'EAU DOUCE

Nach all dem abgeschiedenen Ambiente in den Luxus-Oasen und dem einzigartigen Verwöhn-Service erlebt der Reisende südlich von Belle Mare eine andere, eher ursprüngliche mauritische Welt: Trou d'Eau Douce, »das süße Wasserloch«, ist ein kleines, fast mediterran anmutendes Fischerdorf. An manchen Ecken verschlafen, an anderen reichlich geschäftig. Am drei Kilometer langen, schlangenlinienförmigen Strand legen am Vormittag vom Holzpier pausenlos die Taxi-Boote zu den beiden Inseln Île aux Cerfs (vgl. unten) und Île de l'Est ab. Die Fischer reparieren und streichen ihre Kähne im Schatten der Laubbäume und Filaos, Angler stehen knietief im Wasser, Touristen schwenken verzückt ihre Video- und Handykameras über die fast kreisrunde, pittoreske Bucht, denn die Kulisse der Berge zeigt sich hier von ihrer Schokoladenseite – mit dem beeindruckenden Pic Grand Fond (521 m) und dem Montagne Bambous (626 m). Katamarane und Segelyachten schweben im tiefblauen Wasser, blitzblank und farbenfroh leuchten die Boote und Häuschen. Weit dahinter sieht man über der Lagune die zweistöckigen Bungalows des mehrfach zum weltbesten Hotel gekrönten Touessrok. Reisebüros, Imbisse und Boutiquen verleiten die Durchreisenden zum Stoppen in diesem hübschen Örtchen, das allerdings auch am tagtäglichen Stau-Syndrom leidet. Auch das Hinterland wird allmählich bestückt mit Immobilienprojekten und fantasievollen Villen mit Türmchen und Erkern.

Ausflugsziele:

Ein ganz untypisches Ferienparadies versteckt sich auf der **Île aux Cerfs**. Die kleine unbewohnte Insel mit ihren schneeweißen Stränden teilen sich die Gäste des Hotels Touessrok und die Mauritier auf Wochenendausflug.

Die Motorboote mit den Tagesausflüglern flitzen aus allen Richtungen durch die Lagune Richtung Insel. In der Hochsaison kann es voll werden: Hier angeln Einheimische in den Mangroven nach Anchovis-ähnlichen Fischen, die am besten zu Rum schmecken sollen. Die meisten Urlauber üben sich im Surfen, Schnorcheln und Tauchen oder sonnenbaden

in den vielen kleine Badenischen, während die Mauritier beim Picknick im Schatten blühender Bougainvilleen und Hibiskus sitzen oder entlang der Strandpromenade flanieren und die Aldabra-Riesenschildkröten besuchen.

Bernhard Langer entwarf im Zentrum der sieben Quadratkilometer großen Insel einen 18-Loch-Golfplatz. Erfrischungen und Stärkung offerieren kleine Strandbars wie die einfache Sands Bar und zwei gehobene Lokale. An manchen Abenden legen hier leibhaftige »Piraten« an und tropische Schönheiten mischen sich Sega-tanzend unters Badevolk. In Sichtweite liegt die einsame **Îlot Mangénie** (auch Île de l'Est), die mit ein paar Schwimmstößen zu erreichen ist – sie gehört jedoch ganz und gar den Robinsons unter den Gästen des Touessrok.

Aufgrund der vielen Seeigel sind rund um die Île aux Cerfs Badeschuhe ratsam

SERVICE & TIPPS

Chez Tino
Royal Rd., Trou d'Eau Douce (am nördl. Ortsausgang, 1. Stock)
✆ 480 27 69 und 419 27 69
Tägl. 10–15, Mo–Sa auch 19–22 Uhr
Wunderschön gelegenes Familien-Lokal mit luftiger Veranda über dem Meer, man sitzt unter einem Banyan-Baum und genießt nach kreolischer Art zubereitete Fischgerichte und Meeresfrüchte, etwa die leckere Seafood Paella.
€€–€€€

Gilda's Restaurant
Royal Rd.
Trou d'Eau Douce (am nördl. Ortsausgang)
✆ 480 12 53
Tägl. 10–22 Uhr
Beste Mischung aus italienischen und mauritischen Speisen sowie Vegetarisches. Herrlicher Panoramablick von der Terrasse über die Dächer auf die Bucht.

Zur Straße hin gibt es eine kleine Bar mit preiswerten Cocktails. Das Restaurant hat einen Pizza-Liefer- und einen Gäste-Abholservice. €–€€

Ihre puderzuckerweißen Strände zählen zu den schönsten weltweit: Tagesgäste auf der Île aux Cerfs, im Hintergrund die Bergkette der Montagnes Bambous

Bougainvilleen verschönern auf Mauritius so manche Mauer

Ausflugsziele:

Kushi
Im Shangri-La Le Touessrok
Coastal Road
Trou d'Eau Douce
✆ 402 74 00
www.shangri-la-com
Tägl. 18.30–22.30 Uhr
Hier wird am Tisch gegrillt – japanische Kost vom Feinsten. Wer aus Japans Küche bisher nur Sushi kennt, erlebt ein fantastisches Geschmackserlebnis. €€€€

Bootsservice zur Île aux Cerfs
Die **öffentlichen Boote** (Public Ferry Boat) fahren täglich ab dem Pointe Maurice ab (hinter dem Abzweig zum Hotel Touessrok, ausgeschildert); nur dort werden auch die Tickets für die öffentlichen Fähren verkauft (etwa Rs 600, Abfahrt in der Regel, wenn das Boot voll ist). Die **Boote des Hotel Touessrok** (tägl. 9–17.15 Uhr, alle 20 Min.) starten von dessen Pier und können von Nicht-Hotelgästen gegen Gebühr benutzt werden, ebenso die Wassersportmöglichkeiten auf der Insel. **Private Boote** starten auch ab Trou d'Eau Douce (ab ca. Rs 400; man sollte die zweite Hälfte der ausgehandelten Summe erst bei Abholung zahlen, denn hier wurde schon so manch einer »vergessen«). Auch als Tagestour in allen Hotels buchbar.

La Chaumière Masala
An der nördlichen Spitze der Île aux Cerfs
✆ 402 74 26, 402 77 20
www.masala-ile-aux-cerfs.restaurant.mu
Tägl. 12–16 Uhr
Ob Tandoori, Biryani oder Lassi – indisch-mauritische Speisen (auch vegetarisch) in einem urigen Lokal mit kleinen hölzernen Pavillons zu Füßen eines gigantischen Banyan-Baums. €–€€

3 MONTAGNES BAMBOUS

Hinter Beau Champ überquert die B28 Richtung Süden in wilden Schlangenlinien das dschungelig anmutende Flussbett des Grande Rivière Sud-Est. Der größte Fluss der Insel strömt aus dem bergigen Hinterland über viele Kaskaden und über 50 Kilometer Länge in die Küstenebene hinunter – eine Flusssafari auf Motorbooten und Katamaranen entlang der steilwandigen Felsen ist von den Küstenorten und als Hotelausflug möglich. An diesem Landstrich siedelten die ersten Holländer vor rund 400 Jahren und nannten den Ort »Groote Rivier«. Noch heute kann eine der ältesten Zuckerfabriken in der Nähe von Beau Champ auf Anfrage während der Erntezeit ab 25. Mai bis Ende des Jahres besichtigt werden (ausgeschildert).

Die enge Straße nach Süden führt vorbei an Zuckerrohrfeldern und folgt schließlich dem Verlauf der Küste auf den Zentimeter genau – man könnte den Fischern im Vorbeifahren die Hand geben. Die Männer stehen bis zum Bauch im Wasser, die Tasche mit den Ködern geschultert, die Angelrute wird mit Schwung ins schlammige Wasser geworfen. Eine traumhafte, sichelförmige Bucht reiht sich an die nächste. Moscheekuppeln leuchten vor den grün bewaldeten Berghängen. Immer näher rücken die imposanten Spitzen der Bergkette Montagnes Bambous – mal vier Pyramiden ähnelnd, mal wie Teufelshörner, die sich ineinander verkeilt haben, je nach Standort und Fantasie des Betrachters. Bei dieser Bergkulisse wundert man sich über die Namen der Küstendörfchen Deux Frères (Zwei Brüder) oder Quatre Soeurs (Vier Schwestern) nicht. Beide Orte liegen quasi zu Füßen weit abwärts geschwungener Berghänge. Im Dorf Grand Sable rücken die ungleichen Geschwisterpaare mit ihren markanten Gipfeln ganz dicht an Häuser und Hafen.

Der geschichtsträchtige **Pointe du Diable**, die »Teufelsspitze«, an der Küste ist nicht zu verfehlen: Auf einem großen Parkplatz weisen Kanonen Richtung Meer, wo einst britische Kriegsschiffe Kurs auf Mauritius nahmen und sich im 18. und 19. Jahrhundert teils heftige Kämpfe um die Vorherrschaft im Indischen Ozean abspielten.

Einige alte Festungstürme aus der französischen Ära sind von Jugendlichen erobert worden – sie schwenken Bierflaschen statt Degen, Hindi-Pop statt Kanonenschüssen dröhnt aus Lautsprechern. Am Wochenende stehen unter den Filaos ganze Männergruppen und debattieren über Sportergebnisse, Großfamilien picknicken Shrimps-Curry mit Brèdes, einem grünen Spinat-ähnlichen Gemüse, Bier, Cola und Rum.

Hinter der folgenden Kurve ist schon der **Montagne du Lion** in Sicht. Nähert man sich dem markanten Berg vom Süden her oder beim Landeanflug auf den Flughafen in Plaisance, könnte man wirklich meinen, in der Ferne liegt ein Löwe ausgestreckt zwischen Meer und Zuckerrohrfeldern. Vielleicht wurde er von Pfeilen aus »giftigem Bambus« getroffen, denn so heißt der nächste, eigentlich ganz friedlich erscheinende und pittoreske Mini-Ort:

Der Montagne du Lion an der Ostküste: Mit Fantasie lässt sich die Form eines liegenden Löwen erahnen

Bambous Virieux. Geübte Kletterer können den Löwen durchaus bezwingen. Ein teilweise ausgeschilderter Pfad führt durch den Bois des Amourettes, den »Wald der Verliebten«, und durch Zuckerrohrfelder. Nach etwa zwei Stunden stellenweise steiler Kraxelei über Rücken und Mähne des Löwen hat man den Gipfel erreicht und wird mit einer Aussicht bis nach Mahébourg belohnt.

SERVICE & TIPPS

Montagne du Lion
480 m hoher, markanter Berg, der über einen ausgeschilderten Pfad bestiegen werden kann. Teils sehr beschwerlich, Dauer 2 Stunden für eine Strecke.

Zuckerfabrik Beau Champ
Nahe Beau Champ (ausgeschildert)
Besucheranfrage: info@alteogroup.com
Eine der ältesten Zuckerfabriken des Landes, die man auf Anfrage während der Erntesaison zwischen 25. Mai und Ende des Jahres besuchen kann.

La Case du Pecheur
Coastal Rd., Anse Bambous
Vieux Grand Port
✆ 52 52 22 46
Romantische Atmosphäre am Fischteich: Man speist Mauritisches auf der Veranda, von der man einen fantastischen Blick auf den Ozean und die Berge hat. Barbecue ist ebenfalls möglich. Es werden auch einige sehr einfache Reihenhütten über dem Wasser vermietet, mit Pool (€). €–€€

4 DOMAINE DE L'ETOILE

Auf den ehemaligen Zuckerrohrplantagen im Hinterland wird heute Spaß großgeschrieben: Die Domaine de l'Etoile ist ein neu geschaffener 1200 Hektar großer Naturpark zwischen den Dörfern Montagne Blanche und Kewal Nagar Belle Rive. Zu Füßen der Bambus-Berge und am Grand Rivière Sud-Est geht es heute per Quadbikes oder Buggys auf einen 35 Kilometer langen Parcours (nur mit Helm) oder alternativ und gemütlich auf dem Mountainbike oder auf dem Pferderücken durch die herrliche Landschaft. Außerdem warten vier unterschiedlich anspruchsvolle Trekkingpfade (1 bis 3 Stunden, zwei geführte Touren am Tag). Allseits beliebt ist die Zipline: Abenteuerlustige schwingen sich über 3,5 Kilometer und auf sechs Plattform-Stationen durch die Luft (ab zwölf Jahre). Außerdem kann man hier auf zehn Gummi-Tiere per Bogen schießen, die etwa 1000 hier lebenden Java-Hirsche und Rehe lassen sich natürlich nur per Kamera »schießen«.

SERVICE & TIPPS

Domaine de l'Etoile
Sébastopol
✆ 057 29 10 50 (mobil)
www.terrocean.mu
Tägl. 9–18 Uhr
Eintritt Rs 500, Zipline Rs 2000
Vergnügungspark mit Bespaßungsprogramm für Groß und Klein. Stärkung verheißt das rustikale »Fusion«-Restaurant mit mauritischer Küche (€–€€).

5 VIEUX GRAND PORT

Auf wahrlich historisches Terrain begibt sich der Reisende südlich des Montagne du Lion. In der weiten Bucht von Vieux Grand Port (ehemals Warwyck Bay) landeten am 20. September 1598 die Holländer erstmals an der mauritischen Küste. Zuvor hatten sie bei der Île de la Passe die Passage durchs Korallenriff gefunden, bis heute die einzige Durchfahrt in die geschichtsträchtige Bucht. Die Holländer nannten ihre Siedlung Port Warwyck nach ihrem Kapitän, einige Spuren sind heute noch am Pavillon du Grand Port kurz vor dem Ort zu sehen: ein Wachturm und alte Festungsreste. Das holländische **Fort Frederik Hendrik** ist restauriert worden und dient als Museum und Ausstellungsort für die Fundstücke der andauernden Ausgrabungen. Holländische Archäologen vermuten noch weitere Lager, Wohnhäuser und andere historische Bauten ihrer Landsleute in dieser Gegend, einiges könnte aber auch aus der Zeit der Franzosen stammen. An der Brücke über den Rivière Champagne steht ein Obelisk-Pfeiler zum Gedenken an die erste Landung der Holländer an dieser Stelle.

Warten auf den Bus in Vieux Grand Port

Es gab weitere historische Momente in dieser Gegend, die von den nachfolgenden Franzosen Port Bourbon genannt wurde. Hier fand im August 1810 – rund zwei Jahrhunderte nach der ersten Besiedlung durch die Holländer – die berühmte Seeschlacht zwischen Franzosen und Briten statt. Es war das einzige Mal, dass die französische Marine die Engländer durch List und Tücke besiegen konnte (z. B. versetzte Bojen, woraufhin die britischen Schiffe havarierten). Noch heute weist ein Schild am Pariser Triumphbogen voller Nationalstolz auf diesen Sieg der Grand Nation hin.

Ein bisschen Ökotourismus ist im **Vallée de Ferney** zu erleben, in einem herrlich hügeligen Wandergebiet, durch das noch bis 2004 der neue Südwest-Highway geplant war. Besucher können hier Wanderungen und Jeeptouren unternehmen sowie einen

Treffpunkt für Liebespärchen: der Martello-Turm in Vieux Grand Port

Wanderterrain mit Weitblick: das Vallée de Ferney

Baum adoptieren oder in der einstigen Jagdhütte speisen. Aber erst einmal bestaunt man nahe dem Eingang die eindrucksvolle Zuckerrohr-Waage und eine kleine Zuckerrohrpresse – Überreste der alten Ferney-Zuckerfabrik. In Zusammenarbeit mit der Mauritius Wildlife Foundation und dem UNDP (United Nations Development Programme) wurden hier bedrohte endemische Arten wie die Rosentaube (Columba mayeri) und Riesen-Landschildkröten angesiedelt. Auf rund 200 Hektar wachsen etwa 100 Pflanzenarten. Mauritius steht an unrühmlicher dritter Stelle in der weltweiten Rangliste von Ländern mit der höchsten Aussterberate von Tierarten (die Hälfte aller Wirbeltiere!). Die berühmtesten Vertreter der mauritischen Ausrottungsgeschichte sind der Dodo und der Solitär.

SERVICE & TIPPS

Fort Frederik Hendrik
B28 (Hauptstr.)
Vieux Grand Port
Mo/Di, Do, Sa 9–16, So 9–12 Uhr, Eintritt frei
Restaurierte Überreste des französischen und holländischen Forts, Museum mit Dokumenten und Ausgrabungsfunden aus der Kolonialzeit. Ein weiterer erhaltener Martello-Turm steht ca. 200 m nordwestlich direkt an der Hauptstraße hinter einem Zaun in einer Art Mini-Park.

La Vallée de Ferney
B28, Vieux Grand Port (Abzweig ausgeschildert, ca. 1 km westlich von Vieux Grand Port
✆ 634 04 40 und 057 29 10 80 (mobil)
www.valleedeferney.com
Tägl. 9–15 Uhr
1,5-stündige, geführte Wandertour über 4 km tägl. 10 und 14 Uhr, ab ca. Rs 575, Wanderung ohne Guide Rs 375, Jeep-Exkursionen ab Rs 1000
Alte Zuckerfabrik mit einem 200 ha großen Ausflugs- und Tierschutzgebiet zu Füßen des Montagne des Hollandais. Wander- und Jeeptouren und ein Restaurant, das Gerichte wie Wildschwein, Hirschbraten und Fisch serviert. Kleine Kaffee-Ausstellung.

Sein bevorzugtes Habitat im Vallée de Ferney sind Palmen und Vacoas: der Madagaskar-Taggecko (Phelsuma madagascariensis)

6 MAHÉBOURG

In **Ville Noire**, der »Schwarzen Stadt« kurz vor Mahébourg, sind die Toten auf einem Friedhof nahe der Küste bestattet. Hierher sollen sich früher Magier und Hexen zurückgezogen haben, vermutlich afrikanische Voodoo-Anhänger, denn Namen für Fluss, Berg und Orte lassen auf kreolische Bevölkerung und Sklaven schließen – etwa der »Kreolen-Fluss«, der Rivière des Créoles, der vom Reisenden hier überquert wird.

Über die Cavendish Bridge gelangt man schließlich nach Mahébourg (rund 20000 Einwohner). Die kleine, moderne Hafenstadt und ihre angrenzenden Strände am Pointe Jérome und der Blue Bay haben sich zum internationalen Ferienzentrum gemausert, da der Flughafen nur zehn Minuten entfernt ist – was aber nicht heißt, dass die Urlaubsruhe durch ständigen Fluglärm gestört wird: Die wenigen Starts und Landungen von Airbussen haben hier noch den Charakter von Attraktionen statt ruhestörendem Lärm.

Die 1806 am Rivière la Chaux vom Gouverneur Charles Decaen gegründete Stadt wurde nach dessen berühmtem Vorgänger Mahé de Labourdonnais benannt. Sie spielte 1810 eine zentrale Rolle als Kriegsschauplatz: Der Seekrieg zwischen Briten und Franzosen war vor den Toren der Stadt in vollem Gange. Die Franzosen gewannen die Schlacht mit List und Tücke. Der Triumph hielt jedoch nicht lange an. Bereits am 2. Dezember des gleichen Jahres landeten die Briten mit einer Übermacht an Soldaten auf der Insel und überrannten die Franzosen. Die neuen englischen Herren ließen schließlich zwischen Mahébourg und

Heute ein verschlafenes Provinzstädtchen: die einstige Inselhauptstadt Mahébourg im Südosten der Insel

der Hauptstadt eine Eisenbahnstrecke quer über die Insel bauen, die 1964 stillgelegt wurde. Erst mit dem Bau der Autobahn nach Port Louis gewann die Stadt an der Südostküste ab 1988 wieder an Bedeutung. Heute ist Mahébourg ein kleines Fischerei- und Handelszentrum.

Von der kolonialen Ära ist im Stadtbild nicht viel übrig. Eine alte Kirche aus Felsquadern in der Rue de Maurice trotzte den Zeitläuften und die cremefarbene, neugotische **Kathedrale Nôtre Dame des Anges** in der Rue du Souffleur mit ihrem schwarzem Dach und dem zinnenbekrönten Turm ist eine regelrechte Augenweide und überragt schon seit 1849 alle Bauten im Städtchen. Vom Glockenturm bietet sich nach 100 steilen Stufen ein Weitblick über den Naturhafen, die Stadt und den Indischen Ozean bis zum Flughafen in Plaisance.

Das schönste, sorgfältig restaurierte Kolonialgebäude beherbergt heute das interessante **Marinemuseum** (Musée Naval, um 1775 erbaut) inmitten eines großen Gartens an der Hauptstraße. Auf zwei Etagen ist Maritimes und Historisches zu bewundern, darunter viele Fundstücke von Schiffshavarien und Seeschlachten, z. B. die von französischen Tauchern 1966 geborgene Schiffsglocke der »Saint Géran« (vgl. S. 127), Kanonen der 1810 gesunkenen »Magicienne«, Seekarten des Indischen Ozeans vom Anfang des 16. Jahrhunderts, rostzerfressene Kanonen, Schwerter und Pistolen (z. B. vom Piratenkönig Robert Surcouf) und Kolonialmöbel wie das Baldachinbett des Gouverneur Labourdonnais. Auch naturwissenschaftliche Objekte wie Dodo-Knochen und Meeresschildkröten-Panzer sind ausgestellt.

Entlang der Hauptstraße beeindrucken einige farbenprächtige Hindu-Tempel. Im **Maha Kaliammen Kovil** haust die fürchterliche Göttin Kali, die mit weit herausgestreckter Zunge posiert und ihren Fuß siegreich auf die Brust eines Getöteten stellt. Ihre Hände halten Kriegsgeräte und einen abgeschlagenen Kopf, dessen Blutschwall in eine Schale fließt. Auch die eher friedli-

Diese Ansicht sollte man sich nicht entgehen lassen: die winzige Île Mouchoir Rouge, die »Taschentuchinsel« bei Mahébourg

PAUL ET VIRGINIE UND DER UNTERGANG DER »SAINT GÉRAN«

Am 24. März 1744 verlässt der Schoner »Saint Géran« den Hafen von Lorient in der französischen Bretagne. An Bord sind neben den 130 erwartungsvollen Passagieren auch einige Maschinen, die von der mauritischen Zuckerfabrik in Pamplemousses bestellt worden sind.

»Saint Géran«, das Schiff, auf dem Virginie nach Mauritius zurückkehrt und mit dem sie untergeht

Am Nachmittag des 17. August, nach fast fünfmonatiger Seereise um das Kap der Guten Hoffnung, ist wieder Land in Sicht: Die »Saint Géran« erreicht die mauritischen Gewässer, Hoheitsgebiet der Franzosen. Doch Kapitän Delamarre manövriert in ihm unbekannten Gefilden, er kennt die Tücken der Küste im Norden von Mauritius nicht. Gegen Mitternacht werden ihm die winzige Insel Ambre mit ihren vorgelagerten Felsklippen und eine gefährliche Strömung zum Verhängnis: Die »Saint Géran« läuft auf die Felsen auf, das Boot leckt und beginnt zu sinken. Das Dauerbimmeln der Schiffsglocke reißt alle Passagiere aus dem Schlaf und ruft sie an Deck, Panik macht sich breit, die Rettungsboote sind unbrauchbar. Als das Schiff in zwei Teile zerbricht, springen die Menschen von Bord, klammern sich an alles, was greifbar ist. Doch nur zehn Passagiere erreichen die Île d'Ambre und überleben das Schiffsunglück.

In den 1960er Jahren begannen archäologische Tiefsee-Expeditionen mit der Suche nach dem Wrack. 1966 konnten französische Taucher schließlich verrostete Gegenstände bergen, darunter einige Piaster-Stücke und die Schiffsglocke (heute im Marinemuseum von Mahébourg). Das Wrack ist ein beliebtes Ziel erfahrener Taucher: In etwa zehn Metern Tiefe sind noch Anker und Kanone zwischen Algenbewuchs und Fischschwärmen zu erahnen.

Das berühmteste Liebespaar von Mauritius: »Paul et Virginie« in Pamplemousses

Zur Erinnerung an die Tragödie trug jedoch vor allem der Roman von Bernardin de Saint-Pierre bei: Einige Jahrzehnte nach dem Unglück nutzte der junge französische Dichter bei seinem Aufenthalt auf Mauritius (damals noch Île de France) diese wahre Begebenheit als Grundlage für seine Romanze »Paul et Virginie«. Das Mädchen war zu Besuch in Frankreich und ertrinkt bei der Rückkehr in den Fluten vor ihrer Heimatinsel: Sie wollte sich aus Scham nicht ihrer Kleidung mit dem schweren Reifrock entledigen, der sie allmählich in die Tiefe zog. Wie es sich für eine romantische Tragödie gehört, stirbt auch Paul aus Kummer und Verzweiflung nach ihrem Tod.

Das Liebespärchen inspirierte im Laufe der Jahrhunderte Maler, ihr Schicksal wurde in 30 Sprachen übersetzt und sogar verfilmt. In der Kolonialvilla eines Zuckerbarons bei Riche en Eau fanden die Dreharbeiten statt. Ein Gedenk-Obelisk in Poudre d'Or im Norden und Bronze-Denkmäler in Curepipe und Pamplemousses erinnern an die Tragödie und ihr literarisches Nachspiel.

Tempeltänzerin des Sri Vinayagur Seedalamen Kovil in Mahébourg

che Lakshmi und der Elefantengott Ganesh sind zugegen. Der größte Trubel und Andrang in den heiligen Hallen herrscht beim Cavadee-Fest im Januar/Februar.

Der **Sri Vinayagur Seedalamen Kovil** (1856 erbaut) im südlichen Vorort Beau Vallon ist ebenfalls ein hübsches Beispiel der Götter-Vielzahl im hinduistischen Pantheon. Hier betet man zu Ehren des kriegerischen Murugan (auch Kartika, Skanda). Die Hindu-Tempel bzw. ihre Priester gehen sogar mit der Zeit – man hat eine eigene Facebook-Seite mit *friends* und *followers*. Die Schuhe muss man vor dem Betreten der Schreinhallen ausziehen.

Eine **Uferpromenade** verläuft parallel zum Busbahnhof: Am Abend sitzt hier halb Mahébourg auf den Bänken und genießt die Abendstimmung und *faratas*, einige Kinder sammeln Krebse im Schlick. Der Blick schweift von der schmalen Bucht mit den Fischerbooten über die vorgelagerte pittoreske **Île Mouchoir Rouge** bis hin zum »liegenden Löwen«, dem Montagne du Lion im Norden. Manchmal finden hier Freiluftkonzerte und Regatten statt, auch der angeblich größte **Markt** von Mauritius hat am Point Canon seinen Platz – rund um das moderne, von einer Kugel gekrönte Monument zur Abschaffung der Sklaverei (1835). Der Fremde sollte nicht allzu viel Exotik erwarten, neben den üblichen bunten Obst- und Gewürzständen werden vorwiegend Haushaltswaren am Boden und auf Tischen feilgeboten. Mit Ausnahme einer für Mahébourg typischen Spezialität: farbenfrohe handgestickte Taschentücher. Mit diesen Taschentüchern, so erzählen die älteren Einwohner, signalisierten die Bewohner früher dem einzigen Arzt des Ortes, wohnhaft auf der oben erwähnten »Insel des roten Taschentuches«, dass er benötigt wurde.

Südlich von Mahébourg hinter der Lagune vom Preskil Beach Resort erreicht die Küstenstraße bald den **Pointe d'Esny** und die **Blue Bay**, wo sich viele Einwohner Mahébourgs ihre Villen gebaut haben oder am Wochenende auf der Wiese unter Kasuarinen zusammenkommen. Die mit ihren weißen Sandstränden verlockende Blue Bay schneidet tief ins Festland, gegenüber sieht man das Hotel Shandrani auf einer zerfledderten Landzunge stehen, die zweistöckigen Bungalowhäuschen wie auf einem Kleeblatt an mehreren Stränden verteilt. Im tiefblauen Wasser schwanken Ausflugs- und Glasbodenboote, am Bootspier liegt ein Katamaran. Besonders schön präsentiert sich der wochentags noch sehr ruhige und schneeweiße **Cambuse Beach** mit Kasuarinenwäldchen – der etwas abgelegene Strand wurde erst kürzlich durch eine neue Straße erschlossen. Im Hintergrund schwimmt die klitzekleine **Île des Deux Cocos**, auf der ein exklusives Hotel entstanden ist – trotz der Proteste der Anwohner, die ökologische Bedenken haben, denn in diesem Marinepark sollen die am besten erhaltenen, farbenprächtigsten Korallenbänke wachsen. Früher hieß das Inselchen Île aux Bigorneaux, abgeleitet von den Strandschnecken, die an den Felsen kleben, bevor sie in der Fischsuppe landen. Auch wenn das Eiland nah erscheint, sollten selbst gute Schwimmer wegen der starken Strömungen auf ein Boot umsteigen.

SERVICE & TIPPS

Marinemuseum/ Musée Naval
Royal Rd. (A10)
Mahébourg (am südl. Ortsausgang)
✆ 631 93 29, Mo, Mi–Sa 9–16, So/Fei 9–12 Uhr, Eintritt frei
Heimatkundemuseum mit interessanten Ausstellungsstücken auf zwei Etagen: Naturkundliches wie ausgestopfte Meeresschildkröten, Piraten-Porträts, Kanonen usw.

Biscuiterie Henri Rault
Fabien Rd., Les Délicès, Ville Noire, Mahébourg (nördl. Ortsausgang, hinter der Cavendish-Brücke auf der A10 links halten, weiter auf der Hauptstraße und am Schild zur Moschee rechts abbiegen)
✆ 631 95 59
http://biscuitmanioc.com
Mo–Fr 9.30–15 Uhr
Eintritt Rs 175/125
Älteste Keksfabrik der Insel im Vorort Ville Noire, die seit 1870 nach altem und (natürlich) geheimem Rezept Maniok-Kekse in Handarbeit herstellt. 30-minütiger Rundgang mit Kostprobe.

Maha Kaliammen Kovil
Royal Rd. (A10), Mahébourg
Tagsüber zugänglich, kann mittags geschl. sein
Eintritt frei
Hindu-Tempel zu Ehren Kalis mit eindrucksvollem Gopuram-Tor und vielen bunten Figuren.

Nôtre Dame des Anges
Royal Rd., Mahébourg (Eingang in der Rue du Souffleur)
Tagsüber zugänglich
Messe Sa 16.30 Uhr
1849 erbaute Hauptkirche der Stadt mit herrlichem Rundumblick vom Turm (der Turmwärter erwartet ein kleines Trinkgeld).

Sri Vinayagur Seedalamen Kovil
Royal Rd. (A10), Beau Vallon Mahébourg
Tägl. 6–12 und 15–ca. 18 Uhr
Eintritt frei
Hübscher Hindu-Tempel aus dem Jahr 1856, direkt an der

Nobelvilla mit Meerblick: der ehemalige Feriensitz des britischen Gouverneurs Sir Hesketh Bell auf der Île des Deux Cocos

Bigorneaux für die Fischsuppe

südlichen Hauptstraße im Vorort Beau Vallon.

Le Copains d'Abord
Swami Shivananda & Suffren Sts., Mahébourg
✆ 631 97 28, tägl. 9–23 Uhr
Im ehemaligen Restaurant Le Phare sitzt man nett an der Uferpromenade mit Blick aufs Meer und speist außerordentlich abwechslungsreich: traditionelle mauritische Speisen wie Currys und Rogaille-Würstchen von Rodrigues, einige Wildgerichte, aber auch Seafood (Den Fisch in Kokosmilch probieren!) und italienische Klassiker. Beim Nachtisch fällt der Chili Cake ins Auge. Manchmal dröhnt hier allerdings Karaoke und samstags ab 19.30 Uhr ist Sega Night. €€–€€€

Le Jardin de Beau Vallon
Royal Rd. (A10), Mahébourg (am südl. Ortseingang)
✆ 631 28 05 und 631 28 50
www.lejardindebeauvallon.com, tägl. 7–22 Uhr
Romantische Garten-Atmosphäre: In dem kolonialen Landhaus inmitten von Zuckerrohrfeldern werden kreolische Speisen auf der Veranda oder im bäuerlich dekorierten Inneren serviert, auch Kindermenüs. Man wird auf Wunsch abgeholt. Freitagabends Livemusik, am besten reservieren!

Es gibt auch einige schöne Bungalowzimmer (€€) und ein Schwimmbecken. €€

Patrick Resto
Royal Rd., Mahébourg (A10, südliche Mahébourg Rd.)
✆ 631 92 98
Tägl. 11.30–15 und 18–22 Uhr
Unscheinbar, aber gut: Große Auswahl an kreolisch-einheimischer Kost, chinesischen Gerichten und frischem Seafood in einem einfachen kleinen, alteingesessenen Stadtlokal. Es gibt sogar vergleichsweise preiswerten Hummer und viergängige Meeresfrüchte-Menüs. Und nicht zu vergessen: große Portionen. €–€€

Markt
Point Canon
Mahébourg (zwischen Swami Shivananda und Hollandaise Sts.)
Mo 7–17 Uhr und tägl. Gemüsemarkt
An der Uferpromenade findet der lebhafte und angeblich größte Markt der Insel statt.

Water Front Shopping Center
Swami Shivananda St.
Mahébourg
Modernes Einkaufszentrum an der Uferpromenade Mahébourgs mit Türmchen und Pavillons. Hier gibt es sogar ein Kasino.

Ballett der Pirogen: Regatta-Tag in Mahébourg

Den graziösen Flug der Rotschwanz-Tropikvögel schildert der Schriftsteller Jean-Marie Gustave Le Clézio auf unvergessliche Weise in seinem Mauritius-Roman »Der Goldsucher«

7 ÎLE AUX AIGRETTES

Nur einen Kilometer von der mauritischen Küste entfernt haben Naturschützer ein typisches Fleckchen Natur mitsamt einheimischer Flora und Fauna erhalten bzw. in mühsamer Arbeit wiedererschaffen: mit endemischer Küstenvegetation und einzigartigen Tieren, die es sonst auf der ganzen Insel nicht mehr gibt – fast so, wie es hier vor Jahrhunderten aussah. Nicht nur für Biologen ist ein zweistündiger Ausflug auf die Île aux Aigrettes lohnenswert.

Die Insel war von den Holländern um 1598 Visschers Island getauft worden. Als das gesamte Ebenholz abgeholzt war, verloren sie ab Anfang des 18. Jahrhunderts das Interesse an dem Eiland. Die Franzosen wiederum brannten hier Kalk für den Export nach La Réunion. Während des Zweiten Weltkrieges diente die Insel den Briten als Militärbasis im Indischen Ozean. Mehr als 100 Soldaten waren in festungsartigen Anlagen untergebracht, von denen heute noch einige Überreste zu sehen sind: etwa die riesige restaurierte Kanone und ein Ausguck, von dem sich eine fantastische Weitsicht über Meer, Nachbarinseln und Mauritius bietet. Danach nutzte ein privater Besitzer das Eiland als Schafzuchtstätte – mit verheerender Auswirkung für die einheimische Flora und Fauna. Man pflanzte als Futter Giant Acacia (Leucaena leucocephala), ein grünes Mimosengewächs, das sich rasant ausbreitete und bald die ganze Insel überwucherte. 1965 erklärte die Regierung die Île aux Aigrettes zum Naturreservat. Trotzdem wurde weiterhin illegal Holz gefällt, bis 20 Jahre später die Mauritius Wildlife Foundation (MWF) die Kontrolle übernahm. Inzwischen ist die kleine Insel für Ökotouristen zugänglich.

Die Île aux Aigrettes ist auf den ersten Blick ein unwirtlicher Ort: 25 Hektar flacher Inselboden aus schroffem Kalk- und Korallengestein, einige (nicht zugängliche) Höhlen, die als Lebensraum für Flughunde dienen. Ihren Namen erhielt die Insel durch die Aigrettes, die Silberreiher, die auf Mauritius bereits seit dem 17. Jahrhundert ausgestorben sind. Insgesamt sind 13 bedrohte Pflanzenarten auf der Île aux Aigrettes heimisch, darunter weiß blühende **Orchideen** namens Aphrodite, die im Oktober/November ihren Duft verbreiten.

Die erste Aufgabe der Ökologen war die Beseitigung der Ratten, die alle Früchte und Sprösslinge fraßen und 1991 endlich ausgerottet waren. Auch die Spitzmäuse, die vor rund 300 Jahren ebenfalls an Bord der Schiffe von Asien nach Mauritius gelangten, stellten ein Problem im sensiblen Insel-Habitat dar. Diese Nager fressen u. a. mit Vorliebe die Eier des endemischen, vom Aussterben bedrohten **Green Lizard**. Erst als auch die Mäuse vor einigen Jahren endlich besiegt waren, konnten weitere vom Aussterben bedrohte Arten hier ausgesetzt werden, etwa der grün gefleckte **Guenthers Taggecko** (Phelsuma guentheri) und die **Aldabra-Riesenschildkröte**.

Fruchtstand der Vacoas-Palme

Unbestrittener Star der Île aux Aigrettes ist die **Pink Pigeon**: Die endemische Rosentaube (Streptopelia mayeri) war bereits von der Mini-Insel verschwunden und galt lange Zeit als nicht mehr zu retten. Nur noch 15 bis 20 Vögel zählten die Tierschützer 1985 in der Nähe von Grand Bassin auf dem Festland. Heute leben auf Mauritius mehr als 470 Exemplare: einige 100 auf dem winzigen Eiland, die anderen Tauben sind im Black River Gorges Nationalpark heimisch geworden.

Mittlerweile haben die ersten mauritischen Bäume und Pflanzen wieder Wurzeln geschlagen: der niedrige **Ebenholzbaum** (Bois d'Ebène, Diospyros egrettarum, nicht zu verwechseln mit dem hochwachsenden schwarzen Ebenholz aus den Bergwäldern), der **Ochsenbaum** (Bois de Boeuf, Gastonia mauritiana), die **Vacoas-Palme** (Pandanus vandermeeschii), die **Flaschenpalme** (Round Island Bottle Palm, Hyophorbe lagenicaulis), die **Drachenpalme** (Bois de Chandelle, Dracaena concinna) und der

Fütterung einer Aldabra-Riesenschildkröte: Qualifizierte Naturschützer informieren Besucher über die einzigartige Flora und Fauna auf der Île aux Aigrettes

Der Riesen-Drückerfisch (Balistoides viridescens) begeistert Schnorchler und Taucher

Rattenbaum (Bois de Rat, Tarenna borbonica). Der Rattenbaum beispielsweise entpuppt sich als zartes Pflänzchen mit hübsch gesprenkelten Blättern, das im Laufe seines Lebens eine wundersame Verwandlung in einen widerstandsfähigen Baum durchmacht. Der Ochsenbaum ist ein Laubbaum mit weit ausragenden, schattenspendenden Ästen, der an den mauritischen Stränden von den rasch wachsenden Filaos verdrängt wurde.

SERVICE & TIPPS

Île aux Aigrettes
Buchung: Mauritius Wildlife Foundation (IAA Eco Tour MWF), Grannum Rd., Vacoas, oder über Reiseveranstalter und Hotels
✆ 631 23 96 und 697 60 97
Abfahrt: Pier am ehemaligen Sands Jetty, Pointe Jérome, Mahébourg
Mo–Sa 9.30, 10, 10.30, 13.30, 14 und 14.30, So 9.30 und 10 Uhr, Fahrtdauer 5 Min.
www.mauritius-wildlife.org

Der von einem Naturschützer geleitete Ausflug kann über die MWF gebucht werden. In einem Besuchercenter auf der Insel, 1998 von Prinzessin Anne eingeweiht, kann man sich anfangs einen Überblick über die inseltypische Flora und Fauna verschaffen.

Für die 1,5–2-stündige Erkundung der Insel auf den größtenteils schattenlosen Pfaden sollte man Trinkwasser, Mückenschutz und Sonnenhut nicht vergessen, ab 10 Uhr wird es brütend heiß.

Schnorcheln im kristallklaren Wasser entlang der Küste der Île aux Aigrettes

Spannende Unterwasserwelt: In den Seetangwäldern der Lagunen verstecken sich kleinere Fische vor ihren Feinden

Region 5
Mauritius/
Der Süden

DER SÜDEN

AUF DER SPUR DES FALKEN

Von ihrer wilden Seite präsentiert sich die Insel Mauritius an ihrer Südküste, wo schroff-bizarre Berge mit ihren Ausläufern als spitze Landzungen zerklüftet im Meer enden. Der Indische Ozean prallt mit aller Macht, geschoben vom Südwestmonsun, gegen die rauen Klippen, etwa bei Le Souffleur oder dem südlichsten Punkt der Insel, dem Kap Le Gris Gris. Wer im Nationalpark Black River Gorges wandert, sieht mit etwas Glück und Ausdauer Vögel, die weltweit einzigartig sind: etwa den bildhübschen,

◁ *Schmuck-element eines Hindu-Tempel am Grand Bassin*

gepunkteten Mauritiusfalken und die Rosentaube – seit einigen Jahren von engagierten Tierschützern vor dem Aussterben gerettet. Nirgendwo auf der Insel stürzen mehr Wasserfälle in tiefe Abgründe und Schluchten, nirgendwo bieten sich bessere Aussichten über die mauritische Küste. Für Bergsteiger und Gipfelstürmer bietet der höchste Berg der Insel, der Piton de la Petite Rivière Noire, mit seinen 828 Metern zwar nicht unbedingt sportliche Herausforderungen, aber ein schöner Spaziergang mit fantastischen Weitsichten ist der Besuch im landesgrößten Nationalpark allemal.

Frischer Chili gehört zur kreolischen Hausmannskost

Ist es beim Wandern durch die Wälder noch ruhig und einsam, wird es umso voller am »heiligen See«, dem Grand Bassin, wenn die Nacht Shivas anbricht und Hunderttausende Pilger sich am Ufer des Kratersees zum Gebet versammeln.

Straßenverkauf an der Südwestküste westlich von Chamarel

1 LE MORNE BRABANT

Zu Füßen des markanten Berges Le Morne Brabant (556 m) am äußersten Südwestzipfel von Mauritius ist ein gleichnamiges Touristenzentrum entstanden: mit Hotels, Kasinos, Reitstall und einem 18-Loch-Golfplatz. Der grün überwucherte Berg erhebt sich alles beherrschend auf der Halbinsel. Je nach Perspektive verdeckt er den drei Kilometer östlich gelegenen und eigentlich höheren Piton du Fouge (596 m).

Ein Mythos im Meer: Um die als Mördermuschel beschimpfte Bénitier-Muschel ranken sich viele Geschichten

2008 ernannte die UNESCO den Morne Brabant wegen seiner Bedeutung im Kampf um die Befreiung der Sklaven zum Weltkulturerbe. Über den Morne Brabant erzählen die Mauritier eine traurige Geschichte aus der Sklavenzeit: Entflohene Sklaven fanden jahrelang Zuflucht auf dem Berg, und als am 1. Februar 1835 Polizisten den Berg erklommen, sollen sich einige Schwarze voller Furcht in die Tiefe gestürzt haben. Dabei wollten die Uniformierten nur das offizielle Ende der Sklaverei verkünden und die Flüchtlinge über ihre neu erlangte Freiheit informieren. Ein Kreuz auf dem Gipfel erinnert an diese tragische Episode und der 1. Februar wurde zum Nationalfeiertag erklärt.

Wer sich der Herausforderung stellen und den steilwandigen Gipfel erobern möchte, sollte im Felsenklettern geübt sein. Der Berg gilt unter Mauritiern als gefährlich und ist nur mit Seil und Genehmigung zu besteigen. Wer es dennoch wagt, bekommt eventuell die hier weiß oder karminrot blühende Nationalblume Trochetia zu Gesicht.

Der kleine **Urlaubsort** mit den Hotels LUX Le Morne, Le Paradis und das dazugehörige Dinarobin schmiegt sich an die dem Meer zugewandte Flanke des Le Morne mit rund vier Kilometern Strandpiste. Der öffentliche Strand ist wochentags herrlich leer, quillt aber an Wochenenden und Feiertagen über mit picknickenden, musizierenden und (Sega-)tanzenden Mauritiern.

Nördlich vor der Küste liegt die **Île aux Bénitiers**. Von diesem lang gestreckten Eiland in der kristallklaren Lagune stammten früher die Besen und Bürsten aus Kokosschalenfasern. Heute wird die Insel von Ausflugsbooten angesteuert. Gegen den Versuch, die Insel zum FKK-Urlaubsparadies zu machen, wehrten sich die Bewohner mit Protesten – und mit Erfolg. Namensgebend sind die riesigen Bénitier-Muscheln, die hier früher weit verbreitet waren. »Mördermuscheln« schimpften die Seeleute, wenn sie den Geschichten über ertrunkene Taucher lauschten, die in ihrem Schlund festgehalten worden und dadurch ertrunken sein sollen. Seemannsgarn sagt man heute dazu. Tatsache ist, dass die metergroßen Riesenmuscheln als Schalen für Weihwasser bei kirchlichen Messen benutzt wurden. Wer sie auf den Souvenirmärkten als Vase oder Seifenschale findet, sollte die Finger davon lassen – sie gehören ins Meer und nicht als Dekoration in die Schrankwand zu Hause.

Im türkisblauen und kristallklaren Wasser um den Crystal Rock in der Bucht vor der Île aux Bénitiers tummeln sich gelb-schwarze Wimpelfische; im Hintergrund der Berg Le Morne Brabant

Bootsausflug zur Île aux Bénitiers

SERVICE & TIPPS

Île aux Bénitiers
Etwa 4 km nördlich von Le Morne gelegene Ausflugsinsel. Bootstouren mit Schnorcheln und BBQ ab jedem Hotel in Le Morne oder ab dem Fischerort La Gaulette und dem nördlich gelegenen Grande Rivière Noire.

Le Morne Brabant
Ein Berg als UNESCO-Weltkulturerbe: Aufstieg auf die 556 m nur für erfahrene Bergsteiger mit Seilen und offizieller Genehmigung möglich. Das LUX-Hotel (Coastal Rd., Le Morne Plage, ✆ 401 40 00, www.luxresorts.com) bietet Hiking-Touren (bis auf 250 m, 2 Std.) und anspruchsvolleres Klettern auf den Gipfel (3 Std.).

La Palma
Im Hotel Paradis
Le Morne Plage
✆ 450 50 50
www.beachcomber-hotels.com
Tägl. 12.30–14.30, 19–22 Uhr
Italienisches Restaurant in einem der elegantesten Hotels der Insel – hier kann man sich richtig in Schale schmeißen. €€€–€€€€

East
Im Hotel LUX Le Morne
Coastal Rd., Le Morne Plage
✆ 401 40 00
www.luxresorts.com
Tägl. 19–22 Uhr
Exquisites Thai-Lokal im Hotel LUX Le Morne direkt am Meer, unbedingt das Special Seafood-Hummer-Menü probieren, allein die Vorspeisen mit knusprigem Tintenfisch, Garnelen und Papaya-Salat sind köstlich, vom Hauptgang ganz zu schweigen. €€€

Frizzy
Coastal Rd., La Gaulette
✆ 059 17 31 03 (mobil)
Kleines, aber feines und familiäres Veranda-Lokal mit bester mauritianischer Hausmannskost: Die Currys sind lecker und scharf wie sie sein sollten, die Gastgeber zuvorkommend. Am Abend kann es voll werden. €€–€€€

2 BAIE DU CAP

Rund elf Kilometer südöstlich der Le-Morne-Peninsula staunt man nicht schlecht über eine Haarnadelkurve mitten im Meer: Baie du Cap. Hier im Süden, wo sich im Hinterland die Berge allmählich zu den imposanten Gebilden des Montagne Savanne auftürmen, folgt die palmengesäumte Küstenstraße beim Fischerdorf Baie du Cap einem dramatischen Verlauf. Lavaströme ergossen sich vor Jahrmillionen aus feuerspeienden Kratern und schufen die heute so »zerfledderte« Südküste. Auf einer spitzen Landzunge ragt ein zerklüftetes Stückchen Mauritius weit in den Indischen Ozean, die Straße zwängt sich auf einer Haarnadelkurve um eine Felsspitze herum. An der engsten Stelle kann man den Felsen besteigen: **Macondé** (M'ma Condé) heißt dieser Punkt, der von der westlichen Seite aussieht, als rage eine Krokodilschnauze ins Meer. Benannt wurde die Landzunge nach dem Gouverneur Jean Baptiste Henri Condé, der an dieser Stelle vor 250 Jahren einen Ausguck errichten ließ.

Mehrere kleine Schreine in den Felsnischen oberhalb der Straße erinnern daran, dass der Engpass nicht ungefährlich war, bevor die Straße vor einigen Jahren verbreitert wurde. Vor dem Kap schlängelt sich die B9 weiter um die tiefe Bucht und die Mündung des Rivière du Cap, der ein kleiner Strand folgt. In der Bucht sitzen häufig Angler und Fischer, die ihre handgemachten Reusen mit Algen und Muscheln als Köder bestücken. Surfer aus aller Welt versuchen zwischen Juni und August ihr Glück mit den heranbrechenden Wellen um Baie du Cap.

Die spektakulärste Haarnadelkurve von Mauritius verläuft am Baie du Cap

SERVICE & TIPPS

Baie du Cap
Ca. 11 km südöstlich von Le Morne
Die Küstenstraße führt erst durch eine enge Bucht und dann am Kap haarscharf und knapp um einen Felsen im Meer. Nirgendwo auf Mauritius ist man auf einer längeren Fahrt entlang der Küste dem Indischen Ozean näher als hier.

Opferschrein an der Plaine Champagne Road

3 CHAMAREL

Die Straße mit den meisten Kurven der Insel – 70 hat ein Einheimischer gezählt –, die B 103, windet sich ab dem Küstenort Grande Case Noyale in Richtung der bergigen Höhen des Black River Gorges National Park und auf die Hochebene Plaine Champagne. Die Flora strotzt immergrün vor Farnen, Ravenala-Palmen und Bananenstauden, Guaven, Bambus und den Aloe-Pflanzen, aus denen Körbe geflochten werden. In schwindelerregender Höhe, nur drei Kilometer Luftlinie von der Küste entfernt, erreicht man den winzigen Ort Chamarel, bekannt für seine Kaffeepflanzungen: Ein französischer Kapitän namens François Regis Chazal de Chamarel hatte die Plantagen im 18. Jahrhundert gegründet, die die Mauritier noch heute mit einheimischem Kaffee versorgen. Auch Palmen werden hier in Reih und Glied gepflanzt als Nachschubquelle für den populären Millionärssalat aus dem Cœur de Palmiste, den wertvollen Palmherzen (vgl. S. 291). Und vor nicht allzu langer Zeit wurde auch noch Haschisch angepflanzt.

Die kleine Kirche **Sainte-Anne** ist alljährlich zu Mariä Himmelfahrt am 15. August das Ziel vieler katholischer Wallfahrer. Dann verwandelt sich der sonst eher verträumte Ort in einen kleinen trubeligen Jahrmarkt mit vielen Markt- und Imbissständen – und Dauerstau.

Die kurvenreichste Strecke der Insel: die B 103 Plaine Champagne Road bei Chamarel

Folgt man der etwas lückenhaften Beschilderung Richtung Süden, gelangt man noch in Chamarel rechter Hand zu einem Abzweig mit Schranke: Eine holprige kurvenreiche Piste führt ab hier zu den beiden berühmten Naturattraktionen der Gegend. Zuerst beeindruckt der **Chamarel-Wasserfall** (Casacade de Chamarel), der höchste des Landes. Inmitten einer üppig-grünen Landschaft stürzen die Wassermassen des Rivière Saint-Denis und des Viande Salée, die sich hier treffen, plötzlich und ohne Umwege in ein tiefes Bassin. Rund 100 Meter hoch sind die beiden schmalen, aber prächtigen Kaskaden – die nasse Pracht ist jedoch abhängig von Jahreszeit und Wasserstand, am besten kommt man in der Regenzeit von Dezember bis April.

Weiter geht's auf der Schlaglochpiste. Etwa einen Kilometer entfernt entpuppen

sich die **Terres des (Sept) Couleurs**, die »farbigen Erden« von Chamarel als ein etwas launisches, aber trotzdem vielfach besuchtes und fotografiertes Naturwunder. Auf einem Hügel leuchtet die nackte, gewellte Erde in verschiedenen Farbtönen, meist ist auf den ersten schnellen Blick nur das Rotbraun zu erkennen. In Glasröhrchen werden die sieben verschiedenen Erdsorten dieses Naturphänomens als Souvenir verkauft: Da schillert es ocker, gelb, lila, rosa, rot und rotbraun, sogar Blau- und Grüntöne will manch ein Betrachter festgestellt haben. Wenn man das Glas schüttelt und die Farben durcheinander mischt, soll die farbliche Ordnung mysteriöserweise nach einer Weile wie von Geisterhand wiederhergestellt sein.

Ein launisches Farbspektakel: die siebenfarbigen Bodenwellen Terres des (Sept) Couleurs

Wissenschaftler erklären die unterschiedlichen Farbtöne dieses Erdreiches mit dem vulkanischen Ursprung der Erde und den Lava- und Mineralablagerungen. Die beste Farbenpracht entfaltet sich allerdings nur bei Sonnenschein und im Nachmittagslicht, bei bewölktem Himmel könnten die Besucher etwas enttäuscht vor einem kahlen Stück brauner Erde stehen ...

Rumverkostung und -destillation im fruchtbaren Tal von Chamarel: die Rhumerie de Chamarel

SERVICE & TIPPS

Cascade de Chamarel und Terres des (Sept) Couleurs
Chamarel
Tägl. 7–17.30 Uhr
Rs 125/75 (5–11 J.)
100 m hoher Wasserfall und die »farbigen Erden«. Im Ort an der Schranke zahlt man den Eintritt zu beiden Attraktionen, die über eine holprige

Nicht gerade selten anzutreffen, aber zauberhaft: ein Rotohrbülbül

Piste zu erreichen sind. Vorsicht: Hier verkehren viele Ausflugsbusse und Großtaxis.

Rhumerie de Chamarel
Royal Rd., Chamarel (an der Straße zu den Terres des Couleurs)
✆ 483 49 80
www.rhumeriedechamarel.com
Mo–Sa 9.30–17.30 Uhr
Rum-Destillerie mit halbstündigen Führungen und Verkostung. Das Restaurant L'Alchimiste serviert mauritische Küche (€€, nur mittags).

Le Chamarel
La Crete, Chamarel (an der B10, etwas vor Chamarel)
✆ 483 49 37 und 483 44 21
www.le-chamarel.restaurant.mu
Tägl. 10.30–17, Küche 12–15 Uhr
Großes Ausflugsrestaurant mit luftiger Veranda und herrlichem Blick über die Küstenlinie zwischen Le Morne und Tamarin. Viele Reisegruppen, daher meist internationales Büfett oder Drei-Gänge-Menüs. Viele Wildgerichte und Weine, Kaffee von der eigenen Plantage. Für Gruppen wird eine Reservierung empfohlen. €€

Le Palais de Barbizon
St. Anne Rd., Chamarel (ausgeschildert)
✆ 483 50 78 und 494 03 40
Tägl., aber nur mittags ca. 12–15 Uhr
In dem einfachen Familienlokal kann man sich bei Rico an einem authentisch-kreolischen Curry satt essen (es gibt meist Fisch, Seafood oder Huhn) – das ganze Menü für knapp € 10 inklusive Rum-Punsch. Das hat sich herumgesprochen, mittlerweile kann es hier am Wochenende richtig voll werden. €

4 BLACK RIVER GORGES NATIONAL PARK

Schon von der Plaine Champagne Road aus zu sehen: ausladende Fächerpalmen im Black River Gorges National Park

Mehr als 60 Kilometer Wanderwege durchqueren den Black River Gorges National Park (Parc National des Gorges de Rivière Noire). Das Naturreservat ist mit 6574 Hektar das landesgrößte Schutzgebiet, bedeckt aber gerade einmal 3,5 Prozent der Insel. Schon von der Höhenstraße B103 auf die Plaine Champagne – eine 744 Meter hohe Hochebene zwischen den beiden Gebirgszügen von Rivière Noire und Savanne – bieten sich zahlreiche unvergessliche Ausblicke auf die Küste, Wasserfälle und die umliegenden Berge wie den inselhöchsten, aber eher unscheinbaren Piton de la Petite Rivière Noire (828 m) und den markant-klobigen Le Morne Brabant (556 m) am Meer, die spitzen Trois Mamelles (»Drei Brüste«) und den erhabenen Montagne du Rempart (777 m) in der Ferne im Norden.

Längst erloschene Vulkane haben diese schroffe Landschaft mit Schluchten und Flüssen, Kraterseen und Bergkämmen vor Jahrmillionen entstehen lassen, die die Natur mit dichten grünen Wäldern überwuchert hat. Rund 300 Pflanzenarten (davon sind rund die Hälfte endemisch) und alle 28 einheimischen Vogelarten haben hier ihre Heimat, so auch der Mauritiusfalke.

Leider klappern die meisten Touristen in Bussen oder pärchenweise in vielen Großtaxis die Aussichtspunkte im Eiltempo mit Fünf-Minuten-Stopps ab, sodass die schmale B103 besonders an

Wochenenden viel Verkehr aufweisen kann. Direkt an der B103 liegt der meistbesuchte Aussichtspunkt des Nationalparks (zu erkennen am Parkplatz mit Souvenirständen), von dem sich rundum eine wunderschöne Bergkulisse in allen Grünschattierungen bewundern lässt. Zur Rechten sieht man den imposanten **Black-River-Wasserfall** in die Schlucht rauschen. Etwa zwei Kilometer östlich geht es nach rechts bzw. Süden ab zum ca. 50 Meter hohen **Alexandra-Wasserfall** (ausgeschildert), von dem allerdings wenig zu sehen ist, da die Natur mittlerweile auch hier die Macht übernommen hat, – dafür hört man sein Dröhnen.

Wer wandern will, hat die Qual der Wahl. Vom ca. sechs Kilometer weiter nordöstlich gelegenen (selten besetzten) Informationsbüro Le Pétrin an der B102 führt ein Spazierweg durch den **Macchabée Forest**. Innerhalb der ersten 20 Minuten erreicht der Wanderer zwischen hohen Hecken und Ravenala-Palmen mehrere Aussichtspunkte mit Blick auf den Piton de la Petite Rivière Noire – von wegen höchster Berggipfel, eher ein kleiner Zipfel im Grünen, der sich schüchtern gen Himmel reckt. Vom letzten Aussichtspunkt mit Picknickplatz nach rund fünf Kilometern hat man einen schönen Blick auf die Schlucht und die beiden Schweife des Black-River-Wasserfalls. Wer gut zu Fuß oder mit dem Mountainbike unterwegs ist, kann ab hier durch die Schlucht entlang des Black-River-Flusses immer auf und ab bis zur Küste wandern (ca. 3–4 Stunden, teils steil abwärts). Die Wanderung verläuft durch dichten, ursprünglichen und tropischen Wald mit bis zu 20 Meter hohen Baumriesen, beispielsweise die an aufgespannte Regenschirme erinnernden Bois-de-Natte sowie Eukalyptus- und Ebenholzbäume und die einheimischen, äußerst selten gewordenen und robusten Tambalacoques, die Calvariabäume, die mit ihren kerzengeraden, silberfarbenen Stämmen sogar den schlimmsten Zyklonen widerstehen. Auch die Trochetia, die Nationalblume von Mauritius mit ihren weißen

Von der Welt-Artenschutz-Union (UCN) als bedroht eingestuft: Rund um den Black River Gorges National Park kann man mit etwas Glück noch Flughunde am Himmel beobachten

Eine grandiose Naturkulisse: die Black River Falls

oder karminroten Blüten, wächst hier. Auf dem Weg begegnet man Flughunden und Schmetterlingen, mit etwas Glück auch Rehen oder Wildschweinen, blühenden Orchideen oder auch Einheimischen beim Sammeln von rotem Pfeffer und Guavenfrüchten. Noch mehr Glück und Ausdauer braucht man, um wilde Affen und seltene endemische Vögel zu erspähen, wie den Mauritiusfalken, den grünen Papagei Echo Parakeet (auch Mauritiussittich) oder die Pink Pigeon, die Rosentaube.

Abenteuerlustige und Sportliche wird der höchste Berg von Mauritius magisch anziehen. Allerdings sollte man sich nicht wundern, wenn man im Informationscenter des Nationalparks – ausgerüstet mit Trekkingschuhen, Rucksack und Wasserflasche – eher belustigte Blicke erntet: Der 4 **Piton de la Petite Rivière Noire** (Black River Peak) misst ja nur 828 Meter. Der sechs Kilometer lange Aufstieg dauert je nach Kondition ein bis zwei Stunden, lediglich das letzte, recht steile Stück hat es in sich. Ganz Eilige mit guter Kondition haben den Gipfel innerhalb einer halben Stunde erklommen. Nach Regen ist der schmale Pfad etwas schlammig, man klettert über Felsen und umgestürzte Baumstämme. Guavenbäume mit roten Früchten und Ravenala-Palmen stehen Spalier. Wegen ihrer Fähigkeit Wasser zu speichern, wird die Ravenala auch der »Baum der Reisenden« genannt; an einigen Bäumen kann man die »Zapfstellen« an den Ansätzen ihre Blätter sehen. Der Panorama, das sich vom Gipfel bietet, belohnt die Wanderer. Lediglich Richtung Westen versperrt der mächtige Le Morne Brabant an der Küste den Blick aufs Meer, ein fast quadratischer Koloss, zu dessen Füßen die Hotels des gleichnamigen Ferienzentrums liegen.

Ausflugsziele:

Von Pétrin kann außerdem das in der Hochebene gelegene **Mare Longue Reservoir** und der siebenstufige, insgesamt 250 Meter hohe **Tamarin-Wasserfall** mitsamt Reservoir nahe Curepipe im Norden zu Fuß erreicht werden (ca. 3 Std., ausgeschildert, mit dem Auto erreichbar ab Curepipe über das Dorf Henrietta, vgl.

Gute Küche und beste Aussicht: das Restaurant »Varangue sur Morne« an der Champagne Road

S. 91 und 95). Aus den Wassermassen wird das größte Wasserkraftwerk der Insel gespeist.

Ein weiterer leichter Wanderweg beginnt ca. drei Kilometer südlich von Pétrin und führt zum idyllischen Kratersee **Bassin Blanc** im Süden (4 km, auch mit dem Auto zu erreichen). Im Norden verbirgt sich hinter einem 100 Meter langen Damm das **Mare aux Vacoas** (ca. 5 km nördlich von Pétrin): der mit 2,6 Quadratkilometern größte See des Landes, dessen Wasser nach der Aufbereitung zwei Dritteln der Bevölkerung als Trinkwasser dient.

SERVICE & TIPPS

Le Pétrin Headquarter and Information Center
An der Kreuzung B102 und B88, dem Abzweig nach Grand Bassin
✆ 258 00 58, -57 und
✆ 055 07 01 28 (mobil)
✆ 464 40 16 (Hauptbüro in Réduit)
Sehr unregelmäßige Öffnungszeiten, So geschl.
Eine kleine Foto-Ausstellung gibt einen Überblick über Flora und Fauna des Nationalparks. Kartenmaterial mit neun Wanderwegen ist hier zu erhalten, Guides sollte man im Voraus buchen (ab Rs 1200) oder sich hier vor dem Loswandern über den Zustand der Wanderwege informieren.

Black River Gorges Visitor Centre
An der Les Gorges Rd.
✆ 258 00 57
Mo–Fr 7–17, Sa/So 9–17 Uhr
Ein weiteres Visitor Center am westlichen Eingang des Nationalparks.

Black River Gorges National Park/Parc National des Gorges de Rivière Noire
Plaine Champagne Rd. (B103 und B102)
Mit 6754 ha größter Nationalpark der Insel mit insgesamt mehr als 60 km Wanderwegen und vielen Aussichtspunkten (teils ausgeschildert), beispielsweise der Aussichtspunkt über Black-River-Schlucht und -Wasserfall mit Parkplatz, Getränke- und Souvenirshops direkt an der B103 (ca. 200 m Fußweg). Beste Besuchszeit ist die Blütezeit zwischen September und Januar. Da es hier oft regnet (3500 mm pro Jahr, meist nachmittags), sind eine Regenjacke und feste Schuhe mit Profil zu empfehlen. Der ca. 6 km lange Aufstieg auf den 4 **Piton de la Petite Rivière Noire** (828 m) beginnt nahe dem Black-River-Aussichtspunkt. Je nach Kondition benötigt man ein bis zwei Stunden. Moskitoschutz und Wasser mitnehmen!

Varangue sur Morne
110 Plaine Champagne Rd. (B103), Chamarel (ca. 3 km vom Black-River-Aussichtspunkt)
✆ 483 66 10
Tägl. 12–15.30 Uhr
Das rustikale Lokal mit Veranda (250 Plätze) thront in einem Garten steil über der Landschaft: fantastisches Panorama über die gesamte Südwestecke der Insel (inklusive Baie du Cap im Süden und Le Morne im Westen). Hervorragendes Essen zu gehobenen Preisen – selbst Prince Edward, Jacques Chirac und die Gandhis speisten schon hier. Leider sind die Kellner vornehmer als die meisten Gäste. Außerdem Souvenirshop, das kleine Holzmuseum Touche du Bois mit vielerlei Werkzeugen und hölzernem Dekor sowie einige rustikale Gäste-Chalets (€€). €€–€€€€

Es gibt Schmetterlinge auf Mauritius, aber nicht so zahlreich, wie man es vermuten könnte. Am ehesten flattern sie im Black River Gorges National Park

GEFIEDERTE MAURITIER

Die teils zerklüfteten Berghänge in Mauritius bieten einem Vogel Lebensraum, dessen Tage vor einem Vierteljahrhundert gezählt schienen: der einzigartige und endemische **Mauritiusfalke** (Falco punctatus; engl. Mauritius Kestrel). Ganze vier Exemplare lebten 1974 noch auf der Insel, die letzten weltweit. Heute sind wieder 400 bis 500 dieser bildschönen Tiere mit dem gepunkteten Federkleid in der rauen Bergwelt des Black River Gorges National Park und der Montagnes Bambous zu Hause. Um das Jahr 2000 zählte man sogar 600 bis 800 Exemplare, doch die in der Moka-Bergkette ausgesetzten Tiere starben aus.

Die einzigartige Rettungsaktion verdankt Mauritius Tierschützern wie Carl Jones. Der gebürtige Brite hat auf Mauritius seine Lebensaufgabe gefunden: »Als ich ein junger Mann war, wollte ich immer Vögel vor dem Aussterben retten, und alle haben gesagt: ›Ach sei doch nicht so verrückt.‹« Jones ist unverkennbar stolz auf sein Werk: Der Wissenschaftler und seine Mitarbeiter der Mauritius Wildlife Foundation haben nicht nur den mauritischen Falken gerettet, sondern außerdem die Rosentaube, den Mauritiussittich und unzählige andere gefiederte Inselbewohner.

Der Engländer kennt seine Falken nach drei Jahrzehnten wie kein anderer: Ein Pfiff und schon schwebt einer dieser schönen Raubvögel (»eine gute Freundin«) heran, um sich den Leckerbissen aus Jones Hand zu schnappen, ein kleiner toter Spatz. Er ist auf einmal geradezu umzingelt von den seltenen Falken, die es nur noch auf Mauritius gibt. »Diese Tiere zu beobachten ist wie eine Seifenoper,« verrät Jones. »Manche hassen sich, sie haben Territorialkämpfe, sie geben an und sind extrem eifersüchtig. Und die Weibchen bringen die Männchen meist um.«

Zuerst wusste der Biologe nichts über die scheuen und bis vor 30 Jahren kaum studierten Vögel. Jahrelang kraxelte er an den Felswänden zu den Nestern, studierte die Paarungs- und Ernährungsgewohnheiten. »Ich wollte in ihr Gehirn hineinschauen, ich wollte sie verstehen!« Erst dann könne man diese Vögel züchten und retten, versuchte er damals seinen Gegnern klarzumachen, die der Natur lieber ihren freien Lauf lassen wollten. Der Erfolg gab Carl Jones recht. Heute kommen Besucher und Ornithologen aus aller Welt in den Black River Gorges National Park, um die gefiederten Prachtexemplare zu bewundern. Viele Mauritier haben noch nie einen einheimischen Falken gesehen – den Vogel, der laut

Sein Glöckchen erklingt in der Black-River-Schlucht: Mauritiussittich

Er zählt aufgrund der Umweltbelastungen durch Pestizide zu den bedrohten endemischen Arten von Mauritius: der Mauritiusfalke

Die auf Mauritius endemische Rosentaube kommt nur im Süden der Insel und auf der Île aux Aigrettes vor

Jones gebührenderweise zum Nationalvogel von Mauritius ernannt werden sollte, denn der bisherige Nationalvogel, der Dodo, ist ja schon lange ausgerottet.

Auch die Population der rosafarbenen **Mauritiustaube** (Columba mayeri, Streptopelia mayeri) war 1986 auf ganze zwölf Vögel geschrumpft. Die Ornithologen züchteten rund hundert Tauben, ließen die Eier von anderen herkömmlichen Tauben ausbrüten und setzten die Jungtiere vorsichtig in der Wildnis aus – mit Erfolg: fast 500 Rosentauben zählten die Wissenschaftler zuletzt, die meisten leben auf der naturgeschützten Île aux Aigrettes, im Black River Gorges Nationalpark und rund um Grand Bassin.

Dank der weltweiten Unterstützung mit freiwilligen Helfern konnten die mauritischen Tierschützer auch den sehr empfindlichen **Mauritiussittich** (engl. Echo Parakeet, Psittacula eques echo) retten, von dem 1987 nur noch acht auf der Insel lebten. Bedroht waren diese Vögel vor allem durch Raubtiere, Pilze und Bakterien. Heute sind es mehr als 540 farbenprächtige Sittiche, die nach der Methode »sanfte Auswilderung« in die Natur entlassen wurden und jetzt mit Nummernreif und Glöckchen durch die Black-River-Schlucht flattern.

Nur ein Vogel auf Mauritius ist alles andere als scheu und rückt den Gästen laut lärmend in jedem Hotelgarten auf die Pelle: der gelbschwarze **Hirtenstar** (Acridotheres tristis) ist wahrlich unübersehbar.

Manchmal schon lästig: der gelb-schwarze Hirtenstar

Mauritius Wildlife Foundation (MWF)
Grannum Rd., Vacoas
✆ 697 60 97, www.mauritian-wildlife.org
Das Captive Breeding Center der MWF befindet sich in Grande Rivière Noire an der Westküste, nahe der Polizeistation (vgl. S. 104 f.).

Selbst ein Langschwanzmakake profitiert von den Opfergaben am Grand Bassin

5 5 GRAND BASSIN

Der heilige Kratersee Grand Bassin (auch Ganga Talao) ist an Wochenenden und Feiertagen umlagert von betenden Menschen. Wer sich ein Bild von der lebendigen Religiosität und den Zeremonien der mauritischen Hindus machen möchte, sollte vielleicht nicht unbedingt an den Feiertagen hierher kommen: Bei Pilgerfesten, wie dem Maha Shivaratri (die Nacht Shivas) im Februar/März ziehen drei Tage lang endlose, weiß gekleidete Menschenschlangen an den heilversprechenden Ort – mehr als 300 000 Pilger! Angeblich ist dies das größte hinduistische Fest außerhalb von Indien. Einen Eindruck gibt die neue gigantische Zufahrtsstraße B88, die auf ca. drei Kilometern breit wie eine Autobahn zur Tempelanlage führt und an deren Ende die 2005 errichtete, 35 Meter hohe **Statue des Shri Mangal Mahadev** die Pilger schon von Weitem willkommen heißt. In der Woche herrscht zu Füßen Shivas (hier dargestellt mit seinem Dreizack) meist idyllische Ruhe und der Besucher hat mit ein paar Touristen den See fast für sich allein. Der gesamte Komplex, der auch Shiv Jyotir Lingam Mandir heißt, zieht sich über ein weitläufiges Gelände um den kleinen See herum mit diversen Tempelanlagen auf zwei Hügeln und unzähligen kleinen Opferschreinen am Ufer. Wer alle Schreine mit den 36 Götterstatuen und Hindu-Figuren besichtigen und den See zu Fuß umrunden möchte, sollte rund zwei Stunden Zeit mitbringen. Auf jeden Fall sollten die Bekleidungsvorschriften an diesem heiligen Ort beachtet werden: Shorts, Miniröcke und Trägerhemdchen sind verpönt und die Schuhe werden vor den Tempeln ausgezogen – denn immerhin geben sich hier die wichtigsten Hindu-Götter ein Stelldichein.

Laut Legende ist der Ganga Talao mit dem heiligen Fluss Ganges in Indien verbunden. Gott Shiva, der Zerstörer des Bösen und Retter der Menschheit, und seine Gemahlin Parvati waren einst auf einer Schiffsreise um die Erde und machten auf Mauritius halt, um die Schönheit dieses kleinen Paradieses inmitten des Indischen Ozeanes zu genießen. Dabei trug Shiva den Fluss Ganges auf seinem Kopf, um die Erde vor Überschwemmungen zu bewahren. Doch die Landung auf der Insel Mauritius war wohl etwas unsanft und so verschüttete Shiva einige Tropfen des Ganges in ein Kraterloch auf Mauritius – so ist Grand Bassin entstanden.

Opferzeremonie am heiligen Kratersee Grand Bassin

Vor dem **Haupttempel** am Ufer wachen der blauhäutige Shiva, der Affengott Hanuman und die Mutter Ganga, Symbolbild des heiligen indischen Flusses, sowie der Shiva-Sohn Ganesh mit seinem Elefantenkopf und Buddha (auch er wird im Hinduismus als eine Wiedergeburt von Vishnu angesehen). Im Tempelinneren sind die Göttergestalten der Hindu-Mythologie in verschiedenen Räumen versammelt, mit goldenen Gewändern und bunten Tüchern bekleidet und an Feiertagen über und über mit Blumenketten

Eindrucksvoll ragt die 35 Meter hohe Shiva-Statue vor dem Hindu-Tempel am Grand Bassin in den azurblauen Himmel

Parvati, die vierhändige Gattin Shivas am Eingang zum Grand Bassin

behangen: Vishnu und Gemahlin Lakshmi, Krishna (eine Inkarnation von Vishnu) und Gattin Radha, Durga als die Zerstörerin des Bösen, die Shiva-Gattin Parvati und der dreiköpfige Shiva-Sprössling Kartika (auch Murugan, Skanda).

Zu Beginn einer Zeremonie malt der Priester oder sein Gehilfe mit roter Pulverfarbe ein segnendes Tilaka-Zeichen auf die Stirn der Gläubigen. Sie schöpfen das heilige Wasser in goldenen Bechern, Flaschen und sogar Plastiktüten aus dem See, benetzen die eigene Stirn und gießen es Shiva über den Kopf oder über seinen Phallus, den Shiva-Lingam, als Zeichen ihrer Verehrung. Der mit Blüten und Münzketten überhäufte Lingam, hier mit goldenem Kobra-Haupt gekrönt, steht als Symbol der göttlichen Energie Shivas im Zentrum des Haupttempels. Die Hindus umrunden betend die Schreine und Statuen, dabei halten sich die Familienmitglieder aneinander fest, damit die Kraft und der Segen Shivas auf jeden einzelnen übergeht.

Während der Pilgerfeste ist der **See** vor Blüten kaum noch zu sehen. Betende stehen knöcheltief und in sich versunken im Wasser, andere drängen sich am Ufer, Blumen im Haar, die Öllampe weit vorgestreckt in den Händen. Räucherstäbchen glimmen auf Bananenblättern über Reis und Obstgaben – halbe Kokosnüsse, Bananen, Äpfel –, hinzugefügt werden andächtig die Blätter des heiligen Bilva-Baumes und die eine oder andere Rupie. Viele Gläubige tragen auf ihrer Wallfahrt die farbenprächtigen Kanwar-Gestelle auf den Schultern, die aus Bambus bestehen und mit Seidenpapier, Spiegeln, Blumengirlanden, Fahnen, Shiva-Bildern und seinen Insignien wie dem Dreizack geschmückt sind. Die Kanwars entsprechen dem Cavadee-Joch des Büßerfestes Thaipoosam Cavadee (vgl. S. 156). Wenn die Nacht naht, tauchen unzählige Öllämpchen den See in ein geheimnisvolles Licht und bald kommen die Affen, um die verlockenden Pilgergaben eilig zu verspeisen.

Die größte hinduistische Pilgerstätte außerhalb des indischen Subkontinents: der Kratersee Grand Bassin

Teeanbau hat seit britischen Kolonialtagen Tradition auf Mauritius

SERVICE & TIPPS

Hindu-Tempel Grand Bassin/ Shiv Jyotir Lingam Mandir
An der B88 (ca. 3 km südöstl. von Le Pétrin), tägl. 6–18 Uhr
Weitläufige Tempelanlage zu Ehren Shivas um einen kleinen See, den Grand Bassin. Schuhe vor dem Betreten der Altarstätten ausziehen, keine Shorts, Miniröcke oder Trägerhemdchen! Im Februar/März findet hier das dreitägige Maha-Shivaratri-Fest mit Hunderttausenden Pilgern statt. Von hier ist der Aufstieg auf den 702 m hohen Piton Grand Bassin möglich.

6 LE BOIS CHÉRIE

Teepflückerin auf der Teeplantage Le Bois Chérie

Fährt man die B88 ca. sechs Kilometer weiter Richtung Südosten gelangt man inmitten eines schier endlosen Meeres aus Grün – saftig grüne Teesträucher haben hier die Zuckerrohrhalme abgelöst – zur Teefabrik von Bois Chérie mitsamt Museum. 1770 wurde die Teepflanze durch Gouverneur Pierre Poivre auf Mauritius eingeführt, seit 1892 pflanzt man Tee in Bois Chérie. In dem weithin sichtbaren, vierstöckigen, weißen Gebäude landen die Teeblätter der größten Plantage der Insel, 75 Prozent des mauritischen Tees werden in den Feldern rund um Grand Bois geerntet und zu Tee weiterverarbeitet (rund 700 t jährlich). Am frühen Morgen kann man die Teepflückerinnen bei der

Spirituelle Piercings beim Hindu-Fest Cavadee

HINDU-FESTE – CAVADEE UND DIVALI

Wer das Hindu-Fest **Cavadee** auf Mauritius miterlebt, traut zuerst kaum seinen Augen: Da laufen die Gläubigen halbnackt auf »Schuhen« aus Nägeln (mit nach oben gerichteten Spitzen!) und ihre Haut ist durchbohrt mit Nadeln, Haken und Pfeilen. Ein junger Mann mit kahl geschorenem Kopf und heiliger Asche auf der Stirn trägt das schwere Cavadee-Gestell auf seinen nackten Schultern – mit Pfauenfedern, Palmwedeln und Milchschalen behangen – und murmelt geistesabwesend ein Mantra vor sich hin. Der Mund eines Pilgers hinter ihm ist mit gesegneten Nadeln »versiegelt« – für die stumme Zwiesprache mit Murugan, dem kriegerischen Hindu-Gott (auch Kartika, Skanda). Andere tanzen sich hemmungslos in Ekstase, einer zieht ein Radhum-Karren hinter sich her, mittels Haken an seinen Hüften aufgehangen. »Arora arora, Murugan«, ertönen die Gebete zu Ehren des Gottes.

Die hinduistischen Pilger wollen mit diesen archaischen Ritualen ihre Gelübde einhalten und Buße tun. Die Gesichter drücken nur selten Schmerz aus, eher eine gewisse Abwesenheit, denn die meisten Gläubigen sind in Trance. Nach zehntägiger Vorbereitung durch Fasten und Meditation, sexueller Enthaltung sowie jahrelangem Yoga bringen sich die Hindus allmählich in diesen Bewusstseinszustand. Nur so lassen sich die Schmerzen ertragen und vermeiden, dass Blut fließt. Wissenschaftler erklären den Vorgang mit der absoluten Beherrschung der Körperfunktionen wie Atem und Schmerzempfindlichkeit, Kreislauf und Herzschlag. Die Hindus sagen, ihr Gott Murugan beschützt sie.

Nachdem sie dreimal den Tempel umrundet haben, gießen sie die frische Kuhmilch aus den Schalen über das Bildnis Murugans: Pal Avisegum, das Milchbad. Die Milch symbolisiert das Leben, sie darf keinesfalls auf der Pilgertour sauer werden, deswegen beeilen sich die Büßer auf dem Weg vom Flussufer zum Tempel. Dort zieht schließlich der Priester die Nadeln aus dem Fleisch und erlöst sie von den Qualen – wenn dabei kein Blut fließt, hat Murugan das Opfer akzeptiert und die Schuld ist gesühnt. Nun können die sieben verschiedenen Currys verspeist werden, die die Ehefrauen zubereitet haben. Mehrmals im Jahr finden kleinere Cavadee-Zeremonien mit Prozessionen im ganzen Land statt, doch das spektakulärste Hauptfest **Thaipoosam Cavadee** wird nach der Berechnung eines Priesters alljährlich Ende Januar/Anfang Februar begangen.

Vergleichsweise unspektakulär und völlig ungefährlich ist das Lichterfest **Divali** im Oktober/November, ein Fest der Freude. Mit Tausenden Kerzen und Teelichtern, bunten Glühbirnenketten und Öllampen verwandelt sich die Insel in ein Lichtermeer: Hauseingänge, Fenster, Gärten und die Straßen sind illuminiert, Feuerwerke erleuchten den Himmel. Es ist die Zeit der Danksagung an die Götter, sei es für eine erfolgreiche Ernte, gute Zensuren in der Schule oder lohnende Geschäfte. Das Fest erinnert an verschiedene mythologische Ereignisse im hinduistischen Götter-Pantheon, beispielsweise an die Befreiung von Lakshmi, der Göttin des Reichtums, aus den Klauen des Dämonen Bali.

Arbeit in den Feldern beobachten, wie sie geschickt und flink nur die obersten jungen Blätter ernten und in den Korb auf ihrem Rücken sammeln – zwei Körbe muss jede Arbeiterin bis gegen Mittag füllen, das sind pro Tag insgesamt bis zu 30 Tonnen Teeblätter, die in der Fabrik landen. Aus ca. vier Kilogramm Blättern entsteht ein Kilogramm Tee. Bei Führungen in dem modernen Gebäude wird der Herstellungsprozess des Genussmittels erläutert: die Blätter werden getrocknet, fermentiert und mehrfach sortiert. Zehn qualitativ unterschiedliche Teearten stammen aus Bois Chérie und gelangen als Exportprodukt nach Europa und Südafrika.

SERVICE & TIPPS

Teeplantage Le Bois Chérie
B88, Bois Chérie, Grand Bois (ca. 9 km südöstlich von Le Pétrin)
✆ 617 91 19, Restaurant ✆ 471 12 16, www.saintaubin.mu
Mo–Fr 8.30–16.30, Sa 8.30–14.30 Restaurant Mo–Sa 11–15, So bis 14.30 Uhr, Eintritt Rs 100
Teefabrik mit angeschlossenem Museum. Zu sehen sind z. B. eine alte Dampfmaschine und Blechbüchsen mit königlichem Konterfei. Führungen und Teeverkostung, außerdem ein Teeladen und ein Souvenirshop sowie Gewächshäuser mit rot blühenden Anthurien und Vanilleranken. Wer will, kann ein Kajak mieten oder um den See spazieren. Auf dem Hügel thront das gleichnamige Restaurant mit bester Panoramaaussicht und mauritisch-internationaler Kost (€–€€).

7 SOUILLAC

Der kleine frühere Hafen des Provinzstädtchens Souillac an der Mündung des Rivière Savanne ist so ein Ort, in dem die Zeit stehengeblieben scheint: Wo am Kai bei Batelage – dem alten Hafen – nur ein paar Fischerkähne im trägen Wasser schwanken und Urlauber ein kühles Bier unter schattenspendenden Bäumen trinken, macht sich Siesta-Stimmung breit. Vor 200 Jahren herrschte hier mehr Trubel als heute, denn Souillac war einst die Hauptstadt des Südens und Heimathafen der Frachter und Segelkähne, der *Chasse Marées*, die von hier aus mit Holz, Arrak und Indigo sowie dem begehrten Zuckerrohr Richtung Port Louis in See stachen. Von den Zuckerfabriken St.-Aubin, Fontenelle und Terracine sind heute nur noch Ruinen, die Schornsteine oder die Landsitze der Besitzer zu sehen.

Namensgeber der einstigen Hauptstadt des Südens: Gouverneur François Vicomte de Souillac am Kai bei Batelage

Einige Gebäude im Zentrum Souillacs stammen noch aus der Kolonialzeit, etwa das Polizeihauptquartier mit Holzdach, das Gerichtsgebäude, das ehemalige Lagerhaus für Zucker aus dem 19. Jahrhundert (heute ein Restaurant), die schöne alte Post im früheren, backsteinernen Bahnhof (1877) und die gotische Kirche aus dem Jahr 1856. Ein auffälliges Haus in Strandnähe ist **La Nef**, vollkommen aus Korallengestein erbaut: Das Gemäuer diente Robert Edward Hart (1891–1954) als Wohnsitz, einem über die Landesgrenzen hinaus berühmten mauritischen Journalisten und Dichter aus der ersten Hälfte des 20. Jahrhunderts, der die Landschaft seiner Heimat und die kulturelle Vielfalt der Mauritier in seinen Werken pries. Viele einheimische Intellektuelle hatten sich wie er damals nach Souillac zurückgezogen. Heute informiert ein kleines Museum über Harts Wirken und Schaffen und stellt Kopien einige seiner Gedichte und die Geige des Hausherren im Original aus.

Palmenrinde in Port Souillac

Vom Ende der Uferpromenade hat man bei **Le Gris Gris** einen fabelhaften Ausblick auf das meist tosende Meer – auch wenn der von Klippen umrahmte Strand verlockend aussieht, das Baden ist an dieser Stelle lebensgefährlich. Daher sollte man sich wie alle Ausflügler auf das Sammeln von Muscheln und Krebsen oder aufs Picknick beschränken oder einfach nur die Meeresbrise genießen. Über die Namensherkunft rätseln die Stadtschreiber bis heute. Für die einen ist es ein Ort der schwarzen Magie, andere leiten den Namen vom ewig grauen (französisch: gris) und feuchten Schleier des Ozeans ab. Außerdem soll der hiesige Kartograph Abbé de la Caille seinen Hund so gerufen haben.

Nahe Souillac stürzt die **Cascade de Rochester** in die Tiefe. Der Rivière Savanne rauscht hier etwas versteckt zwischen Zuckerrohrfeldern und Wald über einen rund zehn Meter hohen Absatz im Felsgestein. Bemerkenswert sind die säulenartigen Felsformationen, von denen manchmal Jugendliche gewagte Sprünge ins Wasserbecken unternehmen – ein höchst gefährliches Unterfangen. Das natürliche Becken eignet sich dagegen hervorragend für ein erfrischendes Bad inmitten der Waldkulisse. Ein kleiner felsiger Pfad zwischen Zuckerrohr und Bananenstauden führt rechts oberhalb des Flussufers hinunter zum Becken.

Ausflugsziele:

Westlich von Souillac und dem Nachbarort Surinam liegen kilometerlange schöne Strände – mehr oder weniger ruhig, dort wo das Korallenriff intakt ist und die Küste vor den ungebremsten Wellen schützt. In den vergangenen Jahren haben an diesem Küstenabschnitt Richtung Bel Ombre mehrere Top-End-Hotels eröffnet, so das Le Telfair, das Tamassa und das Outrigger (vormals Mövenpick).

Am Kai in Port Souillac, wo nur ein paar Fischerkähne im trägen Wasser schwanken

Spritzig: Cascade de Rochester nordwestlich von Souillac

Palmenbestanden ist der Strand von **Riambel**, immer noch tückisch ist das Baden wegen der Strömung beim kurz dahinter liegenden **Pomponette**. Am **Pointe aux Roches** hat sich das Shanti Maurice mit dem »größten Spa im Indischen Ozean« angesiedelt – tatsächlich ist die Wellnessanlage weitläufig und bietet neben Speziellem wie Unterwasser-Shiatsu sogar halbwegs authentische Ayurveda-Behandlungen (mit der nicht ganz so angenehmen Reinigungsprozedur von innen). Hier rollen zum Surfen geeignete Wellenbrecher an den Strand, an dem vom Wind zerzauste Filaos Schatten spenden.

Auch um diese Küstengegend ranken sich die Geschichten über Schatzsucher und Schiffbrüchige. In der **Baie du Jacotet** kann man bei Ebbe zur Mini-Insel Sancho laufen, an deren Riff ein festsitzender Anker an die Havarie eines Seglers erinnert – auch die kleine Île Sancho soll einen Schatz beherbergen. Bei **Bel Ombre** steht ein Gedenkstein und erinnert an die Havarie der »Trevessa«, die sich 1923 mehr als 2000 Kilometer vor der Küste von Mauritius abspielte. Die Schiffbrüchigen überlebten die endlose Odyssee im Rettungsboot auf dem Indischen Ozean und betraten den rettenden Boden von Mauritius an dieser Stelle.

Die einstige Zuckerrohrplantage Domaine de Bel Ombre (1823–1999) mit dem angeschlossenen **Heritage Nature Reserve** (ehemals: Frédérica Nature Reserve) im tiefen Inselsüden ist seit ihrer Stilllegung ab der Jahrtausendwende mit einem Wiederaufforstungsprogramm bewaldet worden. Heute ist dies eine Touristen-Luxus-Enklave mit jeder Menge Action und Abwechslung abseits der Strände. Das Ganze läuft unter dem Motto »Eco Tourism« mit Abenteuer in 1300 Hektar »unberührten«

Landschaften – 18-Loch-Golfen, Angeln, Trekking, Foto-Safari, Segway, Bogenschießen, Kids-Fun-Klettergarten ect. – die meisten Besucher können und wollen aber offensichtlich nur die dröhnend lauten und qualmenden Quads und Buggies buchen, um über die schlammigen Lateritpisten zu brettern ... Denn hier kann sich der Gast ohne Scheu endlich mal ganz unmauritisch von oben bis unten »einsauen« (Wechselkleidung mitnehmen, es passieren auch gelegentlich Unfälle, Helme werden gestellt). Ein Stopp: am **L'Example Wasserfall**, wo man auch ins kühle Nass eintauchen kann, etwas versteckter ist der Quintré-Wasserfall mit Picknick-Gelegenheit. Dabei lassen sich am Wegesrand einige Hirsche blicken oder auch Makaken, Fasane, Wildschweine und Fledermäuse. Wer allerdings in einer johlenden Gruppe mit röhrenden Quadbikes unterwegs ist, sollte sich nicht wundern, wenn das letzte mauritische Wildschwein es doch vorzieht, sich vor den vierrädrigen Invasoren in Sicherheit zu bringen. Ähnlich ökologisch »sinnvoll« sind die Nachtsafaris im Jeep. Ansonsten wohnt der Gast hier im gehobenen Segment in einem der rund 1000 Luxus-Zimmer des Heritage-Imperiums, zu dem Le Telfair, das Awali und die Heritage Villas zählen.

Östlich von Souillac erreicht man auf einem Abstecher durch die Zuckerrohrfelder bei **Le Souffleur** die windumtosten Klippen. Hier tief im Süden der Insel hält kein Riff die gewaltigen Brecher des Indischen Ozeans zurück. Schon die Anfahrt vom Ort L'Escalier ist rau und nichts für Zartbesaitete: Erst geht es an der Zuckerfabrik Savannah und den Ruinen der alten Savinia-Fabrik unter gigantischen Banyan-Bäumen entlang, dann auf der Le Souffleur Access Road im Zickzack durch ein Labyrinth wogender Zuckerrohrfelder, durch ein Tor und weiter über einen

Gebündeltes Zuckerrohr

Relikt aus der Kolonialzeit: die Ruinen der Zuckerfabrik Savannah nahe L'Escalier

steinigen Schotterpfad der noch ca. zwei Kilometer entfernten Küste entgegen.

An der Aussichtsstelle, wo die mächtigen Wellen gegen die lavaschwarze Küste prallen, bläst der Wind manchmal unerbittlich und hat schon manchen Ausflügler mit in die Tiefe gerissen. Ein Zaun soll allzu Wagemutige von der tosenden Steilküste fernhalten. Seinen Namen (»Blasloch«) verdankt dieser Küstenabschnitt der haushohen Fontäne, die früher bei hohem Wellengang durch einen schmalen Durchlass in den zerklüfteten Felsen in die Höhe schoss, sodass es ohrenbetäubend toste. Heute grummelt und zischt es hier ein bisschen, die enge Passage ist allmählich von den Wellen immer weiter ausgefressen worden.

SERVICE & TIPPS

Robert Edward Hart Museum/La Nef
Am Strand, an der Straße nach Gris Gris, Souillac
✆ 625 61 01
Mo, Mi 9–14, Do/Fr 9–16, Sa/So 9–12 Uhr, Eintritt frei
Museum im ehemaligen Wohnhaus des Schriftstellers Robert Edward Hart.

Cascade de Rochester
Ca. 2 km nordwestl. von Souillac
Beeindruckende, etwa 10 m hohe und breite Wasserfälle mit Badepool. Die Anfahrt erfolgt durch Zuckerrohrfelder über einen teils ausgeschilderten, aber sehr holprigen und immer enger werdenden Pfad. Zuerst hinter einer winzigen Brücke rechts halten, danach verzweigt sich der Lehm-Schotterweg in den Zuckerrohrfeldern in mehrere Richtungen, man fährt immer weiter geradeaus. Nach Regen kann Allradantrieb nötig sein.

Ein ehemaliges Zuckerlager mit neuer Funktion: das Restaurant »Le Batelage« in Port Souillac

Le Gris Gris
Am südlichen Ende der Uferpromenade, Souillac
Am südlichsten Punkt der Insel befindet sich ein beliebter Aussichtspunkt auf die umtosten Klippen. Hier gibt es auch einen Imbiss und Getränkeshops.

Le Saint Aubin
Saint-Aubin, Rivière des Anguilles (nördl. von Souillac)
✆ 626 15 13
www.saintaubin.restaurant.mu
Tägl. 9–17 Uhr
Ein hübsches Kolonialhaus (erbaut 1819) lädt zu mauritischen Speisen auf der Veranda. Zu besichtigen sind eine kleine Rum-Destillerie und eine Zuckermühle (mit Kostproben, außer im Mai), Gewächshäuser und ein kleiner botanischer Garten. Mit Mini-Streichel-Farm und Kinderspielplatz. €€

Le Batelage
Village des Touristes
Port Souillac, ✆ 625 60 83
www.lebatelage.com
Tägl. 11–14 und 19–22 Uhr
An der Flussmündung und

Exotischer Streichelzoo: Fütterung einer Aldabra-Riesenschildkröte (Aldabrachelys gigantea) und ein Blauschwanz-Taggecko (Phelsuma cepediana) im Park La Vanille Réserve des Mascareignes

dem alten Hafen gelegenes Restaurant in einem rustikalen, ehemaligen Zucker-Lagerhaus aus dem 19. Jh. Es gibt vorwiegend Meeresfrüchte. €–€€

Electro Bike Discovery
In Tamarin, Le Morne, Souillac
✆ 057 03 73 30, 058 28 86 85 (mobil)
www.electrobikemauritius.com
Man kann auch mit dem Elektrofahrrad durch die hier hügelige Gegend düsen (geführte 6-Stunden-Touren inkl. Mittagessen ca. Rs 2600/€ 65 p.P., mind. zehn Personen).

Ausflugsziele:

Le Souffleur
Le Souffleur Access Rd. (ca. 23 km östl. von Souillac, ausgeschildert)
Tägl. 6–18 Uhr (Tor auf dem Zufahrtsweg)
Beliebter Aussichtspunkt über den Klippen, lohnenswert bei windigem Wetter. Auto gut abschließen, hier treiben Langfinger ihr Unwesen.

La Vanille Nature Park
La Vanille, Senneville, Rivière des Anguilles (ca. 7 km nordöstl. von Souillac)
✆ 626 25 03
http://lavanille-naturepark.com
Tägl. 8.30–17, Fütterungszeit 11 und 13 Uhr
Eintritt Rs 490/250 (3/12 J.)
In einem engen Flusstal findet sich der Besucher plötzlich inmitten einer fast dschungelähnlichen Flora und Fauna wieder: auf einer Krokodilfarm mit derzeit rund 2000 für die Lederproduktion gezüchteten Nil-Krokodilen, außerdem rund 1000 Riesen-Landschildkröten, Geckos u.a. Außerdem gibt es ein Aquarium mit Meeresschildkröten, eine Insektensammlung mit 23 000 Arten an Schmetterlingen sowie einen Dschungel-Spielplatz für Kinder.

Das Restaurant Le Crocodile Affamé bietet Krokodilfleisch, Snacks und eine gute Weinauswahl (€). Souvenirshop mit allerlei Kroko-Waren.

Heritage Nature Reserve & Lodge (auch: Domaine de Bel Ombre, Frédérica Reservat)
Bel Ombre
✆ 202 66 60
https://heritagenaturereserve.com, tägl. 8–20 Uhr
3-stündige Quad-Tour ca. € 150 mit Abholung
Touristenenklave mit viel Abenteuer. Vor allem die Quadfahrten sind beliebt.

Region 6
Insel Rodrigues

INSEL RODRIGUES

DIE AFRIKANISCHE SCHWESTER VON MAURITIUS

Auf der kleinen, isolierten Insel Rodrigues mitten im endlos weiten Indischen Ozean, mehr als 600 Kilometer nordöstlich von Mauritius, scheint die Zeit stehengeblieben. Das nur acht mal 18 Kilometer große Eiland gehört zur Republik Mauritius, doch unterschiedlicher können zwei Schwestern kaum sein. »Aschenputtel der Maskarenen« wird die Insel auch genannt, dabei ist Rodrigues eher im Dornröschenschlaf. Das Leben der rund 42 000 vorwiegend schwarzen Rodrigueser geht seinen geruhsamen Gang, ganz anders als im modernen Mauritius, das Lichtjahre entfernt scheint.

Das 109 Quadratkilometer große, autonome Eiland, das etwa die Größe von Sylt hat, entpuppt sich als perfektes Kontrastprogramm zu Mauritius. Die Hauptstadt Port Mathurin (6000 Bewohner) bietet einen Supermarkt, eine Galerie und einen Buchladen – aber keine einzige Ampel, wozu auch: Zigtausende Ziegen und Schafe haben inselweit Vorfahrt.

Die meisten *Rodriguais* sind Nachfahren afrikanischer Sklaven und versorgen sich noch selbst – mit Zwiebeln, Chili, Papaya, Mango, Bananen und Süßkartoffeln. Fast

Auf Rodrigues zählt man mehr Ziegen und Schafe als Autos

jeder Einwohner züchtet irgendetwas, ob Schweine, Hühner, Ziegen oder eine Kuh. Die Insulaner leben verstreut auf einzelnen Gehöften, in Häuschen an der Küste oder zwischen den Terrassenfeldern. Bis heute haben sich nur wenige Inder und Chinesen auf Rodrigues angesiedelt, die meisten als Händler, Ordnungshüter und Politiker.

Rodrigues wird von einem afrikanisch-kreolische Lebensstil geprägt

Nicht, dass die Einheimischen hinterm Mond leben: Es gibt das französische Fernsehen, seit knapp zehn Jahren Handy-Empfang und sogar WLAN, aber auch das trödelt meist so vor sich hin. Ein bisschen Fortschritt macht sich an der windigen Ostküste bemerkbar. Hier drehen drei Windräder ihre Runden, ein Boutique-Hotel mit vier Sternen wurde erst 2012 eröffnet.

Die Insel ist vulkanischen Ursprungs und vermutlich als letzte der drei Maskarenen-Inseln vor 1,5 Millionen Jahren entstanden. Das bildschöne Eiland sprüht trotz aller felsiger und rauer Kargheit vor Farben.

Seit den 1980er Jahren wurden viele Straßen asphaltiert, der Flughafen und eine Handvoll Hotels gebaut. Bisher kommen pro Jahr rund 55 000 vorwiegend mauritische und réunionesische Touristen. Touristische Abwechslung bringen unterirdische Exkursionen in Tropfsteinhöhlen, Tauchgänge, Regatta-Abenteuer und Insel-Ausflüge auf den traditionellen Pirogue-Segelbooten, Hochseefischen, Fahrradtouren oder Wanderungen: Tagesetappen führen zu feinsandigen Badebuchten und wild zerklüfteten Klippen sowie Fischerdörfern mit immer wieder grandiosen Ausblicken auf den Ozean. Die Hauptattraktion für Groß und Klein sind zweifellos die Riesen-Landschildkröten im Naturreservat François Leguat, die einst zu Hunderttausenden die menschenleere Insel bevölkert haben.

Als die Portugiesen zu Beginn des 16. Jahrhundert die Maskarenen umsegelten, nannten sie das kleine, unbewohnte Eiland Diva Mashriq (auch Dina Morare), wie schon die arabischen Seefahrer rund 600 Jahre zuvor: Insel des Ostens. Als erster europäischer Entdecker gilt Diego Rodrigues, der hier 1528 ankerte und der Insel seinen Namen gab. Etwas länger blieben holländische Seefahrer im Jahr 1601 unter dem Kommando von Admiral Wolphart Harman, nach dem

Aufbruch zum Tauchgang

heute noch die Quaistraße im Hafen von Port Mathurin benannt ist. Die französische Krone nahm 1638 offiziell von Rodrigues Besitz. Aber erst 1691 landete die »Hirondelle« an der Küste: Sieben Hugenotten – auf der Flucht vor religiöser Verfolgung im Heimatland Frankreich – versuchten unter der Führung von François Leguat auf Rodrigues eine dauerhafte Siedlung einzurichten. Mit wenig

Erfolg – das Unterfangen scheiterte bereits nach zwei Jahren. Die Pioniere hatten hier zwar fast alles, was das Herz begehrt – Süßwasser, Kokosnüsse und exotische Früchte, ein Meer voller Fische, Schildkröten, Vögel usw. –, aber eben nur fast alles: Es fehlten die Frauen.

In der ersten Hälfte des 18. Jahrhunderts benutzten die Piraten das menschenleere Inselchen als »Wasserloch« im

Indischen Ozean. Deswegen vermutete man hier später lange Zeit einen vergrabenen Schatz des legendären Seeräubers La Buse oder von Lemoine, der seine Goldtruhen auf der Île aux Chats in der Lagune vor Rodrigues versteckt haben soll. Bei der ab 1750 erfolgten Kolonisation durch die Franzosen wurde ein Großteil der endemischen Flora und Fauna dem Erdboden gleich gemacht. Wie der Dodo auf Mauritius fiel auch hier der einzigartige Solitär den Siedlern zum Opfer (ab 1770 ausgerottet), ebenso Abertausende Aldabra-Riesenschildkröten, die vor einigen Jahren wieder in einem Reservat angesiedelt wurden. Zyklone, Kahlschlag und die groß angelegte Viehzucht vernichteten auch die Edelholzwälder im Laufe der Jahrhunderte.

Eine kleine Weltsensation hat das Eiland dennoch zu bieten: Im Jahr 1761 beobachtete der Astronom Abt Pingré auf Rodrigues als Erster den Planeten Venus, sein damaliger Beobachtungsstandort heißt seitdem Pointe Venus (nahe Port Mathurin).

Die Engländer unter Colonel Keating vertrieben die Franzosen ab 1809 und errichteten einen militärischen Stützpunkt. Die englische Kriegsflotte versammelte hier ihre Schiffe, bevor sie 1810 in die große Seeschlacht gegen die Franzosen vor Mauritius in See stach.

Nach der endgültigen Abschaffung der Sklaverei auf Mauritius im Jahr 1835 siedelten sich viele Schwarze auf Rodrigues an. Gegen Ende des 19. Jahrhunderts war die Bevölkerung auf ca. 3000 Insulaner angewachsen, zumeist Katholiken – das gilt bis heute für die mittlerweile 40 000 Insulaner. 1989 gab sich Papst Johannes Paul II. die Ehre und besuchte das Stadion in La Ferme. 2002 erlangte die kleine Schwesterinsel schließlich einen regionalen autonomen Status.

Port Mathurin, die Insel-Hauptstadt von Rodrigues

Am Markttag wuselt halb Rodrigues durch Port Mathurin

Port Mathurin

Am **Pointe Canon**, dem Aussichtspunkt über der Insel-Hauptstadt Port Mathurin, steht der einzige Hindu-Tempel der Insel, der **Kashinath Mandir**. Bis auf wenige Prozent glauben alle Rodrigueser an Jesus Christus, merkwürdigerweise gibt es trotzdem auf Rodrigues mehr hinduistische Feiertage als christliche – was natürlich niemanden stört...

Von hier oben am Pointe Canon schweift der Blick über Port Mathurin: Ein kleiner Hafen mit modernem Passagierterminal und Lagerhallen am Wasser, ein paar Verwaltungsbauten und weiße dreistöckige Häuser ragen aus dem Grün hervor, man hört einen Hahn krähen und Mopeds knattern. Einige Kolonialvillen tragen Dächer mit hübschen, filigranen Verzierungen und hölzernen Fensterläden. Obwohl die meisten ein Telefon haben und auf Rodrigues zwei Zeitungen produziert werden, tauschen die Insulaner viele Neuigkeiten noch beim Plausch vor der Haustür aus, am Straßenimbiss, im Krämerladen oder auf dem samstäglichen **Markt** neben dem Pier, auf dem manche Rodrigueser noch Tauschhandel betreiben. Fast noch im Dunkeln werden die Stände morgens um fünf Uhr aufgebaut und bestückt: Berge mit Maniok und Erdnüssen, Plastikbeutel voller getrocknetem Tintenfisch, Gläser mit Chutneys, Chilis und würzigem Honig, Türme aus Obst und Gemüse in allen Farben, gigantische Papayas, handgeflochtene Körbe und Hüte – die Modelle sind zahlreich und reichen vom breitkrempigen Cowboyhut bis zum melonenartigen, steifen Strohhut, denn auf dem sonnigen Rodrigues geht man niemals ohne Hut aus dem Haus. Auf dem Markt besorgen die rodriguesischen Hausfrauen alle Zutaten für eine typische Mahlzeit *à la rodriguaise*: geräucherten Schinken, getrockneten und gegrillten Tintenfisch, dicke rote Bohnen, zerstoßenen Piment oder Tamarinden und gesalzenen Trockenfisch.

Wer kein passendes Souvenir auf diesem Markt findet, könnte sein Glück auch beim Laden von **Care-Co** (vormals Craft Aid) im Ortsteil Camp du Roi versuchen. 1989 startete der in England

Rodrigues hat viele vitaminreiche Früchte zu bieten

geborene Mauritier Paul Draper ein Hilfsprojekt für Behinderte auf Rodrigues, die aus Kokosnussschalen kleine Kunstwerke herstellen: Ohrringe, Haarspangen, Schlüsselanhänger, Modellschiffe, Schatullen usw. In einer kleinen, zum Projekt gehörenden Imkerei nebenan wird Honig gewonnen und ebenfalls verkauft – der Honig gewann 2009 sogar einen Preis in Großbritannien.

Blaukopf-Kaiserfisch (Pomacanthus xantometopon)

Inselerkundung

Die Ortsnamen der Insel lesen sich wie die Zutaten eines raffinierten kreolischen Kochrezeptes: süße Kartoffel, Austern, Petersilie, Maniok, Banane, Mango, Piment, Oliven. Die Straße von Port Mathurin auf den »Zitronen-Berg«, den 1 **Mont Limon**, windet sich durch dichten Eukalyptus-Wald immer höher. Nach nur zehn

Minuten hat man die Inselmitte und den Verkehrsknotenpunkt erreicht – und den mit 398 Metern höchsten Gipfel.

Aber wo immer man auch steht, wandert oder picknickt: Von fast allen Standpunkten der Insel sieht man den Indischen Ozean in allen nur denkbaren Blautönen schimmern, in der türkis leuchtenden Lagune schießen die Pirogen mit ihren blendend weißen Dreieck-Segeln übers Meer. Zwar sind viele Ecken vor allem im Süden rau, steinig und zerklüftet vom Korallenboden, aber meist herrscht ein warmes Ockergelb als Grundton vor. Wie mit dem Pinsel verteilt, leuchten allerorten die Farbtupfer, die Behausungen wirken fast wie Graffiti in der Landschaft: feuerwehrrote Dreiecke mit Tür und Schornstein, kleine, orange getünchte Schuhkartons mit praktischen hochklappbaren Fensterläden, aus denen gerüschte Gardinen flattern, selbst manche Wellblechhütte ist keck gestreift. Kreolisches Zierwerk schmückt

Der bezaubernde Trou d'Argent, ein traumhaft versteckter Mini-Strand am tintenblauen Indischen Ozean

Gruselig: »Alien«-Rum im Einweckglas aus der inseleigenen Rhumerie du Bon Dieu

die Dächer, davor leuchten hemmungslos gelbe Maiskolben, rote Weihnachtssterne, lila Bougainvilleen und weiße Frangipani.

Die Hütten der Ärmsten (und es sind nicht wenige, die von 50 Euro staatlicher Unterstützung im Monat leben müssen) sind alle gelb mit knallrotem Dach – sie werden von der Regierung gestellt und sind dafür mitunter die reinsten Logenplätze: freier Blick auf Himmel, Ozean, Lagune. Ebenso allgegenwärtig wie das Blau der Lagune und die Ziegen ist der Tintenfisch: auf Wandbildern, im Cari Curry und ganz furchterregend im »Alien«-Rum im Einweckglas aus der inseleigenen Rhumerie du Bon Dieu. Rund 500 Tonnen *ourite* werden jährlich gefangen, ganz traditionell bei Ebbe mit dem harpunenähnlichen Spieß.

Das Gesicht der Insel bestimmen im Süden die runden, wuscheligen Vacoas-Palmen (Pandanus), auf Feldern wachsen Erdnüsse, Zwiebeln, Maniok und Bohnen. Terrassenfelder im Landesinnern und Mangroven-Anpflanzungen an der Küste sollen gegen die starke Erosion helfen. Auf den Wiesen grasen Kühe. Rodrigues versorgt Mauritius mit Rindfleisch, Hummer und Fisch.

Größte Kirche ist die kathedralenähnliche ❷ **Kirche Saint-Gabriel** im gleichnamigen Ort, die jeden Sonntag zur Messe gut gefüllt ist. Bis zu 2000 Gläubige fasst das Gotteshaus mit den beiden Glockentürmen aus Felsquadern. Bei dem Bau zwischen 1936 und 1939 wurden die Steine von Hand zu Hand den Berg hoch gewuchtet, die Frauen schleppten die tonnenschwere Glocke an einem Gestell hinauf, wenn der Esel mal wieder streikte. Auf der asphaltierten Straße über die zentrale Hügelkette, die quer über die Insel von Ost nach West verläuft, gelangt man auch zum **Stadion La Ferme**, wo der Papst 1989 die Massen begeisterte. Auf dem Weg dorthin lohnt sich einen Abstecher nach **Citron Donis**, wo man ein traumhaftes Küsten-Panorama genießt mitsamt dem Fischerdorf Rivière Cocos und der Insel Gombrani im Süden – auch zum Sonnenuntergang ein nettes Plätzchen. Das Korallenriff ist hinter der Lagune zu erkennen: eine weiße Linie zwischen dem türkis- und tiefblau schimmernden Ozean. Ein weiterer schöner Aussichtspunkt ist **Pompée** auf dem Mont Lubin, von dem sich eine Straße über 52 Kurven bis Port Sud-Est an die Küste schlängelt.

Doch selbst von der höchsten Erhebung ist es nicht weit zum tiefsten Insel-Untergrund: Die stille ❸ **Caverne Patate** im Inselwesten ist eine 600 Meter lange unterirdische Höhle mit vielen Tropfsteinen, deren Formen die Fantasie anregen, und unheimlichen Gewölben mit bis zu 26 Metern Höhe. Der Zugang in der Plaine Coral in Küstennähe ist nur mit einem Führer und Taschenlampe gestattet, am Ausgang krabbelt man unter einem gewaltigen Banyan-Baum wieder dem Tageslicht entgegen.

Aldabra-Riesenschildkröten von den Seychellen wurden im Schildkröten-Park François Leguat angesiedelt

Scheint die Zeit in den Fischerdörfern schon stillzustehen, reist man im ❹ 6 **Schildkröten-Park François Leguat**, der größten Attraktion im Inselwesten, noch etwas weiter zurück in der Geschichte: in eine Zeit als das Eiland noch von Hunderttausenden Riesenschildkröten bevölkert war, ehe diese durch die ersten Seeleute und Siedler ab Ende des 17. Jahrhunderts ausgerottet wurden. In einem urzeitlich anmutenden Canyon tummeln sich heute wieder mehr als 2000 aus den Seychellen angesiedelte Aldabra Giant Tortoises. Wer die langsam-behäbige Fortbewegung von Lucca, Mat & Co. sieht, versteht allmählich woher die Rodrigueser ihre Ruhe haben …

Die schönsten Strände und Buchten von Rodrigues sind die im Osten gelegene 5 **Cotton Bay** (mit dem gleichnamigen Hotel), die einen Kilometer südlich gelegenen Strände 6 **Fumier** und 7 **Anse Ally** sowie die kleine Bucht hinter dem Filao-Hain bei 8 **Saint-François**, einem angesagten Ferienort mit auffallend vielen Gästehäusern. Die Anse Ally ist ein einsamer, blendend weißer, von Palmen und Filaos gesäumter Strand mit dem neuem Tekoma Boutik Hotel. Und nicht zu vergessen: der bezaubernde 9 **Trou d'Argent**, ein traumhaft versteckter Mini-Strand zwischen Klippen, zu dem man von Saint-François zu Fuß an der Küste entlang wandern kann. Wer mit dem Fahrzeug anreist, fährt durch ein Tor (bis ca. 16 Uhr geöffnet), von dort führt ein nur für Allradantrieb geeigneter Weg durch den Wald, zu Fuß gelangt man dann die letzten 500 Meter hinunter zu den rauen Klippen, wo das Wasser so blau leuchtet wie Tinte. Unter diesem Blau verbirgt sich in der 200 Quadratkilometer großen Lagune ein wahres Unterwasserparadies: farbenprächtige Korallengärten, tiefe Schluchten, Höhlen, Tunnel und einige Wracks gesunkener Schiffe.

Geruhsamer Alltag in Saint-François

Ein Pärchen Feenseeschwalben (Gygis alba) auf der Rodrigues vorgelagerten Île aux Cocos

Der Inselnorden präsentiert sich etwas lieblicher als der raue Süden. Beispielsweise in der von grünen Hügeln eingerahmten, tiefen Austernbucht, der ⑩ **Baie aux Huîtres** westlich von Port Mathurin, wo man die Fischer von einer felsigen Anhöhe aus beobachten kann. Am Abend treffen sich die Insulaner unter den Filaos in der idyllischen ⑪ **Anse aux Anglais** östlich der Hauptstadt. Ein kleiner Imbisswagen wartet dort auf Kundschaft, ein Angler steht geduldig im seichten Wasser und einige Halbwüchsige klimpern auf ihren Klampfen. Auch Muschelsammler sind unterwegs: Aus den aufgelesenen Muscheln zaubert die rodriguesische Hausfrau *tek-tek*, eine leckere Muschelsuppe. Nur einen Katzensprung entfernt empfängt die tiefe Bucht von ⑫ **Grand Baie** den Ausflügler mit einem schmalen Strand unter Kasuarinen, ein paar Palmen und Bungalows, Getränkeimbiss und Fußballplatz. Von hier gelangt man auf einer üblen Schotterpiste entlang der Küste an den Strand **Baladirou**, ein schmales Stück Sand hinter einem dichtem Filao-Hain.

Beliebte Ausflüge mit dem Boot führen auf die 20 kleinen, in der türkisfarbenen Lagune schwimmenden Inseln, die als Nistplätze von vielen, teils seltenen Wasservögeln aufgesucht werden, darunter Meeresschwalben, Fregattenvögel und Strandläufer. Besonders die ⑬ **Île aux Cocos** ist sehenswert mit ihrem leuchtend weißen Sandstrand und ihren im europäischen Winter bis zu 45 000 gefiederten Bewohnern wie die wunderschöne Feenseeschwalbe mit schneeweißem Federkleid und den eher langweilig grauen Noddiseeschwalben. Da die Insel nur eineinhalb Kilometer lang und 120 Meter breit ist, kommt man sich schnell vor wie in Hitchcocks »Die Vögel«, vor allem wenn man einer Vogelmutter mit ihren Küken oder einem Nest zu nahe kommt. Weitere Insel-Abstecher sind möglich zur nur von Schafen bevölkerten Île aux Crabes und zur Île aux Sables. Und schließlich findet der urlaubende Robinson auf der ⓮ **Île Hermitage** nicht nur schöne Strände, sondern vielleicht auch den Schatz, von dem alle hier munkeln ...

Der Flughund Pteropus rodricensis lebt ausschließlich auf der Insel Rodrigues

SERVICE & TIPPS

Vorwahl Rodrigues
von Mauritius: ✆ 00095
von Europa: ✆ 00230

Rodrigues Tourism
Rue de la Solidarité
Port Mathurin
✆ 832 08 66
www.tourism-rodrigues.mu
Kleines Touristenbüro mit Kartenmaterial und Broschüren. Einer der größten Reiseveranstalter ist Discovery Rodrigues (✆ 832 10 62).

❷ **Cathédrale de St.-Gabriel**
Saint-Gabriel (im Inselzentrum)
Messe So 9–11 Uhr
1936–39 erbaute, recht schmucklose, aber größte Kirche der Insel mit gut besuchter sonntäglicher Messe.

❸ **Caverne Patate**
Plaine Coral
Tägl. 9–15 Uhr
Mit 600 m die längste Höhle der Insel mit vielen Tropfsteinen zum Bewundern.

❹ 6 **Naturreservat François Leguat/Francois Leguat Giant Tortoise and Cave Reserve**
Anse Quitor, Rodrigues (nahe Flughafen)
✆ 832 81 41
www.tortoisescavereserve-rodrigues.com
Tägl. 9–17 Uhr, fast stündliche Touren 9.30, 10.30, 12.30, 14.30 Uhr, Eintritt Rs 295/150
Man sollte 2–3 Stunden Zeit mitbringen: In dem urzeitlich anmutenden Canyon Tiyel leben 1500 Riesen-Landschildkröten (*Dipsochelys elephantina*, von den Seychellen) und die wesentlich kleineren Strahlenschildkröten (engl. radiated tortoise, *Astrochelys radiata*, aus Madagaskar) mit schönem Sternenmuster auf dem Panzer. Auch die 1970 fast schon ausgerotteten, endemischen Flughunde (Pteropus rodricensis) wurden hier erfolgreich gezüchtet (heute 10 000 Exemplare). Außerdem wird im Rahmen der geführten Tour eine 500 m lange Höhle,

Noddiseeschwalben (Anous stolidus) auf der Île aux Cocos

die Grande Caverne, besichtigt. Das sehr gut gemachte, naturkundlich-historische Museum mit einem Dodo sollte man vorher besuchen. Schönes Restaurant (11–16 Uhr, €) und Souvenirshop.

Jardin des 5 Sens
Montagne Bois Noir
✆ 831 58 60
Tägl. 10–11 und 13–15 Uhr
Eintritt Rs 250/150
Hören, sehen, anfassen, schmecken – lautet das Motto des einstündigen Rundgangs in dem Erlebnisgarten, in dem Blumen, Obst, Gewürze, Kräuter und Medizinpflanzen auf sinnliche Weise erfahren und wiedererkannt werden. Souvenirshop, Restaurant.

13 Île aux Cocos
Ab Baie du Nord an der Nordküste
Fahrtdauer ca. 1 Std. je nach Wasserstand
Ca. Rs 1300 (inkl. Picknick)
Winziges Insel-Vogelschutzreservat mit 45 000 hier überwinternden Vögeln, darunter die eleganten Feenseeschwalben. Herrlicher weißer Sandstrand (wenig Schatten), sehr einfache sanitäre Anlagen. Halbtages-Ausflug mit Booten (unbedingt Badeschuhe wegen der Korallen mitnehmen).

14 Île Hermitage
Ab Port Sud-Est
Fahrtdauer 20 Min.
Die Île Hermitage liegt vor der Lagune und besticht durch wunderschöne Strände.

9 Trou d'Argent
Kleine Bucht an der Ostküste mit Mini-Strand und fotogener Steilküste. Hierher sind unterschiedlich lange Wanderungen möglich, entweder von Saint-François aus über mehrere kleine Buchten (ca. 2 km) oder nur als kurzer Spaziergang ab dem kleinen Parkplatz (nur für Geländewagen zugänglich, ca. 500 m) durch den Wald. Von Trou d'Argent geht es weiter die Küste entlang bis Petit Graviers (ca. 5 km). Sonnenschutz und Wasser mitnehmen!

Chez Madame Larose
Ewas abgelegen an der Straße nach Pointe Cotton (nahe dem Cotton Bay Hotel)
✆ 831 85 42, 058 76 13 50 (mobil), tägl. 12–16 Uhr, abends nur auf Bestellung
In Dolly Laroses Gartenlokal gibt es keine Speisekarte, gegessen wird, was auf den Tisch kommt, etwa Schweinerippchen, Rougaille-Würstchen in Tomatensauce oder frisches Seafood. €–€€

Mazavaroo
Saint-François
✆ 831 88 16
Tägl. außer Sa 11.30–15 Uhr
Interessante Kreationen im einfachen, aber idyllischen Gartenlokal des jungen, talentierten Kochs Jonathan Junglee aus Mauritius. Vieles aus dem eigenen Kräuter- und Gemüsegarten, man speist v. a. Seafood-Gerichte wie das Fisch-Cari aux Aubergine oder Languste, es gibt auch Rinderfilet, hausgemachtes Bananeneis und Tamarindensaft. €–€€

Chez Jeannette – Le Tropical
Montagne Bois Noir

Auch die farbenprächtigen Rifffische stehen auf der Speisekarte

Telefonieren mit Aussicht (Rodrigues)

✆ 831 58 60
www.gite-letropical.com
Tägl. 12–14 und 18–21 Uhr
In dem Familienlokal serviert die nette Gastgeberin Jeannette Baudoin echte kreolische Küche, etwa Tintenfisch, Cari-Currys und Papayasalat. Einige Zimmer und ein Bungalow im Garten (€). €

Le Marlin Bleu
Anse aux Anglais (ca. 1 km östl. von Port Mathurin direkt an der Küstenstraße)
✆ 832 07 01, tägl. 10–23 Uhr
Der Inseltreff schlechthin: In dem kleinen preiswerten Lokal und Kneipe gehen Einheimische und Touristen essen. Es munden Pizza, leckeres Pfeffersteak, Hühnercurry und jede Menge frisches Seafood – unbedingt als Entrée den knusprigen Tintenfisch oder den Tintenfischsalat in der hübschen Muschelschale probieren! €

Saphir Club (vormals: Waves)
Cascade Jean Louis
Fr–So 21–4 Uhr
Nur am Sonntagnachmittag (12–18 Uhr) gibt es in der Diskothek das *Ranne Zaricot*: traditionelle Musik wie Sega, Seggae und die polkaähnliche Mazurka. Ab 18 Uhr dann ein Mix aus Traditionellem, Techno und internationalen Hits.

Les Cocotiers
Anse aux Anglais
Fr–So abends und So nachmittags
Diskothek mit traditioneller Musik.

Safari Bar
Baie Lascars, Port Mathurin
✆ 832 11 68, Nur Sa
Hier wird vor allem Techno gespielt.

Atelier Frères Leopold
Palissade Ternel (Inselzentrum)
✆ 058 75 32 27 (mobil)
Mo–Fr tagsüber
Kleine Werkstatt mit Laden, in dem man die typischen Strohprodukte aus getrockneten Vacoas-Palmblättern kaufen kann: Hüte, Taschen, Fächer usw.

MUSIK UND TANZ – SEGA UND SEGGAE

Im Schein des Feuers schwingen die Tänzerinnen ihre weiten Röcke, die Rockzipfel hoch gerafft in den Händen, wie Schmetterlinge schwirren sie um den Tänzer, der auf Knien um ihre Aufmerksamkeit fleht. Voller Ekstase stampfen sie mit den Füßen, tippeln in kleinen Schritten ums Feuer, wild drehen sich die Hüften. Ein Tanz voller Erotik, obwohl sich die Tanzenden nicht ein einziges Mal berühren. Wenn der Ruf »en bas, en bas« ertönt, gehen die Tänzerinnen in die Knie, bis ihr Rücken den Boden berührt, die Hüften bewegen sich weiter zur Musik.

Die Sega hat afrikanische Wurzeln, aber so ganz genau weiß das keiner mehr: Irgendwo und irgendwann im 18. Jahrhundert wurde der Tanz der Sklaven geboren. Von Liebe und Erotik, Kummer und Schmerz, aber auch von Spott und Ironie handeln die kreolisch gesungenen und meist improvisierten Verse der Sega-Musik. Drei Musikanten begleiten die Tänzer mit den segatypischen Instrumenten: Die *ravane* ist ein kreisrundes, flaches Tamburin mit Ziegenleder bespannt, das den Rhythmus bestimmt. Die *maravane* ist ein Bambus-Gebilde oder eine Büchse, in der Körner und trockene Bohnen rasseln, manchmal auch Maracas-Rasseln. Nicht zu vergessen: die Triangel. Früher und heute noch gelegentlich auf Rodrigues benutzte man die *bobre*, ein einsaitiges Bogeninstrument, das mit einem Bambusstab zum Klingen gebracht wird.

In der besseren Gesellschaft von Mauritius war die Sega lange Zeit verpönt: als Tanz der Armen und Benachteiligten, der Außenseiter, Rum-Besäuselten und Sex-Hungrigen. Sogar in die Nähe von Hexen wurden die Tänzer gerückt, weil die Sega-Rhythmen auch manchmal bei Beerdigungen rund um den Sarg erklangen. Die Sega ist erst Mitte der 1960er Jahre auf Mauritius wiederentdeckt worden. Nun war ihr Comeback nicht mehr aufzuhalten: Reiche Eltern schickten ihre Jeans- und Sari-tragenden Töchter plötzlich zum Sega-Tanzkurs.

Und auch der so oft gescholtene Tourismus hat dazu beigetragen, wenigstens ein Stückchen Landeskultur zu erhalten, wenn auch nur als Folklore. Mittlerweile ist die Sega in die Hotels eingezogen, sehr bunt und ein bisschen sexy, halt sehr touristisch. In fast jeder Anlage finden wöchentlich Sega-Aufführungen statt, an deren Ende auch die hüftsteifen Urlauber ein wenig mitstampfen können.

Auf Rodrigues widmet man sich leidenschaftlich der Wiederbelebung der Sega und anderer Volkstänze. Auf der kleinen Insel soll sich die Sega noch länger in ihrer ursprünglichen, schnelleren Form erhalten haben als auf dem modernen Mauritius: die Sega Tambour. Wegen der Abgeschiedenheit der Insel konnten sich hier auch die französischen und schottischen Einflüsse länger behaupten: Tänze wie Polonaise, Polka, Quadrille und Mazurka gehören daher zum Folklore-Programm. Hier begleiten Ravane, das Akkordeon, Triangel und manchmal die Bobre die Tänzer (Aufführungen regelmäßig im Hotel Cotton Bay, Mourouk Ebony und manchmal auch bei den Ranne-Zaricot-Matinees am Sonntagnachmittag in den Clubs Waves und Les Cocotiers).

Unter den Jugendlichen beider Inseln ist Seggae angesagt: eine Mischung aus Sega und Reggae mit Protesttexten gegen die herrschende (indische) Elite. Der berühmteste mauritische Sänger dieser Musikrichtung, Kaya, starb Anfang 1999 unter mysteriösen Umständen im Gefängnis von Port Louis. Die Folge waren Auseinandersetzungen zwischen Kreolen und Indern.

»Kite for Fun« in der bildschönen Anse Mourouk im Südosten von Rodrigues

Care-Co
Camp du Roi
Port Mathurin
✆ 831 17 66
www.gplslc.free.fr
Laden und Werkstatt Mo–Fr 8–16, Shop auch Sa 8–12 Uhr
Reha-Projekt für behinderte Jugendliche sowie Schulprojekt für benachteiligte Kinder. Im Souvenirshop kann man allerlei Spielzeug aus Kokosnussschalen sowie den famosen Honig erstehen.

Marché de Port Mathurin
Port Mathurin
Tägl. 6–ca. 13 Uhr
In der Markthalle werden Obst, Gemüse und Haushaltwaren feilgeboten, nebenan gibt es neuerdings eine gekachelte Abteilung nur für Fleisch, Fisch und Meeresfrüchte. Viele Stände draußen bieten Souvenirs, die beliebten Chili- und Tamarindensaucen, Konfitüre und Honig an. Mittwochs ist der Markt kleiner.

Rod Fishing Club
Jeantac, Anse aux Anglais
✆ 058 75 06 16 (mobil)
www.rodfishingclub.com
Das Unternehmen von Kapitän Yann Colas erzielte nach eigenen Angaben fünf Rekorde in fünf Jahren allein beim Marlin-Fischen, wie z. B. ein 561,5 kg schwerer Pacific Blue Marlin.

Kite for Fun
Anse Mourouk (am Strand des Hotels Mourouk)
✆ 428 25 53, 057 24 17 41 (mobil)
Treff der Kitesurfer mit alljährlichem Kitesurf- und Surf-Wettbewerb im Juli am Mourouk-Strand und an der Pâté Reyneux.

Weitere Anbieter: Club Osmosis in der Anse Mourouk (www.kitesurf-rodrigues.com) und Tryst in La Ferme (www.trystkiteboarding.com).

Festivals
Kitesurf-Festival im Juli, Hochseefischer-Festival im März (drei Weltrekorde seit 2005!), der Trail-Wanderwettbewerb im November (querfeldein über die Insel, 5–35 km) und das Kreolische Festival im Dezember (mit traditioneller Musik, Tanz und Speisen).

Breitwand-Cinemascope am Cap Noir: Der Cirque de Mafate, der am schwersten zugängliche der drei als UNESCO-Weltnaturerbe eingestuften Talkessel auf La Réunion, zieht Wanderer aus aller Welt magisch an

DIE SCHÖNSTEN REISEREGIONEN VON LA RÉUNION

Region 1
La Réunion/
Saint-Denis

SAINT-DENIS

HAUPTSTADT MIT KOLONIALFLAIR VOR TRAUMKULISSE

Saint-Denis ist das wirtschaftliche Herz La Réunions: Hier an der Nordküste leben rund 210 000 Einwohner auf einem relativ überschaubaren Raum an der Mündung des Rivière Saint-Denis direkt am Indischen Ozean. Das Häusermeer drängt sich im Schachbrettmuster eng ans Meer, denn kaum zwei Kilometer entfernt im Hinterland geht es schon heftig bergauf – an den Hängen des Piton Mavouse, der bis auf 1680 Meter ansteigt und von vier steilen, wilden Schluchten regelrecht zerschnitten wird. Höchster Punkt der Saint-Denis-Gemeinde ist La Roche Ecrite auf 2276 Meter!

Besucher bekommen beim ersten Durchfahren der kleinen Metropole gleich eine Kostprobe der prekären Verkehrssituation auf der Insel mit ihren 500 000 Autos. Und so manch einer wird sich fragen, wie Stadtplaner auf die Idee kommen können, eine vier- bis sechsspurige Autobahnschnellstraße (N2/N1) direkt neben der eigentlich schönen, teils von Palmen und Kanonen gesäumten Küstenpromenade Barachois zu platzieren. Aber wer beim Anflug auf den nahe gelegenen Flughafen auf der richtigen Seite im Flieger sitzt, staunt über die sagenhafte Steilküste der zerfurchten Insel. Und so haben vor lauter Platzmangel wenigstens die Autofahrer beim alltäglichen Dauerstau in ihrer Hauptstadt eine schöne Aussicht aufs Meer …

Die Insel La Réunion oder Île de La Réunion im blauen Wasser des Indischen Ozeans

Das konnte der erste Gouveneur Étienne Regnault natürlich nicht ahnen, als er 1665 hier mit dem Schiff »Saint-Denis« anlegte. Zur Hauptstadt wurde die Siedlung jedoch erst 1738, als sie das südlichere Saint-Paul ablöste. Damals herrschte noch keine »dicke Luft« wie sie die Bewohner heute in den engen Straßenzügen während der Rushhour ertragen müssen. Die schönsten, meist hölzernen Hinterlassenschaften der Kolonialherren konnten sich an der **Rue de Paris** gegen Zyklone und moderne Bauwut behaupten. Nicht weit entfernt vom ❶ **alten Rathaus** (»La mairie«) von 1846 im neoklassizistischen Stil und mit Sieges-

Altes Rathaus und Siegessäule von Saint-Denis

säule steht beispielsweise die 1830 erbaute, lindgrüne ❷ **Villa Déramond-Barre** (Nr. 15): Hier auf einem ehemaligen Grundstück der Ostindischen Kompanie wurde 1924 der Enkel des damaligen Besitzers geboren, Raymond Barre, niemand Geringeres als der ehemalige französische Premierminister. Die Maison bezaubert noch heute als ein ganz markantes Exemplar der hübschen kreolischen Bauweise mit Zierschmuck an Veranda und Fassade. In der ❸ **Maison Carrère** (Nr. 14) hat das Touristenbüro seinen Sitz. Auch diese mehr als 100 Jahre alte Villa beeindruckt mit einem schönen *guétali,* einem Gartenhäuschen, von dem die Hausfrauen damals das Treiben auf der Straße gut beobachten konnten. Bei den Führungen durch das Anwesen des Zuckerhändlers und Industriellen Raphaël Carrère mitsamt Antiquitäten in den Zimmern, aber auch Latrinen und Stall im hinteren Bereich erhält man auch sonst einen guten Eindruck von der Lebenssituation vor rund 100 Jahren. Das Erdgeschoss stammt aus dem Jahr 1830, der erste Stock ist von 1905.

Das Kolonialhaus mit der Hausnummer 28 ist das ❹ **Museum Léon Dierx** – bis 1912 als Bischofspalast genutzt –, in dem zeitgenössische einheimische Künstler, aber auch Kunstwerke von Picasso, Chagall und Renoir zu bewundern sind. Ein weiteres Schmuckstück ist die prächtige, weiße ❺ **Villa du Conseil Général** (Nr. 49) mit zierlicher, schöner Frontgestaltung inklusive säulengetragener Veranda und kreolisch verziertem Balkon.

Historisches Bauwerk aus der Kolonialzeit: Villa du Conseil Général

Noch einige mehr der insgesamt 130 denkmalgeschützten Gebäude von Saint-Denis liegen am Wegesrand, ehe man am südlichen Ende die kleine grüne Lunge der Stadt erreicht. Der fünf

Hektar große ❻ **Jardin de l'Etat** wurde schon im 18. Jahrhundert mit mehr als 4000 duftenden und farbenprächtigen Pflanzenarten angelegt, heute ist der Park mit Teich, Springbrunnen und Palmen für eine Erholungspause gut geeignet. An dessen Ende lädt noch das kleine ❼ **Naturhistorische Museum** in einem fast 200-jährigen, schlichten Kolonialbau mit Säulenportal zum Besuch.

Fischen am Kai in Saint-Denis

Ausflugsziel:

Hinter Saint-Denis erhebt sich der ❽ **La Roche Ecrite** 2276 Meter steil in die Höhe (vgl. Karte S. 248). Eine beliebte, aber anstrengende Tageswanderung durch erst schattigen Sicheltannen- und später Nebelwald mit Tamarinden führt nach ca. zehn Kilometern auf den Hausberg der Stadt. Mit etwas Glück sieht man unterwegs den kleinen endemischen Vogel namens Tuit-tuit.

Belohnt werden die Wanderer nach dem etwa vierstündigen Aufstieg mit herrlichstem Balkon-Blick in die beiden Cirques Mafate und Salazie. Von hier oben hat man alle Inselgiganten im Blick: vom fast dreieckigen Cimendef (2228 m) gleich vorne über die gigantisch lange Kraterkante des Le Grand Bénare (2898 m) im Hintergrund bis zum links davon liegenden, inselhöchsten Berg, dem Piton des Neiges mit seinen 3071 Metern, der auch zugleich der höchste Berg im ganzen Indischen Ozean ist. Ganz vorn links erhebt sich der kleine, aber legendenumwobene Piton d'Anchaing (1356 m) mitten im Salazie-Talkessel. Man kann ihn gut an seinem abgeflachten Gipfel-Plateau erkennen. Hier spielte sich im 19. Jahrhundert die Tragödie um den entflohenen Sklaven Anchaing ab, der mit seiner Geliebten Heva vom Kopfgeldjäger Bronchard im Salazie-Talkessel gejagt wurde und sich von den Klippen stürzte. Manch einer erzählt, er verwandelte sich dabei in einen Papangue-Bussard und schwebt bis heute an den Felswänden entlang ...

Wahr oder nicht, man kann sich schon einmal von hier oben ein Bild machen von den möglicherweise weit unten im Tal geplanten Wanderungen. Wer fit genug ist, kann auch gleich von hier aus ins Salazie-Tal in das Dorf Grand-Îlet hinabsteigen, das man wie aus einem Adlerhorst knapp 1000 Meter unter sich sieht (4 Std.). Wen unterwegs auf dem Weg nach Roche Ecrite die Kondition verlässt, der kann auch in der Berghütte auf halbem Weg auf 1800 Meter Höhe übernachten.

Einige andere und einfachere Wanderwege führen von Saint-Denis auf Aussichtspunkte oberhalb der Stadt, etwa zum Badepool der **Cascade Maniquet**. Der 30-minütige Chemin de la Vigie endet auf einer Aussichtsplattform. Oder man läuft oberhalb der Klippen zum **Cap Bernard** auf dem vier Kilometer langen Chemin des Anglais ab Saint-Bernard südwestlich der Stadt.

Von Palmen und Kanonen gesäumt: die Küstenpromenade La Barachois in Saint-Denis

Litschis – fester Bestandteil der exotischen réunionesischen Küche – kommen überwiegend aus dem Osten der Insel

SERVICE & TIPPS

Office du Tourisme du Nord
Im Maison Carrère, 14, rue de Paris, 97400 Saint-Denis
✆ 0262 41 83 00
www.lebeaupays.com
Mo–Sa 9–18 Uhr
Infos über die drei nördlichen Gemeinden Saint-Denis, Sainte-Marie und Sainte-Suzanne. Der historische Stadtrundgang »Compagnie des Indes« führt zu einigen der 130 historischen Kolonialbauten und kreolischen Villen der Stadt.

Maison de la Montagne
5, rue Rontaunay, Saint-Denis
✆ 0262 90 78 78
www.resa.reunion.fr
Mo–Fr 9–16, Sa 9–12.30 Uhr
Im Palais Rontaunay erhält man Kartenmaterial und kann Reservierungen v. a. von Berghütten vornehmen.

4 Musée Léon Dierx
28, rue de Paris, Saint-Denis
✆ 0262 20 24 82
www.cg974.fr/culture/leon-dierx
Tägl. außer Mo 9.30–17.30 Uhr
Eintritt € 2
Kunstmuseum, das Werke zeitgenössischer Künstler von La Réunion und großer französischer Meister wie Chagall und Picasso in einem kolonialen Anwesen präsentiert.

7 Muséum d'Histoire Naturelle/Naturhistorisches Museum
Im Jardin de l'Etat
1, rue Poivre, Saint-Denis
✆ 0262 20 02 19
www.cg974.fr/culture
Tägl. außer Mo 9.30–17.30 Uhr
Eintritt € 2
1855 eröffnetes Naturhistorisches Museum, in dem u. a. der ausgerottete Dronten-Vogel Dodo von Mauritius und La Réunion ausgestellt wird.

3 Maison Carrère
14, rue de Paris
Saint-Denis
✆ 262 41 83 00
www.lebeaupays.com
Mo–Sa 9–17.30 Uhr, Eintritt € 3
Tägl. Führungen um 9.30, 10.30, 11.30, 14.30. 15.30 und 16.30 Uhr, Dauer: 45 Min, € 5, auch Audioguides auf Deutsch (€ 4)
Kreolische Villa mit historischen Möbeln, einem schönen *guétali* – Gartenhäuschen –, Latrinen und Stall. Außerdem eine kleine Ausstellung über die Rue de Paris. Kunsthandwerks- und Souvenirshop mit buntem Angebot von Büchern bis Rum. Hier befindet sich auch die Touristeninformation.

6 Jardin de l'Etat
Place de Metz, Saint-Denis (am südl. Ende der Rue de Paris, es gibt vier Eingänge)
www.cg974.fr/culture
Nov.–März tägl. 6–19, April–Okt. bis 18 Uhr
1767 eingerichteter, 5 ha großer Park mit exotischen Pflanzen und einem kleinen hübschen Café (€).

Atelier de Ben
12, rue de la Compagnie
Saint-Denis
✆ 0262 41 85 73
www.atelier-de-ben.com
Di–Sa mittags und abends
Das angesagte, stilvolle Lokal von Benoît Vantaux bietet klassische französische Küche mit leichtem Hauch italienischer und japanischer Kochkunst. Recht kleine Speisenauswahl, aber alles raffiniert-kunstvoll angerichtet. Die Weinkarte ist umso umfangreicher. Man sitzt etwas eng bei Monsieur le Chef Ben. €€

Jazz ô Barachois
Barachois, Saint-Denis
www.saintdenis.re
Jeden zweiten Samstagabend

im Monat zieht es die Jazz-Fans direkt ans Meer zum Open-Air-Konzert.

In den Fußgängerzonen Rue Maréchal Leclerc nahe dem schlanken weißen Minarett der Moschee Noor-e-Islam findet der Einkaufsausflügler jede Menge Boutiquen, Souvenirläden und den **Grand Marché** (Mo–Sa 7–18 Uhr), einen Schmuck- und Kleiderbazar, beispielsweise mit ausgefallenen T-Shirts.

Marché du Chaudron
Place Nelson Mandela
97490 Sainte-Clotilde (nahe der Chaudron-Kirche)
Jeden Mi und So 6–12 Uhr
Gut zum Stöbern und bunt: lokale Gewürze, Kräutertees und Chilipasten, Textilien und Kunsthandwerk an rund 400 Ständen.

Nachtmarkt/ Le Marché de Nuit
Barachois, Saint-Denis
Erster Sa des Monats
Ein mit Fackeln erleuchteter Nachtmarkt an der Barachois-Promenade: mit Obst und Gemüse, vielen Öko-Produkten, Kunsthandwerk, Parfümölen, Musik und einigen Bars.

Ausflugsziel:

8 La Roche Ecrite
Ab Mamode Camp am Ende der D43 bzw. der Forststraße Chemin de la Roche Ecrite (Parkplatz)
Tageswanderung auf den Hausberg der Stadt mit fantastischem Blick über die Cirques Mafate und Salazie – allerdings muss man früh am Camp aufbrechen (etwa gegen 6 Uhr), um den Gipfel und das Tal noch wolkenfrei zu erleben. Oder man übernachtet in der Gîte de la Plaine des Chicots auf halbem Weg. Die Berghütte mit Mahlzeit sollte man bei der Maison de la Montagne in Saint-Denis reservieren! Insgesamt braucht man ca. 7–8 Std. für die etwa 20 km hin und zurück. Es geht bis auf 1000 Höhenmeter hoch und wieder runter.

Die faustgroße Chayote (Sechium edule), im Geschmack eine Mischung aus Kartoffel und Gurke, wird auf La Réunion auf Plantagen angebaut

Ein farbenfrohes Spektakel: der Marché du Chaudron in Saint-Denis

DIE WEST- UND SÜDKÜSTE

BAD IM INDISCHEN OZEAN UND TANZ AUF DEM VULKAN

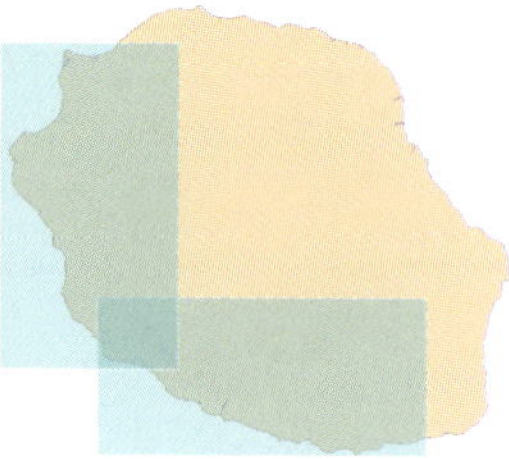

Voller Abwechslung und Naturwunder präsentieren sich die West- und Südküste der Insel. An ihre größtenteils durch den Korallenring geschützten Strände zieht es die meisten Touristen und Surfer, denn die vielen landschaftlichen Höhepunkte lassen sich hier hautnah erleben, im wahrsten Wortsinn: sei es bei Wanderungen auf die höchsten Aussichtspunkte und Kraterränder oder beim Tauchen, im Gleitschirm oder im Ultraleicht-Flieger, bei der Walbeobachtung oder im Meeresschildkröten-Aquarium. Von den Badeorten Saint-Gilles-les-Bains oder L'Etang-Salé ist es nie weit bis auf einige der spektakulärsten Panorama-Plattformen, etwa zum Cap Noir im Mafate-Talkessel oder auf den Piton Maïdo mit seiner überwältigenden 360-Grad-Kulisse. Die Straßen winden sich in Schlangenlinien in die Berge und auf Hochebenen, ins Bilderbuch-Dorf L'Entre-Deux oder bis fast an den aktiven Vulkankrater im Südosten. Die reinsten Logenplätze in wilder Natur, wo sich mitten im letzten echten Urwald plötzlich »Höllenlöcher« wie das Trou-de-Fer öffnen.

Wer Abstecher in die Inselhistorie machen will, erfährt in kolonialen Herrenhäusern und Zuckerfabriken Wissenswertes über alte Seefahrer und Piraten, Zuckerbarone oder entflohene Sklaven.

Tief im Süden ab der trubeligen Stadt Saint-Pierre ist die raueste Ecke der Insel erreicht: Hier schützt kein Korallenring mehr, die Wellen donnern gegen die zerklüftete Steilküste und im Hinterland erhebt sich der immer wieder feuerspeiende Vulkan Piton de la Fournaise bis auf 2632 Meter. Den Vulkan zu erobern ist nur eines der Highlights eines Réunion-Urlaubs.

Von Juni bis September/Oktober schrauben sich die bis zu 15 Meter langen Buckelwale vor der Küste von La Réunion aus dem Meer und fallen mit Getöse zurück ins Wasser

Trekkingpfad am grün überwucherten Hang zur Linken, wo der Rundweg schließlich auf einen schwindelerregenden Aussichtsgrat führt – mit Küsten- und Talkessel-Panorama zugleich. Nur Geübte sollten von dort weiter nach La Roche Ecrite (2276 m) wandern.

SERVICE & TIPPS

Cap Noir
Von Le Port über die kurvenreiche, sehr enge D1 bis zum Parkplatz hinter dem Dorf Dos d'Ane. Ab dem Parkplatz auf dem schmalen Pfad rechts halten, vom Aussichtspavillon, den man nach 15 Minuten Fußweg erreicht, führt der insgesamt 3 km lange Rundwanderweg weiter nach links und weitere 200 Höhenmeter stets am Abgrund entlang und hinauf auf einen sehr schmalen Grat nach Roche Verre Bouteille, von wo man Küste, Schlucht und Talkessel gleichzeitig sehen kann (vier meterhohe Stahlleitern sind zu überwinden, nur für Schwindelfreie, als Rundweg ca. 1,5–2 Std.). Wegen der gegen 10 Uhr aufziehenden Wolken sollte man früh herkommen. Von hier aus kann auch der anspruchsvolle Pfad zur Gîte de la Roche Ecrite gestartet werden.

2 SAINT-PAUL

Wo sich einst 1665 die ersten Franzosen unter dem Gouverneur Étienne Regnault in der ersten französischen Siedlung im Indischen Ozean niederließen – mitsamt Frauen und madagassischen Dienern, Kühen und Ziegen –, steht man heute nicht selten im Stau. Mehr als 100 000 Einwohner zählt das Ballungszentrum, zu dem auch das südlichere Saint-Gilles-les-Bains gehört. Man gelangt am besten auf der alten Chaussée Royale ins südliche

Die »Route des Tamarins«, die sechsspurige Schnellstraße bei Saint-Paul

Der Küstenverlauf bei Saint-Paul: Aus der Luft sind die felsigen Riffhänge zu erkennen

Wehrhaft in der Fortpflanzungszeit: der Schwarze Georg (Stegastes nigricans)

Ortszentrum. Hier liegt der historische Stadtkern mit dem festungsähnlichen Bürgermeisteramt von 1815, einer ehemaligen Kaserne der Ostindien-Kompanie. Viele originale Holzbauten der ältesten Stadt der Insel sind leider nicht mehr erhalten, so begnügt man sich mit den wenigen, nicht ganz so zierlichen Bauwerken, etwa der aus Lavagestein 1703 errichteten **Kirche der Bekehrung des Heiligen Paul** (Église de la Conversion de Saint Paul).

Der Ort lohnt auch einen Besuch wegen seines multikulturellen Charmes mit chinesischen, indischen und arabischen Krämerläden und Imbissen. Auf dem **Wochenmarkt** kann man in Seidensaris, afrikanischen Instrumenten, Kräutern und Gewürzen aus dem Indischen Ozean und allerlei Souvenirs stöbern. Idyllisch am Meer gelegen ist der **Cimetière marin**, der Seemannsfriedhof, wo auch der berühmte und legendenumwobene Olivier le Vasseur, besser bekannt als Pirat La Buse, der Bussard (vgl. S. 78), seit 1730 seine Ruhe gefunden hat – allerdings eher symbolisch als eine Art Denkmal, denn der Friedhof entstand erst ein halbes Jahrhundert nach seiner Hinrichtung.

Für Surfer gut zu wissen: Die rund acht Kilometer weit geschwungene **Baie de Saint-Paul** ist nicht durch das Korallenriff geschützt. Hier und an der gesamten Westküste kommt es seit 2011 immer wieder zu tödlichen Haiattacken – zehn Todesopfer seitdem, zuletzt im April 2017 im nur 20 Kilometer entfernten Saint-Leu. Daher unbedingt nur an überwachten Abschnitten ins Wasser gehen und Strandsperrungen befolgen.

Réunionesen kochen gerne mit Gewürzen: Kurkuma, Zimt, Kreuzkümmel und Piment

SERVICE & TIPPS

Office de Tourisme
1, place Paul Julius Bénard
97434 Saint-Gilles-les-Bains
✆ 0810 79 77 97
www.ouest-lareunion.com (nur franz.)
Tägl. 10–13 und 14–18 Uhr
Die Touristeninformation, die auch für Saint-Paul zuständig ist, befindet sich in Saint-Gilles-les-Bains.

Cimetière marin
Quai Gilbert & N1A
97460 Saint-Paul
Friedhof am Meer mit Gräbern vieler berühmter Persönlichkeiten wie dem Piraten La Buse.

Le Débarcadère
1, rue de la Baie, Saint-Paul (an der Ecke Rue Labourdonnais)
✆ 0262 45 19 41
Mo–Sa mittags ca. 12–13.45, Di–Sa abends ca. 19.15–21 Uhr
Kreolische Küche mit bestem Ruf: Man speist einfach und deftig, gut und viel direkt am Meer zu ordentlichen Preisen.
€

Markt
Quai Gilbert
Saint-Paul
Fr 6–19, Sa 6–13 Uhr
Bunter Wochenendmarkt am Meer mit Gemüse und Obst, Kräutern und Gewürzen, Marmeladen, Chutneys, Textilien, Korbwaren und Souvenirs.

7 **Felix ULM**
Base ULM, Cambaie, Saint-Paul (ca. 5 km nördl. der Stadt)
✆ 0262 43 02 59
www.felixulm.com
€ 65–250
Rundflüge im Ultraleicht-Flieger über die traumhafte Inselwelt: die Lagune, die drei

Vanilleschoten auf dem Wochenendmarkt in Saint-Paul

Cirques, die Berge und über den Vulkan – am besten im zweisitzigen Tandemflieger (hintereinander). Bei Turbulenzen kann es wacklig werden.

Ausflugsziel:

Cap de la Houssaye
Am Cap de la Houssaye etwa 4 km südwestlich von Saint-Paul lassen sich in der Walsaison von Mitte Juli bis Mitte Oktober mit etwas Glück Buckelwale erspähen – die Meeresgiganten versammeln sich hier alljährlich nahe der Küste um zu kalben, dann schwimmen sie wieder 6000 Kilometer zurück an den Südpol.

3 BOUCAN-CANOT

In dem typisch réunionesischen Badeort Boucan-Canot (ca. 5 km südwestl. von Saint-Paul) beginnt die 60 Kilometer lange »Riviera« von La Réunion. Hier kann man eintauchen in die Ferienwelt der Einheimischen: Sonnenanbeter mitsamt Schirm, Kind und Kegel, Oma und Buddeleimer, Kühltaschen und Riesen-Töpfen, Surfer und Kitesurfer – alles trifft sich an dem schönen, schneeweißen Strand, der sich zwischen imposanten, steilen Felsbergen nach Süden zieht und glücklicherweise mit kleinen natürlichen Becken zwischen Felsen gesegnet ist. Denn das Baden hier hat seine Tücken: Boucan-Canot ist nur teils vom Korallenring vor der Küste geschützt und gehört nicht zur Lagune, vor allem im Norden. Daher fällt der Strand hier steiler ab, die Strömungen sind wesentlich stärker und die Wellen höher als in den südlicheren Badeorten – zur Freude der Wassersportler, die am Wochenende mit ihren Brettern und Kite-Segeln hierher strömen. Haie werden nicht selten vor der Küste gesichtet, Baden und Schwimmen empfiehlt sich nur in der Nähe des Rettungsturms am überwachten Strandabschnitt und Strandsperrungen sind unbedingt zu beachten. 2011 wurde hier der réunionesische Meister im Bodyboarding und Leiter einer Surfschule, Mathieu Schiller, bei einer Haiattacke getötet.

Der Ort selbst hat keine Sehenswürdigkeiten und wird mit Ferienhäusern bis weit ins Hinterland immer weiter zugebaut. Trubeliger Treffpunkt ist die Fußgängerzone mit vielen Lokalen und Bars.

SERVICE & TIPPS

La Case Bambou
35, rue Boucan-Canot
97434 Boucan-Canot
✆ 0262 59 20 84
Tägl. ca. 9–23 Uhr
Einfaches, aber effizientes Lokal an der Strandstraße, das große Portionen serviert. Den ganzen Tag geöffnet vom Frühstück über Fischgerichte und Grillwürstchen. Leckere und viele Sorbet- und Eissorten sowie Crêpes und Cocktails.
€€

4 SAINT-GILLES-LES-BAINS

Auf dem bergig-zerfurchten La Réunion wird jeder freie Meter der Natur abgetrotzt und seit Jahrhunderten mit Hütten besetzt, sei es ein noch so schmales Hochplateau oder eine steile Abbruchkante. Wer die Autobahn N1 entlangfährt, bekommt einen Eindruck von diesem »Besiedlungszwang«: Die Ballungsgebiete an der sanft abfallenden Westküste ziehen sich weit das Hinterland hinauf – hier kann quasi jeder seinen Ozeanblick haben, man baut das Haus einfach eine Stufe höher als der Nachbar. Und so ist der einst exklusive Badeort Saint-Gilles-les-Bains weit in die Höhenlagen gewandert (St-Gilles-les-Hauts) und mit den Nachbarorten mittlerweile verschmolzen. Die Landschaft an den Berghängen ist entsprechend zersiedelt.

Plage des Roches Noires

Den Urlauber locken vor allem die Strände nach Saint-Gilles-les-Bains: der idyllische **Plage des Brisants** südlich des Yachthafens, der **Plage des Roches Noires** mit seinen Brecherwellen nördlich der Hafenausfahrt (Delfinsichtung möglich, aber auch Haigefahr!) und weiter im Süden die kilometerlangen, wunderschönen Strände von **L'Hermitage-les-Bains** und **La Saline-les-Bains**, wo es sich im Schatten der Filao-Haine bestens picknicken lässt und man beim Schnorcheln im seichten Wasser tropische Fische beobachten kann. Vor allem am südlichsten Strand **Trou d'Eau** gibt es immer was zu gucken: Hier sausen und flitzen die Profis unter den Wind- und Kitesurfern übers Wasser – kreuz und quer, auf dem Wasser und in der Luft, es geht zu wie auf einem Surf-Highway, die reinste Surfakrobatik mit zackigen Wendemanövern, Saltos und Luftsprüngen.

Korallengarten in der Lagune von L'Hermitage-les-Bains

Das kleine Ortszentrum von Saint-Gilles verteilt sich um den ebenso überschaubaren **Yachthafen**, in dem mittags, wenn die Hochseefischer einlaufen, Trubel herrschen kann. Taucherläden und Surfschulen, kleine Cafés, Imbisse und Lokale befinden sich hier, dazwischen bummelt man von Souvenirshop zu Souvenirshop und bucht Delfin-Touren oder Ausflüge auf Glasbodenbooten. Im Hintergrund thronen schicke Apartements. Hauptattraktion ist das **Aquarium** auf einer künstlichen Insel im Hafen, die man über die Fußgängerbrücken erreichen kann.

Ausflugsziele:

Entlang der D10 auf dem Weg in die Siedlung Saint-Gilles-les-Hauts an den Hängen oberhalb der Namensschwester am Meer liegen einige attraktive Sehenswürdigkeiten. Die **Bassins de la Ravine Saint-Gilles** (ca. 5 km östl. von Saint-Gilles-les-Bains) sind nach einer fast zweistündigen Wanderung zu erreichen. In der Schlucht Ravine Saint-Gilles wird das Wasser des Piton Maïdo in Kanälen für die Trinkwasseraufbereitung gesammelt. Gleich drei schöne Wasserfälle mit Badepools warten bei einem Spaziergang bis zum letzten Bassin Malheur auf Badefreunde, es geht immer entlang der Kanäle und teilweise durch nasse Tunnel.

Das Dorf **L'Eperon**, weitere drei Kilometer östlich des Ortszentrums von Saint-Gilles, hat sich einen Namen als Künstlerdorf gemacht. Heute ist das *village artisanal* ein Ausflugsziel für Touristen, die sich in Souvenirshops umschauen, aber nur noch in wenigen Werkstätten den Künstlern tatsächlich über die Schulter schauen können, etwa in der Töpferei und der Parfümerie oder in den Ateliers des Skulpteurs Guy Lefevre und des Malers Jean-Jacques Houée (www.atelier-houee.com). Es überwiegt kunterbunte Kinderkleidung und Asiatisches wie Sarongs und Buddhas – man munkelt, dass die meiste Ware aus Indien und Indonesien stammt. Originellster Laden ist zweifellos »Thé Carving – Sculpture sur fruits«, in dem der vietnamesische Obst-Skulpteur filigran geschnitzte Früchte verkauft (www.thecarving.com). Zwei Cafés und Imbisslokale dienen zum Verschnaufen, man kann auch an Kursen im Töpfern und Fruchtschnitzen teilnehmen.

Im Dorf Villèle an der D6 öffnet die **Maison de Villèle** nach Voranmeldung ihre Pforten für Besucher. Der ehemalige Landsitz (1788 erbaut) der Familie Panon-Desbassayns ist ein herrliches Beispiel für die franko-kreolische Bauweise jener Zeit mit Säulen, Flachdach, edlem Interieur, Antiquitäten und Kunstwerken. Auf dem zehn Hektar großen Gelände kann man durch den verwunschenen Garten lustwandeln und die Kapelle besichtigen, in der die damals gefürchtete Hausdame, Madame Desbassayns, bestattet wurde, sowie die Krankenstation ihrer früheren Sklaven.

SERVICE & TIPPS

Office de Tourisme
1, place Paul Julius Bénard
97434 Saint-Gilles-les-Bains
✆ 0810 79 77 97
www.ouest-lareunion.com
Tägl. 10–13 und 14–18 Uhr
Nett und kompetent. Tausendundeine Broschüren, gute Tipps und eine St-Gilles-App gibt's hier auch.

Kreatives aus Ton: Künstlerin im Dörfchen L'Eperon

Aquarium de la Réunion
Im Yachthafen
Saint-Gilles-les-Bains
✆ 0262 33 44 00, www.aquariumdelareunion.com
Tägl. 7–18 Uhr
Eintritt € 9,50/6,50 (4–12 J.), bis 4 J. frei
Alles rund ums Meer: 500 Arten von Fischen, Barrakudas und Haien, aber auch Seepferdchen und Korallenarten tummeln sich in den vielen Bassins. Außerdem Videovorführung, Gemälde- und Skulpturen-Ausstellung, ein spezielles Kinderprogramm, Workshops und interessante Hinter-den-Kulissen-Touren für Gruppen. Mit einem Laden, der Souvenirs zum Thema Meer bereithält.

Chez Marie
Im Yachthafen
Saint-Gilles-les-Bains
✆ 0262 24 08 87

Tägl. 9–16 Uhr
Kleines und alteingesessenes, touristisches Lokal mitten im Yachthafen – Englisch spricht man hier deswegen aber noch lange nicht. Das Essen (Tartars, Entrecote usw., dasselbe wie überall) macht satt bei schönem Blick – mehr aber auch nicht. €€

Copacabana
20, rue des Mouettes
La Saline-les-Bains
Saint-Gilles-les-Bains
✆ 0262 24 16 31
www.copacabana.re
Tägl. ab 9 Uhr
Das schicke Strandlokal serviert einheimische Küche (französisch und kreolisch, viel frischer Fisch und Seafood). Man sitzt in windgeschützten Ecken und auf Lounge-Sofas, nippt am Cocktail oder planscht im Whirlpool – Freitag- und Samstagabend klimpert gelegentlich auch Jazz dazu. Regelmäßige Events wie Modenschauen, Fire-Shows und jeden Di ab 18 Uhr Qi Gong. €€

La Palmeraie
29, rue de la plage
Saint-Gilles-les-Bains (am Ende des Roches-Noires-Strand)
✆ 0262 24 42 84
www.lapalmeraie.re
Tägl. 10–22.30 Uhr, Sa/So länger
Riesige Speisekarte mit Leckereien aus aller Welt, von Hamburger über Carpaccio bis zu Wiener Schnitzel *(á la milanaise)* und Paella – von flotter Bedienung serviert. Draußen schaut man den Surfern zu (80 Plätze). €€

Ti Mahi-Mahi
167 rue du Général de Gaulle (im Yachthafen)
Saint-Gilles-les-Bains
✆ 0692 10 90 66
Di–Sa 11.30–14.30 Uhr
Das winzige Fischlokal erkennt man schon von weitem am maritimen Blau, hier dreht sich alles ums Meer und seine fangfrischen Früchte (selbst gefangen, so sagt man), etwa die mundwässernden Tartars mit Koriander und Mango, Fischspieße und -Sandwiches

Windvergnügen: Kitesurfer in Saint-Gilles-les-Bains

Serviert in Bananenblättern: »Gastromomie réunionnaise«

(alles auch zum Mitnehmen). Reservieren ist von Vorteil.
€€

Au K'Banon
Plage de l'Ermitage
Saint-Gilles-les-Bains (ca. 4 km südl. der Stadt)
✆ 0262 33 84 94
Tägl. 8.45–19, Sa bis 23 Uhr, auch in der Nebensaison
Die bunte Hütte direkt am Strand mit Veranda und windgeschütztem Innenraum ist recht rustikal, aber hier gibt es den ganzen Tag durchgehend etwas zu essen: von Steak und Dorade in Vanillesauce über Rougaille-Würstchen bis Maki-Thunfisch, außerdem riesige, originelle Salate und Snacks, Eis, Tee und Cocktails.
€–€€

L'Acacia
1, rue de la Poste
Saint-Gilles-les-Bains
✆ 0262 27 36 43
Tägl. außer Mo 10.30–15 und 17.30–0.30 Uhr
Gleich neben dem La Palmeraie befindet sich dieses kleine Imbisslokal. €

Croisières & Decouvertes
Im Yachthafen
Saint-Gilles-les-Bains
✆ 0262 33 28 32
www.grandbleu.re
In der Saison 8 und 10 Uhr
Kosten ca. € 30/18 (bis 11 J.)
Der Anbieter veranstaltet Fahrten mit dem Katamaran sowie Delfin- und Walbeobachtungstouren.

Ausflugsziele:

Maison de Villèle
An der D6, Villèle
St-Gilles-les-Hauts
✆ 0262 55 64 10
www.cg974.fr/culture/villele
Tägl. außer Mo 9.30–12.30 und 13.30–17.30 Uhr
Eintritt € 2
Kolonialmuseum in einem schönen alten Herrenhaus

Gespeist von kühlem Gebirgswasser: Bassin des Aigrettes

mitsamt Garten und kleiner Kapelle (Anmeldung erforderlich).

Bassins de la Ravine Saint-Gilles
An der D10
Saint-Gilles-les-Bains (ca. 5 km östl. von Saint-Gilles-les-Bains)
Die insgesamt drei Wasserfälle sind auf einer ca. zweistündigen Wanderung zu erreichen. Der erste Wasserfall Bassin des Cormorans ist nach 15 Min. zu sehen, zum Bassin Malheur und Bassin des Aigrettes geht es teils durch knietiefes Wasser in etwas glitschigen Tunneln. Es wird die Mitnahme von Taschenlampe, Trekkingsandalen und Mückenschutz empfohlen (insgesamt ca. 3 km, Dauer: 1,5 Std.).

Jardin d'Eden
L'Hermitage-les-Bains
Saint-Gilles-les-Bains (ca. 4 km südl. von Saint-Gilles-les-Bains, am Kreisverkehr N1A und D100)
✆ 0262 33 83 16
www.jardindeden.re
Tägl. 10–18 Uhr
Eintritt € 8/4 (4–12 J.)
Botanischer Garten mit mehr als 700 Pflanzenarten, darunter unzähligen Palmenspezies und Kakteen, Nutzpflanzen wie Bambus und Zuckerrohr, medizinische Pflanzen. Außerdem viele farbenprächtige Vögel, Geckos und Chamäleons, ein Kräutergarten und ein Lotosteich. Interessante Workshops sowie ein Souvenirladen.

Village artisanal
Village artisanal
L'Eperon (ca. 8 km östl. von Saint-Gilles-les-Bains, ausgeschildert)
Die Läden des Kunsthandwerkerdorfes sind unterschiedlich geöffnet, meistens Di–Sa 9–12 und 14–18 Uhr. Zwei schöne Läden sind:

Atelier des Margouillats
Village artisanal, L'Eperon
✆ 0262 55 64 27
www.atelierdesmargouillats.com
Mo–Sa 9–12 und 14–18 Uhr
Die Künstlerinnen Arielle und Josiane produzieren hier herrliche Töpferwaren – in einer der letzten echten Werkstätten im Künstlerdorf.

Quartier Libre
Village artisanal, L'Eperon
Im Laden von Isabelle und Prune stöbert man zwischen Kinderkleidung, Schmuck, Handtaschen und originellen, selbstgemachten Deko-Accessoires aus Holz und Naturstein.

Kapsel des Indischen Lotos

5 8 PITON MAÏDO

Die gut ausgebaute Forststraße RF8 schlängelt sich in schier endlosen Serpentinen auf den Piton Maïdo, eine sagenhafte Panoramaterrasse, von der man Stunden ins tausend Meter tiefer gelegene Mafate-Tal schauen könnte. Bei der rund einstündigen Anfahrt durchquert man zuerst die Küstenregion mit ihren Feldern voll Nutzpflanzen wie Zuckerrohr und Gemüse, dann geht es durch dunklen Akazien- und Buchenwald, entlang von Eichen und Sicheltannen, bis man schließlich in einer sanft abfallenden Heide-Landschaft quasi über den Wolken auf 2205 Meter Höhe wieder »auftaucht«.

Hier wandern die Augen staunend von Norden nach Süden. Fast alle Zwei- und Dreitausender sind zu sehen: weit im Osten La Roche Ecrite und der Cimendef im Gegenlicht der frühen Morgensonne, der Morne de Fourche und der alles beherrschend Le Gros Morne, hinter dem sich der Piton des Neiges verbirgt, sowie der breite Kamm des Le Grand Bénare, der rechter Hand den Blick in das Cilaos-Tal im Süden verstellt.

Zwei Dörfer im Mafate-Talkessel präsentieren sich wie auf einem Tablett: Auf den Hochplateaus steil unten blitzen die Dächer von **La Roche Plate** (links) zu Füßen des Le Bronchard, der aussieht, als wäre seine Bergkuppel mit der Säge eines Riesen kurzerhand abgeschnitten worden, und oben im Zentrum **La Nouvelle**. Beide Siedlungen und das kleine **Marla** weit rechts außen, oberhalb der imposanten Schlucht des Rivière des Galets, sind bis heute nur über mehrstündige bzw. -tägige Wanderungen zu erreichen (vgl. S. 260 f.) – oder per Helikopter. Dabei erscheint vor allem Roche Plate zum Greifen nah – kein Kilometer Luftlinie –, man hört sogar die Hunde bellen. Autos oder Mofas gibt es dort unten nicht, nur Hubschrauber und Ultraleicht-Flieger knattern über die grandiose Szenerie.

Jetzt heißt es schnell Fotos schießen, in Pose stellen, die Kulisse auf die Smartphone-Kamera bannen, bevor die Wolken am frühen Vormittag besitzergreifend das ganze Tal bedecken.

Einige **Wanderwege** starten von den beiden Parkplätzen. Vom oberen Parkplatz der anspruchsvolle Weg zum dritthöchsten Gipfel La Réunions, Le Grand Bénare (auf 2898m, 9 km, insgesamt 6–7 Std.), sowie der Weg zur »Eishöhle«, der Caverne de la Glacière (2 Std.), wo früher Eisplatten aus zugefrorenen Bächen eingesammelt und in Bottichen an die Küste transportiert wurden. Am unteren Parkplatz beginnt der Roche-Plate-Treck, der nur geübte Wanderer in spektakulärer Wegführung vom Piton Maïdo nach Sans-Souci, einem Ort gegenüber dem Aussichtspunkt Cap Noir, führt (1700 Höhenmeter sind zu überwinden, ca. 8 Std.).

Auf dem Rückweg an die Küste macht der Nebelwald seinem Namen alle Ehre. Wolkenfetzen hängen wie Dampfschwaden über dem Asphalt, knorrige Tamarinden beugen sich wie schemenhafte Schatten über die Serpentinen. Einige Destillerien, in denen Geraniumöl produziert wird, laden zur Besichtigung im Örtchen **La Petite-France**, etwa die **Destillerie du Maïdo** oder die **Maison du Géranium**. Hier erfährt man u. a., dass Blätter und Stängel von rund einem Hektar Geranien nach dem Auskochen in großen Kupferkesseln und nach dem Kondensationsprozess 30 bis 40 Kilogramm Essenz ergeben. Das meiste davon übernimmt die französische Parfümmetropole Grasse. Nach dem Schnüffeln der Parfüme warten im dichten Wald außerdem Kletterparks mit Seil-Parcours auf Abenteurer.

Sonnenuntergang am Piton Maïdo

Aussichtspunkt auf dem Piton Maïdo

SERVICE & TIPPS

8 Piton Maïdo
Ca. 30 km östl. von Saint-Gilles-les-Bains
Anfahrt über D10, D4, D8 und D7, dann hinter dem Dorf Le Guillaume weiter auf der Forststraße RF8 (teils ausgeschildert, 1–1,5 Std.)
Spektakulärer Aussichtspunkt auf 2205 m Höhe in den Cirque de Mafate. Am besten ist man schon früh hier, weil ab 10/11 Uhr die Wolken die Aussicht verdecken. Auf dem Weg passiert man Picknick-Pavillons und einen Imbiss am ersten Parkplatz mit WC (passendes Münzgeld mitnehmen, hier gibt es so früh oft kein Wechselgeld!). Ganz oben gibt es einen großen Parkplatz mit Behinderten-Rampe und Wanderwegen. Von den Parkplätzen starten mehrere Wanderwege. Unterwegs trifft man in La Petite-France auf einige Ausflugslokale, die in der winterlichen Nebensaison (ab Juni) meist geschlossen sind, ebenso evtl. die Geranienzüchter und Parfümerien.

Distillerie du Maïdo
700, la Petite Savoie, an der RF8, La Petite-France
97423 Le Guillaume
✆ 0692 85 95 27 (mobil)
www.ladistilleriedumaido.com
Mo–Sa 8–18 Uhr
12 ha große und ausgeschilderte Geranium-Plantage mit eigener Parfümerie und Schaudestillerie, Laden mit Parfüms, Badesalz, Shampoo, Massageölen und aromatisiertem Rum.

Maison du Géranium
1400, route du Maïdo (RF8)
La Petite-France
Le Guillaume
✆ 0692 82 15 00 (mobil)
maisongeranium@orange.fr
Tägl. 11 Uhr Führungen
Eine weitere Geranium-Plantage, die man besichtigen kann. Mit Verkaufsshop.

6 SAINT-LEU

Die Küste vor Saint-Leu zieht viele Surfer und Kitesurfer in ihren Bann – hier können die echten Profis die linksdrehende Welle, »la gauche«, erwischen und sich regelmäßig bei Weltmeisterschaften messen. Doch seit 2011 ist die Szene etwas verunsichert und man surft mit gemischten Gefühlen, denn auch hier gab es bis in die jüngste Zeit mehrere (tödliche) Haiangriffe. Baden sollte man ohnehin wegen der gefährlichen Wellen und Strömungen nur im bewachten Abschnitt.

Der kleine Ort selbst mit Promenade und einem eher unansehnlichen Hafen besticht nicht gerade durch viele Sehenswürdigkeiten. Die wochentags verschlafene Stadt wird erst am Wochenende von Ausflüglern und picknickenden Familien, Badenixen, Surfern und Gleitschirmfliegern zum Leben erweckt.

Die Hauptattraktion sind zweifellos der schön geschwungene, helle Strand hinter dem Filao-Wäldchen, die Wellen und das **Kélonia Observatoire des Tortues Marines**, das Meeresschildkröten-Observatorium vor dem nördlichen Ortseingang. Das Zucht- und Informationszentrum mit Aquarium diente seit den 1970er Jahren selbst noch der Zucht der Meerestiere zum Verzehr – dies ist nun verboten. Heute werden hier auch verletzte Tiere gepflegt, die als Beifang in die Netze geraten. In einer engagierten Ausstellung wird die Geschichte und Gegenwart des Schildkrötenfangs im Indischen Ozean und in Europa sehr anschaulich dargestellt, etwa anhand von Riesen-Modellen, Filmen (auch Comics für Kinder) und gigantischen silbernen Suppenschüsseln für die einst beliebte Vorspeise im alten Europa. Der Clou ist ein Blick ins Unterwasser-Aquarium oder aus der Vogelperspektive vom Turm der Anlage.

Mit ihrer »Linkswelle« ein beliebter Hotspot bei Wellenreitern: die Lagune von Saint-Leu

Flamboyant an einer nicht überwachten Badestelle am Strand von Saint-Leu

SERVICE & TIPPS

Office de Tourisme
Bâtiment Espace Laleu
1, rue le Barrelier
97436 Saint-Leu
✆ 0262 34 63 30, www.mer.reunion.fr (nur auf Französisch)
Mo 13.30–17.30, Di–Fr 9–12 und 13.30–17.30, Sa 9–12 und 14–17 Uhr

Kélonia Observatoire des Tortues Marines
46, rue du Général de Gaulle, Saint-Leu (BP 40, an der N1A nahe des nördl. Ortseingangs)
✆ 0262 34 81 10
www.museesreunion.re/kelonia
Tägl. 9–18, Kasse bis 17 Uhr, Führungen tägl. 10, 11.30, 14, 15.15 und 16.30 Uhr
Eintritt € 8/5
Das Meeresschildkröten-Observatorium begeistert Klein und Groß: Bassin und Aquarium mit Fischen und Schildkröten und eine hervorragende multimediale und interaktive Ausstellung über die Geschichte des Schildkrötenfangs. Audioguides vorhanden. Die Zuchtanlage kann nicht besichtigt werden. Souvenirshop.

Blue Margouillat
Impasse Jean Albany
Saint-Leu
✆ 0262 34 64 00
www.blue-margouillat.com
Tägl. 12–14 und 19–22 Uhr
Romantisches Hotelrestaurant. Die Speisen werden abends am Pool bei Kerzenlicht und leisem Jazz serviert, Sonnenuntergang und Meerblick inklusive.

Seit die Niststrände der Meeresschildkröten geschützt sind, konnte sich ihr Bestand auf La Réunion erholen

Wasserlilien und Bambuswald im Conservatoire Botanique National de Mascarin

Ausgefallene (überschaubare) Gerichte aus der Gourmet-Küche, gute Wein- und Champagnerauswahl. €€€

La Villa Vanille
69, rue du Lagon, Plage de Filaos, Saint-Leu
✆ 0262 34 03 15
Tägl. 12–14 und 19–22 Uhr
In dem oft gut gefüllten Lokal an der Strandstraße speist man hervorragende Meeresfrüchte und frischen Fisch – als Pastrami, Tartar, Räucherware, Filet oder am Spieß –, außerdem Salate, Steaks usw. €€

Soluna Kafé
25, rue de la Compagnie des Indes, Saint-Leu
✆ 0262 91 37 21
www.soluna.re
Tägl. 9–0.30 Uhr
Die kleine Café-Bar serviert Tapas und andere Snacks, französische Küche und Desserts (auch Kindermenüs) sowie leckere Cocktails. €€

Aux Bonnes Choses
73, rue du Lagon
Saint-Leu
✆ 0262 34 76 26
Tägl. außer Mi mittags geöffnet
Neben dem La Villa Vanille liegt dieses kleine Veranda-Lokal, das kreolisch-französische Küche serviert. €–€€.

Le Séchoir
28, rue de Adrien-Lagourgue, Le Piton Saint-Leu (ca. 5 km südöstl. von Saint-Leu)
✆ 0262 34 31 38
www.lesechoir.com
Tickets Mo–Fr 9–17 Uhr (erhältlich bei Le K, 209, rue du Général Lambert)
Das Kulturzentrum ist über die Grenzen der Stadt hinaus bekannt für seine Konzerte, Tanztheater und Filmvorführungen. Auch im Open-Air-Club Le K in Saint-Leu oder in der Schlucht La Ravine werden regelmäßig Konzerte veranstaltet (von Maloya und Reggae bis Hip-Hop und Jazz).

Parapente Réunion
1 & 103, rue Georges-Pompidou, Saint-Leu (Büro am Ortseingang an der Kreuzung der N1A mit dem Abzweig zur D12)
✆ 0262 24 87 84
✆ 0692 82 92 92 (mobil)
www.parapente-reunion.fr
Vom Absprungplatz in Colimaçons nördlich von Saint-Leu segeln die Gleitschirme ab 800 m Höhe in die Küstenebene (15–60 Min., ab € 75).

Leu Tempo Festival
www.lesechoir.com
Alljährlich im Mai zieht das Festival mit Konzerten (im Club Le K), Filmen, Zirkus und Theater zahlreiche Besucher von der ganzen Insel an.

Ausflugsziele:

Conservatoire Botanique National de Mascarin
2, rue du Père Georges
Saint-Leu (nördl. von Saint-Leu, an der D12 nach Colimaçons)
✆ 0262 24 92 27
www.cbnm.org
Tägl. außer Mo 9–17 Uhr
Führungen tägl. 10, 11, 14 und 15, Sa nur 14 und 15 Uhr
Eintritt € 7/5
Der 9 ha große Botanische Garten im Hinterland von Saint-Leu verteilt sich mit Palmen- und Kakteengärten, Bambuswald, Lotosteich und Orchideensammlung sowie diversen Nutzpflanzen und farbenprächtigen Tropenblumen rund um ein Herrenhaus aus dem Jahr 1774: Hier residierte die Familie Chateauvieux – noch heute zeugen die Antiquitäten, das Edelholzparkett und eine Chronik von dem damaligen Lebensstil der

Familie, die zu den französischen Zuckerbaronen gehörte. Vom Belvedere hat man einen schönen Weitblick über die Küste. Am Fuß des Eingangs mit der langen Treppe zum Anwesen fällt eine schöne Kirche auf, Sacre Cœur, die 1863 aus Vulkangestein erbaut wurde. Einen einfachen Lageplan erhält man an der Kasse unterhalb der langen Prachttreppe. Kleines hübsches Café, Souvenirladen.

Pointe au Sel
Einige Kilometer südlich von Saint-Leu an der Landspitze Pointe au Sel stehen ein kleines, aber wenig lohnenswertes Salzmuseum sowie ein Martello-Turm. Hier vor der Küste ziehen rund 15 Tauchspots die Taucher an. Bei der Weiterfahrt ergeben sich immer wieder Ausblicke auf die beeindruckende Steilküste, an der die tosenden Wellen aufprallen – der nördlich und südlich schützende Korallenring ist ab dem Pointe au Sel unterbrochen. Auf den schwarzen Klippen, etwa bei **Souffleur**, treffen sich oft Angler. Aber leider zieht die Steilküste auch immer wieder verzweifelte Seelen an, die hier den letzten Ausweg suchen – vereinzelte Kreuze zeugen von den Selbstmorden an diesen Klippen.

7 L'ETANG-SALÉ-LES-BAINS

In dem überschaubaren und ruhigen Küstenort, ca. 15 Kilometer südlich von Saint-Leu und etwa fünf Kilometer westlich von Saint-Louis, lockt ein herrlicher, schwarz bis schiefergrauer und rund zwei Kilometer langer **Strand** unter Filaos. Oft sind hier

Sehr beliebt bei Einheimischen: der Vulkansandstrand in L'Etang-Salé-les-Bains

Schulkassen zu Sport und Spielen zwischen den Agaven versammelt, am Wochenende picknicken ganze Großfamilien im Schatten der Kasuarinen. Für den schwarzen Sand, der sich entsprechend aufheizt, braucht man übrigens Badelatschen.

Office de Tourisme
74, rue Octave Bénard
97427 L'Etang-Salé
© 0820-20 32 20
www.sudreuniontourisme.fr
(nur auf Französisch)
Mo–Sa 9–12 und 13–16.30 Uhr

Ausflugsziel:

Usine Sucrière du Gol
Rond Point du Gol, 97450
Saint-Louis (am Kreisverkehr an der D11, ca. 7 km südöstl. von L'Etang-Salé und 2 km nordwestl. von Saint-Louis)
© 0262 91 05 47
Di–Sa 9.30–19 Uhr (während der Erntezeit, nach Voranmeldung), Juli–Dez. auch Nacht-Führungen (nur auf Französisch)
Eintritt € 8/5 (bis 12 J.)
Im Hinterland zwischen Saint-Louis und L'Etang-Salé-les-Bains dreht sich alles ums Zuckerrohr und seine Verarbeitung zum Zucker: Die Zuckerfabrik Gol kann nach Voranmeldung während der Ernte besichtigt werden, mitsamt Verkostung von Zucker und Rum. Ein zehnminütiger Film führt in den Verarbeitungsprozess ein.

8 LA FENÊTRE

Den besten Aussichtspunkt auf den Cirque de Cilaos, La Fenêtre, erreicht man über die D20. Die Straße führt auf fast 20 Kilometern in schier endlosen Serpentinen teilweise sehr eng an der Schlucht Ravine de Bellevue und der Felswand entlang. Busfahrer manövrieren millimetergenau, vor den engsten und steilsten Kurven sollte man am besten hupen und sofort stoppen, wenn ein Bus oder Laster in Sicht kommt. Am entspannendsten ist übrigens die Fahrt im Windschatten eines Busses.

Wer früh genug losfährt wird am Ende der asphaltierten Forststraße bei La Fenêtre schließlich belohnt mit einem grandiosen Panorama: Aus 1587 Metern gehen die Augen auf Wanderschaft über den **Cirque de Cilaos**, im Vordergrund das Städtchen Cilaos, zur Rechten die Cilaos-Panoramastraße, die sich Kehre um Kehre wie ein schmales, silbriges Band um die Steilhänge des Le Dimitile (1837 m) windet. Spielzeugautos blitzen in der Sonne, Gebell, Motorradknattern und Gehupe schallen herauf. Der Piton des Neiges mit seinen erhabenen 3071 Metern thront als inselhöchster Gigant über der Kulisse. Im Winter kann hier sogar Schnee liegen wie im Juni 2013 – wenn auch nur knapp eine Stunde lang. Zwischen all den Klippen und Canyons, den trotzig-schroffen Felsnasen, den Gipfeln und Spitzen der Berge, die mit grünem flauschigem Samt überzogen scheinen, blitzen die Dächer vereinzelter winziger Siedlungen, die fast jedes auch noch so kleinste Plateau besetzt haben und zwischen den Schluchten thronen. Etwa Îlet-à-Cordes, unterhalb von La Fenêtre zur Linken. Das am nahesten gelegene und doch am weitesten entfernte Dorf ist umgeben von Linsenfeldern und Weinreben. So nah

Sonnenuntergang über dem Abgrund: Gouffre de L'Etang-Salé ▷

die Siedlungen auch erscheinen, allein die Stadt Cilaos ist von hier eine mindestens vierstündige Serpentinen-Achterbahnfahrt mit Kurven-Rekord entfernt: Die N5 vom Küstenstädtchen Saint-Louis nach Cilaos hat sage und schreibe 400 Kurven (vgl. S. 250)! Aber erst mal muss man wieder schwindelfrei und ohne Kurven-Schleudertrauma zurück an die Küste, und wer von Serpentinen und Druck auf den Ohren für diesen Tag erst einmal genug hat, kann sich das Motto der Réunionesen zu Herzen nehmen: morgens in die Berge, nachmittags an den Strand. Anderes lässt das Wetter auch meist nicht zu.

SERVICE & TIPPS

La Fenêtre
Beim Bergdorf Les Makes, südwestlich von La Fenêtre, führt ein ca. 4 km langer Rundwanderweg, der Sentier de la Plaine du Bois de Nèfles, über den Aussichtspunkt an den steilen Westrand des Cilaos-Talkessels (etwa 2 Std., 480 Höhenmeter). Man sollte spätestens um 7 Uhr losgehen, weil Les Makes als sehr neblige Region gilt. Kletter-Profis wird die sehr anspruchsvolle, zweitägige Bergsteiger-Tour von L'Entre-Deux direkt nach La Fenêtre über Steigleitern – teils mit Drahtseilsicherung – durch eine menschenleere Berggegend interessieren.

Tal des Rivière Saint-Etienne südwestlich von L'Entre-Deux

9 L'ENTRE-DEUX

Verwunschene Anwesen mit hübschem Zierwerk an Veranda und Dach hinter einem verwilderten Garten, Hexenhäuschen ganz aus Holzschindeln und eine urige hölzerne Kneipen-Baracke, in der seit mehr als 160 Jahren Bier ausgeschenkt wird – wenn ein Ort als eines der schönsten Dörfer La Réunions gilt, dann muss er schon einiges zu bieten haben. L'Entre-Deux liegt außerdem zu Füßen des **Le Dimitile**, der östlichen Begrenzung des Cilaos-Talkessels, ca. zehn Kilometer von der Küste entfernt. Am Ende der steil hinaufführenden Landstraße D26 geht es bald nur noch auf Schusters Rappen weiter. Viele Wanderwege führen durch die atemberaubend schöne Berglandschaft und drei herausfordernde Trecks bis auf den 1837 Meter hohen Hausberg. Fast bedrohlich schieben sich die Ausläufer des Dimitile ganz nah bis an das Dorf heran, wie ausgestreckte Finger der Hand eines Riesen, dazwischen hängen ab mittags oft dicke Wolkenteppiche. Aber hier unten im Ort scheint meist die Sonne!

Der Name »Entre deux« kommt von der herrlichen und fruchtbaren Lage auf einem Hochplateau zwischen zwei Schluchten, gebildet durch die beiden Flüsse Bras de la Plaine und Bras de Cilaos, wo die ersten Kaffeebauern wie Joseph Laurat und Jean Hoareau ab 1724 siedelten. Der Hausberg bekam seinen Namen von dem entflohenen und als besonders gefährlich geltenden Sklaven Dimitil, der sich auf dem schwer zugänglichen Plateau versteckt hatte. Ein Modelldorf außerhalb des Ortes mit Bambushütten und bestem Küstenpanorama stellt die Sklaven-Epoche im **Camp Marron** dar.

Das Dorf ist bis heute berühmt für seine jahrhundertealte Handarbeitstradition: Viele der rund 5500 *Entre-deusiens*, die vorwiegend als Bauern arbeiten, haben sich nebenher auf die Verarbeitung der *choca* spezialisiert – so werden die grünen Blätter der Agaven genannt. Die blau Schimmernden werden übrigens als Gemüsebeilage oder Kuchen gegessen.

Bei einem etwa halbstündigen Rundgang können Spaziergänger sich ein Bild machen von der traditionellen kreolischen Bauweise, die so oft auf der Insel dem Modernitätsstreben oder auch den Zyklonen weichen musste. Man startet an dem auffälligen und typisch kreolischen Häuschen, das die **Touristeninformation** beherbergt und mit seinen verzierten *lambrequins*, Schutzblenden, und sonnengelben Fensterläden in einem gepflegten Garten steht. Schon ein paar Schritte weiter auf der Hauptstraße sieht man gegenüber die sehr einfachen *cabanes* **Nr. 6** und **8** aus dem 18. Jahrhundert – das Rauten-Ornament symbolisiert die Taro-Pflanze. An der Ecke biegt man links in die Rue Payet, wo an der nächsten Ecke das **älteste Haus** des Dorfes auf einem gepflegten Rasen thront: 1863 wurde das Anwesen vollständig aus *bardeaux* – Holzschindeln – erbaut, die vor Hitze und Lärm schützten. Im Verlauf der Rue Payet befinden sich weitere farbenfrohe Kreolen-Häuschen und zauberhafte Villen in leuchtendem Gelb oder zartem Mintgrün, etwa die Jugendherberge **Centre Manin** (Nr. 115), und am Straßenende gegenüber des Sportplatzes ein wahres Juwel, das imposante **Haus Nr. 25** mit seinen Salons. Eine Besichtigung der Häuser kann durch das Touristenbüro vermittelt werden.

Weitere Häuser mit charakteristischen kreolischen Elementen und filigranen Bordüren stehen in der Rue des Frères, etwa das **Haus Nr. 16**, das sich jedoch wie einige andere Privathäuser hinter einem Sichtschutz oder Palmengärten verbirgt. Eine Verschnaufpause in historischem Ambiente verheißt das ganz und gar holzschindel-gedeckte **Kneipen-Café** an der Hauptstraße im Ortszentrum gleich gegenüber des Bürgermeisteramtes und des eher schlichten und unauffälligen Denkmals zur Abschaffung der Sklaverei. In dem alten Ambiente kann man sich gut vorstellen, wie sich hier die *marrons* trafen, die entlaufenen Sklaven, um sich in dem chinesischen Krämerladen um 1860 mit Lebensmitteln einzudecken und gegen Ziegen zu tauschen.

Der Strauch der leuchtendroten Fuchsia boliviana breitete sich von den Gärten der Kreolen in die Wildnis aus

SERVICE & TIPPS

Office de Tourisme
13, rue Fortuné Hoareau
97414 L'Entre-Deux
✆ 0262 39 69 80
www.ot-entredeux.com
Mo–Sa 8–12 und 13.30–17 Uhr
Wanderkarten und Gasthofverzeichnis, man informiert in einer kleinen Ausstellung dahinter auch über die Tradition des Kaffeeanbaus. Geführte Stadtrundgänge (s. u.), Ausflüge ins Sklaven-Modelldorf und kreolische Back- und Kochkurse.

Etienne Bénard
✆ 0692 36 89 25 (mobil)
benardetienne@hotmail.fr
Monsieur Bénard arbeitet als Stadtführer in L'Entre-Deux

»French Creole architecture«: Traditionelle kreolische Bauweise wie die Touristeninformation in L'Entre-Deux ist farbenfroh, eher stabil und zweckmäßig, mit tropfenartigen Verzierungen an den Dachrändern

Den Wald aus einer ganz anderen Perspektive erleben: Hochseilgarten bei Les Makes

und bietet tägl. um 10 und 14 Uhr Führungen an (So nur auf Anfrage).

Le Longanis
Rue du Commerce, La Mare
L'Entre-Deux
✆ 0262 39 70 56
www.le-longanis.com
Tägl. außer Mi mittags, abends nur Fr/Sa nach Reservierung
Kreolische Speisen, die ganz traditionell auf Bananenblättern serviert werden. Als Dessert gibt es bei Madame Marie zum Kaffee eine Crème brulée oder die *pâté créole à la papaye*, ein typisches Papaya-Marmeladen-Törtchen. €–€€

L'Arbre à Palabres
29, rue Césaire, La Mare
L'Entre-Deux
✆ 0262 44 47 23 und 0692-92 75 26 (mobil)
Tägl. außer Mo mittags, nur Do–Sa auch abends
In dem kleinen Lokal wird die ganze Palette kreolischer Speisen serviert – mit afrikanischer oder auch asiatischer Note. Man sitzt draußen im Garten auf der Terrasse oder drinnen im einfachen Landhaus. Wenn es voll ist, kann es etwas dauern. €

Babouk Kréation
58, chemin de l'Equerre
Le Serre, L'Entre-Deux
✆ 0262 39 81 10 und 0692 09 73 58 (mobil)
http://babouk.kreation.free.fr
Unregelmäßige Öffnungszeiten, am besten vorher anrufen
Der Skulpteur Didier Prével schafft in seiner Gießerei modern-verschrobene Kunstwerke aus Basalt, Holz und Metall.

Françoise Payet
19, rue Corneille, L'Entre-Deux
✆ 0262 39 52 28
Mo–Fr 10–18 Uhr
Der kleine Laden bietet Kunsthandwerk aus den bis zu 2,50 m langen Agavenblättern, eine für die Region typische, traditionelle *travail du choca*. Farbenfrohe Hausschuhe und Hüte, außerdem hübsche Stickereien.

Les Frangipaniers
165, rue Jean Lauret
Ravine des Citrons
L'Entre-Deux
✆ 0262 39 51 08
www.frangipaniers.fr
Gasthaus (€€) und Spa in einem: mit Sauna und Hammam, Hydrobädern und (Thai-) Massagen, Meditation und Fitness sowie einem hübschen Garten mit Whirlpool.

Fête du Choca
Das Agavenfest findet alljährlich am dritten Wochenende im Juli statt mit Kunsthandwerksmärkten, süßen und deftigen Agaven-Speisen, Musik und Ausstellungen.

Ausflugsziele:

L'Arche Naturelle
Ein fast zweistündiger Spaziergang führt von L'Entre-Deux hinab zum Lavabogen L'Arche Naturelle im Flussbett des Bras de la Plaine, dem Rest eines ehemaligen Lavatunnels. Die »Basaltorgeln«, Säulen aus Basalt, sind noch heute am

Fruchtstand der Kokospalme

Flussufer als Überreste zu sehen. Badeschuhe mitnehmen, der Fluss muss mehrmals durchkreuzt werden.

Le Dimitile
Gleich drei anstrengende, bis zu achtstündige Routen führen von L'Entre-Deux auf den Le Dimitile (1837 m). Man kann sich auch für eine Jeeptour auf den Gipfel entscheiden oder diverse schöne, einstündige Panorama-Wanderungen unternehmen z. B. auf dem Sentier Cheval, Sentier Coteau Sec oder dem Sentier Rosélie.

Makes Aventures
Route forestière des Makes
(D20 und dann asphaltierte Waldstraße)
Camp Montplasir
97421 Les Makes (ca. 20 km nordwestl. von L'Entre-Deux)
✆ 0692 30 29 29 (mobil)
www.makesaventures.com
Mi–So 9–17, letzter Einlass 14 Uhr
Eintritt € 22/15 (bis 12 J.)
Abenteuerpark mit Kletter-Parcours und Seilbahnen (ab 5 J.). Man muss sich telefonisch anmelden, Nacht-Parcours auf Anfrage.

⑩ SAINT-PIERRE

Das trubelige Saint-Pierre ist mit Flug-, Yacht- und altem Fischerhafen sowie täglichem Stau der Verkehrsknotenpunkt des Südens. Ein nicht gerade mit vielen Sehenswürdigkeiten gesegnetes Städtchen mit rund 80 000 Einwohnern, wenn man mal von Hindu-Tempeln, chinesischer Pagode und einer Moschee sowie fast einem Dutzend Kirchen absieht. Aber am westlichen Ufer des Rivière d'Abord konnten sich einige restaurierte Kolonialbauten vom Anfang des 18. Jahrhunderts behaupten: z. B. das hübsche **Rathaus** (um 1770 erbaut) nur ein paar Schritte südlich

Fest der hinduistischen Community am Strand von Saint-Pierre

der verkehrsberuhigten Einkaufsmeile Rue des Bons Enfants, mit Uhren-Türmchen, halbrunden hölzernen Fensterläden und einem schmiedeeisernen Springbrunnen. Es diente einst als Lagerhaus für die Ostindien-Kompanie ebenso wie die **Stadtbibliothek** (Médiathèque) in der Rue du Collège Arthur. Bummelt man durch die Straßen fallen noch weitere schöne, aristokratische Kolonialbauten und bourgeoise Villen mit schmiedeeisernen Balkonen und Säulen auf: das alte **Gericht** in der Rue Victor le Vigoureux, gleich mehrere Schmuckstücke in der Rue Marius et Ary Leblond wie die **Maison Vasseur**, das Lokal **Utopia**, die **Villa Motais de Narbonne** von 1830 und die **Maison Adam de Villiers** von 1760 (Hausnummern 6–14, 18 und 21), nicht zu vergessen die **Maison Canonville** in der Nr. 17 der Rue Auguste Babet.

Der **Stadtstrand** ist durch ein kleines Korallenriff geschützt und zieht sich etwa einen Kilometer entlang dem Boulevard Hubert Delisle und dem Park. Hier treffen sich die Bewohner, die *Saint-Pierrois*, mit Vorliebe zum Picknicken, Sonnenbaden und Surfen. Gleich nebenan schwanken die Yachten im Hafen. Und wenn erst das Sakifo-Musikfestival alljährlich im Juni stattfindet, platzt die Stadt aus allen Nähten.

SERVICE & TIPPS

Office de Tourisme
Place Napoléon Hoareau
(am Yachthafen)
97410 Saint-Pierre
✆ 0262 20 32 80
www.sudreuniontourisme.fr
(nur auf Französisch)
Mo–Sa 8–18, So 8–12 Uhr

Aérodrome de Pierrefonds
BP 36, an der N1
Saint-Pierre Cedex
✆ 0262 96 80 00
www.pierrefonds.aeroport.fr
Vom Flughafen 6 km nordwestlich der Stadt werden v. a. Flüge nach Mauritius und Madagaskar abgewickelt. Vom Flughafen fährt ein Shuttlebus in die Stadt.

La Saga Du Rhum
Chemin Frédeline
Saint-Pierre Cedex (an der D38, ca. 2 km nördl. vom Stadtzentrum)
✆ 0262 35 81 90
www.sagadurhum.fr
Tägl. 10–18, Führungen 10, 11, 14, 15, 16 und 16.30 Uhr
Eintritt € 10/7 (6–16 J.)
Das gut gemachte Museum in der ältesten, seit 1845 in Betrieb befindlichen Destillerie der Insel ist eines der wenigen Museen mit englischer Beschriftung sowie rollstuhlgerechten Rampen und informiert mit Schautafeln, alten Plakaten und Fotos, einer alten Zuckerrohrpresse und Filmen über die 300-jährige Geschichte und die Bedeutung der Rumproduktion aus Zuckerrohr. Museumsshop mit aromatisierten Rumsorten, Rumverkostung und Cocktails.

Temple Narassinga Peroumal und Temple Badhra Karli
Ave. Luc Donat und Allée du Puit
Ravine Blanche
Saint-Pierre
Tägl. 6–18 Uhr
Zwei farbenfrohe Hindu-Tempel unter Palmen, die allerdings nur von außen zu besichtigen sind. Zahlreiche Götter des Hindu-Pantheons schmücken die Fassaden.

Strandgut: das stachellose Gehäuse des Genetzten Meeres-Biscuits (Clypeaster reticulatus) vom Stadtstrand in Saint-Pierre

Er gilt als einer der schönsten Strände der Maskarenen: Grand'Anse südöstlich von Saint-Pierre

Utopia
8, rue Marius et Ary Leblond
Saint-Pierre
✆ 0262 35 15 83 und 0899-02 44 06 (mobil)
Tägl. außer Mo 11–14, 18–22 Uhr, Mi und So abends geschl.
In der Kolonialvilla mit Veranda und kleinem Garten wird originelle französische Küche serviert, etwa Foie gras mit Geranienaroma und so Exotisches wie Currys aus Krokodil, Büffel, Zebra oder Antilope. Aber auch Klassiker wie Entrecote, Garnelen. €€–€€€

Le Caraco
46, bd. Hubert Delisle
Saint-Pierre
✆ 0262 25 28 67
www.le-caraco.e-monsite.com
Tägl. 12–14 und 19–23 Uhr, So mittags geschl.
In dem Lokal an der Uferpromenade gibt es bodenständige Hausmannskost in Riesen-Portionen wie Fisch-Curry oder BBQ. Unbedingt auch das leckere Eis probieren. €€

Latina Café – Café de la Gare
46, bd. Hubert Delisle
Saint-Pierre
✆ 0692 67 28 19 (mobil)
Tägl. 7–24 Uhr
Alteingesessen und beliebt: Im alten Bahnhofshäuschen mit Terrasse zum lauten Ufer-Boulevard kann man eine Kleinigkeit essen und an den Wochenenden abends bei Konzerten von Reggae bis Soul schwofen. €

Nul Part Ailleurs
8, rue Victor Le Vigoureux
Saint-Pierre
✆ 0693 41 43 57 (mobil)
Mo–Do 11.30–14.30, 18.30–21, Fr/Sa bis 22 Uhr
Kleines Lokal mit Bänken. Hier servieren Virginie und Küchenchef Moïse Eis und Kuchen und ein paar schnelle, hausgemachte Gerichte *à la créole*: Brèdes-Gemüse, Samoussa-Teigtaschen und Gemüseeintöpfe (z. B. aus Schlangenkürbis). €

White Club (vormals: Channel, Zaza Club)
Place de la Mairie
16, rue Méziaire Guignard
Saint-Pierre
✆ 0693 97 14 71 (mobil)
Mi–Sa 23–5 Uhr
Angesagter Nachtklub, Diskothek und Bar am Rathaus-Platz.

Marché Couvert
Rue Victor le Vigoureux
Saint-Pierre
Tägl. 7–18 Uhr
Der überdachte Markt ist auch wegen seiner Eisenkonstruktion aus dem Jahr 1856 beachtenswert.

Marché Forain
Bd. Hubert Delisle
Saint-Pierre
Sa ab 5 Uhr
Jede Menge kulinarischer Spezialitäten und regionale Produkte sind auf dem berühmten Bauernmarkt zu finden – ob Eingelegtes, Kräuter, Vanillestangen, Obst und Gemüse oder Textilien und Souvenirs.

Sakifo
Saint-Pierre
www.sakifo.com
Dreitägiges Musikfestival im Juni: alle wichtigen Musiker der Insel treten hier auf und jeder kommt auf seine Kosten – ob bei Maloya, Sega oder Reggae, Pop und Chanson oder Elektro und Hip-Hop.

Ausflugsziel:

Grand'Anse
Ein weiterer schöner und sehr beliebter Strand auf La Réunion zieht die Stadtbewohner am Wochenende in Scharen nach Grand'Anse, ca. 6 km südöstlich der Stadt (Abzweig D73 von der N2) – eine kleine wilde Bucht mit kaum 100 m Strand, dafür aber der einzige inselweit mit ein paar Palmen. An den Wochenenden liegt man hier auf der Wiese etwas gedrängt. Wegen der Strömung in der offenen See darf man nur in den Felsenbecken schwimmen und kann dabei bunten Fischen begegnen.

11 9 VULKAN PITON DE LA FOURNAISE

Zum Ursprung der Insel vor zwei Millionen Jahren – oder wenigstens einem seiner Verursacher – geht es im Stop-and-Go. Die ab Saint-Pierre immer steiler ins Hochland Plaine des Cafres führende N3 ist chronisch verstopft, zwischen 16 bis 18.30 Uhr herrscht ums Städtchen Le Tampon Dauerstau auf dem Weg aufs Hochplateau und zum Vulkan Piton de la Fournaise.

Alternativ mit viel Zeit kann man die herrlich haarnadelkurvige und wenig befahrene Panoramastrecke entlang der D36 im Osten über den Wald **Nôtre-Dame-de-la-Paix** und das gleichnamige Dorf wählen. Von den Gemüse- und Zuckerrohrfeldern an der Küste geht es durch dichten Tamarinden- und Sicheltannenwald bis auf das Plateau mit den grünen Almwiesen. Am frühen Vormittag bietet die Straße tiefe Einblicke in die Schlucht des Rivière des Remparts und über die Vulkanlandschaft, einen botanischen Lehrpfad und Picknickplätze gibt es auch.

Rund ums verlassen wirkende Dorf **Bourg-Murat**, dem Ausgangspunkt für die Vulkan-Eroberungen, wähnt man sich plötzlich auf einer Schweizer Alm: Rinder auf saftigen Wiesen und

Am Rand des Dolomieu, Hauptkrater des Piton de la Fournaise

Landwirte, die Gemüse und frischen Ziegenkäse an Ständen am Wegesrand feilbieten, Traktoren und Reiterhöfe, knallrot blühende Weihnachtssterne und wild rankende Bougainvilleen, Pampelmusen und Pfirsiche. Hier oben würde man eher Bauern mit Gamsbart am Hut erwarten als rastagelockte Kreolen mit Wollmütze. Die bäuerlich-kreolische Kulisse wird lediglich durch

Neues Leben sprießt im Lavafeld

Blick in den Schlund des Dolomieu: Der Piton de la Fournaise gehört zu den aktivsten Vulkanen unserer Erde

Dauernieselregen und Kälte beeinträchtigt – auf fast 1600 Meter wird es nachts empfindlich kalt, aber die meisten Gästehäuser haben eine kleine Heizung auf Rollen.

Die **Route du Volcan** (F5) schlängelt sich von den grünen Almweiden immer höher bis auf 2300 Meter Höhe, die letzten vier Kilometer geht es wieder etwas abwärts: auf einer üblen

Wie auf einem anderen Planeten: die Route de la Plaine des Sables

Farbenspiel des Basaltgesteins in der Berglandschaft der Plaine des Sables

Schotterpiste quer über die **Plaine des Sables** (in der äußeren Caldera), wo man sich auf einmal in einer unwirklichen, rostroten Mondlandschaft wiederfindet und direkt an zwei kleineren Vulkankegeln vorbeifährt. Nichts als rotbrauner Schotterstaub, grauschwarze Vulkanschlacke und Vulkansand. Und dennoch erlebt man bei aller Trostlosigkeit dieser Sandwüste bei näherem Hinschauen ein Farbenspiel: Je nach Eisengehalt schimmert das Basaltgestein mal rötlich, mal bläulich oder auch grünlich.

Zur Rechten beginnt die lang gezogene Steilwand des **Le Morne Langevin** (2404 m) wie eine gigantische Mauer im Morgenlicht zu leuchten (Auf diesem Bergrücken führt ein einfacher Wanderweg mit Rundpanorama vom Vulkan bis zur Küste, den man auf dem Rückweg gehen könnte.).

Nach etwa einer Stunde und 35 Kilometern ist der steil abbrechende Kraterrand am **Pas de Bellecombe** erreicht, wo der Blick schließlich über die innere Caldera schweift: vom fast gleichschenkeligen Piton de la Fournaise (2632 m) und dem nur 100 Meter breiten, winzigen Krater **Formica Leo** davor (eine Wanderung führt hinab und weiter zu den größeren Kratern Kapor und Dolomi-

eu) bis zu der beeindruckenden, alles beherrschenden Caldera-Steilwand zur Rechten – der 200 Meter hohe, hufeisenförmige äußere Kraterrand, der in Richtung Ostküste offen ist. Mittendrin wabern morgens geisterhafte Nebelschwaden, die sich schnell nach Sonnenaufgang verziehen, aber genauso schnell wieder auftauchen können, vor allem in der feuchten Jahreszeit.

Vom Pas de Bellecombe führen drei Wanderwege hinab in die fast vegetationslose Lavalandschaft der inneren Caldera **Enclose Fouqué**, wo man schwarze, ineinander verschobene Basaltplatten und erkaltete Lava in den merkwürdigsten Formen sieht – wie glänzende Seile oder Stricke (Stricklava), runzlige Elefantenhaut oder sanft gewellter Meeresboden. Es geht über spitzes, scharfkantiges Lavagestein vorbei am Formica Leo und an der Lavagrotte **Chapelle de Rosemont**, ehe man über Lavaschlacke und poröse Basaltplatten bis zum Kraterrand des **Dolomieu** (2530 m) hinaufklettert und den Blick in den Krater wagt: Wie aus einem Höllenschlund steigen die giftigen Dämpfe empor, in der Ferne leuchten als herrliche Kontraste die grünen Hügel und der tiefblaue Ozean.

Ein bizarrer Hohlraum: die Lavagrotte Chapelle de Rosemont

WENN DER VULKAN »PUPST«

Der Piton de la Fournaise, der Glutofen, hat seinen Namen nicht ohne Grund: Er gehört zu den aktivsten Vulkanen der Erde, ist jedoch meist relativ gemäßigt – es gibt nur kleinere Explosionen und seine rot glühende, 1200 Grad heiße Lava tritt aus Nebenschloten hervor und fließt in der Regel eher gemächlich Richtung Le Grand Brûlé in den Indischen Ozean. Dabei entstehen auch neue, kleinere Krater, die Parasiten-Krater (z. B. Kapor, 1998). Beim Jahrhundert-Ausbruch im April 2007 ist die Insel an der Südostküste nach vier Wochen bis zu 300 Meter breiter geworden! Beim letzten Ausbruch im Januar 2010 floss die Lava innerhalb von zwei Tagen in den Dolomieu-Krater. *Volcan i pet* sagen die Réunionesen auf Kreolisch zu dem Naturspektakel, das statistisch ein- bis zweimal im Jahr auftritt – der »Vulkan pupst«. Die jüngste größere Eruption wurde am 14. Juli 2017 verzeichnet.

Das Vulkanologische Observatorium in Plaine des Cafres weiß eine Woche zuvor Bescheid über einen Vulkanausbruch – dank Seismographen und Magnetometer. Die Vulkanregion (innere Caldera) wird dann gesperrt, nur aus der Ferne können Vulkan-Touristen dem Schauspiel beiwohnen.

Zeitweise zieht in der Hochsaison eine regelrechte Völkerwanderung en miniature frühmorgens zum Vulkanrand. Bei starkem Regen und Wind sowie Nebel soll der Vulkan nicht bestiegen werden. Auch ansonsten gilt höchste Vorsicht beim Besteigen, die weiß markierten Wanderweg dürfen nicht verlassen werden, es kann zu plötzlichen und heftigen Wetterumschwüngen kommen, Handys haben teilweise keinen Empfang. Der Ausbruch von 2007 hat zum Einbruch des Bodens am Dolomieu-Krater geführt und es entstand ein neuer, 300 Meter breiter Krater, dessen Wände extrem instabil sind und nicht betreten werden dürfen. Man kann den Vulkan natürlich auch auf einem Rundflug bequem überfliegen.

SERVICE & TIPPS

Office de Tourisme
160, rue Maurice et Katia Krafft, Bourg-Murat
97418 Plaine des Cafres
✆ 0262 27 40 00
www.reunion.fr/decouvrir/volcan (nur auf Französisch)
Mo–Sa 9–12.30 und 13.30–17 Uhr

La Cité du Volcan
An der N3, Bourg-Murat
Plaine des Cafres
✆ 0262 59 00 26
www.museesreunion.re/laciteduvolcan
Mo 13–17, Di–So 9.30–17 Uhr
Eintritt € 9/6
Futuristisches Vulkanmuseum mit eindrucksvollen Fotos, interaktiver Webcam und vielen Modellen. Man erfährt auf anschauliche Weise viel über Vulkanismus, Vulkantypen und die Entstehung der Insel.

Route du Volcan
Ca. 35 km lange Panoramastraße (F5) von Bourg Murat zum Parkplatz Pas de Bellecombe. Früh losfahren: Die Anfahrt auf die 2311 m hoch liegende Aussichtsterrasse dauert ca. eine Stunde ohne Fotostopps. Ein WC ist vorhanden, ebenso ein Imbiss und eine kleine Fotoausstellung über den Vulkanausbruch 2007. Entlang der Strecke erreicht man zuvor einige andere Aussichtspunkte, die man sich wegen des Wetters für den Rückweg aufheben sollte. Sie sind meist an den Parkbuchten zu erkennen. Am 2136 m hohen Nez de Bœuf nach ca. 8 km blickt man in die 1000 m tiefe Schlucht des Rivière des Remparts (kleiner Wanderweg) und Richtung Nordwesten über die Plaine des Cafres bis zum Gipfel des Piton des Neiges; einige Kilometer weiter östlich kommt man zu einem Aussichtsbalkon über den 235 m tiefen Cratère Commerson.

Le Grillanoo – La Diligence
8, rue Paul Depeindray, PK 28, Bourg-Murat, Plaine des Cafres (ca. 3 km nördl. von Bourg-Murat, linker Abzweig)
✆ 0262 59 10 10
www.grillanoo.fr
Tägl. außer Mo 8–15.30 und 19–22 Uhr
In dem Hotellokal wird eher deftige, fleischlastige Küche serviert – schnell, freundlich und in üppigen Portionen.
€€

Le Morne Langevin
Der Wanderweg führt vom Pas des Sables durch eine Heidelandschaft auf dem Rücken des Le Morne Langevin (2404 m) mit Blick in die plötzlich senkrecht abbrechende Schlucht des Rivière Langevin und über die Vulkanlandschaft bis zur Küste (insgesamt 7 km, ca. 2,5 Std.).

9 **Piton de la Fournaise**
Weiß markierte Wanderwege führen ab dem Parkplatz Pas de Bellecombe steil abwärts in die unwegsame innere Caldera und dann steil aufwärts auf den Kraterrand des Dolomieu (auf 2530 m Höhe, ca. 13 km, etwa 5 Std.) oder zum erst 1998 entstandenen, sogenannten parasitären Krater Kapor (auf 2201 m Höhe, ca. 8 km, 2,5 Std.). Den Formica Leo erreicht man nach nur 20 Min. Beste Zeit zum Wandern: Mai–Okt.

Ausflugsziel:

Durch den Forêt de Bébour-Bélouve zum Trou de Fer
Ca. 25 km nördlich von Bourg-Murat
Die Wanderung durch den letzten originalen, d.h. primären,

Scharlachrote Blüten, die nach Honig duften: die auf La Réunion endemische Le Petit Bois de Rempart (Agarista buxifolia)

Wanderwege
Nur mit Trekkingschuhen, Windjacke und Sonnenschutz. Morgens dick anziehen! Ab 11 Uhr kann es blitzschnell wolkig oder neblig werden, vor allem von November bis April.

Regenwald Bébour-Bélouve – vorbei an Riesenfarnen, Moosen und Bartflechten – bis zum Aussichtspunkt über den Cirque de Salazie am spektakulären Höllenloch Trou-de-Fer ist von Bourg-Murat durchaus mit einer Fahrt zum Vulkan am selben Tag kombinierbar. Allerdings ist es nachmittags nicht selten verregnet, d.h. bis spätestens zehn Uhr sollte man vor Ort sein. Von der N3 hinter der Passhöhe Col de Bellevue (1606 m) und nach tausendundeiner Kehre talwärts biegt man schließlich nach links ab auf die asphaltierte RF2 bis zur Gîte de Bélouve (Fr–So durch ein Tor gesperrt, dann nur zu Fuß passierbar). Von der Gîte führt eine insgesamt etwa 3-stündige Wanderung (ca. 6 km) über teils glitschige Steine oder Holzstege über sumpfigen Matsch zum 300 m tiefen Trou-de-Fer (als Rundweg ca. 5–6 Std.).

⓬ LA SERRÉ

Eine weitere kolossale Panoramaroute ist die D33, die bei Saint-Joseph beginnt und nach etwa zehn Kilometern und gefühlt tausendundeiner Kurven auf ein extrem schmales Plateau nach La Serré führt – zwischen den beiden Schluchten der Flüsse Rivière des Remparts und Rivière Langevin. Der Straßenverlauf ist schier unglaublich und dürfte beim Straßenbau einige Platzprobleme für die Maschinen verursacht haben, denn der von Mutter Natur durch Erosion und Explosion, Absackungen und Erdrutsche sozusagen stehen gelassene Berggrat misst an der schmalsten Stelle ganze 100 Meter! Am ersten der beiden Aussichtspunkte schaut man zuerst Richtung Westen und atemberaubend tief abwärts in die Schlucht des Rivière des Remparts Richtung Küste. Knapp 200 Meter weiter auf der rechten Seite, hinter einer kleinen roten Kapelle mit dem Heiligen Saint Expedit, liegt der zweite Ausblickspunkt nach Osten. 900 Meter unter den eigenen Füßen kann man im Flussbett das winzige Dorf Grand-Galet mit seinen Legohäuschen entlang der einzigen Straße erkennen, ganz nah an der Abbruchkante des Wasserfalls Cascades de Grand-Galet (auch Cascade Langevin). Die steil abfallenden Ausläufer und

TEURER KAFFEEGENUSS

Der zweitteuerste Kaffee der Welt – nach dem »Katzenkaffee« Kopi Luwak aus Indonesien – kommt aus Grand Coude im Süden La Réunions: der Roi Bourbon Pointu, eine Kaffeesorte, die zwar ihre Wurzeln im Arabica-Kaffee hat, aber fruchtig nach Orange und Mandarine mit einem Hauch Litschi schmeckt. Seit dem 17. Jahrhundert kennt man die Kaffee-Mutation, die deutlich weniger Bitterstoffe und Koffein hat als herkömmlicher Kaffee und damit auch bekömmlicher ist. Nach einer Epidemie im Jahr 1880 wurde der Kaffee nicht mehr angebaut, erst 1999 kurbelte ein japanischer Kaffeeliebhaber die Produktion wieder an. Heute kostet ein Kilogramm Roi Bourbon Pointu sage und schreibe 460 Euro.

Wasserreigen: die malerischen Cascades de Grand-Galet

Hänge des Le Morne Langevin (2404 m) und des Puys Ramond (2108 m) gegenüber greifen wie dicht begrünte Krallen nach den Häusern. Der Geologe nennt sie nüchtern Hangrunsen.

SERVICE & TIPPS

La Serré
An der D33, ca. 15 km nördl. von Saint-Joseph (Richtung Jean-Petit)
Fantastischer Aussichtspunkt auf einem schmalen Berggrat und Hochplateau. Früh aufbrechen, denn es regnet oft.

13 GRAND COUDE

Am Ende der D33 thront auf einem 1200 Meter hohen Felsplateau, das an drei Seiten wie nach einem Handkantenschlag abrupt und steil abbricht, das Dorf Grand Coude: ein Bauernnest in Dauer-Siesta zu Füßen des Le Morne Langevin. Aus der Luft betrachtet sieht es aus wie ein riesiger grüner Gugelhupf, aus dem schon ein Stückchen herausgeschnitten wurde. Einige Gästehäuser und eine **Tee- und Geranium-Plantage** sind die einzigen touristischen Einrichtungen. Einer der teuersten Arabica-Kaffees der Welt, der Roi Bourbon Pointu, wird hier angebaut – mild und leicht nach Mandarine schmeckend.

SERVICE & TIPPS

Labyrinth en champ de Thé
18, rue Emile Mussard
Grand Caude
✆ 0692 60 18 88 (mobil)
info@enchampthe.com
www.enchampthe.com
Tägl. 9–12 und 13–17 Uhr
Eintritt € 5/4 (6–12 J.)
Die Teeplantage und Ausstellung von Johnny Guichard ist zu besichtigen. Mit Teeverkostung.

Will man an einer Führung teilnehmen, sollte man sich vorher anmelden und Französisch verstehen.

DIE OSTKÜSTE

LAVA, KASKADEN UND VANILLE

Wild und zerklüftet, ungestüm und unwirtlich – so präsentiert sich die Ostküste La Réunions. Hier käme kein Einheimischer auf die Idee im Meer zu baden, dafür sorgt der Südost-Passatwind, der den Indischen Ozean mit aller Macht an die Steilküste und ihre zerzausten Klippen drückt. Eher schon seilt man sich ab an Wasserfällen oder steigt hinab in eine wahre Hölle – in erkaltete Lavatunnel! Der Piton de la Fournaise lässt alle Jahre wieder seinen Lavastrom an die Küste herabwälzen, glücklicherweise in einer der heute menschenleersten und regenreichsten Gegenden des Eilands. Vulkanerde und viel Wasser – so blüht und gedeiht es hier schon seit Jahrhunderten. Zuckerrohr und echte Bourbonvanille bestimmen bis heute die Landwirtschaft im Osten und Nordosten, ebenso wie die weiten Obstplantagen mit Litschis, Longans, Mangos und Zitrusfrüchten. Im Hinterland über der üppigen Urwaldkulisse schweben Bussarde wie der Papangue und zahllose Wasserfälle wie der schier endlose Takamaka stürzen talabwärts. Das gleichnamige Wasserkraftwerk im Inneren der spektakulären Bergwelt versorgt fast die ganze Insel mit Strom.

Zuckerrohranbau an der Ostküste

Ste-Anne
Ste-Rose
Saint-Benoît
Saint-Philippe
le Volcan
Piton de la Fournaise 2632
Cratère Brûlant ou Dolomieu
Cratère Bory 2632
Enclos Fouqué
Plaine des Osmondes
Rempart de Bois Blanc
Rempart du Tremblet
le Grand Brûlé
les Grandes Pentes
Forêt Domaniale du Grand Brûlé
Monument Corbett
N. D. des Laves
Coulée de lave (1977)
Sculptures
Coulée de lave (1976)
Sentier botanique
Puits du Tremblet
Puits Arabe
Pont de Rivière de l'Est
Chlle. de Rosemont
Source Repiquet
Fôret de Mare-Longue
Jardin des Perfumes et des Epices
le Baril
le Souffleur d'Arbonne
Puits des Anglais
Puits des Francais
Cap Méchant
Bois Blanc
Piton-Ste-Rose
Bellevue
les Bambous
la Ravine Glissante
Bonne Espérance
la Rivière de l'Est
les Chicots
les Orangers
Cambourg
Takamaka
le Tremblet
l'Ilet aux Palmistes
la Cayenne
Ravine Ango
Vincendo
Basse Vallée
Bras Panon
Jacques Payet
Matouta
Parc Mouton
la Crête
Anse des Cascades
N
0
3 km

❶ CAP MÉCHANT

Das Cap Méchant, ca. vier Kilometer vor (westlich von) Saint-Philippe, hört man schon von Weitem, es tost, böllert und donnert. Treppen führen unter dem windresistenten Pandanuswald (Schraubenpalmen) vom Parkplatz hinunter an den Fuß der Steilküste des »bösartigen Kaps«, das sich den Riesen-Wellen entgegenstemmt. Die Naturgewalt lässt sich auch gut von oben betrachten. Die schwarzen Klippen sind ein beliebtes Ausflugs- und Fotomotiv, für das sich manche sogar hinter die Absperrungen wagen. Die erkaltete Lava, die hier abrupt im Indischen Ozean endet, hat so manch eine Schiffshavarie vor der tückischen Küste verursacht, z. B. in einer Nacht im Jahr 1897, als hier das britische Dampfschiff »Warren Hastings« auf dem Weg nach Mauritius unterging. Zwei indische Crewmitglieder starben.

SERVICE & TIPPS

Cap Méchant
An der N2, ca. 4 km westl. von Saint-Philippe
Das Cap ist wegen der traumhaften Ausblicke auf die Steilküste ein beliebtes Ausflugsziel mit zwei Restaurants und Picknicktischen.

Le Cap Méchant
15, rue de l'Ecole, Basse Vallée, Saint-Philippe (am Cap Méchant)
✆ 0262 37 00 61
Tägl. außer Mo 12–15 Uhr
In dem großen Ausflugslokal neben dem Parkplatz ist man auf typisch chinesische Küche vom Büffet spezialisiert, serviert werden aber auch einheimische kreolische Küche (Ente mit Vanille), Gratins und Salate, etwa aus Palmenherzen. Große Weinkarte. €€

Meerwasserpool bei Le Baril

Im Schutzreservat Forêt de Mare-Longue

2 LE BARIL

Hinter dem Örtchen Le Baril mit seiner auffallend riesigen Zuckerrohrverladestation lohnt ein Blick in die niedliche **Chapelle Saint-Expedit**, die sich in einem verwunschenen Garten wenige Meter links von der N2 versteckt und nach einem legendären römischen Soldaten benannt ist, einem hoch verehrten Heiligen auf der Insel. Im Inneren der winzigen Kapelle, die mit ihren nur drei Bankreihen wie ein Hexenhäuschen wirkt, riecht es nach Weihrauch, Jesus schaut von kitschigen 3-D-Wackelbildern herab und zahlreiche Madonnenstatuen umgeben den Besucher, der zwischen Bergen aus Plastikblumen und Kränzen steht.

Schon die üppig blühenden Gärten mit ihren Tropenpflanzen – ganzen Flamboyant-Kaskaden, Hibiskus und Frangipani – hinter den Zäunen der hübschen, farbenprächtigen Kreolenhäuschen lassen ahnen, dass diese Ecke der Insel besonders fruchtbar ist. Im Hinterland kann man im Schutzreservat **Forêt de Mare-Longue** (kurz hinter Le Baril biegt man links auf den Chemin de Ceinture ab) auf einem Lehrpfad staunen, welche Pflanzenvielfalt auf einem 800 Jahre alten und mittlerweile erkalteten Lavafeld blüht und gedeiht – viele der rund 600 Pflanzenarten sind beschildert, darunter zahlreiche endemische Spezies, die nur auf La Réunion zu finden sind.

Wenn das Wetter für diesen Regenwald zu schlecht sein sollte, empfiehlt sich ein Besuch im nahegelegenen privaten **Jardin des Perfums et des Epices**, ein Kilometer hinter La Baril: Hier hat der Botaniker Patrick Fontaine einen kleinen Garten Eden mit 1600 Pflanzen erschaffen, darunter viele Kakteen und Orchideen, wohlriechende Parfümblüten von Ylang Ylang bis zum 1870 aus Südafrika eingeführten Geranium, Gewürzpflanzen wie Vanille, Zimt, Kardamom oder Pfeffer, Nutzpflanzen wie Mangobäume, Bambus und Bananenstauden. Wer kein Französisch spricht, muss die Pflanzen erschnüffeln. Einige Pflanzen werden auch heute noch als traditionelle Heilmittel genutzt, so z. B. Ylang-Ylang-Öl gegen Kopfschmerzen und Bluthochdruck.

Ein nachtaktiver Einzelgänger im Regenwald: der borstige Tenrek

SERVICE & TIPPS

Jardin des Parfums et des Epices
7, chemin de Forestier Mare-Longue, 97442 Saint-Philippe
✆ 0262 37 06 36, 0692 66 09 01 (mobil)
www.jardin-parfums-epices.com
Tägl. 10.30–14.30 Uhr, Touren in französisch um 10.30 und 14.30 Uhr, Eintritt € 5,50/3
Der private, 3 ha große botanische Garten liegt auf dem Weg zum Regenwaldreservat Forêt de Mare-Longue (ca. 3 km nordwestl. von Saint-Philippe) und zeigt rund 1500 Pflanzenarten, von Nutzpflanzen wie Obst und Gewürzen bis zu Parfümblüten. Verkostung von Obst inklusive. Mit Shop.

FLORA LA RÉUNIONS

Von den rund 850 Pflanzenarten der Insel sind 230 endemisch und kommen nur auf La Réunion vor. Allerdings sind sie vergleichsweise unspektakulär, wie z. B. die Akazienart Acacia heterophylla. Die Strände und Küsten werden von den zyklonresistenten Filaos/Kasuarinen-Wälder, Schraubenpalmen (Pandanus bzw. Vacoas) und Kokospalmen beherrscht. Allerorten trifft man auf die exotische Blütenpracht von Bougainvilleen, Hibiskus und feuerroten Flamboyants oder Weihnachtssternen, blauen Hortensien sowie rund 150 Orchideenarten. In den feuchten Nebelwäldern auf 1300 bis 1900 Meter Höhe gedeihen knorrige Tamarinden mit Bartflechten und Epiphyten sowie bis zu zehn Meter hohe Baumfarne (Fanjan). In den höheren Lagen werden sie von Akazien, Sicheltannen (Kryptoméria), Eukalyptus und Calumet-Bambus abgelöst. Auf über 2000 Meter beherrscht die struppige Bergheide die Landschaft. Zu den am verbreitetsten Nutzpflanzen gehören Zuckerrohr, Zitrusfrüchte, Ananas- und Bananen- sowie Vanille-Pflanzen (eine Orchideenart, die echte und kostbare Bourbonvanille), Linsen aus Cilaos, das Süßgras Vétiver und Geranium und Ylang Ylang zur Parfümproduktion.

Auf La Réunion wird eine ganz besondere Orchidee gezüchtet: die Gewürz-Vanille

Am Pointe de la Table: Auf der erkalteten Lava an der Südostflanke des Piton de la Fournaise gedeihen heutzutage Vacoas-Palmen

❸ SAINT-PHILIPPE

Am äußersten südöstlichen Zipfel der Insel erreicht man mit Saint-Philippe eine der ältesten Hafenstädte der Insel. Die Siedlung wurde bereist um 1760 im Ortsteil Le Baril gegründet, der Hafen datiert auf das Jahr 1880. Der kleine Ort mit seinen knapp 5000 Einwohnern hat sich über die Jahrhunderte auf den Anbau von Zuckerrohr, Vanille und Palmherzen spezialisiert. Von der einstigen Bedeutung hat sich heute nicht viel bewahrt, ein réunionesisches Städtchen wie viele andere auch: Tankstelle und Bäckerei, Apotheke und Tabaklädchen, ein paar kreolische Häuschen hinter Flamboyants und ein Touristenbüro – und schon hat man auf der Hauptstraße den Ort durchquert. Würde hier nicht alljährlich der **Grand Raid**, der »Lauf der Verrückten«, quer über die Insel starten, vielleicht würde manch ein junger Insulaner gar nichts von Saint-Philippes Existenz wissen. Aber zum Glück gibt es hier noch das eine oder andere Naturwunder.

Ausflugsziele:

Kaum hat man den Südwestzipfel des Eilands umrundet und folgt der Biegung der N2 an der Ostküste, traut man seinen Augen nicht: Nach all der exotisch-üppigen Pracht öffnet sich plötzlich eine schwarzgraue Mondlandschaft. Ab der kleinen Landspitze **Pointe de la Table** bis zum ca. zehn Kilometer entfernten **Le Grand Brûlé** passiert die hier ausnahmsweise mal schnurgerade N2 die Ostflanke des Piton de la Fournaise, dessen Lava sich beim Örtchen **Le Tremblet** (ca. 7 km nordöstlich von Saint-Philippe) schnurstracks ihren Weg ins Meer gebahnt hat. Die Warnschilder am Rande der jüngeren Lavafelder bei Le Grand Brûlé sollten beachtet werden: Im April 2007 wälzte sich hier innerhalb von vier Wochen ein anderthalb Kilometer breiter Lavastrom ins Meer – 140 Millionen Kubikmeter rotglühende Lava – und verbreiterte so die Insel um ganze 300 Meter. Noch heute dampft der Boden stellenweise, unterirdische, tiefer liegende Schichten bewegen sich weiter, sodass die neue Fahrbahn schon wieder auffallend viele Risse und Schwellen aufweist. Die schwarze Lava ist die jüngste, die graue stammt von älteren Eruptionen vor 2002. Der neueste Abenteuer-Trend in dieser unwirtlichen Ecke: Wer sich traut, kann in erkaltete, uralte Lavatunnel hinabsteigen – allerdings nur mit einem Führer!

SERVICE & TIPPS

Maison du Tourisme
64 bis, rue Leconte-Delisle
Place de la Mairie
97442 Saint-Philippe
✆ 0262 97 75 84
www.sudreuniontourisme.fr
(nur auf Französisch)
Tägl. außer So 9–17 Uhr

La Marmite du Pêcheur
18 A, N2 Ravine Ango
Saint-Philippe
✆ 0692 85 24 84 (mobil)
www.lamarmitedupecheur.re
Tägl. außer Mi 11.30–14.30 Uhr
Man sitzt nett im Garten oder im klimatisierten Inneren und speist hervorragende kreolische Gerichte wie Rougaille oder Cari oder Französisches wie gegrillte Dorade.
€€–€€€

Ricaric
Ab Saint-Philippe
✆ 0692 86 54 85 (mobil)
www.canyonreunion.com
3-, 4-,5- oder 8-stündige Touren, € 50–110
Eine neue, adrenalinsteigernde Action-Spezialität sind die Exkursionen in die kilometerlangen Lavatunnel.

Grand Raid
In Saint-Philippe startet alljährlich im Oktober der Grand-Raid-Marathon quer über die Insel. Außerdem führen anspruchsvolle Wanderwege von Le Tremblet bis auf den Piton de la Fournaise.

GRAND RAID – DER LAUF DER VERRÜCKTEN

Mit der Stirnlampe rennen sie durch Dunkelheit und Nebel, stolpern über Wurzeln, Stock und Stein, bergauf, bergab. Keine Armbreite rechts fällt ein Steilhang 1000 Meter tief abwärts. Weiter, weiter, durchhalten trotz Müdigkeit in den schweren Knochen. Auf dem holprigen und glitschigen Pfad liegen andere – sie schlafen, bestenfalls. Keine Zeit zum Fragen wie es ihnen geht, weiter, weiter. Insgesamt 162 Kilometer und fast 10000 Höhenmeter (!) legen die Besten der Ultramarathonläufer alljährlich im Oktober innerhalb von drei Tagen beim Grand Raid zurück. Von Saint-Philippe nach Saint-Denis führt der Weg, der Schnellste schafft die Quer-Feld-ein-und-Berg-auf-Berg-ab-Strecke durch Lavafelder und Dschungel sogar in weniger als 24 Stunden! Dabei absolvieren die verrückten Läufer an einem Tag die Strecke, für die normale Wanderer etwa eine Woche brauchen.

Ein Drittel der bis zu 4000 Teilnehmer gibt auf. Am Ende sollen einige sogar mit Halluzinationen kämpfen, denn die körperlichen und mentalen Anforderungen sind gigantisch. Auch die Infrastruktur an den Versorgungsstationen ist kolossal, hier nur einige Zahlen: 22700 Liter Wasser, 60000 Trinkbecher, 1860 Kilogramm Hähnchenschenkel, 800 Kilogramm Orangen, 700 Rollen Toilettenpapier... Wer jetzt Lust bekommen hat und verrückt genug ist, meldet sich mit Attest vom Arzt hier an: www.grandraid-reunion.com.

❹ SAINTE-ROSE UND SAINTE-ANNE

Die beiden Fischerstädtchen an der Ostküste sind schnell durchfahren und lohnen keinen großen Aufenthalt. Es sei denn, man mag alte Kirchen und die Geschichten, die sich um die Gotteshäuser ranken: Im hübschen Örtchen **Piton Sainte-Rose** etwas südlich von Sainte-Rose erhebt sich direkt an der N2 die rosa getünchte **Nôtre-Dame des Laves**, die seit dem Ausbruch des Piton de la Fournaise 1977 als Pilgerziel berühmt und sagenumwoben ist: Wundersamerweise machte der mehrere hundert Meter breite Lavastrom, der zuvor fast das ganze Dorf unter sich begraben hatte, einen Bogen exakt um dieses Gotteshaus – die erkalteten grauen Lavamassen umgeben noch heute mehr als einen Meter hoch die Kirche, zu der man über eine kleine Treppe aus Lavastufen hinabsteigt. Wer jetzt nicht endlich an Wunder glaubt…

Lava vor dem Kirchenportal von Nôtre-Dame des Laves in Piton Sainte-Rose: Der Ausbruch des Piton de la Fournaise 1977 verschonte die Kirche auf wundersame Weise

François-Truffaut-Fans wird die **Église de Sainte-Anne** magisch anziehen. Die über und über mit barockem Kitsch fast schon wie ein Hindu-Tempel ausgestattete Kirche (1857 erbaut) diente dem französischen Regisseur als Kulisse seines Films »Das Geheimnis der falschen Braut«.

Sainte-Rose und Sainte-Anne sind durch den Rivière de l'Est getrennt, über den sich seit 1893 die gleichnamige **Hängebrücke** spannt – damals mit ihren 152 Metern die längste Hängebrücke der Welt!

Im Hinterland erstrecken sich weite Zuckerrohrfelder, die man auch besichtigen kann, etwa bei der **Domaine de Coco** westlich von Sainte-Anne. Etwas südlich von Piton Sainte-Rose liegt die Fischerbucht **Anse des Cascades** und beeindruckt mit ihren

Die Jungfrau mit dem Sonnenschirm: Nôtre-Dame des Laves (Piton Sainte-Rose)

Barocker Zuckerbäckerstil: Fassaden-Rosette der Église de Sainte-Anne

unzähligen kleinen, sprühenden Kaskaden an der lavaschwarzen und zerklüfteten Steilküste, wo die Bäume aussehen, als trügen sie grüne Samtumhänge mit Lianenkordeln. Davor dümpeln ein paar Fischerboote im Indischen Ozean. Nur einen Kilometer südlich thront das malerische Dorf **Bois Blanc** mit ein paar bunten Häuschen auf einem Steilhang über dem Meer.

SERVICE & TIPPS

Maison du Tourisme
Place de l'Église
97437 Sainte-Anne
✆ 0262 47 05 09
www.reunionest.fr (nur auf Französisch)
Di–Sa 9–12.30 und 13.30–17 Uhr

Domaine de Coco
Chemin du Cap
Sainte-Anne
(Im Ortsteil Saint-François nördl. von Sainte-Anne links in den Chemin du Cap abbiegen und den Schildern folgen.)
✆ 0692 19 27 75, 0692 27 75 19 (mobil)
Führungen Mo–Fr 10.30 und 13.30 Uhr, Sa/So nach Anmeldung, € 7/4
Die Zuckerrohrplantage kann man nach Voranmeldung besichtigen und dabei alles über den Anbau und die Geschichte des Zuckerrohrs erfahren.

Église de Sainte-Anne
An der N2, Place de l'Église
Sainte-Anne
1857 erbaute Kirche im barocken Zuckerbäckerstil und Schauplatz eines Truffaut-Films. Daneben gibt's im Lädchen **Ilot Savons** viele Souvenirs, von duftenden Seifen bis Kunsthandwerk, z. B. Vacoas-Körbe und -Hüte.

Nôtre-Dame des Laves
An der N2
Piton Sainte-Rose
Pilgerkirche, die 1977 wie durch ein Wunder vom Lavastrom des Piton de la Fournaise verschont wurde. Die Lavamassen teilten sich vor dem Gotteshaus, um dahinter wieder zusammenzufließen.

Pont de Riviére de l'Est
Ca. 3 km südl. von Sainte-Anne und 3 km westl. von Sainte-Rose (ausgeschildert)
Imposante 1893 errichtete

Der geschütze Fischerhafen in Sainte-Rose

Der größte Bergsee der Insel: Le Grand-Etang

Hängebrücke über den Rivière de l'Est, die über einen etwa 300 m langen Zufahrtsweg von der N2 zu erreichen und nur für Fußgänger zugänglich ist.

L'Anse des Cascades
6, Chemin des Anse des Cascades, Sainte-Rose
✆ 0262 47 20 42
Tägl. 11.30–15 Uhr
Mitten im Grünen genießt man in diesem rustikalen Ausflugslokal mit Meerblick frische Meeresfrüchte sowie chinesische und kreolische Gerichte.
€€

Küstenwanderung
Von Sainte-Rose bis Anse des Cascades führt ein 15 km langer Wanderweg in drei Abschnitten (ca. 3,5–4 Std.) immer entlang der schroffen Küste über Lavagestein, -schotter und -sand und durch kleine Vacoas- und Palmenwälder, man sieht Seemandelbäume und Bambushaine. Auch Mountainbiken und Angeln kann man hier gut.

5 LE GRAND-ETANG

Ein beliebtes und am Wochenende gut besuchtes Wanderziel ist der Le Grand-Etang etwa 15 Kilometer westlich von Sainte-Anne. Der größte See der Insel ist umgeben von steilen Bergwänden, die allerdings nicht selten mit Regenwolken verhangen sind. Der leuchtend grüne Bergsee wird aus dem Fluss Bras d'Annette gespeist und kann auf einer Wanderung oder bei einem Ausritt auf Pferden umrundet werden.

Inmitten der Dschungelbuch-Kulisse führt in einem Talkessel mit hohen Baumfarnen und elefantenohrgroßen Taro-Blättern ein oft matschiger Abstecher nach der Hälfte des Weges in rund 30 Minuten zur **Cascades du Bras d'Annette**, wo nicht nur eine, sondern gleich vier Kaskaden über eine Klippe 300 Meter abwärts stürzen.

Pointe Ste-Marie
Pointe de la Ravine des Chèvres
Ste-Marie
la Convenance
Pointe des Haziers
Pointe de Bel Air
la Mare
la Découverte
N2
Ste-Suzanne
la Réunion ou les Cocos
la Réserve
Franche Terre
les Cafés
Village Desprez
Destillerie de Savanna
Ravine des Chèvres
R. Ste-Marie
Ravine des Chèvres les-Hauts
les Jacques Bel Air
D62
la Marine
Etang Bois R
Sucrerie Bois-Rouge
Bois Rouge
Flacourt
la Révolution
les Jacques Cargot
Marancourt
Grande Riv. St-Jean
Riv. Ste-Suzanne
la Vigne
D51
Cascades du Niagara
Terrain Elisa
Beaufond
Bagatelle
la Renaissance
Quartier-Français
la Confiance les-Bas
Chiendent
Ravine des Chèvres
Commune Carron
Bagatelle Pointe Canal
la Ressource
Ste-Vivienne
Cambu
Beaumont
Bellevue
Bassin Bœuf
Commune Ango
Commune Bègue les Bas
Plantation de Vanille
Montée Sano
D46
Beaumont les-Hauts
Ravine du Charpentier
Petite Rivière St-Jean
Deux Rives
Commune Bègue
St-André
7
Menciol
la Maison Martin
Grande Rivière St-Jean
le Désert
Lotissement Bras-Pistolet
Bras des Chevrettes
Mille Roches
Piton Charpentier
989
l'Hermitage
Ravine Ste-Marie
Decotte
Ravine Sèche
la Cressonnière
la Rivière du Mât
Rivière Ste-Su
Bras Laurent
Lotissement Diore
Paniandy
D48
Piton Laurent
1084
Gorges
la Caroline
l'Escalier
le Grand Plate
Rivière du Mât
Cap Picard
1165
Cascade Blanche
Ravine Terre Rouge
Motocros
Îlet Morin
Bras des Lianes
Bois de Pomme
Morne du Bras des Lianes
1342
Cascade du Chien
Ravine Grosse Roche
Bras de Caver
Libéria
Salazie
1422
Eden
Bassin la
Plaine des Lianes
le Petit Sable
Cascade du Voile de la Mariée
le Grand Rein
Echelle
le Trou-de-Fer
Roches
Grand Battoir
Mare à Poule d'Eau
Forêt de Bélouve
1406
des
Cascade Geneviève
Rivière
1082
Piton de la Riv. des Roches
Forêt Dom. de la Plaine des Lianes
Forêt Départementale du Piton Papan
Plateau de Bélouve
Plateau de Mazerin
770
Rivière des Marso
Bras de Caverne
Mazerin
2092
D53
Anc. Cité du P. K. 12
Massif du Crat
6
Takamaka
Plaine des Marsouins
Cascades de l'Arc-en-Ciel
Cascades de Takamaka
522
5
1528
Îlet à Bananes
Bras Cabot
Le Grand-Étang
Sources du Bras Cabot
Cascades du Bras d'Anette
Forêt de Bébour
Cassé de Takamaka
Mornes de l'Étang
Rivière des Marsouins
Caverne des Hirondelles
Ilet Patience
1146
1495
Plateau de Duvernay
Cascade Biberon
Bras Chansons
Ravine Sèche
Piton de Bébour ou Piton Rond
1475
1685
Duvernay
Col de Bébour
1411
Premier Village
N3

0
3 km
N
INDIAN
OCEAN
Temple du Colosse
Pointe du Champ Borne
le Champ Bome
D58
Grand Canal
Grand Canal
Ravine Creuse
D47
Rivière du Mât les-Bas
Pointe de la Rivière du Mât
Bras-Panon
la Rivière des Roches
Rivière des Roches
la Cabane
Beauvallon
N2
Pointe du Bourbier
Cascade
Bourbier les-Hauts
Bourbier les-Bas
D53
Bourbier
Abondance
Beaulieu
Saint-Benoît
Bethléem
le Butor
Oasis
Bras Canot
D54
Pointe de la Ravine Sèche
Chap. St-Joseph
le Cratère
Bras Fusil
Beaufonds
Bras Madeleine
N3
N2
la Confiance
St-François
Mille Monts
les Jacques
Ravine Sèche
Cabanon
le Cap
Chemin du Cap
Bras de Bianca
Chemin de Ceinture
Ravine St-François
Ste-Anne
D56
D3
Petit St-Pierre
Morange
N3
St-François-les-Hauts
Ravine Ste-Marguerite
Piton Armand ou de Ste-Anne
529
N2
les Orangers
les Chicots
Cambourg
D3
Ravine Ste-Anne
Piton Armand les Hauts
Ravine des Orangers
Pointe de Bonne Espérance
Pont de Rivière de l'Est
la Rivière de l'Est
Bonne Espérance
Monument Corbett
N2
Ste-Rose
D57

Inmitten des grünen Regenwalds: die tiefe Takamaka-Schlucht

SERVICE & TIPPS

Le Grand-Etang
Von Saint-Benoît 8 km auf der N3, dann rechts abbiegen und 3 km der betonierten Forststraße folgen
Dschungeliger Rundweg um den größten See der Insel mit einem Abstecher zum Wasserfall Cascades du Bras d'Annette (ca. 1,5–2,5 Std.). Der ca. 7 km lange Weg kann nach starkem Regenfall und Überflutungen gesperrt sein. Picknicktische und BBQ-Grillvorrichtungen für gemütliche Pausen sind vorhanden.

6 TAKAMAKA-WASSERFALL

Wer noch mehr Wasserfälle sehen will, fährt über teils haarsträubend enge und steile Kehren von der Küste auf der D53 landeinwärts zum Takamaka-Wasserfall (ca. 20 km westlich von Sainte-Anne). Das Takamaka-Reservoir liegt in dem gleichnamigen wilden Tal, das der Rivière des Marsouins hier gebildet hat. Schon entlang der Landstraße fließen die Wassermassen einzelner Kaskaden an Steilwänden senkrecht abwärts und ist man erst ganz oben am Ende der Serpentinen-Piste auf dem

820 Meter hohen Aussichtsplateau angelangt, kommt man aus dem Staunen nicht mehr heraus: Aberdutzende kleiner und großer Kaskaden schießen hier aus den Regenwäldern des Forêt de Bébour-Bélouve zwischen pelzig-grünen Felswänden herab – mal schmal wie weiße Bindfäden, mal über zig kleine Absätze stolpernd, mal gischtsprühend wie ein Pferdeschweif oder als Doppelschwall in schönster prahlerischer Pracht – bis sie schließlich in einem azurblauen, kreisrunden Becken enden. Am schönsten sind die gestuften und majestätischen, 500 Meter langen **Cascades de l'Arc-en-Ciel** (geradezu) und rechts davon die **Cascades Takamaka**.

Die zahllosen Wasserfälle der Gegend sind nicht nur ein beeindruckendes Naturschauspiel – sofern das Wetter mitspielt und die Wolkendecke über den Abgründen und dem tiefen Tal kurz aufreißt. Dies ist eine der regenreichsten und feuchtesten Ecken der Insel, weshalb die beiden **Wasserkraftwerke Takamaka I** und **II** mitsamt 37 Meter hohem Staudamm zur Stromerzeugung 1968 hier errichtet wurden. Ein architektonisches und technisches Wunderbauwerk der Franzosen: Denn wohin sollte man solch ein Kraftwerk mit Turbinen und zwei Staubecken in einer derart zerklüfteten, engen und unzugänglichen Bergwelt mit endlosen Canyons bauen? Unter die Erde lautete die Lösung. Und so sind nur die Hochspannungsmasten zu sehen, der Rest der gesamten Anlage, die immerhin die Insel zu zwei Dritteln mit Strom versorgt, versteckt sich im Inneren der Berge und ist für die Angestellten von hier oben nur über eine Liftfahrt in den tiefen Bergschacht zu erreichen.

Kleine Wege und Pfade führen durch den ansonsten undurchdringlichen Urwald Forêt de Bébour-Bélouve

SERVICE & TIPPS

Cascades Takamaka
Am Ende der D53 (ca. 3 km hinter dem großen Picknickplatz, Anfahrt insgesamt ca. 12 km, etwa 30 Min.)
Von einem 820 m hohen Aussichtspunkt und Wendeplatz des Kraftwerks blickt man auf spektakuläre Wasserfälle. Früh herkommen, hier regnet es ab dem frühen Vormittag und dauernd. Auf einer Helikop-

tertour kann man eintauchen in diese Schlucht, zu den kreisrunden Staubecken fliegen und ganz nah an den Wassermassen vorbeigleiten (z. B. mit Helilagon, www.helilagon.com, ab € 195).

Takamaka-Wanderung
Am Wendeplatz der D53 beginnt ein paradiesischer, aber nicht ungefährlicher Pfad hinunter ins Tal zum Staubecken *(barrage)* des Takamaka I. Sehr steil und rutschig führt er über Stahlkonstruktionen und -seile (360 m Höhenunterschied, ca. 2 Std.). Man muss sehr früh starten und sich vorher unbedingt erkundigen, ob der Pfad geöffnet ist. Im Tal ist ab Plaine des Palmistes auch spektakuläres Canyoning möglich – nur für Klettererfahrene und mit Veranstalter (z. B. dem Spezialisten Pranaventure, www.pranaventure.com).

7 SAINT-ANDRÉ

Von der Inselhauptstadt Saint-Denis ist es nur ein Katzensprung in die weitläufige Vanille-Metropole Saint-André (ca. 60 000 Einwohner): Hier werden seit dem 19. Jahrhundert Vanilleranken als Kletterpflanze in den dichten Wäldern angebaut – neben anderen Nutzpflanzen wie Tabak, Kaffee und Tee, Mais und Reis, Weizen und Zuckerrohr. In der **Plantation de Vanille** von Maurice Roulof kann man sich ein Bild von der aufwendigen und von Hand bestäubten Bourbonvanille-Produktion machen – am besten während der Erntezeit von Juni bis November. Dabei erfährt

DIE »ÖKO«-INSEL LA RÉUNION

Ab 2030 soll sich die Insel eigenständig und nur aus natürlichen und erneuerbaren Ressourcen mit Strom versorgen, etwa aus Vulkankraft. Schon jetzt liefern die beiden Wasserkraftwerke Takamaka I und II im Osten zwei Drittel des Energiebedarfs. Seit 2007 gibt es ein Solarkraftwerk. Das neueste Projekt gilt der Erzeugung von Bio-Treibstoff aus Mikroalgen. Eine Pilotanlage zur Produktion von Biomasse aus Mikroalgen wurde vom deutschen Institut für Getreideverarbeitung IGV bei Potsdam 2012 auf der Insel installiert, weil hier dank der ganzjährigen Sonneneinstrahlung eine zehn bis zwölf mal höhere Effektivität erreicht werden kann als an europäischen Standorten. Mit dem Bio-Kraftstoff sollen dann die Fahrzeuge auf dem arg verkehrsverstopften La Réunion betrieben werden. Reine Zukunftsmusik? Keineswegs, denn 2010 gelang es den Wissenschaftlern erstmals ein Flugzeug mit Bio-Treibstoff zu betreiben.

Das Wasserkraftwerk Takamaka II versorgt die Inselbewohner mit Strom

man Wissenswertes von der Herkunft der unscheinbaren grünen Vanilleschote aus der Azteken-Kultur im heutigen Mexiko über die Einführung der Orchideenpflanze auf La Réunion ab 1819 bis zum Veredelungs- und Reifungsprozess in der Fabrik, der schließlich nach einem Jahr zur Entwicklung des einzigartigen und so kostbaren Aromas des »schwarzen Goldes« führt. Dann wird klar, warum ein Kilogramm echte Bourbonvanille auf dem Weltmarkt schon mal 500 Euro kosten kann (der Marktpreis schwankt allerdings stark).

Ganesha, Sohn des Shiva und der Parvati, im küstennahen Temple du Colosse in Saint-André

Le Temple de Petit Bazar: Gopuram-Tempelturm eines weiteren Hindu-Tempels im Zentrum von Saint-André

Saint-André entpuppt sich als indischer Schmelztiegel: Auffallend viele Tamilen leben in der Stadt, Nachkommen der ehemaligen Vertragsarbeiter aus dem 19. Jahrhundert, und so ist es kein Wunder, dass hier nahe der Küste 1980 der inselgrößte und wichtigste Hindu-Tempel des Eilands entstanden ist: der **Temple du Colosse**. Der farbenprächtige hinduistische Sakralbau mit dem typischen Gopuram-Tempelturm, von dem zahllose Gottheiten auf den Besucher herabschauen, ist drei weiblichen Gottheiten gewidmet: Pandiale (auch Draupadi, die Feuergöttin), Kali (die Göttin des Todes und der Zerstörung, aber auch der Erneuerung) und Mariamen (auch Mariamman, die Regengöttin und Schwester Vishnus). Es sind die drei am meisten verehrten Gottheiten auf der Insel – neben dem Kriegsgott Murugan (auch Kartika) und dem weisen Elefantengott und Sohn Shivas, Ganesha, die selbstverständlich auch im Temple du Colosse vertreten sind. Zu den Feiertagen findet auf dem Gelände in den Aschegräben das religiöse Feuerlaufen statt, das der Selbstkasteiung und Einhaltung von Gelübden dient.

Strelitzien sind – transportgerecht verpackt – ein schönes Souvenir

Ausflugsziele:

Ein weiteres idyllisches und dschungeliges Ausflugsziel sind die **Cascades du Niagara** bei Sainte-Suzanne (ca. 6 km nordwestl. von Saint-André), diesmal ist der Name allerdings vielversprechender als die Kaskade selbst. Die Wassermassen des Rivière Sainte-Suzanne stürzen etwa 40 Meter abwärts in einen smaragdgrünen Badepool. In der Regenzeit ist der Wasserfall nicht ganz so breit wie sein Namensgeber, aber ebenfalls beeindruckend. Die steilen Felswände werden von Felskletterern auf dem ersten Klettersteig der Insel erobert.

Canyoning und Abseiling sowie Seilbahnen *(tyroliennes)* locken viele Adrenalinsportler an das drei Kilometer entfernte Flussbecken **Bassin Bœuf** – man kann aber auch einfach nur picknicken oder mit dem Kajak dorthin paddeln.

Wer von Saint-André auf die D48 in den **Cirque de Salazie** landeinwärts abzweigt, fährt bald darauf auf einer herrlichen Panoramastrecke – selbst bei Regen ist die enge bizarre Schlucht atemberaubend (vgl. S. 261 f.).

SERVICE & TIPPS

Office de Tourisme
In der Maison Martin Valliamée
1590, chemin du Centre
97440 Saint-André
✆ 0262 46 16 16
www.lebeaupays.com
Mo, Mi–Fr 8–12.30 und 13.30–16.30 Uhr
In der 1925 erbauten, auffälligen Kolonialvilla werden Führungen durchs Haus veranstaltet, man erhält Broschüren, Hotellisten und kann sogar an Kochkursen teilnehmen.

Die Touristeninformation von Sainte-Suzanne befindet sich im 1845 erbauten Leuchtturm **Phare de Bel Air** (Mo geschl.), in dem öfter Ausstellungen stattfinden.

Plantation de Vanille Roulof
470, chemin Deschanets, Saint-André (neben dem Hindu-Tempel Petit Bazar)
✆ 0692 10 87 15 (mobil)
www.lavanilledelareunion.com
Führungen auf Französisch Mo–Sa 11, 14, 15 und 16 Uhr, € 4
Inselgrößte Vanilleplantage der Familie Roulof. Ein Besuch ist während der Ernte von Juni bis November am lohnenswertesten.

Des Weiteren kann man die **Coopérative de Vanille in Bras-Panon** besuchen (ca. 5 km südöstl. von Saint-André, www.vanillebourbon.e-monsite.com) oder die **La Vanillerraie du Domaine de Grand Hazier** in Sainte-Suzanne (ca. 7 km nordwestl., www.lavanilleraie.com).

Temple du Colosse
Route de Champ-Borne (D47)
Saint-André
Anmeldung in der Touristeninformation erwünscht oder unter: ✆ 0262 46 91 63 und 0692 87 87 80 (mobil)
Tägl. 6–18 Uhr
Lang gestreckter hinduistischer Tempelbau, der größte Tempel im Lande. Auf dem Gelände Schuhe ausziehen, das Tempelinnere ist nur nach Anmeldung zu besichtigen. Zu den hinduistischen Festen wie dem Tempelfest im Dez./Jan. findet das religiöse Feuerlaufen statt. Der Tempel ist nicht zu verwechseln mit dem ausgeschil-

derten **Parc du Colosse**, einer Art Vergnügungspark entlang der Küste mit Teichen, Buden, Picknick- und Spielplätzen, Spazier- und Joggingwegen, in dem oft Konzerte und andere Festivitäten stattfinden.

Le Beau Rivage
873, Route de Champ-Borne (D47), Saint-André
✆ 0262 46 08 66
Di–Sa 12–14.30 und 17–21.30 Uhr, So nur mittags
Großes Touristenlokal mit Meerblick im Garten der Vieille Église. Man hat die Qual der Wahl angesichts der großen Speisekarte mit indischen und chinesischen, französischen und natürlich kreolischen Gerichten. Außerdem regionale Spezialitäten wie Palmherzensalat (So mittags auch Buffet). €€

Die Hindu-Feste
Die Hindu-Mehrheit feiert stets einige farbenprächtige Feste und verwandelt das Städtchen beispielsweise zum **Dipavali-Fest** alljährlich im Okt./Nov. in ein einziges Lichtermeer aus Fackeln und Kerzen.

Ausflugsziele:

Sucrière Bois-Rouge und Distillerie de Savanna
2, chemin Bois-Rouge, Cambuston, Saint-André (ca. 3 km nördl. von Saint-André)
✆ 0262 58 03 98
www.distilleriesavanna.com
Sucrière Bois-Rouge Mo–Sa 9–18 Uhr, Distillerie de Savanna Mo–Sa 10–18 Uhr
Von den einst 189 Zuckerrohrfabriken auf der Insel ist dies eine der letzten zwei. Daneben liegt die Rum-Destillerie de Savanna. Geführte Touren durch die Zuckerfabrik während der Erntezeit von Juli bis Dezember nach Anmeldung, auch nachts, mit anschließender Verkostung in der Rum-Brennerei. Ein Rum-Laden verkauft bis zu 15 Jahre alten Rum und aromatisierte Sorten. Gegenüber bietet die kreolische Boutique Tafia & Galabé süßes Naschwerk, aromatisierten Zucker und Sirup.

Cascades du Niagara
Ca. 6 km nordwestl. von Saint-André (ausgeschildert)
Wasserfall mit Badepool. Vor allem für Anfänger geeignet ist der Klettersteig Via Ferrata. Niagara Vertical bietet einen Abenteuer-Parcours an der Felswand. Der Preis enthält den Zugang sowie die Miete für die Kletterausrüstung.

Canyoning und Kajaking ist auf dem 3 km entfernten Flussbecken **Bassin Bœuf** möglich (ab Bagatelle, Ortsteil von Sainte-Suzanne, Info bei Evasion Kreol, www.canyoning-ilereunion.com).

Les Berges du Bocage
1, chemin de Bocage
97441 Sainte-Suzanne
✆ 0262 94 43 17
Tägl. 10–14 Uhr
Hübsch im Grünen gelegenes Lokal mit kleinen Pavillons und Kinderspielplatz. Hier gibt es eine große Auswahl an typischen Gerichten, von Salaten über Chinesisches, Kreolisches und Europäisches. €€

Pharest
22, rue Blanchet
Sainte-Suzanne
✆ 0262 98 91 10
www.pharest-reunion.com
Tägl. 7–22 Uhr
Das rustikale Hotellokal bietet einheimische Kost und Touristen-Menüs. Spezialität ist das World-Food-Menü mit Indischem und Thai-Curry, Couscous, Chili con Carne und Paella (€€€, nur nach Reservierung). Außerdem einige Bungalows (€). €€

Leuchtturm in Sainte-Suzanne: »Le Phare de Bel-Air« von 1845

DAS BERGLAND

DIE DREI CIRQUES – HINTER DEN 60 BERGEN

Den UNESCO-Status als Weltnaturerbe verdankt die Insel den drei gigantisch schönen und fast schon außerirdisch bizarren Talkesseln in ihrem Zentrum. Zu Füßen des Piton des Neiges – der in der Inselmitte mit seinen erhabenen 3071 Metern die höchste Bergspitze im Indischen Ozean bildet – liegen die drei sagenhaften Cirques: Cilaos, Salazie und Mafate. Diese Täler sind keineswegs flach oder hügelig wie in unseren vulkan- und zyklonfreien Breiten, denn sie sind durch vulkanische Launen und extreme klimatische Bedingungen im Laufe der Jahrmillionen gebildet worden – im einstigen Krater abgesackt und abgerutscht, zerbröselt und zerbröckelt. An den derart erodierten Vulkanflanken und zerklüfteten Kraterrändern drängen und zwängen sich die so entstandenen Zwei- und Dreitausender – auf engstem Raum von kaum 20 Kilometern Durchmesser im Inselinnern. Die herausragendsten Kraterrand-Spitzen, der Le Gros Morne (3019 m) und der steilwandige Le Grand Bénare (2898 m), sind nur zwei von mehr als 60 Bergen auf diesem kleinen Eiland, die höher als 500 Meter emporragen.

Die Bergkolosse bilden unzählige Gipfel und Täler, Schluchten und Plateaus, Rinnen und Steilhänge, Zacken und Zipfel, Felsabbrüche, Kämme und Klippen. Staunend steht der Betrachter an den küstennahen Aussichtspunkten und schaut quasi von außen in die Talkessel: etwa am steil abfallenden Piton Maïdo mit seinem Breitwandpanorama auf 2200 Meter Höhe, am Cap Noir mit Blick ins sensationelle Mafate-Tal und am La Fenêtre, von dem man ins Cilaos-Tal schaut. Ein geologisches Amphitheater, wie sogar die Wissenschaftler schwärmen. Erst 2007 ist der Nationalpark gegründet worden und 2010 war auch die UNESCO überzeugt von der einmaligen und wilden Schönheit der drei Cirques mit Vulkan, die immerhin mehr als 40 Prozent der Landmasse La Réunions ausmachen.

Tsilaosa (Tsy laozana) – »Ein Ort, an dem man sicher ist«. Für die hierher geflüchteten madagassischen Plantagen-Sklaven war es eine trügerische Sicherheit, viele wurden von Kopfgeldjägern aufgespürt und erschossen. Nach den entflohenen Sklaven zogen Mitte des 18. Jahrhunderts auch die weißen Siedler (die *petits blancs*) in die Cirques – auf der Suche nach bestellbarem Land, das an der Küste

Cirque de Cilaos: Die manchmal erschreckend großen Seidenspinnen (Nephila inaurata) mit mehreren Meter großen Netzen stellen für den Menschen keine Gefahr dar

knapp wurde. Und so scheint heute jedes noch so kleine Hochplateau mit einer Streusiedlung, einem Inselchen *(îlet)*, besetzt – ganz nah am Abhang oder im Schatten der steilsten Kraterwand gelegen, umzingelt von den Bergriesen.

In den Cirque de Mafate gelangt man bis heute nur zu Fuß – oder per Helikopter! Die Diskussion, ob auch hierher eine Straße durch die Berge gebohrt werden soll, scheint abgeschlossen. Die Mafatais haben erkannt, dass der Wandertourismus in die quasi eingekesselten Dörfer wie La Nouvelle und Marla viele wandernde Besucher geradezu magisch anzieht.

Grandioser Ausblick von La Fenêtre auf den Talkessel Cirque de Cilaos

Piton Cabris
1441
Îlet Fougères
Aurère
1642
la Roche Écrite
2276
Îlet Roc
à Jacq
2
Cirque
Îlet à Malheur
le Cimendef
2228
Grand-Îlet
Église St-M
Îlot
des Lataniers
Cayenne
Casabois
3
Îlet à Bourse
Saint-Denis
le Bélier
Crête des Orangers
Grand Place
de
Camp Pierror
Crête des Calumets
Le Grand S
Piton Marmite
Ravine Cimandal
le Bronchard
Col des Boeuf
S
Îlet Cimendal
Morne
de Fourche
2267
le Piton
Roche Plate
la Nouvelle
Coll de Fourche
1942
Plaine des Tamarins
Mafate
le Gros Morne
3019
Piton de la Ravine
St-Gilles
2373
les Trois Roches
Rivière des Galets
les Salazes
le Grand Bord
Maison Laclos
Kerval
Piton de la
Glacière
Marla
Caverne de
la Glacière
Saint-Paul
Les Trois Salazes
2599
Col du Taïbit
2081
Îlet des Salazes
Bras Rouge
Cascade
Pissa
le Grand Bénare
2898
Bassin
des Salazes
le Pavé
Îlet
Fleurs Jaunes
Îlets
du Bois Rouge
1
Cirque
Cascades
de Bras-Rouge
Thermes
Forêt du Tapcal
D242
la Chapelle
Cilaos
N5
Bras de St Paul
le
Petit Bénare
de
Mare Sèche
D48
Îlet-à-Cordes
la Plate Forme
Îlets du Bras
de St-Paul
Saint-Pierr
Cila
Bras Rouge
N
N5
0
3 km
Le Gros Mome
de Gueule Rouge
Obelisque

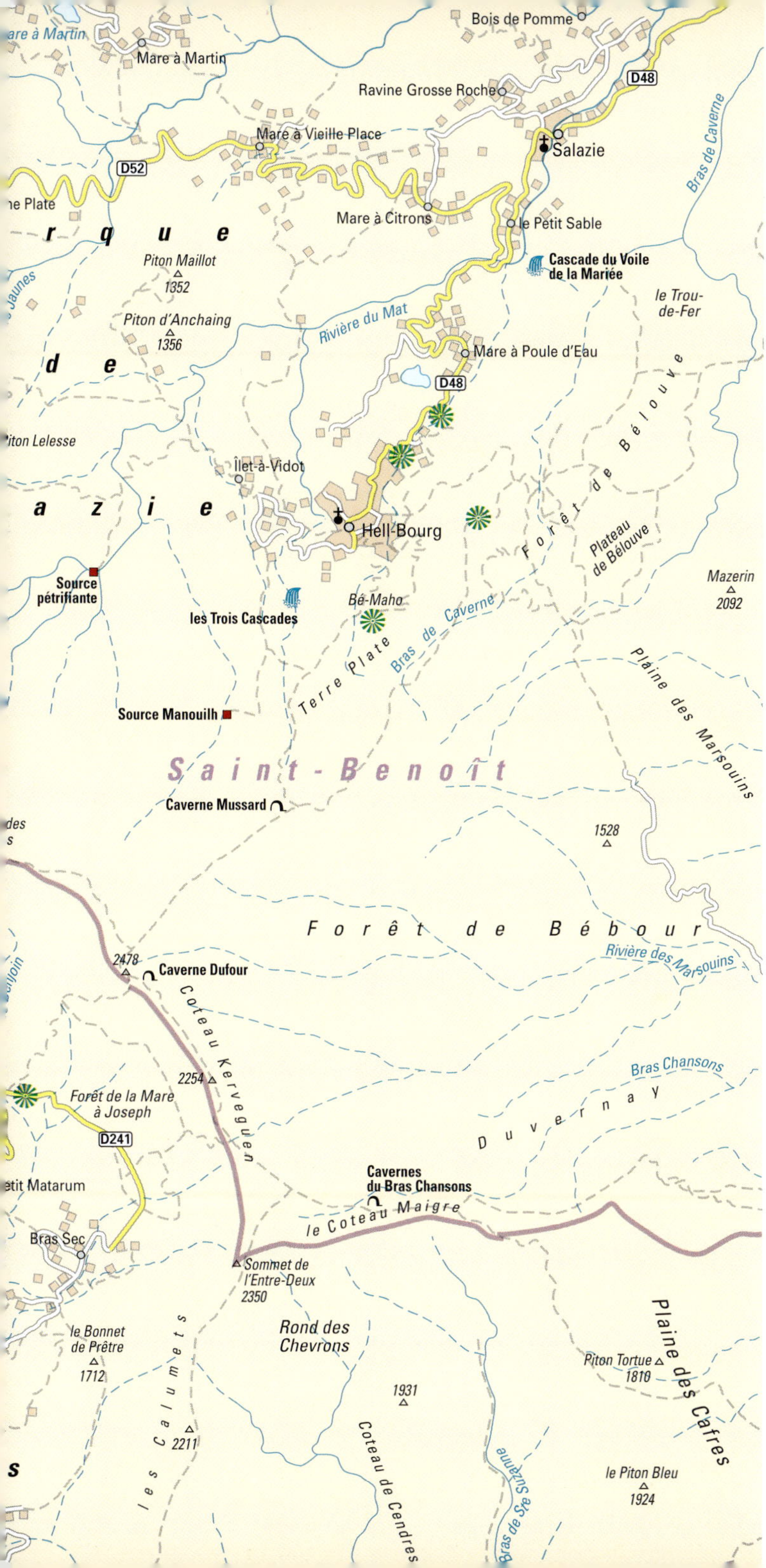
Bois de Pomme
Mare à Martin
Ravine Grosse Roche
D48
Mare à Vieille Place
Salazie
Bras de Caverne
D52
Mare à Citrons
le Petit Sable
Piton Maillot
1352
Cascade du Voile de la Mariée
le Trou-de-Fer
Piton d'Anchaing
1356
Rivière du Mat
Mare à Poule d'Eau
D48
Forêt de Bélouve
Îlet-à-Vidot
Hell-Bourg
Plateau de Bélouve
Source pétrifiante
les Trois Cascades
Bé-Maho
Mazerin
2092
Bras de Caverne
Terre Plate
Plaine des Marsouins
Source Manouilh
Saint-Benoît
Caverne Mussard
1528
Forêt de Bébour
Rivière des Marsouins
2478
Caverne Dufour
Coteau Kerveguen
2254
Bras Chansons
Forêt de la Mare à Joseph
Duvernay
D241
Cavernes du Bras Chansons
le Coteau Maigre
Bras Sec
Sommet de l'Entre-Deux
2350
Rond des Chevrons
Plaine des Cafres
le Bonnet de Prêtre
1712
Piton Tortue
1810
les Calumets
1931
2211
Coteau de Cendres
Bras de Ste Suzanne
le Piton Bleu
1924

❶ CIRQUE DE CILAOS

Beachtenswert: der Reichtum der Vogelwelt auf La Réunion

Bis 1932 war auch der südlichste Talkessel, der nahezu kreisrunde Cirque de Cilaos, nur zu Fuß, per Pferd oder im Ochsenkarren erreichbar. So gelangten bereits vor rund 150 Jahren die Kurgäste zu dem Luftkurort, viele sogar in einer Sänfte von Kulis getragen. Dann bohrte man (damals ohne Sprengstoff) acht Jahre lang vom Küstenstädtchen Saint-Louis eine schier endlos erscheinende Passstraße durch die Schlucht des Rivière Bras de Cilaos. An seinem Flussbett geht es nun auf der schwindelerregenden N5 im Kurvenrausch immer weiter aufwärts – entlang den abrupt abbrechenden Bergflanken des mächtigen Le Dimitile und schroffen Steilwänden, über den Fluss, durch mehrere Canyons und einspurige Tunnel. Immer enger, höher und steiler zwängt sich die Panoramastrecke gen Norden. Eine Kehre folgt der nächsten, Biege um Biege, Haarnadelkurve nach Haarnadelkurve. Keine zehn Meter scheint das Sträßlein gerade oder eben zu verlaufen – 420 Kurven auf 38 Kilometer bis nach Cilaos. Hupen ist hier reiner Selbstschutz, Begegnungen mit Bussen Millimeterarbeit.

Näher als in **Cilaos** kommt man dem inselhöchsten Berg nicht: Das Städtchen mit seinen rund 5000 Bewohnern liegt auf 1200 Meter auf einem Plateau an der Südflanke des Piton des Neiges. Vom kleinen See Mare-à-Jonc mit Elektrobooten und Springbrunnen bietet sich ein fantastischer Blick auf den **Le Grand Bénare**, der mit seiner mächtigen, fast 3000 Meter hohen Steilwand den Ort vom Rest der Welt abzuschirmen scheint. Die Sehenswürdigkeiten sind schnell an einer Hand abgezählt und in einer halben Stunde besichtigt: die Kirche **Nôtre-Dame-des-Neiges**, 1938 im Art-déco-Stil mit schlankem, hohem Turm erbaut, die rosafarbene **Villa Soledad** mit kreolischem Zierwerk (31, rue de Père-Boiteau) und das **Kurmittelhaus** im Nordosten der Stadt. Die

Auf einem Hochplateau im Talkessel von Cilaos: die Art-déco-Kirche Nôtre-Dame-des-Neiges

Gipfelblick: der Piton des Neiges – höchster Berg der Insel La Réunion

PITON DES NEIGES

Der Piton des Neiges (die »Schneespitze«) gehört zusammen mit den drei Cirques seit 2010 zum UNESCO-Weltnaturerbe. Er ist nicht nur der mit 3071 Metern höchste Berg der Insel, sondern auch die höchste Erhebung im Indischen Ozean. Er stieg vom Meeresboden als sogenannter Hot Spot auf, dabei wurde vor etwa drei Millionen Jahren die Insel La Réunion gebildet. Bis auf den Meeresgrund misst der Vulkan ganze 7000 Meter und hat einen Umfang von 800 Kilometern – er gilt damit als einer der weltgrößten Vulkane. Seit rund 12 000 Jahren ist er erloschen, aber es gibt ja noch den jüngeren Piton de la Fournaise im Inselosten, der mit jährlich ein bis zwei Ausbrüchen einer der aktivsten Vulkane weltweit ist. Zuletzt lag auf dem Piton des Neiges im Juni 2013 Schnee, wenn auch nur für ein paar Stunden.

Am besten sieht man den Bergriesen übrigens vom Col de Bellevue auf der Passstraße N3 aus 1600 Meter Höhe (ca. 5 km nördl. von Borg-Murat) – sofern das Wetter auf den oft verregneten Hochebenen Plaines des Cafres und Plaine des Palmistes mitspielt.

Neben den drei berühmten Talkesseln existierte einst noch ein viertes Tal, das jedoch bei jüngeren Ausbrüchen mit Lava gefüllt wurde und heute mit dem 6000 Hektar großen Urwald Forêt de Bélouve bedeckt ist.

herrliche Naturkulisse macht den Cirque de Cilaos zum Trekking-Mekka. Viele Pfade verlaufen bergab und bergauf durch das elf Kilometer breite Tal auf den Spuren der um 1750 entflohenen madagassischen Sklaven, den *marrons*, die in ihren Verstecken von Menschenjägern gegen Kopfgeld aufgespürt und erschossen wurden. Brutal und berüchtigt war beispielsweise François Mussard, nach dem eine dunkle Höhle benannt ist. Beeindruckende Bergspitzen wie Le Dimitile und der Talkessel Mafate tragen jedoch die Namen der bekanntesten Sklaven.

Beliebte mehrtägige Wanderungen ins Nachbartal Mafate über den **Col du Taïbit** (2081 m) starten in Cilaos. Canyoning-Abenteuer verheißen eine gehörige Portion Adrenalin, etwa in

Landschaftspanorama des vulkanischen Cilaos-Tal

der sieben Kilometer entfernten **Fleurs-Jaunes-Schlucht**. Tabak-, Linsen- und Maisfelder liegen am Wegesrand, man durchquert Wälder aus Tamarinden, Sicheltannen und Eukalyptus. Über die Weinreben sollte man sich nicht wundern: Im Cilaos-Tal wird bereits seit 1771 Wein angebaut, heute geschützt unter dem Label Vin de Pays mit den Rebsorten Chenin, Malbec und Pinot Noir.

Das Ende der Erde ist für Busfahrer etwa zwölf Kilometer südwestlich von Cilaos erreicht, wenn sie an der Station »Terre Fin« wenden – Endstation einer sagenhaft engen Bergpiste (D242) im Örtchen **Îlet-à-Cordes**, das »Inselchen an den Seilen« zu Füßen des steilwandigen Le Grand Bénare. Auf das schmale Plateau kletterten die Sklaven vor Jahrhunderten an Seilen hoch, um ihre Verfolger mit Spürhunden und Pistolen abzuschütteln.

Der sprichwörtliche Höhepunkt für viele Réunion-Wanderer ist der höchste Berg des Indischen Ozeans: Der **Piton des Neiges** scheint von Cilaos aus verlockend nah, doch den rund sechsstündigen, kräftezehrenden Aufstieg sollten nur geübte Wanderer und Bergsteiger wagen. Immerhin müssen 1700 Höhenmeter gleich zweimal bewältigt werden – hoch und wieder runter! Der zweitägige Gipfeltreck führt zuerst acht Kilometer durch steilen Tropen- und Nebelwald, der von Sicheltannen abgelöst wird, und schließlich durch eine Heidelandschaft und über Geröllpisten und glatte Basaltfelsen. Als Belohnung liegt einem nicht nur Cilaos sondern ganz La Réunion zu Füßen, wenn nicht sogar der Indische Ozean – vorausgesetzt das Wetter spielt mit, denn Wolken verdecken rasend schnell den Blick auf Talkessel und Ozean.

SERVICE & TIPPS

Office du Tourisme und Maison de la Montagne
2, rue Mac-Auliffe
97413 Cilaos
✆ 0262 31 71 71, 0820-20 32 20
www.ville-cilaos.fr
Mo–Sa 8–12.30 und 13.30–17, So 9–12 Uhr
Nur auf Französisch!
Vor allem Wanderkarten und Reservierung für Wanderhütten. Gegenüber in der Post gibt es einen Geldautomaten.

Maison de la Broderie de Cilaos
4, rue des Écoles, Cilaos
✆ 0262 31 77 48
Mo–Sa 9.30–12 und 14–17, So 9.30–12 Uhr
Eintritt frei
Die für Cilaos typischen Stickereien kann man sich im kleinen Museum ansehen (mit Vorführung) und im Laden kaufen: Tischdecken, Servietten und andere handgemachte Mitbringsel. Man kann auch einen Stickkurs belegen, um die seit Generationen weitergegebene spezielle Technik Jours de Cilaos zu erlernen.

Maison des Vins du Chai de Cilaos
34, rue des Glycines, Cilaos
✆ 0262 31 79 69
www.chaidecilaos.reunion.fr (nur auf Französisch)
Mo–Sa 9–12.30 und 14–17.30 Uhr, Eintritt frei
In der Weinkooperative wird zuerst ein kurzer Film über den hiesigen Weinanbau seit 1771 gezeigt (auf Französisch), der Führung folgt eine Weinprobe. Der eher süße Wein aus dem Cilaos-Talkessel ist sicherlich Geschmackssache, aber hier kann, wer will, sich mit den (nicht gerade preiswerten) Flaschen eindecken.

Maison Zafer Lontan
30 B, rue Saint-Louis, Cilaos
✆ 0692 03 61 48 und 0692 44 99 87 (mobil)
Mo, Mi–Sa 10–12 und 13.30–17.30 Uhr
Eintritt frei
Ein Privatmuseum mit einigen historischen Ausstellungsobjekten wie einer Sänfte, einem Oldtimer und Grammophonen. Filmvorführungen mit den Erinnerungen der älteren Einheimischen.

Eine Kunstgalerie zeigt Skulpturen und Gemälde des Künstlers Jean-Luc Techer.

Le Platane
46, rue de Père-Boiteau, Cilaos
✆ 0262 31 77 23
Tägl. 7–22 Uhr
In dem zitronengelben Blockhaus an der Hauptstraße kann man im Speisesaal oder auf der Terrasse essen. Neben den ein-

Trauben aus hiesigem Anbau, einem der entlegensten Weinanbaugebiete der Welt

heimischen Caris mit Cilaos-Linsen gibt es auch Pizza, Shrimps usw. Ein bisschen zu klein geratene Portionen. Außerdem werden vier Balkonzimmer vermietet (€€). €–€€

Cascades de Bras-Rouge
Ca. 2 km nordwestl. von Cilaos, Start an der D242 (hinter der Kirche, ausgeschildert)
Der Rivière Bras-Rouge stürzt als Wasserfall aus rund 20 m Höhe in eine enge Schlucht. Ein bequemer Spaziergang führt dorthin und vorbei an den Ruinen des alten Thermalbades nordwestlich von Cilaos zu einigen Picknickplätzen (hin und zurück ca. 2,5 Std, ca. 4 km).

Wer noch weiterwandern will, kann den Fluss durchqueren und kurze Zeit später nach einer Steilpassage ein herrliches Bergpanorama mit dem Piton des Neiges und anderen Bergriesen bewundern.

Die nun deutlich beschwerlichere Wanderung ins Tal des Rivière Bras-Rouge kann als Rundweg über Bassin Bleu und durch Sicheltannen-Wald fortgesetzt werden. Wer unterwegs schlappmacht, kann die Wanderung an der D242 nach etwa 3,5 Stunden um 2 Stunden verkürzen und zurück nach Cilaos trampen (Rundweg ca. 6 Std., ca. 8 km, 680 Höhenmeter).

Piton des Neiges
Start an der D241 (ab Parkplatz Le Bloc), ca. 2 km nördlich von Cilaos
Der höchste Berg des Indischen Ozeans wird meist in einer Zwei-Tages-Tour von geübten und trittsicheren Wanderern und Bergsteigern erobert. Dick anziehen, Taschen- und Stirnlampen sowie eine Reservierung in der spartanischen Berghütte Gîte de la Caverne Dufour auf halbem Weg (auf 2479 m, 3–5 Std.) sind für den frühmorgendlichen Gipfelsturm notwendig.

Von dieser sollte man am zweiten Tag um 4 Uhr starten, um pünktlich zum Sonnenaufgang auf dem 3071 m hohen Gipfelplateau anzukommen (Auf- und Abstieg insgesamt 15 km, reine Gehzeit 9–10 Std., ca. 1700 Höhenmeter).

Im Winter zwischen Juni und Sept. gibt es weniger Wolken. Man kann vom Gipfel auch nach Hell-Bourg ins Salazie-Tal hinabsteigen (5 Std.) oder in den Bélouve-Wald (5 Std.).

Cilaos Aventure
12, chemin la Chapelle, Cilaos
✆ 0692 66 73 42 (mobil)
www.cilaosaventure.com
Beim Canyoning in der Ravine Fleurs-Jaunes (ca. 7 km nordwestl. von Cilaos an der D242) können sich auch Anfänger im Canyon und am Wasserfall kopfüber abseilen, aus 9 m Höhe ins Becken springen und Tarzan imitieren – natürlich nur mit Helm und Schwimmweste.

Thermes de Cilaos Irénée Accot
Route de Bras-Sec, an der D241, Cilaos
✆ 0262 31 72 27
E-mail: thermes-cilaos@cg974.fr
www.cg974.fr/thermes
Mo–Fr ca. 10–12.30 und 13.30–ca. 16 Uhr, Mi, Sa/So nachmittags geschl.
Nach all den anstrengenden Wanderungen mitsamt Blasen und dickem Knie – wie wäre es mit einer Wohltat? In dem Kurmittelhaus werden medizinische Massagen (30 Min. € 38) und Hydromassagen, Schlamm-Algen-Packungen, Shiatsu, Jacuzzi, Sauna (€ 12) und Hammam angeboten – auch als Tagespakete buchbar (ab ca. € 85). Die Bäder in dem Thermalwasser (31 und 38 °C) helfen beispielsweise gegen Rheuma und Hautkrankheiten.

Vitaminreich: Surinamkirsche (Eugenia uniflora) oder »Cerisier de Cayenne«

❷ 10 CIRQUE DE MAFATE

Ein Tal gänzlich ohne Autos: Die zehn Dörfer – Îlets (Inseln) genannt – im Cirque de Mafate sind bis heute nur zu Fuß erreichbar – oder per Hubschrauber-Taxi. Das westlichste, mit nur sieben Kilometern engste und trockenste Tal des Weltnaturerbes durchqueren etwa zehn (Fern-)Wanderwege, einer spektakulärer als der andere. Sie führen in jahrhundertelang schier unzugängliche Landschaften, die nur entflohene Sklaven wie einst Mafate erlebt haben: Der legendäre Sklave wurde hier gejagt und 1751 vom Sklavenjäger François Mussard getötet. Heute ist nicht nur das Tal nach ihm benannt, sondern auch der taleigene Radiokanal (FM 89,9 Mhz). Ganze 800 Mafatais leben in dem Kraterkessel, erst seit knapp 30 Jahren gibt es hier Fernsehen. Die meisten züchten Kühe oder Schweine und leben als Gastwirte vom Tourismus, vor allem in La Nouvelle, oder arbeiten an der Instandhaltung der Wanderwege.

La Nouvelle, die größte Siedlung mit rund 140 Einwohnern, schmiegt sich auf 1450 Meter Höhe an den Fuß des **Morne de Fourche** (2267 m). Eine niedliche Holzkirche, eine Schule, eine Post, ein Bäckerei-Café, zwei Lokale, drei Krämerläden, zig Gästehäuser, ein Campingplatz und eine solarbetriebene Telefonzelle weist das Örtchen auf. Am Freitag und Samstag wird es voll, aber in den Ferien oder wenn am Sonntagmittag alle Wanderer wieder auf dem Heimweg an die Küste sind, kann das Dorf wie ausgestorben wirken und alles ist geschlossen.

Das verschlafene Dorf **Marla** liegt ca. zwei Kilometer südlich auf 1650 Meter und ist kleiner und ruhiger als La Nouvelle. In dem abgeschiedenen Weiler leben nicht mal ein Dutzend Familien im Schatten des erhabenen Bergriesen Le Grand Bénare und der drei markanten Bergspitzen Trois Salazes. Und doch herrscht hier stetes Kommen und Gehen, zwei beliebte Wanderwege von den benachbarten Talkesseln Salazie und Cilaos führen am Ort vorbei. Auch in der Luft ist immer was los, Sightseeing-Rundflüge knattern über die Szenerie (außer sonntags). Die Hubschrauber werden auch als Taxis oder für Materiallieferungen, Post und

Die Réunionweihe (Circus maillardi), ein endemischer Greifvogel, wird von den Kreolen »Le Papangue« genannt

POSTBOTE IM MAFATE-TAL

Gegenüber vom Cap Noir am Dorf Sans-Souci beginnt eines der schwierigsten und aufregendsten Trekkingabenteuer: von der Westküste hinab ins Mafate-Tal nach Marla – mit Abstiegen von insgesamt 1700 Höhenmetern und Ausblicken von fast senkrechten Steilwänden wie aus einem Adlerhorst. Nur für einen war dieser Pfad namens Canalisation des Orangers bis zur Pensionierung für ganze vier Jahrzehnte Routine: Der frühere Briefträger für den Talkessel Mafate, Angélo Thiburce (geb. 1941), startete von 1965 bis 2004 im Dorf Sans-Souci jede Woche einmal seine viertägige, 120-Kilometer-Rundtour durch Mafate, bepackt mit bis zu 40 Kilogramm Briefen, Paketen, Lotteriescheinen und Medikamenten. Er wird bis heute als Held verehrt und in Liedern besungen. Insgesamt soll er während der Arbeit viermal die Erde umrundet haben: 180 000 Kilometer. Einer seiner Nachfolger, Jean-Marie Timon, muss auch noch ziemlich viel laufen, aber er lässt sich per Hubschrauber die Post ins Tal bringen, bevor er seine Tour beginnt.

Imposant: Der Talkessel Cirque de Mafate ist nur zu Fuß oder mit dem Helikopter erreichbar

Notfälle eingesetzt (immer montags kommt eine Schwester oder ein Arzt). Die Gemeinde zahlt die Flüge gemeinsam.

Das kleine Bergnest **La Roche Plate** liegt nordwestlich auf einem 1100 Meter hohen, aber winzigen Plateau direkt zu Füßen des hier steil abbrechenden Piton Maïdo, der aus 2205 Metern Höhe seinen Schatten wirft. Vom Berg kann man in nur drei Stunden ins Dorf hinabsteigen – eine Bewährungsprobe für die Knie, die 1100 Höhenmeter abwärts bewältigen müssen.

Zu Fuß ins Mafate-Tal kommen auch Gelegenheits-Wanderer am bequemsten und schnellsten (ca. 2 Std.) ab dem benachbarten Salazie-Tal vom Gipfel-Parkplatz des **Col des Bœufs** (1956 m): Es geht zuerst eine halbe Stunde lang in steilen Kehren abwärts, dabei durchquert man den fast geisterhaft wirkenden und meist vernebelten Märchenwald der Plaine des Tamarins mit Tamarindenbäumen und phosphoreszierend hellgrün leuchtenden Bartflechten, Heide- und Savannengras und wilden Erdbeeren. Umgestürzte Bäume zeugen von den Zyklonen, die auch hier wüten. Das Tal ist schließlich bei La Nouvelle auf 1450 Meter erreicht. Am Wochenende kann hier Gegenverkehr und »Stau« auf den Wegen herrschen, außerdem sind die Picknicktische besetzt, denn die vergleichsweise einfache Route ist auch bei einheimischen Familien beliebt. *Bonjour* und *ça va* gehören zum Wanderer-Small-Talk. Auch die Mafatais sind am Wochenende zu Besuch bei ihren Verwandten oder am Meer und kehren nun auf dem Trekkingpfad mit gefüllten Einkaufstüten und Taschen zurück. Da bleibt man fit. Und dann sind da noch die réunionesischen »Flitzer«, die *raider*: Sie tragen Hemd, Sportshorts und

FAUNA LA RÉUNIONS

Trotz der Wildheit der Natur ist die Fauna der Insel überschaubar: Als exotischstes Tier beeindruckt das giftgrüne Panther-Chamäleon (Furcifer pardalis) mit den gelbroten Glubschaugen, das bis 45 Zentimeter groß wird. Eher unscheinbar kommt sein ockerfarbenes Weibchen daher. Ebenso unspektakulär ist der Tenrek, ein igelartiges Wesen mit langer, spitzer Schnauze. Außerdem tummeln sich viele farbenprächtige Geckos auf der Insel. Es gibt einige sehr auffällige Vogelarten: der weiße Tropikvogel (Phaeton leptures) mit seiner langen Schwanzfeder, die zwei seltenen Meeresvögel Maskarenensturm- und Blausturmvogel, der leuchtend rote Kardinal, der endemische Maillard-Bussard und der vom Aussterben bedrohte, unscheinbare Tuit-Tuit. Eher schon trifft man beim Wandern den endemischen Tec-Tec (Saxicola tectes), den orange-weiß-schwarz gefiederte Réunionschmätzer oder die gelben Bélier-Webervögel.

Wandlungsfähig und bis zu einem halben Meter groß: das Panther-Chamäleon

Umso bunter wimmelt es im westlichen Indischen Ozean. 3500 Tierarten leben in den Korallenriffen, darunter 650 Riff-Fischarten: gestreifte Clownfische, bunte Papageienfische, skurril gefederte Rotfeuerfische, Blaustreifen-Schnapper, Zackenbarsche, Tintenfische und Kraken, Rochen, Muränen und Marline sowie Delfine und Buckelwale (letztere nur von Juni bis September/Oktober, wenn sie hier ihre Jungen zur Welt bringen).

eine Wasserflasche in der Hand, aber sie sind meist viel zu schnell vorbeigerannt für einen Gruß oder um sie aufs Foto zu bannen. Wer hier die Berge im Dauerlauf hochläuft, trainiert zweifellos für den großen Insellauf »der Verrückten«, den Grand Raid (vgl. S. 234). Schon etwas mehr Glück könnte man beim Fotografieren von Bussarden haben, des endemischen Tec-Tec (mit dem Braunkehlchen verwandt) oder des zutraulichen, igelähnlichen Tenrek mit seiner Spitzschnauze.

Picknick bei La Nouvelle

SERVICE & TIPPS

Informationen

Im Mafate-Tal gibt es 140 km Wanderwege und etwa 200 Gîtes und Gästehäuser (v. a. in La Nouvelle), die unbedingt im Voraus gebucht werden sollten, v. a. am Wochenende. Die Wanderungen sollten früh starten, da sich Nebel bilden kann und nachmittäglicher Regen zwischen Mai und Oktober nicht selten ist. Handys mit Notfallnummern sollte man unbedingt mitnehmen. Man kann sich auch hierher fliegen bzw. abholen lassen (Flugminute ab ca. € 20).

Informationen erhält man in der Post in La Nouvelle oder in den Gîtes.

Gîte d'Expedit Hoareau

Marla, 97460 Saint-Paul
✆ 0262 43 78 31
✆ 0692 35 44 00 (mobil)
Anmeldung empfohlen
Neben zwei Doppelzimmern und dem Schlafsaal mit Stockbetten und Gemeinschaftsbädern (€) kann man bei Madame Yolande Hoareau gute Hausmannskost essen, am besten nach Anmeldung. €

Le Marla

Neben dem Campinglatz Marla
✆ 0692 04 14 64 und 0692 04 49 55 (mobil)
Snackbar mit dem Notwendigsten: Wasser, Büchsenlimo, einheimisches Dodo-Bier, Wein, Zahnpasta, Socken und Seife. €

Keine Seltenheit im Cirque de Mafate: bis zu 20 Meter hohe Baumfarne

Keine Gut-Wetter-Garantie: Wanderung im Cirque de Mafate

Wanderung in den Cirque de Mafate vom Cirque de Salazie

Startpunkt am Ende der extrem kurvenreichen und steilen D52 hinter Le Bélier (ca. 33 km ab Hell-Bourg, Anfahrt etwa 1 Std., Vorsicht im Dunkeln wegen Straßenschäden am Ende)

Der einfachste und schnellste Zugang in den Cirque de Mafate ist der Abstieg ab dem Col des Bœufs (1956 m) im Cirque de Salazie: Von dem gebührenpflichtigen und bewachten Parkplatz Col Petit (€ 3) geht es erst über einen 1 km langen Schotterweg zum Ausblick am Col des Bœufs und dann auf dem Wanderweg GR1 ca. 600 Höhenmeter abwärts über Stufen, Felsgestein und teils glitschige Holzbalken und Baumstämme ins Tal nach Marla (ca. 8 km) oder nach La Nouvelle (ca. 6 km, ca. 2 Std.). Wer es eilig hat, der kann beide Mafate-Dörfer auch innerhalb eines Tages erwandern und wieder zurückkehren nach Hell-Bourg (ca. 8 Std., 14–18 km). Gîtes reserviert man über die Centrale d'information et de réservation régionale IRT (vormals: Maison de la Montagne; ✆ 0262 90 78 78, www.explorelareunion.com, vgl. S. 304).

Wanderung von La Nouvelle nach La Roche Plate

Zwischen den beiden Dörfern, die auf Hochplateaus liegen und nur einen Katzensprung voneinander entfernt zu sein scheinen – keine 2 km Luftlinie (vom Piton Maïdo herrlich zu sehen) –, liegt die tiefe Schlucht des Rivière des Galets. Eine spektakuläre, anspruchsvolle Wanderung auf dem Wanderweg GR2 führt Schwindelfreie und Trittsichere hinab und wieder hinauf, über Geröll, am Flussbett und auf einem Felsgrat zwischen zwei Wasserfällen entlang (einfacher Weg ca. 5 Std., etwa 8 km). Teilweise gibt es Drahtseilsicherungen. Wegen stellenweise schlechter Markierung sollte man am besten nur mit Guide unterwegs sein. Die Schlucht kann wegen Hochwasser gesperrt sein.

Wanderung von La Roche Plate nach Marla
Nur für geübte Wanderer geht es auf dem GR2 weiter südlich auf einem schwierigen und stellenweise gefährlichen Pfad von Roche Plate nach Marla. Nach etwa 3 Stunden erreicht man Trois Roches, wo der Rivière des Galets über Basaltfelsplatten fließt, um schließlich in einen engen Felsspalt zu stürzen und eine Stufe tiefer weiterzufließen. Der Wanderweg führt oben an der ungesicherten Abbruchklippe über glatte Basaltsteine und an der Wand des Talkessels entlang, die teils erklettert werden muss und oft steil und glitschig ist. Bei Hochwasser ist die Passage evtl. gesperrt, man sollte sich vorher erkundigen (etwa 6 Std., ca. 7 km, 1000 Höhenmeter auf und ab).

Shoppingtour im Kraterkessel Cirque de Salazie

3 CIRQUE DE SALAZIE

Einem Sesam-öffne-dich gleich zwängt sich die D48 von der Nordostküste in den Cirque de Salazie. Immer dicht entlang am Ufer des insellängsten Flusses Rivière du Mât, dessen Flussbett den Menschen den Weg gewiesen hat in diese bizarr-wilde Schlucht und Bergwelt – zuerst den fliehenden Sklaven im 18. Jahrhundert. Wie mit grünen Samt oder Plüsch überzogen stellen sich die mehr als 1000 Meter hohen Steilwände der Berge und ihrer Ausläufer in den Weg, beugen sich fast über die Straße: der **Cap Picard** (1158 m), der **Mazerin** mit seinem mächtigen Plateau (2092 m) und der markante **Piton d'Anchaing**, der von seinem Flachgipfel auf 1356 Meter ein 360-Grad-Panorama über das Tal verheißt und nach einem entflohenen Sklaven benannt ist. Die

Pittoreske kreolische Häuser in Hell-Bourg

Bergkulisse wird höher, steiler, spitzer und wilder bis es am Ende des Tals bei Hell-Bourg nicht mehr weitergeht. Nach jeder Kurve bietet sich eine neue fantastische Perspektive.

Zwischen all den Canyons, Gipfeln und Plateaus in dem größten und regenreichsten der Talkessel stürzen direkt an der D48 nicht ein oder zwei Kaskaden herab, nein: Hunderte! Manche ergießen sich direkt auf die schmale Straße – sieht man das Schild »Pisse en l'aire«, darf man nicht erschrecken, wenn es gleich aufs Autodach plätschert. Wo soll man nur zuerst hinschauen? Da ist die **Cascade Blanche** (vgl. Karte S. 238), ein imposanter senkrechter Wasserstrom, – als hätte jemand in den Bergen einen gigantischen Wasserhahn geöffnet. Und erst der mehrere hundert Meter hohe **Le Voile de la Mariée**, der wie ein Brautschleier in zig kleineren Kaskaden und Stufen den Berghang herabplätschert. Hier erzählt man sich die tragische Legende der verbotenen Liebe der jungen Amanda Armand, die über ihren Brautschleier stolperte und den Abhang hinunter zu Tode stürzte.

Auf den Felsabsätzen mitten im Wasserfall wuchert übrigens nicht Efeu, sondern das von Weitem ähnlich aussehende Chouchou (Christophinen, ein Kürbisgewächs), ein im üppig grünen Blätterdach verborgenes Gemüse, das wie Kohlrabi schmeckt. Auch die sich spreizenden Bambushaine, Bananenstauden und wilder Wein lieben das feuchte Klima im Salazie-Talkessel.

Obwohl das Tal bereits 1830 erstmals von weißen Bauern besiedelt wurde, leben heute kaum 10 000 *Salaziens* in drei größeren Dörfern und einer Handvoll winziger Siedlungen. Der unscheinbare Ort **Salazie** verteilt sich rund um die 1941 erbaute Kirche Nôtre Dame de l'Assomption, die mit ihren beiden quadratischen Türmen wie eine kleine Trutzburg vor dem dicht dahinter aufragenden Bergwall steht und so gar nicht hierher passen will. Schöner ist die Kirche **Saint-Martin** in **Grand-Îlet** (ca. 15 km westl. an der kurvigen D52), die ursprünglich 1936 ganz aus *bardeaux*, Holzschindeln, errichtet wurde und nach dem verheerenden Zyklon Hollanda im Februar 1994 vollständig rekonstruiert werden musste.

Bananenstaude im Cirque de Salazie

Nach 24 Kilometern Kehren und Kurven ist das Ende des Tales auf der D48 erreicht. Hier an der Nordostflanke des Piton des Neiges und seiner Ausläufer erlangte **Hell-Bourg** (ca. 10 km südwestlich von Salazie) im 19. Jahrhundert wegen seiner 32 Grad heißen Heilquellen unter reichen Plantagenbesitzern und Europäern Berühmtheit: als klimatisch angenehmer Luftkurort auf 930 Meter Höhe mitsamt Therme, Lazarett und Kasino. 1948 zerstörte ein Zyklon die Thermalquellen, die Kurgäste fuhren fortan nach Cilaos.

Heute ist Hell-Bourg sozusagen die Trekking-Metropole des Salazie-Tales mit zahllosen Wanderstrecken, die hier starten. Man hat die

Qual der Wahl: Möchte man innerhalb von zwei Tagen hinauf auf den höchsten Inselgipfel oder steil hinab ins benachbarte Mafate-Tal oder in den Dschungel von Bélouve zum Höllenloch Trou-de-Fer? Aber auch das Dorf selbst mit seinen alten kreolischen Villen und Hotels zu Füßen des Piton d'Anchaing und des Plateau de Bélouve zieht viele Tagesausflügler an. Gekürt als eines der schönsten Dörfer Frankreichs bekam der Ort eine EU-Finanzspritze zur Renovierung seiner 26 denkmalgeschützten Häuser, von denen die meisten ausgeschildert und einige auch von innen zu besichtigen sind. Ein Beispiel ist die malerische, 1870 erbaute **Maison Folio** mit ihrem zierlichen Gartenpavillon, der immer wieder als Filmkulisse dient.

Der Cirque de Salazie – das Land der Wasserfälle und Bergwälder

Ein schöner Panoramablick ergibt sich von der Steilpiste nach **Bé-Maho** auf 1045 Meter. Hoch über dem Dorf kann man die imposante Bergkulisse vom Piton d'Anchaing (1352 m) ganz vorne bis zu den beiden erhabenen Spitzen des La Roche Ecrite (2277 m) und des Le Cimendef (2228 m) im Nordwesten bestaunen.

Vom Gipfel des **Col des Bœufs** (1956 m) führt ein herrlicher Wanderpfad steil hinab in den benachbarten Cirque de Mafate – der am wenigsten beschwerliche und »nur« 600 Höhenmeter abwärts führende Mafate-Trekkingpfad durch Heidelandschaft, Tamarinden- und Sicheltannenwälder (vgl. S. 258, 260).

Alternative zum Wandern: eine Autofahrt durch den Fôret de Bélouve auf der asphaltierten RF2 (Route Forestière)

SERVICE & TIPPS

Office du Tourisme
47, rue du Général de Gaulle
97433 Hell-Bourg
✆ 0262 47 89 89
Mo–Sa 9–12 und 13–17, So 8–12 Uhr
Der hier erhältliche Stadtplan »Circuit des Cases Creoles« führt innerhalb einer Stunde zu den restaurierten Villen der Stadt, z. B. der **Maison de Folio** (20, rue Amiral Lacaze), der **Villa Barau** (27, rue du Général de Gaulle) oder der **Villa Lucilly** (71, rue du Général de Gaulle) mit niedlichen verzierten *guétali*, Ausguckpavillons.

Écomusée de Salazie
60, rue du Général de Gaulle
Hell-Bourg (am Ortseingang)
✆ 0262 47 89 28
Mo–Fr 9–16 Uhr, Eintritt frei
Das kleine Museum gibt einen Überblick über die Besiedlungsgeschichte des Tals.

Maison de Folio
20, rue Amiral Lacaze
Hell-Bourg
✆ 0262 47 80 98, 0692 22 22 98 (mobil)
Tägl. 9–11.30 und 14–17 Uhr, stündlich Führungen auf Französisch
Eintritt € 4, unter 10 J. frei
Denkmalgeschütztes Juwel der kreolischen Baukunst, durch das die Besitzer Yolaine und Jean-François Folio selbst führen. Die kleine, 1870 erbaute Villa beeindruckt nicht nur mit typischem Zierwerk und Originalmöbeln, sondern auch mit einem gepflegten Orchideen- und Kräutergarten, Duftpflanzen wie Geranien und Patschuli, Farnbäumen, Springbrunnen und einem kleinen Museum.

Cascade Blanche
An der D48 (ca. 5 km nordöstl. von Salazie)
Auf den Wasserfall Cascade Blanche blickt man von zwei Aussichtspunkten. Einer liegt kurz vor der Pont de l'Escalier, die den Fluss erstmals quert. Er verfügt über einen großen Picknickplatz.

Cascades du Voile de la Mariée
An der D48 (ca. 7 km südwestl. der Cascade Blanche)
Der mehrere hundert Meter hohe Wasserfall fällt wie ein Brautschleier in vielen kleineren Kaskaden und Stufen herab.

Nôtre Dame de l'Assomption
An der D48
97433 Salazie
Auffällige Kirche mit zwei vierstöckigen Türmen aus dem Jahr 1941. So ziemlich die einzige Sehenswürdigkeit in dem kleinen Ort.

Bé-Maho
Route de Bé-Maho (ca. 3 km südl. von Hell-Bourg)
Herrlicher Aussichtspunkt hinter dem Hotel Les Jardins d'Héva mit Picknickpavillons. Von hier hat man einen Rundblick auf u. a. den Piton d'Anchaing, den Roche Ecrite und den Le Cimendef.

Le Relais de Cimes
67, rue du Général de Gaulle
Hell-Bourg
✆ 0262 47 81 58
www.relaisdescimes.com
Tägl. 12–14 und 19–22 Uhr
Beste Landesküche, flink und nett serviert. Unbedingt probieren sollte man die regionale Spezialität, das Gratin de Chouchou oder Schweinefleisch-Cari mit Chouchou. An Wochenenden reserviert man besser. €–€€

Trois Cascades
Südl. von Hell-Bourg
Von der D48 Richtung Îlet-à-

Wasserfälle im Cirque de Salazie: die Trois Cascades ▷

Überwuchert von Moos und Flechten: der Wolkenregenwald Fôret de Bélouve

Vidot zweigt links ein steiler Wanderpfad zu den Trois Cascades, den drei Wasserfällen, ab, die gegen Ende der Regenzeit, wenn sie am meisten Wasser führen, am eindrucksvollsten sind. Hin und zurück benötigt man etwa eine Stunde (2 km).

Wanderung in den Cirque de Mafate
Vgl. S. 260.

Wanderung zum Fôret de Bélouve und Trou-de-Fer
Startpunkt hinter dem Forsthaus Hell-Bourg, auf dem Chemin de Bélouve
In den Urwald Fôret de Bélouve und zu seinem versteckten »Höllenloch«, dem Trou-de-Fer, kann man auch ab Hell-Bourg auf einem teils sehr steilen Tagesausflug gelangen. Man passiert dabei ganz nebenbei einen der schönsten Rundblicke auf das Salazie-Tal. Der Weg ab der Gîtes de Bélouve, die man nach ca. 2 Stunden erreicht (mit kleinem Museum), hinab zum Trou-de-Fer führt durch Tamarindenwald mit Epiphyten (Aufsitzerpflanzen, z. B. Orchideen), Bartflechten und Sumpf und kann sehr rutschig und morastig sein, vor allem nach Regen. Belohnt wird die Wanderung mit einem atemberaubenden Blick ins dröhnende Höllenloch, wo nach der Regenzeit gleich sechs Kaskaden von allen Seiten des Bélouve-Plateaus 300 m senkrecht in die Kesselschlucht des Rivière Bras de Caverne stürzen – ein Dschungelparadies für Kletterprofis und sogar Gleitschirmflieger. Am besten sehen Normalsterbliche das Höllenloch allerdings bei einem Rundflug mit dem Helikopter. Für den Weg hin und zurück plant man etwa 7 Stunden ein (ca. 13 km), man sollte früh aufbrechen, da es ab vormittags sehr feucht und neblig werden kann. Es gibt viele alternative Bélouve-Wanderwege, etwa den Sentier de la Tamarinaie.

Fête du Chouchou
Im Juni feiert man in Hell-Bourg mit Essensständen und Musik das berühmte Regionalgemüse, eine Christophine, die ursprünglich aus Mexiko importiert wurde (auch Chayote).

Über Bohlen geht es durch den Fôret de Bélouve

UNTERKÜNFTE

HOTELS, GÄSTEHÄUSER, GÎTES, CHAMBRE D'HÔTES

Allgemeine Angaben zu Unterkunftsmöglichkeiten finden sich im Kapitel Service von A bis Z.

Die in diesem Kapitel angegebenen Preiskategorien gelten für Hotels, Gästehäuser, Gîtes und Chambre d'hôtes auf allen drei Inseln. Die meisten Hotels bieten Halbpension, manchmal auch Vollpension. Nur in den Preisen der First-Class-Hotels sind meist weder Halb- noch Vollpension inbegriffen.

Das Preisniveau der Unterkünfte auf La Réunion liegt etwas höher als das auf Mauritius und Rodrigues.

€ – bis 70 Euro (private Gästehäuser, einfache Hotels, Ferienwohnungen, Gîtes-Wanderhütten und Chambre d'hôtes auf La Réunion)
€€ – 70 bis 130 Euro (Mittelklassehotels)
€€€ – 130 bis 200 Euro (gehobene Hotels)
€€€€ – über 200 Euro (First-Class-Hotels)

MAURITIUS

Belle Mare

Constance Le Prince Maurice
Choisy Rd.
Poste de Flacq (nördl. von Belle Mare)
✆ 402 29 99
www.constancehotels.com
Eine neue Generation von Luxushotel: Hier gibt es keine Rezeption, sondern nur ganz individuellen Service, bis hin zur Anreise auf dem eigenen Hubschrauberlandeplatz. Außergewöhnliche Architektur in Harmonie mit der Natur: Die meisten palmstrohgedeckten Bungalows stehen auf Pfeilern über der Lagune, einige Suiten haben einen eigenen Pool. €€€€

»One & Only Le Saint Géran« nördlich von Belle Mare: Villen im mauritischen Kolonialstil

Le Saint Géran
Pointe de Flacq (nördl. von Belle Mare)
✆ 401 16 88, in Deutschland 0800 724 41 71
http://lesaintgeran.oneandonlyresorts.com
Der Himmel auf Erden: eine der nobelsten Herbergen der Insel mit Spa und 9-Loch-Golfplatz, Weltklasseköchen und Kids-Only-Club. Überraschend legere Atmosphäre. €€€€

AI LUX Belle Mare
Coastal Rd., Belle Mare
✆ 402 20 00
www.luxresorts.com
Das Flaggschiff der mauritischen LUX-Kette (vormals Naiade): palmstrohgedeckte Häuser mit zwei Etagen verteilt um eine herrliche Poollandschaft (2000 m²!) im weitläufigen Garten, außerdem lichtdurchflutete Suiten und zwölf Villen in Strandnähe mit beheizten Privatpools. Ob Babys, Kids oder Teens – jeder hat hier seinen eigenen Club. All-inclusive. €€€€

L'Ilot Villa
Coastal Rd.
Roches Noires (ca. 15 km nördl. von Belle Mare)
Keine telefonische Buchung möglich
www.lilot.biz
Eine eigene Insel gefällig? Eine Felseninsel an der Nordostküste mit einem 100 m langen Damm zum Festland und einer Villa darauf – kann man mehr Privatsphäre haben? Malini kocht für die Gäste und kümmert sich um den Haushalt, während die Gäste am eigenen Mini-Strand unter Filaos auf die Lagune schauen. Die vier Zimmer, schlicht und geschmackvoll eingerichtet, bieten jeglichen Luxus und Hightech (iPod-Station, High-Speed-WLAN, auf Wunsch Massage, Babysitter oder Butler ...) – alles gar nicht mal so unbezahlbar (Villa: € 600). €€€

La Maison d'Été
Coastal Rd.
Poste Lafayette (nördl. von Belle Mare)
✆ 410 50 39
www.lamaisondete.com
Hübsches Hotel mit nur 13 Zimmern in doppelstöckigen Häuschen an einem sehr ruhig gelegenen Mini-Strand mit Korallen. Das Honeymoon-Zimmer (Nr. 10) mit Riesenterrasse und Meerblick gibt es zum selben Preis! Räder, Kajaks und Schnorchelausrüstung können geliehen werden. Das Hotel ist im europäischen Sommer geschl., Sept.–Mai kommen viele Stammgäste.
€€

Veranda Palmar Beach
Coastal Rd., Belle Mare
✆ 402 35 00
www.veranda-resorts.com
Am Strand und am Pool stehen die bei deutschen und französischen Gästen sehr beliebten, doppelstöckigen Reihenbungalows der mittleren Klasse mit Blick aufs Meer und 76 geschmackvoll eingerichteten Zimmer. Zwei Restaurants am Strand und Poolbar, Segashows. All-inclusive.
€€

Cap Malheureux/Coin de Mire

Le Paradise Cove Boutique Hotel
Royal Rd., Anse la Raie
✆ 204 38 20
www.paradisecovehotel.com
Nobles und intimes Etablissement, im wahrsten Sinn paradiesisch: schneeweiße, zweistöckige Villen um eine Mini-Lagune, kleine private Strände in Felsbuchten. Himmelbetten und maurisch angehauchte Bäder in den 67 Zimmern und Suiten machen die Romantik perfekt. €€€€

Coin de Mire Attitude
Royal Rd., Bain Bœuf
✆ 204 38 20
https://hotels-attitude.com
Wunderschönes Dreisternehotel mit 107 gemütlichen Balkon-Zimmern in einem tropischen Garten, zwei Pools, über die Straße schmaler Strand mit Wassersportmöglichkeiten. €€

Flic en Flac

La Pirogue
Wolmar, Flic en Flac
✆ 403 39 00
In Deutschland: ✆ (069) 92 03 47 60
www.lapirogue.com
Fünfsterne-Luxus am endlosen Strand: originell-rustikale Stein-Chalets mit Strohdach in einem weiten Palmengarten, familienfreundlich mit Kinderspaß im Sun Kids Club und Animation. Kasino, Tennis, Hochseeangeln. Das Haupt-Restaurant liegt unter einer Kuppel, die ans Opernhaus in Sydney erinnert. All-inclusive. €€€€

Sands Resort & Spa
Wolmar, Flic en Flac
✆ 403 12 00
www.sands.mu
Klein und überschaubar und trotzdem mit viel Platz: Die 91 hellen und großen Zimmer (alle mit Meerblick und Ankleideraum) verteilen sich an einem herrlichen Strandabschnitt mit Traumblick über die Küste. Großer verlockender Pool, toller Service und sehr gutes Preis-Leistungs-Verhältnis. Drei Restaurants, Spa, alle möglichen Sportarten, u. a. Wasserski, sind inklusive. €€€€

Anelia (vormals: Klondike)
Coastal/Klondike Rd., Flic en Flac
✆ 453 83 33, www.aneliaresort.com
Ein kreolisches Dorf mit 150 Zimmern in zweistöckigen, modernen Häusern und älteren, spitzgiebeligen Reihenhäuschen. Sehr familiär, es gibt nur einen felsigen Mini-Strand, aber dafür einen verlockenden Infinity-Wasserfall-Pool, und der lange Flic-Flac-Beach ist auch nur zehn Minuten entfernt. €€€

Villas Caroline
Royal Rd., Flic en Flac
✆ 453 84 11
www.villa-caroline-hotel-mauritius.mu
Kreolisch inspirierte Architektur: zweistöckige Villas mit 78 gemütlichen Zimmern mit Balkonblick. Breiter Strand, Pool, jede Menge Wassersport, Glasbodenboote und eine eigene Tauchschule. Beliebt bei italienischen Familien. €

Grand Baie

Royal Palm
Royal Rd., Grand Baie
✆ 209 83 00, www.beachcomber-hotels.com
Einfach ein Traum: das Top-Hotel der Weltstars. Nur 66 geräumige Zimmer, 84 Suiten, ein Penthouse und jede Menge Privatsphäre. Clarin-Spa, Romantisches Freiluft-Restaurant. €€€€

Ocean Villas
Royal Rd., Grand Baie
✆ 263 10 00
www.ocean-villas.com
Eine mediterran anmutende, schon etwas ältere Anlage im ruhigen Palmengarten am eigenen kleinen Strand. Preiswerte, zweistöckige Apartments (für bis zu acht Personen), eigener Supermarkt, Pool und Jacuzzi. €–€€€€

Grand Gaube

LUX Grand Gaube
Pointe Réjane, Grand Gaube
✆ 204 91 91

»LUX ME« – DAS ÜBERRASCHENDE HOTELKONZEPT DER LUX-KETTE

Da hat sich endlich mal ein Hotel- oder Marketingmanager was für seine Gäste ausgedacht: Die mauritische LUX-Kette überrascht ihre Gäste auf Mauritius und La Réunion tagtäglich mit einem originellen und modernen Unterhaltungskonzept, denn so ein Lux(us)leben kann ja auf Dauer auch richtig langweilig sein.

Das fängt mit der knallroten britischen Telefonzelle an, die meist nahe der Lobby steht und für erste Gratis-Heimatanrufe genutzt wird. Der Hotelgast kann sich in allen LUX-Herbergen durch den hoteleigenen Kräutergarten zwischen Chili und Vanille schnüffeln, sich beim Riesenschach unter Palmen messen und danach beim javanesischen Honeymoon-Bad entspannen. Am Abend lümmelt man im nächtlichen Open-Air-Kino auf Liegen und Sofas oder wirft bei Séancen unter den Sternen einen Blick in die Zukunft. Auch die einheimische Kultur wird ins Haus eingeladen, etwa wenn Kunsthandwerker und inselbekannte Musiker ihr Können demonstrieren.

Außerdem wird belohnt, wer in einem LUX-Hotel die Augen offenhält: Eimer mit eisgekühlten Limonaden stehen immer irgendwo am Wegesrand, und an der täglich woanders versteckten »Secret Bar« – einer kleinen Holzscheune auf Rollen – kann man sich selbst seinen Lieblings-Cocktail mixen. Wer die »Message in a bottle« findet (die am Strand verbuddelte Flaschenpost), bekommt einen Geschenkgutschein.

Action ist selbstverständlich: Neben dem üblichen Entertainment- und Sportangebot kann man in diversen Kursen den Kochlöffel oder die Hüften zu Sega-Rhythmen schwingen oder die steilsten Berge erklimmen. Währenddessen kümmern sich Kids Club und Teens Club um die Jüngeren. Für die Details, wann was wo los ist, immer schön in die tägliche Haus-Postille gucken …

Hotelparadies im Norden von Mauritius: das LUX Grand Gaube

www.luxresorts.com
Man glaubt und sieht es kaum, dass dieses romantisch-elegante Hotel seine Gäste in 198 Zimmern (teils behindertengerecht) beherbergt, alle mit fantastischem Blick auf die drei malerisch geschwungenen Mini-Buchten in der Lagune. Doch nicht allein das: vier Pools, drei Restaurants, zwei Bars, Tennisplatz, Kinosaal und Open-Air-Kino, Wassersport, Spa und Hubschrauberlandeplatz. €€€€

Grande Rivière Noire

La Mariposa
Allee des Pecheurs
La Preneuse Coastal Rd. (ca. 1 km nördl. von Grande Rivière Noire)
✆ 483 50 48
www.lamariposa.mu
Direkt am Meer und am schmalem Strand eines Villenviertels liegt das kleine ruhige Apartmenthotel mit 16 wohnlichen Zimmern/Studios bzw. bis zu Vierzimmer-Apartments. Frühstück auf Terrasse oder Balkon, sehr gut ausgestattete Küchen, TV, WLAN, Liegestühle am Strand und auf der Wiese und sogar ein kleiner Pool.
€€

Le Morne

Le Paradis
Le Morne
✆ 401 50 50
www.beachcomber-hotels.com
Weltspitzenklasse in Traumlage: strohgedeckte, zweistöckige Häuser im tropischen Garten, luxuriöse Villen, sehr behagliche Zimmer. Zwei Pools, Clarin-Spa, vier Restaurants, Tennis, Golfplatz und Kasino.
€€€€

LUX Le Morne
Coastal Rd., Le Morne Plage
✆ 401 40 00
www.luxresorts.com
Hübsche Bungalowanlage im Kolonialstil am 600 m langen Strand zu Füßen des Le Morne Brabant. Schon der Eintritt in die Lobby bietet einen atemberaubenden Ausblick auf den Pool (einer von vier!) und den flach abfallenden Strand. Alle 149 Zimmer haben Meerblick, es gibt drei erstklassige Restaurants, perfekte (Sega-)Shows. Alle möglichen Sportarten von Joggen und Hiking über Yoga und Sega-Tanzkurs bis Kitesurfen in der eigene Kitesurfschule werden angeboten.
€€€€

Rusty Pelican
Morc La Fièche, La Gaulette (ca. 4 km nördl. vom Le Morne Brabant)
✆ 059 78 91 40 und 057 66 59 22 (mobil)
www.rusty-pelican.com
Bed & Breakfast in einem Fischerdorf. Das zweistöckige Apartmenthaus verfügt über vier geräumige Zimmer mit Balkon und Küche – fast schon Wohnsäle. Wunderschön dekoriert, herrliche Bäder und toller Blick auf Berg und Meer. Der Strand ist zehn Autominuten entfernt – oder man nutzt den Pool im Garten zur Erfrischung. Die deutsche Gastgeberin Corinna wohnt nebenan und kann mit Ausflugs- oder Restauranttipps weiterhelfen. WLAN. €

Mahébourg

AI **Le Shandrani**
Blue Bay, Mahébourg
✆ 603 41 00
www.beachcomber-hotels.com
Die Mondgöttin Shandrani macht Träume wahr in dieser fantastischen, weitläufigen Luxusanlage der Beachcomber-Gruppe: spektakuläre Lage auf einer Halbinsel – somit kann man hier sowohl Sonnenauf- als auch Sonnenuntergang genießen, an den drei Stränden sowohl Badewannen-Feeling als auch gute Wellen für Kitesurfer. In der Hochsaison hat man die Wahl zwischen fünf Restaurants und kann den Golfplatz nutzen. Die Lage nahe am Flughafen ist bei täglich maximal zehn Fliegern nicht wirklich eine Belästigung. All-inclusive. €€€€

Astroea Beach
Coastal Rd., Pointe d'Esny, Mahébourg
✆ 631 42 82, www.southerncrosshotels.mu
Unterschiedlich große Bungalows in einem Garten am herrlichen Strand, mit Küche und Veranda. Es gibt auch elf preiswertere Zimmer. Eigenes Restaurant. €€

Jardin de Corail
Coastal Rd. (nahe Le Preskil Hotel)
Pointe d'Esny, Mahébourg
✆ 631 11 03 und
✆ 054 97 84 94 (mobil Ingrid)
http://mauritiusguesthouse.com
Eine kleine Oase: Zwei hübsche Appartments mit Himmelbetten und Balkon direkt am (privaten) Strandstück unter Kasuarinen. Die mauritischen Gastgeber Ingrid und Denis wohnen im Erdgeschoss und sind stets mit Rat und Tat zur Stelle, einen Pool gibt es neuerdings im Garten auch. €€

Moderner Kolonialstil: LUX Le Morne

Mont Choisy vgl. Trou aux Biches

Péreybère

Bleu de Toi
Coastal Rd., Péreybère
✆ 269 17 61, www.bleudetoi.mu
In dem zweistöckigen Ferienhaus etwas im Hinterland (ausgeschildert) verbergen sich acht wunderschöne Zimmer, teils mit Balkon sowie Minibar, TV, Safe – alle sehr geschmackvoll und groß (im 2. Stock etwas kleiner). Pool im Palmengarten mit Buddhas, kuscheligen Lounge-Sofas und Hängematten. €€

Le Beach Club
Coastal Rd., Péreybère
✆ 263 51 04, www.le-beachclub.com
Neun einfache, aber ordentliche Studios und sieben Apartments direkt an der kleinen Badebucht mit Garten- oder Meerblick. €€

Blue Bird
Imapasse Zali, Old Mill Rd., Péreybère
✆ 263 70 36
www.bluebirdmauritius.com
Sechs Studios in palmstrohgedeckten Häuschen von Petra Pilger und Liat Lam. Schöne wohnliche Einrichtung mit Küchenzeile, Balkon oder Terrasse zum Garten. Eine rustikale Villa (4–5 Personen, €€) liegt direkt am kleinen Pool. €–€€

Der Sandstrand des Maritim Hotels direkt an der Turtle Bay bei Balaclava: Man muss mit unberechenbaren Meeresströmungen rechnen

Pointe Aux Piments

Le Victoria
Pointe aux Piments
✆ 204 20 00
www.beachcomber-hotels.com
Großer, eleganter Hotelkomplex am langen Strand mit hellen geräumigen Zimmern, imposanter Poollandschaft, vier Restaurants und einem Wassersportzentrum. €€€€

Maritim
Balaclava, Turtle Bay, Terre Rouge
Pointe aux Piments
✆ 204 10 00
www.maritim.de
Hier spricht man Deutsch, versteht sich: Luxushotel an der halbrunden, abgelegenen Bucht mit weitläufigem Garten um eine fantastische Badelandschaft. 215 komfortable Zimmer, Tennis, Golfplatz, Reitpferde. Das Büfett könnte in dieser Preisklasse abwechslungsreicher sein (vier andere exquisite Lokale leider nur gegen Aufpreis und oft ausgebucht). €€€€

Le Meridien Ile Maurice
Village Hall Lane
Pointe aux Piments
✆ 204 33 33
www.lemeridien-mauritius.com
Komfort ohne Ende in diesem herrlichen Fünfsternehotel. Auch wenn die Einrichtung nicht die neueste ist, bietet das Meridien gewohnten Standard, alle möglichen Sportarten bis hin zum Wasserski sind inklusive (für den Strand Badeschuhe mitnehmen!). €€€

Villas Mon Plaisir
Royal Rd., Pointe aux Piments
✆ 261 79 80
www.villasmonplaisir.com
Kleines Mittelklasse-Relaxhotel, ruhig und abgelegen am etwas felsigen Korallen-

strand (Badeschuhe mitnehmen). Die Zimmer auf zwei Etagen haben teilweise Meerblick von Balkon oder Veranda, sind allerdings nichts für hohe Ansprüche. Es gibt BBQ am Strand und regelmäßige Folklore-Shows. €€

Port Louis

Labourdonnais Waterfront Hotel
Caudan Waterfront, Port Louis
✆ 202 40 00
www.labourdonnais.com
Das Businesshotel auf Mauritius, in dem man den Strand vor lauter Fünfsterne-Service nicht vermisst. 109 luxuriöse Zimmer und elf Suiten mit Meerblick direkt im Geschäftsviertel. Vier Restaurants, drei Bars, Spa und Health Center. €€€€

Souillac

Shanti Maurice
Rivière des Galets, Chemin Grenier
✆ 603 72 00
www.shantimaurice.com
Top-Boutiquehotel im absolut einsamen und abgelegenen Süden. Für Ruhesuchende ist dies das Hotel schlechthin, ob am schön geschwungenen Strand, in der seichten Bucht, im Spa – das größte im Indischen Ozean – oder in den nur 62 Suiten und Villen (alle mit Privatpool und Meerblick). Österreichischer Küchenchef. €€€€

Andrea Lodges
Union Ducray
Rivière des Anguilles (durch das Zuckerfabrikgelände)
✆ 054 71 05 55 (mobil)
http://andrea-lodges.com
Das Privatanwesen versteckt sich in einem Wald an der Steilküste. Recht schlicht möblierte Zimmer in einer Handvoll Bungalows, aber die einsame Lage ist fantastisch. Winziger Pool, mittags stoppen gelegentlich Reisegruppen im Lokal mit kreolischer Hausmannskost, die Wellen sind tosendlaut. €€€

L'Auberge de Saint Aubin
Saint Aubin, Rivière des Anguilles
✆ 626 15 13, www.saintaubin.mu
Eine koloniale Zeitreise: In dem mehr als 100 Jahre alten, kreolischen Landhaus im Hinterland zwischen Teeplantagen und Zuckerrohrfeldern warten nur drei herrliche Zimmer mit Himmelbetten und Parkett. Kleiner Pool im idyllischen Garten. €€

Tamarin Bay

Tamarin Hotel
Tamarin Beach, Tamarin
✆ 483 31 00
www.hotel-tamarin.com
Schlichtes, preiswertes und alteingesessenes Hotel in einem schönen Garten, keine 50 m vom Strand. 58 ordentliche, aber kleine Balkon- und Terrassenzimmer mit Klimaanlage und Telefon. Familiäre Atmosphäre, viele deutsche Angler als Stammgäste. Restaurant und Pool, PADI-Tauchschule und das Beste für Jazz-Liebhaber: regelmäßige Live-Konzerte! €€–€€€

Trou aux Biches und Mont Choisy

AI Le Canonniers
Royal Rd., Pointe aux Canonniers
✆ 209 70 00
www.beachcomber-hotels.com
An der Landspitze gelegenes und doch recht zentrales Viersternehotel mit Zugang zu drei Stränden. Lockere Atmosphäre, 284 mit viel Holz möblierte und ansonsten recht schlichte Zimmer (teils zur Seeseite, teils zweistöckig, gut für Familien). Drei Restaurants, Kids Club, eigene Diskothek und Hausband. All-inclusive. €€€€

Trou aux Biches Resort & Spa
Trou aux Biches, Triolet
✆ 204 68 00
www.beachcomber-hotels.com
Palmstrohgedeckte, hübsche Villen (edles Holz-Interieur, viele mit privatem Pool

bzw. Planschbecken) im weitläufigen Palmengarten entlang des kilometerlangen flachen Strandes – einem der schönsten der Insel (trotzdem empfehlen sich Badeschuhe, fliegende Händler mögen den öffentlichen Strand auch). Außerdem Suiten, riesiger Pool, Clarin-Spa, Kasino, Golfplatz. €€€€

Casuarina Resort & Spa
Trou aux Biches
✆ 204 50 00
www.hotel-casuarina.com
Das beliebte Hotel beherbergt seine Gäste in großen Zimmern und Zweizimmer-Bungalows im Garten. Schöner Pool, drei sehr gute Restaurants, eigener Spa. Um den schmalen Strand zu erreichen, muss man nur über die Straße gehen. €€€

Mont Choisy Beach Resort
Royal Rd., Mont Choisy
✆ 265 85 00
www.monchoisy.com
Relativ neue, familiäre und sehr gepflegte Anlage direkt am Meer mit 88 schicken Zimmern und Studios (Küche, WLAN, teils Meerblick-Veranden) um einen Pool und im weitläufigen Garten. Internationale Gäste aus allen Ecken der Welt. €€

Trou d'Eau Douce

Shangri-La Le Touessrok
Trou d'Eau Douce
✆ 402 74 00
In Deutschland: ✆ 0800 181 80 26
www.shangri-la.com
Spitzenhotel der Shangri-La-Kette, das wiederholt als »weltbestes Hotel« ausgezeichnet wurde. Die Bungalows verteilen sich auf fünf (!) Stränden an der palmenbestandenen Lagune und auf winzigen Halbinseln. Viele, teils idyllisch versteckte Pools und ein echter Abenteuerspielplatz für Kinder. €€€€

AI Silver Beach
Royal Rd., Trou d´Eau Douce
✆ 480 26 00
www.silverbeach.mu
Ein All-inclusive-Schnäppchen (selbst einheimische alkoholische Getränke sind inklusive). Mehrstöckiges, etwas älteres, aber vor allem bei Deutschen immer noch

Den Sonnenuntergang vom Bootssteg aus genießen: Trou aux Biches Resort

beliebtes Dreisternehotel am schmalen Strand mit Liegewiese. Insgesamt 60 bequeme Zimmer mit Balkon/Terrasse, teilweise mit Sicht aufs Meer, dazu fünf doppelstöckige Häuschen im Garten. Pool. €€€

Tropical Attitude
La Pelouse
Trou d'Eau Douce
✆ 204 38 20
www.hotels-attitude.com
Kleines, sehr ruhiges und freundliches Strandhotel der Mittelklasse, in dem viele Angestellte Deutsch sprechen. 60 mit Rattanmöbeln ausgestattete Zimmer mit Balkon oder Veranda. Nur wenige Schritte zum Meer. Es gibt einen Pool und eine eigene Tauchbasis. €€€

AI **Hotel Friday Attitude**
La Pelouse, Trou d'Eau Douce
✆ 204 38 20
www.hotels-attitude.com
Sehr tropisch und grün, sehr familienfreundlich. Das kleine Hotel liegt an einem zwei Kilometer langen Strand und bietet 55 All-inclusive-Zimmer auf ein bis zwei Etagen (allein 16 Familienzimmer) rund um den Pool. Die vorderen sechs Zimmer haben herrliche Meersicht. Beachvolleyball, Kids Pool, Billard und viele andere Spiele, dreimal wöchentlich Animation. All-inclusive. €€

Vieux Grand Port

Hacienda Resort
Vieux Grand Port (ca. 2 km oberhalb des Ortes, auf den kleinen Wegweiser achten)
✆ 263 09 14
www.lahaciendamauritius.com
Das umwerfende Panorama entschädigt für die abenteuerliche Anreise, oder besser den Gipfelsturm im dröhnenden ersten Gang. Die vier Stelzen-Bungalows verteilen sich in dramatischer, aber ruhigster Lage am Hang unterhalb des Montagne du Lion, mit Open-Air-Bad, Klimaanlage, Satellitenfernsehen, Safe, WLAN, Küche. Hier stören nur die Moskitos. Frühstück auf der eigenen Veranda ist inklusive, Essen kann geliefert werden. Kleiner Pool im Garten, BBQ. €€

Eine Alternative zum Hotel: private Unterkünfte für Individualisten von einfach bis zu Luxusunterkünften (Trou aux Biches)

RODRIGUES

Im Norden

Le Recif
Anse aux Anglais
✆ 831 07 60
www.lerecifhotel.com
Kleines, direkt über dem Meer gelegenes Hotel an der Nordküste der Insel. Kreolisch verzierte Häuschen mit sechs hellen, gefliesten Balkonzimmern und zwei Apartments (mit Küche). Eine Treppe führt zum Strand. Das Restaurant hat ebenfalls einen tollen Meerblick. Frühzeitig buchen! €€€

Le Konokono
Jean Tac, Anse aux Anglais (ca. 2 km östl. von Port Mathurin)
✆ 831 07 59
http://lekonokono.com/en/
Ein Schnäppchen an der Nordküste: Das kleine Hotel hat nur 18 einfache Reihenzimmer mit Veranden in sechs Häuschen direkt über dem Meer (Klimaanlage oder

Hotelstrand an der Ostküste: Palmen allein reichen nicht aus als Sonnenschutz

Ein Bewohner der türkisblauen Lagunen: der markant strukturierte Picasso-Drückerfisch (Rhinecanthus aculeatus)

Ventilator, TV). Es gibt einen Pool und ein Lokal. Alles sehr überschaubar und friedlich, es sei denn eine große Gruppe Touristen aus La Réunion ist zu Gast ... (HP).
€€

Im Osten

Cotton Bay Hotel
Pointe Cotton
✆ 831 80 01
www.cottonbayhotel.biz
Abseits an der Ostküste, an einer der schönsten Buchten (am Wochenende natürlich voll mit Einheimischen, sonst menschenleer) gelegene Herberge. 46 wohnliche, aber überteuerte Zimmer und sieben Bungalows, alle mit Meerblick. Wassersport und großer Pool, Disco, Reitpferde, Folklore-Shows. €€€–€€€€

Mourouk Ebony Hotel
Pâté Reynieux
Anse Mourouk
✆ 832 33 51
www.mouroukebonyhotel.com
Eines der ersten Hotels und immer noch gut in Schuss. Mittelklassehotel mit 33 eng stehenden, aber niedlichen Reihenhäuschen, die eher zweckmäßig eingerichtet sind. Man sollte keine allzu hohen Ansprüche haben, denn man zahlt hier für die einmalige Lage am goldgelben Kitesurfer-Strand in der bildschönen Bucht Anse Mourouk im Südosten Rodrigues. Pool und Folklore-Shows, eigene Tauch- und Kitesurfschule.
€€€–€€€€

Allamanda Guest House (Rodrigues)

Tekoma Boutik Hotel
Anse Ally
✆ 483 49 70
www.tekoma-hotel.com
Erstes Viersterne-Resort am abgelegenen, schönen Strand an der Ostküste. 15 schicke und rustikale Bungalows mit Open-Air-Badewanne stehen in zwei Reihen am Hang und bieten einen schönen Blick über Küste und Meer von den kleinen Veranden. Kleiner Pool, kleines Lokal mit sehr guter Küche *á la rodriguaise* und eine Mini-Wellness-Oase. Sehr ruhig, keine Shows. Man spricht hier übrigens Deutsch.
€€€–€€€€

Kafé Marron
Pointe Cotton
✆ 0059 04 50 95 (mobil)
www.kafemarron.com
Privathaus mit vier schönen Balkonzimmern (teils Gemeinschaftsbad), nur 100 m durch den Filaos-Hain vom feinen Cotton Beach entfernt. Kleiner Spielplatz im Garten, ein Pool ist geplant.

Unten im Wohnzimmer gibt es einen Fernseher. Die jungen Gastgeber Dorothy und Frederic Lavendhomme bekochen ihre Gäste auch mit einheimischer Kost (HP). €

La Villa Allamanda
Saint-François
✆ 831 82 66, 054 29 64 86 (mobil)
allamanda@gmail.com
Im Hinterland des angesagten Saint-François-Strandes wohnt man bei der netten Madame Agathe Vianna in ihrer kleinen Pension mit vier Zimmern zum Schnäppchenpreis – und mit schönstem Bergpanorama (VP!). €

Boucan-Canot vgl. Saint-Gilles-les-Bains

Bourg-Murat vgl. Plaine-des-Cafres

Cilaos

Hôtel des Neiges
1, rue de la Mare à Joncs
97413 Cilaos
✆ 02 62 31 72 33
www.hoteldesneiges.reunion.fr
Zu Füßen des Piton des Neiges am Stadtrand gelegenes, zweistöckiges Hotel mit gefliesten Balkonzimmern (TV, Telefon, Heizung) rund um einen Pool. Schönes Bergpanorama. €€

Le Tsilaosa
Rue de Père Boiteau
97413 Cilaos
✆ 02 62 37 39 39
www.tsilaosa.com
Alteingesessenes und noch immer charmantes Hotelhäuschen im kreolischen Stil – gut geeignet für Wanderer. 15 hübsche, geräumige Zimmer mit Parkett, zentral und ruhig (zumindest die Zimmer nach hinten). Nach den anstrengenden Wanderungen steigt man in den Whirlpool. Gutes Frühstück, eigener Weinkeller, es wird auch Deutsch gesprochen. €€

Cirque de Mafate (La Nouvelle)

Le Relais de Mafate
La Nouvelle, Mafate
97433 Salazie
✆ 0970 35 72 90 (mobil)
www.relaisdemafate.re
Die zehn Bungalows mit Veranden verteilen sich an einem Hang oberhalb des Dorfes und bieten Platz für bis zu vier Personen. Stockbetten für Kinder, heiße Duschen, aber leider keine Heizung. Taschenlampe und warme Kleidung für die Nächte (im Winter) sollte man mitbringen. Im Restaurant gibt es auf Vorbestellung ausgefallene kreolische Hausmannskost. Rechtzeitig buchen. €

Cirque de Salazie (Hell-Bourg)

Gite Des Agrumes
7, Chemin Manouilh, Ilet à Vidot
(ca. 1,7 km hinter Hell-Bourg)
97433 Salazie
✆ 0692 65 51 82 (mobil)
In diesem Chambres d'Hotes will man gar nicht mehr weg: herrlich ruhige Lage in einem tropischen Garten, nur vier neuere und heimeligen Hütten mit modernen Duschbädern. Sehr familiäre Atmosphäre bei der herzlichen Gastgeber-Familie Begue. Das kreolische Abendessen kommt quasi aus dem eigenen Garten. €€

Le Relais des Cimes
67, rue du Général de Gaulle, Hell-Bourg
97433 Salazie (ca. 10 km südwestl. von Salazie)
✆ 02 62 47 81 58
www.relaisdescimes.com
Das kleine kreolische Hotel an der Hauptstraße des Bergdorfes bietet 29 recht zweckmäßige, ordentliche Zimmer (TV, Telefon, WLAN) mit Gemeinschafts-Terrasse. Die Badewanne ist nach langen Wanderungen eine Wohltat, die kleine

Kreolisch: Le Relais des Cimes (Hell-Bourg, La Réunion)

Radiator-Heizung auf Rollen effektiv. Sehr gutes und beliebtes Restaurant (€–€€). €€

Hell-Bourg vgl. Cirques de Salazie

La Nouvelle vgl. Cirque de Mafate

La Saline-les-Bains vgl. Saint-Gilles-les-Bains

L'Entre-Deux

Dimitile Hotel
30, rue Bras Long, 97414 L'Entre-Deux
✆ 02 62 39 20 00
www.dimitile.eu
Das beste Haus vor Ort: wunderschön gelegen, mit Garten, großem Pool und sogar Tennisplatz. Allerdings sind die 18 wirklich schönen Zimmer selbst für La Réunion überteuert – sogar das Internet wird extra teuer berechnet. €€€€

Résidence entre deux Rêves
8, impasse du Margouillat, 97414 L'Entre-Deux, ✆ 02 62 11 57 31
www.entre-deux-reves.com
Kleine, aber feine Privatpension mit toller Aussicht. Sechs witzig designte Zimmer mit Bad, alles etwas eng, aber dafür familiär beim netten Gastwirt Laurent. Der Clou: Pool und Open-Air-Jacuzzi. €€

L'Etang-Salé-les-Bains

Floralys
2, ave. de l'Ocean , 97427 L'Etang-Salé-les-Bains (in der Nähe der Tourist Information)
✆ 02 62 91 79 79, www.hotel-floralys.com
Schnäppchen für Familien: In der herrlich weitläufigen Hotelanlage verteilen sich ein- und zweistöckige Bungalows, Apartments und Studios (für Selbstversorger, teils mit Kinderbetten) im Garten rund um einen Riesen-Pool. Großer Kinderbereich unter Palmen, toller Kinderspielplatz. Der Strand ist nur etwa 300 m entfernt (Pool: €35/Tag für Nicht-Gäste). €€–€€€

Plaine des Cafres

Hôtel l'Ecrin
An der N3, km 27, Bourg-Murat
97418 Plaine-des-Cafres
✆ 02 62 59 02 02, www.hotel-ecrin.re
Näher am Vulkan geht's kaum. Thierry und Agnès kümmern sich um ihre Gäste in 21 beheizten Bungalows (TV, WLAN) und einem Apartment mit Kochnische. Außerdem: Waschmaschine, Minigolf im Garten, kostenlose Sauna und Whirlpool – toll nach einem Vulkanaufstieg! Mindestaufenthalt: zwei Nächte. €€

Le Millepertuis
8, allée des Mimosas, Piton Hyacinthe
97418 Plaine-des-Cafres (ca. 5 km südwestl. von Bourg-Murat, bei km 19 in Le Dix-Neuvième links Richtung Nordwesten abbiegen)
✆ 0692 56 39 05 (mobil)
www.lemillepertuis.fr
Wohnen beim Bio-Bauern auf ca. 1200 m: Gastgeber Bernard Hoareau spricht Englisch und beherbergt seine Gäste in zwei hübschen kreolischen Holzhäuschen im Garten. Kleine Radiator-Heizungen und große Badezimmer (Sonnenkollektoren für die Dusche, behindertengerecht), das Abendessen muss man reservieren (€€). €€

Saint-Denis

Le Juliette Dodu
31, rue Juliette Dodu, 97400 Saint-Denis
✆ 02 62 20 91 20
www.hotel-juliette-dodu.fr
Ein kleines Juwel: In dem denkmalgeschützten Geburtshaus der namensgebenden Nationalheldin – ein Zuckerbäckerpalast *à la creole* – logiert man in 43 recht kleinen Parkett-Zimmern und Suiten mit Designermöbeln (WLAN). Im Innenhof versteckt sich ein Pool. Restaurant, Bar, Bibliothek. €€–€€€

Saint-Gilles-les-Bains

La Saint Alexis Hotel & Spa
44, route de Boucan-Canot, Boucan-Canot
97434 Saint-Gilles-les-Bains
✆ 02 62 24 42 04

www.hotelsaintalexis.com
Die 60 Zimmer und Suiten (mit Whirlpool) sind edel mit viel Holz und Parkett ausgestattet, teilweise Mansardenzimmer, aber alle mit Blick von Terrasse oder Balkon zum Indischen Ozean, der an den wunderschönen, belebten Strand schwappt, oder über den verschachtelten Pool. Von manchen Terrassen kann man direkt ins kühle Nass steigen. Gourmetrestaurant, Bar mit Zugang zu Terasse und Garten, Spa mit Hammam. €€€€

LUX La Réunion
28, rue du Lagon
97434 Saint-Gilles-les-Bains
✆ 02 62 70 00 00
www.luxresorts.com
Das wunderbare Fünfsternehotel – bisher gibt es zwei Fünfsternehotels auf La Réunion – beherbergt seine Gäste auf einem 7 ha großen Palmen-, Wiesen- und Villengelände mit der inselgrößten Poollandschaft, einem Kräutergarten und Open-Air-Kinoleinwand, zwei Lokalen, Sunset-Bar und einem schmalen Strand, an dem immer was los ist. Ausdrücklich kein all-inclusive, aber Schampus zum Frühstück. €€€€

Le Nautile
60, rue Lacaussade, 97434 La Saline-les-Bains
✆ 02 62 33 88 88
www.nautile.re
Kleines, charmantes Strandhotel mit 42 pastellfarbenen Zimmern und Suiten. Sechs Meerblickzimmer mit Balkon am Strand (WLAN), preiswertere Zimmer befinden sich im hinteren Gebäude, dazwischen liegt ein kleiner, hübscher Pool mit beliebtem Open-Air-Lokal (€€) und Cocktailbar. Perfekt zum Baden, Schnorcheln und Kajaking (zur Ausleihe) an der korallengeschützten Lagune (für Rollstuhlfahrer geeignet, Fahrstuhl vorhanden). Unter deutscher Leitung. €€€

Senteur Vanille
Route du Theatre
97434 Saint-Gilles-les-Bains (im Kreisverkehr an der Total-Tankstelle rechts)
✆ 02 62 24 04 88

Massagepavillon des LUX La Réunion in Saint-Gilles-les-Bains

www.senteurvanille.com
Hier wohnt man in idyllisch gelegenen Holzbungalows zwischen Obstgärten im Hinterland, aber dennoch mit Meerblick über die Palmen hinweg (10 Autominuten zum Strand, 45 Minuten zu Fuß). Zwei Zimmer, Küche und Terrasse, rustikal aber stilvoll. Pool. €€

Hôtel de la Plage
20, rue de la Poste
97434 Saint-Gilles-les-Bains
✆ 02 62 24 06 37
www.insel-la-reunion.com
Das reinste Backpacker-Idyll: zentral, keine 100 m zum Strand und doch ruhig. Nur acht niedliche und farbenprächtige Zimmer (mit oder ohne eigenes Bad, Klimaanlage), alle mit Balkon oder Terrasse. Überall WLAN, eine Gemeinschaftsküche mit Waschmaschine und ein netter Gastwirt. Je länger man bleibt, desto billiger wird es. €–€€

Saint-Joseph vgl. Saint-Pierre

Saint-Leu

Blue Margouillat Seaview
Impasse Jean Albany
97436 Saint-Leu
✆ 02 62 34 64 00
www.blue-margouillat.com
Kreolisch angehauchtes Boutiquehotel in ruhigem Villenbezirk oberhalb der Küste. Die zwölf Zimmer mit Meerblick und Suiten sind stilvoll eingerichtet (eines für Rollstuhlfahrer geeignet), sehr aufmerksamer Service und exzellente Küche. Kleiner Pool. Rechtzeitig buchen! €€€

Iloha Seaview Hotel
Pointe des Chateaux
97436 Saint-Leu
✆ 02 62 34 89 89
www.iloha.fr
Mittelklassehotel in einem üppigen Garten oberhalb von Saint-Leu: 80 unterschiedliche Zimmer und Bungalows, teils mit Küche für Selbstversorger, schicke Bäder, zwei Restaurants, zwei Pools, Spa, Tischtennis und Billard – und der Strand ist auch nur 200 m entfernt (über die Landstraße). €€

Saint-Pierre

Villa Morgane
334, rue de l'Amiral Lacaze
Terre Sainte
97410 Saint-Pierre
✆ 02 62 25 82 77
www.hotel-villamorgane-reunion.com
Nur acht Zimmer und Suiten – aber was für welche! In dem kreolischen Blockhaus im alten, etwas heruntergekommenen Fischerviertel verbergen sich originelle und liebevoll dekorierte Gemächer, teils mit Wandgemälden und schönen Bädern. Mini-Pool im Garten. €€€

Le Victoria
8–10, allée des Lataniers
Grand Bois
97410 Saint-Pierre (ca. 5 km östl. von Saint-Pierre)
✆ 02 62 50 95 67
www.levictoria.re
Überschaubares, familiäres Hotel mit 13 zweckmäßig eingerichteten Zimmern (teils sehr klein, aber originell-platzsparend, WLAN) und 16 Bungalows am Meer (am Pool oder Parkplatz). Schöner Meerblick vom Balkon, nettes, mehrsprachiges Personal, kleines Lokal (€€). €€

Sainte-Suzanne

Le Pharest
22, rue Blanchet
97441 Sainte-Suzanne
✆ 02 62 98 91 10
www.pharest-reunion.com
Rustikale Bungalows mit fünf schlichten, gefliesten Zimmern (Bad, Klimaanlage, WLAN) an der Nordostküste, teilweise für Rollstuhlfahrer und große Familien bis zu acht Personen geeignet. Das Lokal bietet gute einheimische Kost und abwechslungsreiche Menüs (€€) und es gibt sogar einen kleinen Pool im Garten. €

SERVICE VON A BIS Z

Anreise, Einreise

Bei der Ankunft am **Sir Seewoosagur Ramgoolam International Airport** (SSR, Mauritius-Kürzel = MRU) auf **Mauritius** wird ein bis zu dreimonatiges *entry Permit* ausgestellt. Deutsche, Österreicher und Schweizer benötigen für die Einreise einen über das Reiseende hinaus gültigen Reisepass (auch ein vorläufiger Reisepass wird anerkannt), ein Rückflugticket, eine Hotelbuchung und ausreichende Finanzmittel (theoretisch 100 US$ pro Tag). Ein längerer Aufenthalt von bis zu sechs Monaten ist möglich, dafür muss das bei der Einreise erteilte Entry Permit vor Ort beim Passport and Immigration Office in Port Louis (✆ 210 93 12,-19, http://passport.govmu.org/English/Pages/default.aspx) verlängert werden.

Ein Kinderpass mit Foto ist für alle Kinder notwendig. Auch ein noch gültiger Kinderausweis nach altem Muster wird bei der Einreise anerkannt, wenn er über ein Foto verfügt. Kindereinträge im Reisepass eines Elternteils sind seit Juni 2012 nicht mehr gültig.

Für Flugreisen zwischen Mauritius und der zur Republik Mauritius gehörenden Insel **Rodrigues** muss seit Anfang 2011 ein gültiger Reisepass oder ein Personalausweis mitgeführt werden.

Zur Einreise auf **La Réunion** ist ein mindestens sechs Monate gültiger Reisepass oder Personalausweis nötig.

Mit dem Flugzeug:

Nach Mauritius
Condor (www.condor.com) und die Air France (www.airfrance.de) fliegen mehrmals wöchentlich ab Frankfurt/Main und München nach Mauritius, ebenso Eurowings (www.eurowings.com). Tägliche Linienflüge mit Air Mauritius verkehren derzeit regelmäßig nur zwischen Paris/London und Mauritius (www.airmauri-

tius.com). Die Flugdauer beträgt etwa elf Stunden, der Flugpreis liegt bei ca. €700–1000.

Der Flughafen auf Mauritius liegt fünf Kilometer südwestlich von Mahébourg und ca. 48 Kilometer von Port Louis in Plaisance an der Südostküste (✆ 230-603 80 00, lokale Hotline ✆ 89 65, https://mauritius-airport.atol.aero und http://aml.mru.aero). Taxis bringen Urlauber vom Flughafen zu ihrem jeweiligen Hotel (Tarife je nach Entfernung: https://mauritius-airport.atol.aero/passengers/to-from-airport/airport-taxi).

Nach Rodrigues
Direktflüge von Deutschland, Österreich und der Schweiz nach Rodrigues gibt es nicht. Auf die Insel gelangt man von Mauritius täglich mit Air Mauritius (Flugdauer 1,5 Std., ab ca. € 250). Achtung: Bei Flügen von Mauritius nach Rodrigues mit Air Mauritius darf man maximal 15 Kilogramm Gepäck mitnehmen (wenn man nur 2–3 Tage bleibt, bei längeren Aufenthalten darf man 20 kg mitnehmen)! Reisende landen auf dem kleinen Sir Gaëtan Duval Airport (RRG) in Plaine Corail im Südwesten der Insel. Von dort wird man in der Regel vom Hotel/von der Reiseagentur abgeholt.

Nach La Réunion
Von Deutschland gibt es keine Direktflüge. Die Insel wird täglich von Frankreich mit Air France (www.airfrance.com), der französisch-réunionesischen Air Austral (www.air-austral.com) und Corsair (www.corsair.fr) ab Paris sowie mit dem Billigflieger XL Airways ab Marseille (www.xl.com) angeflogen (ca. 10 Std.). Ab Mauritius fliegt man mit Air Mauritius 45 Minuten nach La Réunion.

La Réunions Flughafen Aéroport de La Réunion Roland Garros (RUN) liegt 10 Kilometer östlich von Saint-Denis (www.reunion.aeroport.fr). Die Citalis-Buslinie 31 bringt Flugreisenden an sieben Tagen in der Woche zwischen 6.30 und 18 Uhr in 30 Minuten bis zum Rathaus im Stadtzentrum (✆ 0800 655 655), außerdem gibt es wochentags die gelben Sammeltaxen Car Jaune von diversen Küstenorten zum Flughafen (Infos unter www.cg974.fr). Es hält auch am Busbahnhof. Ansonsten nimmt man eines der Taxis, die rund um die Uhr vor dem Terminal bereitstehen.

Es gibt einen zweiten Flughafen im Süden der Insel, Pierrefonds Airport bei Saint-Pierre, der vor allem Flüge im Indischen Ozean abfertigt.

Mit dem Schiff
Verschiedene Kreuzfahrtschiffe legen auf ihrer Fahrt zwischen Afrika und Asien auch in Port Louis auf Mauritius, auf Rodrigues und auf La Réunion an, meist in der Zeit zwischen Dezember und März.

Von Mauritius fahren je nach Saison zwei- bis viermal im Monat die Fähren »Mauritius Pride« und »Mauritius Trochetia« nach Port Mathurin auf **Rodrigues** und zurück (www.mauritiusshipping.net, Fahrtdauer 36–48 Std., ca. € 50 für einen Sitzplatz, €120 für eine Kabine). Die Schiffe bleiben zwischen einem und drei Tagen im Hafen liegen, bevor sie wieder zurückfahren. In dieser Zeit können Passagiere in ihren Kabinen übernachten.

Dieselben Schiffe fahren auch mehrmals im Monat nach **La Réunion** (ca. 12 Std.). Sie legen im Port Réunion an.

Bei der Einreise per Segelyacht ist eine Anmeldung erforderlich: entweder beim Ministry of Health (Victoria Square, Port Louis, ✆ +230-201 21 75) oder bei der Mauritius Ports Authority (www.mauport.com).

Auskunft

ℹ Mauritius Tourism Promotion Authority (MTPA)
C/o Aviareps
Josephspitalstr. 15
80331 München
✆ (089) 55 25 33 50
www.tourism-mauritius.mu
www.tourism-rodrigues.mu
www.aviareps.com

ℹ Fremdenverkehrsbüro La Réunion
✆ (0262) 262 90 78 78
contact@explorelareunion.com
https://explorelareunion.com/de
www.insel-la-reunion.com

ℹ Aviareps Tourism
Badenerstr. 15, CH-8004 Zürich

✆ 044 286 99 99
Mauritius.Switzerland@aviareps.com
www.aviarepstourism.com

Vor Ort:

Am Flughafen und in jedem größeren Hotel auf Mauritius gibt es Reisebüros und Mietwagenvertretungen. Dort sind Informationen, englisch- oder deutschsprechende Reiseführer und Tickets für Ausflüge und Flugzeuge erhältlich.

i Mauritius Tourism Promotion Authority (MTPA)
Victoria House (4. und 5. Stock)
St. Louis Street, Port Louis
Mauritius
✆ 203 19 00
www.tourism-mauritius.mu
Weitere MTPA-Zweigstellen in der Fußgängerzone von Port Louis, am Flughafen (✆ 637 36 35) und in Trou d'Eau Douce (✆ 480 09 25).

Connections
Crater Lane
Floréal, Mauritius
✆ 696 99 33
www.connections.mu
Das Reisebüro unter deutscher Leitung bietet u. a. Stadttouren und Naturausflüge, beispielsweise in die Berge und Nationalparks von Mauritius.

i Rodrigues Tourism
Rue de la Solidarité
Port Mathurin, Rodrigues
✆ 832 08 66, -67
www.tourism-rodrigues.mu

i Île de La Réunion Tourisme
4, rue Jules Thirel, Bâtiment B
97460 Saint-Paul, La Réunion
✆ 0810 16 00 00
www.reunion.fr

Automiete, Autofahren

Mauritius
Auf Mauritius sind alle internationalen Mietwagenfirmen vertreten. Die Wagen kosten ca. € 30–70 pro Tag (je nach Modell, zzgl. Steuern), bei längeren Mietzeiten ist

Die Halbinsel Le Morne Brabant mit dem gleichnamigen Berg im Süden von Mauritius

Wasserfall des Rivière des Galets: Trois Roches (La Réunion)

ein Rabatt möglich. Günstig ist beispielsweise Auto Europe (✆ 0800-5723 94 78 gebührenfrei, www.autoeurope.de, Kleinstwagen für eine Woche ab ca. € 30 pro Tag an vielen Zweigstellen). Eine rechtzeitige Reservierung ist für die Hauptsaison zwischen November bis März, Ostern und Pfingsten empfehlenswert. Auch Wagen mit Fahrer werden vermietet. Mofas sollten auf ihre Fahrtüchtigkeit überprüft werden, besonders Bremsen und Hupe.

Der Fahrer eines Mietwagens muss 23 Jahre alt und mindestens ein Jahr im Besitz des Führerscheins sein. Ein Internationaler Führerschein wird von den Mietwagenfirmen zwar kaum verlangt, ist laut Gesetz jedoch nötig. Empfohlen werden die Mitnahme der Grünen Versicherungskarte sowie der Abschluss einer zusätzlichen Kurzkasko- und Insassenunfallversicherung.

Selbstfahren ist die beste Möglichkeit, die Insel zu erkunden, man sollte jedoch defensiv fahren, da auf Mauritius Linksverkehr herrscht. Die Straßen auf Mauritius sind gut ausgebaut, aber oft sehr eng und unübersichtlich, es gibt sehr viele Kreisverkehre, selbst mitten auf der Autobahn im Hochland. Vorsicht gilt vor allem nachts, vor nicht einsehbaren Kurven und vor den öffentlichen Autobussen und Taxis, die meist rasen. Die erlaubte Höchstgeschwindigkeit in Ortschaften/Städten beträgt 40 km/h, außerhalb geschlossener Ortschaften 80 km/h und auf der Autobahn 90 km/h. Auf Mauritius und Rodrigues gilt Anschnallpflicht und Kinder unter zehn Jahren müssen auf der Rückbank sitzen. Alkohol und Telefonieren am Steuer sind untersagt, Verstöße werden mit einer Geldstrafe geahndet.

In den Städten Port Louis, Curepipe, Rose Hill und Quatre Bornes benötigt man im Zentrum einen Parkschein, der an allen Tankstellen erhältlich ist.

Auf **Rodrigues** wird der Tourist von Reiseagenturen gefahren (pauschal) oder er nutzt Taxis.

La Réunion

Für die in der Regel frühen Wandertouren sollte man einen Mietwagen zur Verfügung haben. Diese kosten ca. € 30–70 pro Tag je nach Konditionen, Wagengröße und Mietdauer. Bessere Tarife als am Flughafen gibt es meist in Saint-Denis und bei einheimischen Anbietern, ab € 15/Tag. Auch auf La Réunion sollte vor allem zu Hauptreisezeiten rechtzeitig reserviert werden. Der Fahrer eines Mietwagens muss 23 Jahre alt und mindestens zwei Jahre im Besitz des Führerscheins sein. Ein Internationaler Führerschein ist nicht nötig.

Auf La Réunion gelten dieselben Verkehrsregeln wie in Frankreich, es gilt Rechtsverkehr und die Beschilderung ist französisch. Für EU-Bürger ist der Führerschein des Heimatlandes ausreichend. Das Tempolimit beträgt auf Nationalstraßen/Autobahnen 110km/h, auf Landstraßen 90 km/h und in Orten 50 km/h. Gelbe, durchgezogene Streifen am Fahrbahnrand bedeuten absolutes Halteverbot; gestrichelte Linien Parkverbot. Blaue Linie: Parken nur für Berechtigte (Parkscheibe). Die Promillegrenze liegt bei 0,5 Promille, Kinder unter zehn Jahren müssen auf der Rückbank sitzen und Telefonieren am Steuer ist untersagt.

Die Straßenverhältnisse außerhalb der Städte sind sehr gut, tückisch sind allerdings die tiefen und breiten Abflussgräben am Straßenrand. Erhöhte Vorsicht ist auf den durchweg kurvigen und sehr engen Höhenstraßen zu Aussichtspunkten und in die Berge geboten. Sie sind meist stark befahren und vor allem morgens bei Gegenlicht gefährlich.

Vor unübersichtlichen Kurven lieber öfter kurz hupen! Vorsicht in den Bergen vor den verengten Straßenbereichen an Bodensenken *(radiers)* – bei starkem Regen oder Überflutung keinesfalls hindurchfahren, das Auto könnte von den Wassermassen in die Schlucht mitgerissen werden.

Es wird viel gerast und oft rücksichtslos überholt, außerdem gibt es auffallend viele riskant und aggressiv fahrende Motorradfahrer. Ca. 500 000 Autos plus viele (Ausflugs-)Busse fahren auf den schmalsten und steilsten Pisten auf La Réunion. Wenn es auf den Bergstraßen ausnahmsweise mal eine 50 Meter lange gerade Strecke gibt, wird ordentlich Gas gegeben, aber leider nicht immer vor der nächsten Kurve abgebremst, sondern die Gegenfahrbahn geschnitten, komme was da wolle. In den Orten gibt es daher viele Bodenschwellen und chaotisch wirkende Tempolimits. In Kreisverkehren gilt nicht immer das Vorfahrtsrecht, in vielen lauten die Vorfahrtsregeln anders.

Mit Staus muss frühmorgens (6.30–9 Uhr), in den Mittagsstunden sowie nachmittags gegen 16–18.30 Uhr in und um allen Ballungszentren gerechnet werden. Auch die extrem kurvigen Bergstrecken sollten bei der Zeitplanung berücksichtigt werden: 40 Kilometer können hier schon mal wegen Stau oder Kurven ein bis zwei Stunden in Anspruch nehmen.

Diplomatische Vertretungen

Auf Mauritius:

i Honorarkonsulat der Bundesrepublik Deutschland
Royal Rd., St. Antoine
Goodlands, Mauritius
✆ +230 283 75 00
www.auswaertiges-amt.de
Mo, Mi, Fr 9–12.30 Uhr
Die deutsche Botschaft für Mauritius befindet sich auf Madagaskar (101, Làlana Pastora Rabeony Hans, Ambodirotra, 101 Antananarivo, +261-20-22 238 02, www.antananarivo.diplo.de). Für Konsularangelegenheiten, die Mauritius betreffen, ist seit 2017 die deutsche Botschaft in Pretoria in Südafrika zuständig (www.suedafrika.diplo.de).

i Österreichisches Konsulat
MSC House, Old Quay, D' Rd., Port Louis
✆ 202 68 68, www.bmeia.gv.at
Mo–Fr 8–16 Uhr

i Schweizer Konsulat
24, av. des Hirondelles, Quatre Bornes
✆ 427 55 07
www.eda.admin.ch/pretoria
Mo–Fr 9–12 Uhr

Auf La Réunion:

i Honorarkonsulat Deutschland
64, ave. Eudoxie Nonge
97490 Saint-Clotilde
✆ 06 92 73 68 98 (mobil)
www.auswaertiges-amt.de

i Consulat de Suisse
3 Bis Impasse Tapioca
Bois Rouge, 97460 Saint-Paul
✆ 0262 45 55 74
www.eda.admin.ch/paris
Mo–Fr 9–12 Uhr

i Österreichische Botschaft
6, rue Fabert, 75007 Paris
✆ +33 1 40 63 30 63
www.bmeia.gv.at
Mo–Fr 9–12, telefonische Auskünfte auch 14–17 Uhr
Österreich hat keine eigene Vertretung auf La Réunion, zuständig ist die Botschaft in Paris.

In Deutschland:

i Botschaft der Republik Mauritius
Kurfürstenstr. 84, D-10787 Berlin
✆ (030) 263 93 60
www1.govmu.org/portal/sites/mfamission/berlin/index.htm
Mo–Fr 8.30–16 Uhr
Auch zuständig für Österreich. Honorarkonsulate gibt es in München, Stuttgart und Düsseldorf. Da sich die Einreisebestimmungen kurzfristig ändern können, ist es sinnvoll, die Botschaft anrufen und aktuelle Infos zu erfragen.

In Österreich:

ℹ Honorarkonsulat der Republik Mauritius
Paul Ehrlichgasse, A 1190 Wien
✆ +43 (1) 320 87 37

In Frankreich für die Schweiz:

ℹ Ambassade de Maurice
127, rue de Tocquevile, F-75017 Paris
✆ +33 1 42 27 30 19
www1.govmu.org/portal/sites/mfamission/paris/contact.htm
Mo–Fr 9–13 und 14–17 Uhr
Die Botschaft in Frankreich ist für die Schweiz zuständig.

Einkaufen

Mauritius und Rodrigues
Die großen Luxushotels auf Mauritius verfügen über klimatisierte Shopping-Arkaden mit Boutiquen, Schneidern, Schmuckläden, Galerien, Drogerien und Apotheken, die bis abends geöffnet sind. Zudem gibt es große **Shoppingmalls** mit Hunderten von Läden und Restaurants wie die Caudan Waterfront und die Bagatelle Mall in Port Louis sowie das Comptoir des Mascareignes in Pamplemousses.

Auf der gesamten Insel kann man in Duty-Free-Geschäften zollfrei einkaufen, vor allem in Port Louis (gegen Vorlage des Reisepasses und Flugtickets wird die Ware pünktlich zum Abflug an den Flughafen geliefert).

Zum Stöbern, Gucken und Handeln eignen sich die bunten **Märkte**, besonders der Central Market in Port Louis (Mo–Sa 6–18, So 6–12 Uhr) und der Markt in Mahébourg, oder auch der Markt in Port Mathurin auf Rodrigues. Auf den Kauf von bunten oder schwarzen Korallen als Aschenbecher, Muscheln und andere als Souvenirs verarbeitete tierische Bestandteile sollte im Sinne des Arten- und Umweltschutzes unbedingt verzichtet werden, auch die Ausfuhr ist streng verboten (z. B. Schildpatt, Lederhäute, Korallen usw.).

Landestypische **Souvenirs** von Mauritius und La Réunion: Am begehrtesten ist der Dodo in allen Varianten – als Plüschtier, Obstteller und Poster oder auch als wertvolle Goldmünze, die bei der Bank of Mauritius in Port Louis erhältlich ist. Außerdem sind Meeresschildkröten-Souvenirs zu erhalten (vor allem in der Zuchtfarm auf La Réunion und in der Schildkrötenfarm auf Rodrigues).

Der originalgetreue Nachbau von alten Windjammern und Seglern ist eine Spezialität der mauritischen Kunsthandwerker. Nach Plänen, die Museen und Privatleute aus aller Welt schicken, fertigen die Künstler die Schiffe aus Edelhölzern an, darunter weltbekannte Großsegler wie die »Gorch Fock« aus Deutschland und die italienische »Amerigo Vespucci«. Eine der bekanntesten Werkstätten ist die Firma Historic Marine in Goodlands, deren Kunstwerke landesweit als Souvenirs zu erhalten sind (vgl. S. 75).

Hervorragende kunsthandwerkliche Arbeiten sind Stickereien und Seidenmalereien, Korb- und Tonwaren, Masken aus Pappmaché, Holzschnitzereien, Wandteppiche, handgefertigte Tischdecken und filigran geknüpfte Makramee-Arbeiten.

Wer sich auskennt, kann auf Mauritius ein richtig hochkarätiges Schnäppchen zum zollfreien Preis finden, z. B. Perlen, Diamanten, Goldschmuck und Uhren. Die bekanntesten Läden sind Poncini, Adamas, Charles Lee und Goldfinger – alle haben Zweigstellen in den Luxushotels. Die Duty-Free-Ware wird gegen Vorlage von Reisepass und Flugticket verkauft und erst am Abreisetag am Flughafen hinter der Passkontrolle ausgehändigt.

Farbenprächtige Seidenstoffe und Saris aus Indien, Pakistan und China werden auf den Märkten und in Boutiquen feilgeboten. Viele indische Schneider fertigen (am besten nach Vorlage) jedes gewünschte Kleidungsstück innerhalb von ein bis zwei Tagen an. Man sollte zuvor Qualität und Preise vergleichen und die Ware nicht erst kurz vor dem Abflug abholen.

Neben dem einheimischen Rhum arrangé (aromatisierter Rum-Punsch) und Tee steht bei den Gewürzen Curry an erster Stelle der Mitbringsel für die heimische Küche, ebenso frischer Safran (nicht zu verwechseln mit dem billigeren Kurkuma), Koriander, Pfeffer, Zimt- und Vanillestangen. Als lukullische Urlaubserinnerung eignen sich ebenfalls süße, kandierte Früchte oder Marmeladen, getrocknete Chilis, säuerlich-scharfe Chutneys oder die geräucherten Marlins, die abgepackt zu erhalten sind.

Reisefertig verpackt bekommt der Urlauber einen frischen Strauß der landestypischen Blumen und Blüten, z. B. rote, rosa und weiße Anthurien aus Zuchtanlagen; sie halten meist noch zwei bis drei Wochen.

Viele mauritische Künstler stellen ihre Kunstwerke in Galerien und Hotels aus, oft sind es z. B. Motive, die den Werken des berühmten, verstorbenen Malers Malcolm de Chazal nachempfunden sind. Original-CDs traditioneller Sega-Musikanten sowie Aufnahmen von mit traditionellen Musikinstrumenten gespielten Stücken sind in vielen Läden zu erhalten.

La Réunion

Beliebte Mitbringsel sind inseltypische Produkte wie Vanillestangen, Gewürze, Marmeladen, Rum in den kuriosesten Geschmacksnoten, (oftmals madagassisches) Kunsthandwerk, meist aus Holz oder Vacoas-Blättern geflochten, Cilaos-Stickereien und die CDs mit Sega- oder réunionesischen Maloya-Rhythmen.

Beliebte Märkte sind vor allem der Samstagsmarkt in Saint-Pierre und der Grand Marché in Saint-Denis.

Essen und Trinken

Speisen

Wie wäre es mit einem Baguette zum Frühstück, einem scharfen Curry mit Roti zum Mittagessen, einer Peking-Ente mit Frühlingsrolle oder einem saftigen Pfeffersteak mit Sahnesoße *à la francaise* zum Dinner? Oder einem frisch erlegten, gerösteten Wildschwein, abgeschmeckt mit fünf Gewürzen und Honig? Kein Problem auf **Mauritius**! Ein Potpourri aus den unterschiedlichen Landesküchen von vier Kontinenten ist auf der kleinen Insel im Laufe der Jahrhunderte miteinander verschmolzen. So entsteht ein interessantes und sehr schmackhaftes Ergebnis, wenn etwa die etwas einfachere, deftige Kochweise der Kreolen mit der exquisitraffinierten Haute Cuisine der Franzosen in einem Topf verrührt wird.

Beim **Frühstück** finden Touristen die herkömmliche Bandbreite an kontinentalen, amerikanischen und auch asiatischen Speisen. Die Frühstücksbüfetts in den Luxushotels sind gigantisch, manche bieten bis zu 20 verschiedene Marmeladen, ganz zu schweigen von unterschiedlichen Obstsorten und dem gut gekühlten Gläschen Schampus. Die Mauritier selbst essen am Morgen meist ein Baguette mit Käse oder Guavengelee.

Als **Snack** sind die dreieckigen *samosas* (La Réunion: *samoussas*) beliebt, mit Gemüse, Fleisch oder Fisch gefüllte Teigtaschen, die oft an Straßenständen verkauft werden. Hier bekommt der hungrige Reisende auch die pikanten *gateaux piments* (La Réunion: *bonbons piments*), mit Erbsen- oder Bohnenpüree gefüllte Reisbällchen, die es je nach Anzahl der verwendeten Chilis manchmal ganz schön in sich haben können. *Dholl poori*, *farata* und *roti* sind eine Art Pfannkuchen oder Brot, die z. B. mit dem Linsenbrei *dhal* bzw. mit pikanter Tomatensoße gefüllt werden.

Am stärksten hat die indische Kochkunst die Speisekarten auf Mauritius beeinflusst. **Curry-Gerichte** (auch: *carri*, *cari* oder *carry*) werden in zahllosen Variationen mit Huhn, Rindfleisch, Lamm, Hirsch, Fisch, Süßwassergarnelen und anderen Meeresfrüchten wie Hummer zubereitet. Für ein Curry entscheidend sind die richtigen Gewürze. Die Curry-Paste besteht aus etwa 40 Zutaten (also nicht zu verwechseln mit dem hiesigen gelben Pulver), die alle erst den aromatischen Geschmack herbeizaubern: schwarzer Pfeffer, Knoblauch, Zwiebeln, Ingwer, Muskatnuss, Kardamom, Safran, Ingwer, Koriander, Thymian, Tamarinde, Kümmel, Kurkuma (auch: Tumeric, Gelbwurz), Carri-Blätter, Senfkörner, Zimt und Nelken – um nur einige zu nennen. Vorsicht ist angeraten bei der scharfen, meist grünen Chili-Soße, die zu den Gerichten extra gereicht wird. Anders als in der rein indischen oder thailändischen Küche sind die Curry-Gerichte auf Mauritius jedoch relativ mild, scharf ist nur der oft als Beilage gereichte kleine Tomatensalat mit Chili.

Zu den Currys wird stets Reis gereicht, außerdem Chutneys *(chatini)* aus verschiedenen scharf oder süßsauer eingelegten Gemüsen (v. a. Tomaten, Gurken, Kohl, Bohnen, Möhren, Kokosnüsse, grüne Mango,

Tamarindenpaste). Zu den vielen landestypischen Gemüsesorten und Beilagen gehören Maniok, Kürbis, Tomaten (»Liebesäpfel« genannt), Riesenauberginen, Chinakohl und die Lady Fingers (Okra oder Gemüse-Eibisch) sowie gekochte Brunnenkresse. *Brèdes* ist ein beliebtes, spinatähnliches Gemüse.

Vegetarier können bei reinen Gemüse-Currys wie dem Kartoffel-Curry auf schmackhafte Weise satt werden. *Briani (biryani)* ist ein moslemisches Reis-Curry-Gericht mit Fleisch, Kartoffeln, Gurken und Quark.

Auch die afrikanische Küche hat ihre Spuren in mauritischen Kochtöpfen hinterlassen, am meisten verbreitet auf **Rodrigues**. Kreolisch isst man bäuerlich, rustikal und einfach. Die Kreolen haben beispielsweise ihre Ochsenzunge *(le roti de langue de boef)* beigesteuert, den deftigen Eintopf *rougaille* (mit Gemüse und Fleisch oder Shrimps, auf jeden Fall mit viel Tomatensoße und Knoblauch) und die typischen gelben Bohnen und Linsen in schwarz, rot oder weiß. Viel bodenständiges Gemüse wie Tomaten, Knoblauch und Zwiebeln gehören zu einem typisch kreolischen Gericht.

Aus der chinesischen Küche kommen vor allem schmackhafte Fischsuppen, die knusprigen Bratnudeln und Bratreis und natürlich Wokgerichte. Bambussprossen, Morcheln und Sojasoße runden ein chinesisch-mauritisches Gericht ab.

Nicht zu vergessen ist die französische Küche, z. B. Pfeffersteak mit ausgefeilten Soßen, Silbermuscheln auf Butterreis, delikate Bouillons und Fischsuppen und dergleichen Köstlichkeiten mehr.

In Landhotels wird oft (selbst) erlegtes Wild aufgetischt: Hase, Wildschwein, Hirsch, Wachteln, Fasane und Birkhühner – z. B. auf kreolische oder indische Machart als Curry zubereitet. Auf Rodrigues kommen des Öfteren Tintenfisch und Hammelfleisch auf den Tisch, das Rougaille wird mit Würstchen in deftiger Tomatensoße zubereitet.

Auf **La Reunion** kommen madagassische Einflüsse hinzu (wie die Verwendung von viel Ingwer oder Huhn in Kokosmilchsoße), typisch sind auch hier die mit Kurkuma gewürzten Caris (auch Carri) mit Rind- oder Schweinefleisch sowie Fisch oder Tintenfisch. Dazu werden stets Linsenbrei, weiße Bohnen und Reis sowie scharfe Rougaille-Soßen gereicht. Als Beilage dienen das einheimische *chouchou* (eine nach Kohlrabi schmeckende Christophinenart), oft auch als Gratin, oder Brèdes-Gemüse (aus essbaren und gekochten Blättern und Stielen, mit Salz, Zwiebeln, Knoblauch und Chili gebraten).

Eine Spezialität ist Ente mit Vanille. In den einfacheren Touristenlokalen gibt es stets die gleichen Klassiker, die man von zu Hause kennt, wie Entrecote, Filet Mignon und Tatar aus frischem Fisch. Die Vorspeisen sind übrigens oft sehr teuer – aber meist auch größer als die Hauptgerichte und auch allein schon sättigend.

Als **Nachspeise** auf allen drei Inseln sollte unbedingt Flan probiert werden, ein Karamellpudding, außerdem bietet jedes Hotelbüfett Reis- und Brotpudding. *Néapolitains* sind sehr süße, runde Gebäcke mit noch viel süßerer Glasur. Gut sind auch die Mais- und Kokoskuchen *(gateaux coco),* alle sehr weich, locker-cremig und in Bonbonfarben präsentiert.

Auch die **tropischen Früchte** sind die reinste Augenweide. Schon zum Frühstück kann sich der Urlauber den Teller voll laden mit exotischen Leckereien – Mangos und Papaya, Ananas und Bananen, Longans (»Drachenauge«) und Litschis, Melonen und Guaven, Zimtäpfel und Jackfruit und nicht zu vergessen: die Kokosnuss, deren klarer Saft als erfrischendes Getränk mit dem Strohhalm direkt aus der Nuss getrunken wird.

Getränke

Aus Indien stammt **Lassi**, das dickflüssige Joghurt-Mixgetränk. Internationale Erfrischungsgetränke, Fruchtsäfte, Selterwasser und Tee sind überall zu erhalten. Typisch für alle drei Inseln ist **Zuckerrohrsaft** sowie der **Arrak**, ein hochprozentiger Zuckerrohrschnaps. Der auf Mauritius hergestellte Rum (bester: Green Island) dient den verführerischen Cocktails als Grundlage, manchmal »entschärft« mit Kokosmilch. Rum wird übrigens auf allen drei Inseln hergestellt. Eines der mauritischen **Biere** (Phönix, Stella Pils, Starkbier Blue Marlin), das Phönix, hat 1995 sogar einen internationalen Preis errungen. Das bekannteste Bier ist nach dem Dodo benannt.

Auf La Réunion wird der eher süßliche und nicht gerade preiswerte **Cilaos-Wein** angebaut, und fast überall wird **Rhum arrangé** serviert, ein Rum-Punsch in allen nur denkbaren Obst-Fruchtsaft-Kräuter-Variationen oder anderen Beimischungen wie Kaffee, Vanille usw.

Restaurants
Am mauritischen Hotelbüfett werden regelmäßig kulinarische Themenabende veranstaltet. Dann werden die jeweiligen Spezialitäten zu der passenden Musik gereicht. Diese finden meist im Zwei-Wochen-Rhythmus statt – selbst in den Viersternehotels, die allerdings alle mindestens drei weitere Lokale haben (meist mit Voranmeldung, in der Saison oft ausgebucht, in der Nebensaison in der Regel geschlossen).

Die meisten Restaurants in Port Louis, Grand Baie, Curepipe, Flic en Flac und rund um Mahébourg auf **Mauritius** haben fast immer nur mittags und abends bis etwa 22 Uhr geöffnet. In Port Louis sind viele Lokale außerhalb der Shoppingzentren nur mittags geöffnet, ebenso wie die meisten Ausflugsrestaurants auf der Insel. 15 Prozent Steuer werden in der Regel auf die Preise aufgeschlagen.

Auf **La Réunion** sind die *table d'hôtes* verbreitet: Familien-Pensionen, die kreolische Hausmannskost als vergleichsweise preiswertes Menü anbieten. Am billigsten und zu jeder Tageszeit kann man sich an den *camiones*, den Imbiss-Bussen, satt essen: Ab vier Euro gibt es einen großen Teller voll Cari, belegte Baguettes oder Sandwiches – alles auch zum Mitnehmen *(a emporter)*. Mit dem Rabatt-Pass **Passeport Gourmand** (€ 55 in Tourist Informationen) erhält man Preisnachlässe von bis zu 50 Prozent in réunionesischen Lokalen und Spas.

Folgende Preiskategorien gelten auf allen drei Inseln für ein Hauptgericht ohne Getränke:

€ – unter 10 Euro (einfache Lokale und Imbisse, auf La Réunion: Camion-Imbisse, Take-aways)

€€ – 10 bis 25 Euro (Mittelklasse-Lokale, auf La Réunion auch die Menüs der Table d'Hôtes)

€€€ – 25 bis 40 Euro (Lokale, z. B. in Hotels, mit gehobenem Ambiente)

€€€€ – über 40 Euro (First-Class-Hotels und Gourmetrestaurants)

Feiertage, Feste, Veranstaltungen

Mauritius und Rodrigues:

Feiertage
1. und 2. Januar – Neujahr
12. März – Nationalfeiertag
18. März – Ougadi (tamilisches Neujahrsfest)
1. Mai – Tag der Arbeit
15. August – Mariä Himmelfahrt
14. September – Ganesh Chaturti (Fest zu Ehren des Elefantengottes Ganesh)
1./2. November – Allerheiligen und Totenfest. An Allerheiligen werden die Gräber der Christen festlich geschmückt und ent-

DER MILLIONÄRSSALAT

Eine besondere Spezialität gewinnen die Mauritier und Réunionesen aus der Kokospalme. Ganz oben, dort, wo Blätter und Stamm aufeinander treffen, wächst das Herz der Palme *(cœur de palmiste)*: ein unscheinbares, etwa 20 Zentimeter langes Ende im Inneren des Baumes. Das weiche Innenleben der Palme mit dem intensiven nussartigen Geschmack wird meist roh als Salat gegessen und kostet ein kleines Vermögen (rund € 30). Manch einer sagt allerdings, es schmecke nach gar nichts …

Der Salat wird oft zu besonderen Anlässen oder Weihnachten zu Riesengarnelen oder Muscheln, auf Buttertoast oder Butterreis serviert. Exklusive Restaurants wie das Le Pescatore in Trou aux Biches auf Mauritius verbrauchen mehrere Hundert Palmherzen im Monat. Auf Plantagen im Süden von Mauritius werden die Palmen gezüchtet, auf La Réunion ist die Ostküste darauf spezialisiert.

Cœur de Palmiste

sprechend einer madagassischen Sitte mit Wasser überschüttet.
2. November – Gedenktag der Ankunft der ersten indischen Gastarbeiter auf Mauritius
25. Dezember – Weihnachten

Eid-Ul-Fitr – Das Fest des Fastenbrechen wird am Ende des Fastenmonats Ramadan begangen. Nach einem Monat des Fastens und des Studiums des Korans feiern die Moslems mit Gebeten, Geschenken und dem Briani-Festmahl. Das genaue Datum des Feiertags ist abhängig vom Mondstand und komplizierten Berechnungen des islamischen Kalenders und ändert sich jährlich.

Feste, Veranstaltungen

Ende Januar/Anfang Februar
Chinesisches Frühlingsfest – Entsprechend dem chinesischen Neujahr werden Umzüge mit tanzenden Drachen und Löwen aus Pappmaché sowie Feuerwerk veranstaltet. Rot dominiert die Szenerie, denn dies ist die Farbe des Glücks. In den Tempeln stapeln sich die Opfergaben, chinesischstämmige Familien feiern Feste mit vielen Verwandten, Geschenken und einem Festmahl. Immer dabei ist der Wachskuchen. Nach konfuzianischem Glauben werden in diesen Tagen auch die Ahnen geehrt. Im Vorfeld des Festes ist Großreinemachen angesagt. Während des Frühlingsfestes dürfen aus Aberglauben keine Messer und Scheren benutzt werden.
Thaipoosam Cavadee – Das Büßerfest zu Ehren des Hindu-Gottes Murugan wird von den Tamilen mit Kasteiungen und Fasten, Umzügen und rituellen Waschungen begangen (vgl. S. 156).

Mitte Februar bis Mitte März
Maha Shivaratri – Während des dreitägigen Festes pilgern Hunderttausende Hindus zum Grand Bassin (Ganga Talao) auf Mauritius, um sich mit dem heiligen Wasser von ihren Sünden reinzuwaschen und Shiva zu ehren. Viele sind in weiß gekleidet und verbringen die Nacht im Freien am Ufer des heiligen Kratersees. Im nahegelegenen Tempel nimmt Shiva die Opfergaben an und erhört die Gebete während des Puja-Rituals. Ein ähnliches Fest (Ganga Asnan) mit ritueller Reinigung und Opfergaben an das Meer findet im Oktober/November an der Küste Mauritius' statt.

März
La Fête du Poisson – Am ersten März findet auf Rodrigues das Fischer-Festival statt. Zehn Tage lang herrscht emsiges Treiben in dem eigentlich verschlafenen Hauptort mit Lagunenfischen, einem kleinen Wettbewerb im Hochseefischen, Konzerten und traditionellen Tänzen wie der Sega, aber auch Straßenfeiern und einer Regatta.
Holi – Das zweitägige Fest des Feuers und der Farben hat einen hinduistisch-mythologischen Hintergrund. Dabei wird ein Bildnis der Hexe Holika aus Strohpuppen symbolisch verbrannt. Mit gefärbtem Puder und Wasser aus Eimern, Pumpen und Plastiktüten wird jeder begossen, der den Weg der ausgelassen Feiernden kreuzt, auch Fremde. Das genaue Datum ist abhängig vom Mondkalender.

Mai
Royal Raid – Das größte Sportereignis auf Mauritius lädt alle Hobbyläufer und Profis alljährlich im Mai zum Wettbewerb: die Distanzen liegen zwischen 15 (der »Geckolauf«) und 35 bis 80 Kilometer, die in bis zu 20 Stunden durch die schönsten und abwechslungsreichsten Landschaften führen, vom Casela Nature Park durch den Black River Gorges National Park und die Zuckerrohrfelder bei Bel Ombre (www.royalraid.com). Ein vergleichbarer Lauf findet im November auf Rodrigues und im Oktober auf La Réunion statt.

August
Kiteival – Das einwöchige Kitefestival zieht alljährlich im August Kitesurfer zu den besten Spots auf Mauritius. Auf Rodrigues findet es im Juli statt.

September
Opera Mauritius – Jedes Jahr gibt es für Opernfreunde fast zwei Wochen Grund zur Freude. An verschiedenen (Open-Air-)Orten auf Mauritius werden berühmte Opernklassiker von internationalen Künstlern und Interpreten aufgeführt (www.operamauritius.com).

Jaques-Désiré-Laval-Gedenktag – Der Todestag (9. September 1864) des mauritischen Arztes und Missionars, dem Wunderheilkräfte nachgesagt werden, wird mit einer christlichen Prozession begangen. Zehntausende nehmen teil. Sie führt zum Grabmal des heilig gesprochenen Laval in einem Vorort von Port Louis. Der »Apostel« der Schwarzen hat sich im 19. Jahrhundert um die zwar freigelassenen, aber mittellosen Sklaven gekümmert.

Oktober/November
Divali – Bei dem romantischen hinduistischen Lichterfest zur Erinnerung an den Sieg des Gottes Rama über den Dämonen Ravana – den Sieg von Gut über Böse – erleuchten Lichterketten, Kerzen, Öllampen und Teelichter die Tempel, Häuser und Straßen auf Mauritius. Gebäck und neue Kleidung werden verschenkt (vgl. S. 156).

Oktober bis März
Temedee (Timethi) – Ein weiteres spektakuläres Bußfest der Hindus, bei dem die Gläubigen in Trance oder betend über eine sieben Meter lange Feuerbahn mit glühenden Kohlen laufen.

November/Dezember
Festival Kréol – Einmal im Jahr kann man mit den Mauritiern und Rodriguesen deren *kreolité* feiern, die nationale Kreolität, ihre kulturelle Vielfalt und bunt gemischte Herkunft.

Fast alle Bewohner des Landes haben gemischte, das heißt europäische, asiatische und afrikanische Wurzeln. Eine Woche lang gibt es Aufführungen des traditionellen Sega-Tanzes, Konzerte, Literaturabende, Modenschauen, (Koch-) Shows usw. (www.festivalkreol.co.uk).

La Réunion:

Feiertage
Es gelten die festen französischen Feiertage:
1. Januar – Neujahr
März/April – Ostern
1. Mai – Tag der Arbeit
8. Mai – Waffenstillstand 1945
14. Juli – Nationalfeiertag
15. August – Maria Himmelfahrt
1. November – Allerheiligen
20. Dezember – Abschaffung der Sklaverei
25. Dezember – Weihnachten

Feste, Veranstaltungen

Es werden außerdem landesweit **religiöse Feste der verschiedenen Ethnien** gefeiert (vgl. auch Feste, Veranstaltungen auf Mauritius und Rodrigues): das Chinesische Neujahr, das tamilische Neujahr im April, das Büßerfest Cavadee (Kavadi) im Februar, April, Mai, August und November, das Lichterfest Dipavali im November sowie die moslemischen Feiern Ramadan, Aid-el-Fitr und Aid-el-Kebir.

Januar
Fest zu Ehren des hl. Vincent – in Cilaos.
Marche sur le feu – Beim hinduistischen Fest zu Ehren der Göttin Pandialée findet der religiöse Feuerlauf statt, bei dem die Gläubigen barfuß über glühende Kohlen laufen.

Februar
Karneval – in Saint-Pierre

Mai
Tempo – Alljährlich zieht das Musikfestival in Saint-Leu mit Konzerten (im Club Le K), Filmen, Zirkus, Pantomime und Theater zahlreiche Besucher von der ganzen Insel an.

Juni
Grand Boucan – Karneval in Saint-Gilles-les-Bains. Mit Umzug, Feuerwerk und Verbrennung des Königs Dodo am Strand Roche-Noires.
Sakifo – Dreitägiges Musikfestival in Saint-Pierre: alle wichtigen Musiker der Insel treten hier auf und jeder kommt auf seine Kosten – ob bei Maloya, Sega oder Reggae, Pop und Chanson oder Elektro und Hip-Hop (www.sakifo.com).

Juli
Fête du Choca – Das Agavenfest findet alljährlich am dritten Wochenende im Juli in L'Entre-Deux statt. Mit Kunsthandwerksmärkten, süßen und deftigen Agaven-Speisen, Musik und Ausstellungen.

August
Guan Di – Das chinesische Festival fndet in

Saint-Denis und Saint-Pierre mit Tänzen, Musik, Speisen und Aufführungen statt.

Oktober
Le Grand Raid – Der dreitägige, anspruchsvolle Ultra-Crosslauf von Süd nach Nord quer über die Insel führt auch durch die drei Talkessel. Er wird auch »Lauf der Verrückten« genannt (www.grandraid-reunion.com).

November
Mégavalanche – Mountainbike-Abfahrt vom Piton Maïdo bei Saint-Paul.

Geld, Kreditkarten

Die Währung auf **Mauritius und Rodrigues** ist die Mauritius Rupie (MUR). 100 Rupies entsprechen etwa € 2,50 und CHF 2,93 (€1 = MUR 40; CHF 1 = MUR 34; Stand Januar 2018) und sind in 100 Cents unterteilt. Es gibt Scheine zu 50, 100, 200, 500, 1000 und 2000 Rupien. In internationalen Hotels, Restaurants und Geschäften werden die gängigen **Kreditkarten** (MasterCard/Visa) akzeptiert. Euroschecks werden nicht angenommen, Reiseschecks immer seltener. In den Hotels und Banken kann man Geld und Euro-Reiseschecks wechseln (Wechselstuben bieten einen besseren Kurs als Banken). **Geldautomaten** gibt es in allen größeren Ortschaften und in Port Mathurin auf Rodrigues. Die neuen Kreditkarten mit Chip und V-PAY-System funktionieren hier nicht, empfehlenswert ist stattdessen die Sparcard der Postbank. Die Barclay Bank vertritt die Deutsche Bank, daher zahlen Kunden der Deutschen Bank keine Gebühren für das Abheben von Bargeld.

La Réunion gehört zu Frankreich, daher ist der Euro Landeswährung. Die Banken- und Geldautomatendichte ist recht hoch. Wenn auch die heimische EC-Karte nicht überall funktioniert, werden jedoch alle gängigen Kreditkarten meist ohne Probleme akzeptiert.

Erkundigen Sie sich vor der Reise, ob Ihre jeweiligen Karten über die zentralen Kartensperrnummern für Deutschland, die ✆ +49 116 116 (www.sperr-notruf.de) oder die ✆ +49 30 40 50 40 50, gesperrt werden können.

Hinweise für Menschen mit Handicap

Die meisten Luxushotels auf **Mauritius** sind schwellen- bzw. barrierefrei ausgestattet – das gilt allerdings nicht für **Rodrigues**! Man kann Minibus-Transporte für Rollstuhlfahrer über das Hotel oder den Reiseveranstalter buchen lassen. In den Städten gibt es keine speziellen Vorrichtungen wie etwa abgeflachte Bordsteine, man sollte Stadtausflüge daher besser mit einer Begleitperson machen. Weitere Infos gibt der Bundesverband Selbsthilfe Körperbehinderter (www.reisen-ohne-barrieren.eu).

La Réunion ist grundsätzlich vor allem als Wanderziel bekannt, aber vielerorts kann man auch mit körperlichen Einschränkungen wenigstens die spektakulären Aussichtspunkte besuchen. Von den Parkplätzen führen zwar meist ein paar Stufen oder ein kurzer holpriger Pfad zur Aussichtsterrasse, aber oft gibt es auch eine Rollstuhlrampe. Hier sind auch stets Ausflügler, die helfen können. Weiterhin existieren *handiplages*, Strände mit Behindertenparkplätzen, speziellen Rampen im Sand und einem amphibischen Bade-Dreirad namens Tiralo (in La-Saline-les-Bains/St-Gilles, Saint-Leu und Saint-Pierre).

Internet

WLAN wird auf Mauritius in den meisten Hotels in den Zimmern (Luxusklasse) oder im Lobby- oder Pool-Bereich angeboten (gelegentlich noch gegen Gebühr!). Nur wenige Lokale bieten ihren Gästen eine freie WLAN-Nutzung für Smartphones oder Laptops an. In der Caudan Waterfront in Port Louis kann man sich kostenlos ins WLAN einwählen, ansonsten gibt es in größeren und touristischen Orten ein paar wenige Internetcafés. Auch auf La Réunion steht den Gästen in vielen Unterkünften WLAN gegen einen Aufpreis zur Verfügung. Internetcafés sind rar auf der Insel.

Informative Internetseiten
www.mauritius-knowhow.de – mit interak-

tivem Busfahrplan
www.info-mauritius.com – mit Webcam und Forum
www.kitesurf-rodrigues.com – alles übers Kitesurfen auf Rodrigues
www.reunion.de – Die Seite präsentiert u. a. einen Werbefilm mit spektakulären Natur- und Luftaufnahmen, die Gänsehaut erzeugen. Viele Infos auf Deutsch.
www.reunion-urlaub.com – von einer Deutschen, die auf La Réunion lebt
www.reunion-mafate.com – über den Cirque de Mafate auf La Réunion, auf Französisch und Englisch
www.isla-mauricia.de/blog-de/ –ein guter und relativ aktuell gehaltener deutschsprachiger Blog.

Klima, Kleidung, Reisezeit

Auf **Mauritius und Rodrigues** herrscht subtropisches Klima. Beide Inseln sind ganzjährig zu bereisen. Die Hochsaison ist der mauritische Sommer zwischen Oktober/November und April, wenn es am wärmsten ist (im Dezember ca. 30 °C; auf Rodrigues bis zu 35 °C). Allerdings sind von Dezember bis März Zyklone mit heftigen Regenfällen möglich. Diese tropischen Wirbelstürme erreichen Mauritius im statistischen Durchschnitt etwa alle fünf Jahre und brausen mit bis zu 250 Stundenkilometern über die Insel. Die Hotels sind auf solche Unwetter gut vorbereitet. Die regenreichsten Monate sind Dezember bis März/April, jedoch kann es auch in den Phasen des Klimawechsels im Mai und September/Oktober gelegentlich zu heftigen Regenfällen kommen.

Die kühlere Jahreszeit, der mauritische Winter, liegt zwischen Mai bis Oktober mit Tagestemperaturen bis zu 24 Grad Celsius, für Wanderungen ist dies die beste Jahreszeit, auch wegen der Blütezeit der Pflanzen. In den Bergen ist es einige Grad kühler und feuchter, was besonders ab 500 Meter Höhe oder nachts zu spüren ist, aber auch an den Küsten weht stets ein frischer Wind, der Südostpassat (v. a. an der Ostküste).

Die Luftfeuchtigkeit auf Mauritius und Rodrigues beträgt 80 bis 90 Prozent. Die Wassertemperaturen liegen in der Hochsaison bei angenehmen 27 Grad Celsius und sinken im mauritischen Winter auf bis zu 22 Grad Celsius. Auf Rodrigues ist das Klima etwas rauer, die Gefahr von Zyklonen etwas größer.

Als Kleidung für Mauritius eignen sich leichte lockere Leinenkleidung sowie Kleider und Blusen aus Seide. Um eine Erkältung in den klimagekühlten Restaurants und Minibussen zu vermeiden, sollte man eine leichte Strickjacke bzw. ein Pullover dabei haben (auch für die Winterabende in den kälteren Monaten Mai bis September). Für Männer gilt abends in den mauritischen Restaurants und Luxushotels: Einlass nur mit langer Hose!

Einpacken sollte man außerdem Sonnenschutzmittel mit hohem Schutzfaktor sowie Sonnenhut und -brille, Lippenschutz und Mückenschutzlotion. Am Abend schützt auch langärmelige, helle Kleidung.

La Réunion hat ebenfalls ein subtropisches Klima, ist aber kühler und trockener im tropischen Winter von Mai bis Oktober (22–25 Grad). Im tropischen Sommer ist das Klima feucht-warm mit bis zu 35 Grad. Von November/Dezember bis März besteht Zyklonengefahr, am regenreichsten sind der Januar und Februar. In den Bergen kann es kalt und nass werden, daher sollte man immer einen Pullover bzw. eine Regenjacke mitnehmen. Auch Trekkingschuhe sind empfehlenswert, da die Insel ein Wanderziel ist. Als Wanderer sollte man außerdem dabeihaben: winddichten Regenschutz oder

Zyklone mit bis zu 150 Stundenkilometern und heftigen Regenfällen drohen auf La Réunion von November/Dezember bis März

DIE MALOYA

Der rein réunionesische Musikstil Maloya, eine Art traditioneller einheimischer Blues, gehört seit 2009 zum immateriellen UNESCO-Erbe der Menschheit. Früher von den madagassischen und anderen afrikanischen Sklaven auf den Zuckerrohrfeldern gesungen, hat sich der markante Gesang und Tanz heute vermischt mit Reggae, Rock und sogar Jazz und ist aus dem Alltag von La Réunion nicht mehr wegzudenken. Kein Musikfestival oder andere Veranstaltung findet ohne den gesungenen Dialog zwischen Solist und Chor begleitet von mitreißender Perkussion statt. Das einstige Klagelied wird heute von rund 300 Bands interpretiert, darunter so berühmte Sänger wie Danyèl Waro und Ziskakan.

Regenponcho, Fleecepullover, Sonnenhut, Wasserflasche, Stirnlampe, Mobiltelefon, evtl. Ersatzkleidung und Wanderstöcke.

Kultur- und Nachtleben

Tanzvorführungen und Folklore

In jedem mauritischen Hotel finden wöchentlich Sega-Tänze statt, teils bei Lagerfeuer am Strand. Auch klassische indische Tänze, traditionelle chinesische Drachentänze und andere Folklore werden allabendlich in den großen Hotels dargeboten.

Es gibt zwei **Theater** auf Mauritius, das Plaza Theater in Rose Hill und das städtische Theater in Port Louis. Deren Kulturprogramm ist jedoch recht dürftig. In Rose Hill werden Theaterstücke, klassische Tänze und Konzerte, Kinofilme und Ausstellungen gezeigt. Im Stadttheater der Hauptstadt haben heute ein Kindertheater und Laienensembles ihre Heimat.

Zeitgenössische Kunst

Viele Galerien, Hotels und Geschäfte in Port Louis, Grand Baie und Curepipe auf Mauritius stellen Kunst im Original oder als Druck aus, z. B. in der Galerie-Kette von Hélène de Senneville (Port Louis, Grand Baie, Curepipe) und in den Galeries Didus (Caudan Waterfront in Port Louis). Besonders die auffallend farbenfrohen, naiven Malereien typischer Inselszenen und Landschaften von Mauritius sind bei Touristen als Erinnerungsstücke beliebt. Einer der bekanntesten und am meisten imitierten Maler des 20. Jahrhunderts ist der inzwischen verstorbene Malcolm de Chazal.

Nachtleben

Das Nachtleben auf **Mauritius** spielt sich hauptsächlich in den Hotel-Diskotheken, Pianobars und Nachtklubs sowie in den Strandbars der Badeorte ab (v. a. Grand Baie, Flic en Flac). Zu den abendlichen Showprogrammen in den Hotels gehören Sega-Tänze und andere Folklore. Einige Bars und Diskotheken in dem Stadtgürtel im Hochland haben sich als Attraktion für Urlauber einen Namen gemacht.

In der Hauptstadt Port Louis werden ab 18 Uhr die Bürgersteige hochgeklappt, mit Ausnahme des Einkaufszentrums Le Caudan Waterfront am Hafen und Bagatelle: Restaurants, Coffee Bars, Fast-Food-Imbisse, Kinos und ein Kasino warten auf Kundschaft. Das Glücksspiel, Lotterie und Pferderennen sind für Einheimische (und Urlauber) ein beliebter Zeitvertreib.

Eine Besonderheit von **Rodrigues** sind die sonntäglichen Ranne-Zaricot-Matinees, bei denen am Nachmittag traditionelle Musik wie Sega und die polkaähnliche Mazurka gespielt und getanzt wird, etwa im Les Cocotiers in Port Mathurin. Nach dem Motto: erst Kirche, dann Disco.

La Réunion ist nicht gerade für sein Nachtleben berühmt, und so spielt sich das meiste eher in der Hauptstadt Saint-Denis und in den Kneipen und Strandbars in den Urlauberorten an der West- und Südküste ab. Das größte Musikfestival im Indischen Ozean ist das Sakifo, das im Juni in Saint-Pierre stattfindet (www.sakifo.com). Auch Saint-Leu hat ein Musikfestival, das Leu Tempo Festival. Bei beiden Spektakeln treten die bekanntesten Maloya-Bands auf.

Maße und Gewichte

Auf **Mauritius und Rodrigues** wurde 1994 das Dezimalsystem eingeführt. Trotzdem begegnet man auch heute noch den alten Maßeinheiten wie der Meile und dem englischen Pfund. Da **La Réunion** zu Frankreich gehört, gilt hier wie bei uns das metrische System.

Medizinische Versorgung

Für Mauritius und La Réunion sind keine **Impfungen** erforderlich (außer bei der Einreise aus Gelbfiebergebieten). Wichtig sind eventuell notwendige Auffrischungen von Tetanus-, Polio-, Diphterie- und evtl. Hepatitis-A- und B-Impfungen sowie bei Langzeitaufenthalten eine Impfung gegen Typhus.

Auf Mauritius wurden seit 1998 keine Malariafälle mehr gemeldet. Daher spricht die Deutsche Tropenmedizinische Gesellschaft keine Empfehlungen mehr für Malariaprophylaxe aus. Wer aus Gelbfiebergebieten einreist, muss sowohl auf Mauritius und Rodrigues als auch auf La Réunion eine Gelbfieberimpfung vorweisen können. Dengue-Fieber kommt auf allen drei Inseln vor, übertragen durch tagaktive (!) Mücken. Davor schützt man sich am besten mit Mückenschutzmittel und hautbedeckender Kleidung sowie einem Moskitonetz in der Nacht.

Das Gesundheitssystem auf Mauritius ist relativ gut ausgestattet. Der Standard in Privatkliniken ist jedoch wesentlich besser als in den (kostenfreien) staatlichen Krankenhäusern. Jedes größere Hotel verfügt über Krankenschwestern, ein Arzt kommt bei Bedarf ins Hotel und muss bar bezahlt werden. Eine **Auslands-Reisekrankenversicherung** (mit Rücktransport im Notfall) sollte unbedingt abgeschlossen werden. Alle Behandlungen müssen zunächst selbst bezahlt werden, zuhause kann man das Geld dann gegen Vorlage der Quittungen zurückverlangen.

Auf La Réunion, das ebenfalls über eine gute medizinische Versorgung verfügt, sollte man seine Europäische Krankenversicherungskarte (EHIC) vorzeigen. Die Behandlung muss man vor Ort zwar trotzdem selber zahlen, man erhält das Geld aber von seiner gesetzlichen Krankenversicherung zurück. Da der Rücktransport im Notfall nicht durch die EHIC-Karte abgedeckt ist, sollte man vorsichtshalber auch für eine Reise nach La Réunion eine Auslandskrankenversicherung abschließen.

Alle wichtigen Medikamente sollten in der **Reiseapotheke** enthalten sein: Mückenschutzmittel, Mittel gegen Erkältung, Magenverstimmung und Durchfall, Aspirin, Antibiotika, eine antiseptische Lösung, Sonnenbrand-Salbe sowie Verbandsmittel und Pflaster. Für Diabetiker wird die Mitnahme aller erforderlichen Materialien empfohlen.

Das **Leitungswasser** hat Trinkwasserqualität und reicht zum Zähneputzen, schmeckt allerdings nicht.

Mit Kindern auf Mauritius, Rodrigues und La Réunion

Die meisten gehobenen Hotels auf **Mauritius** verfügen über Kids Clubs mit abwechslungsreichem Vergnügungsprogramm und Kinder-Pools. In den Restaurants gibt es Kinder-Menüs. In Lagunen ist das Wasser meist nicht sehr tief und daher ideal für Kinder. Vor allem auch weil das Korallenriff fast die gesamte Insel umgibt und die tosenden Wellen des Indischen Ozeans abhält.

Es gibt einige Vergnügungsparks mit Tiergehegen, Streichelzoos und Action, etwa der Casela Nature Park (vgl. S. 96 f.) und die La Vanille Reserve (vgl. S. 163). Im Botanischen Garten kann man Rehe und Riesenschildkröten bestaunen (vgl. S. 84), auf dem Meer an Unterwasser-Fahrten im U-Boot (vgl. S. 62) teilnehmen oder mit Delfinen schwimmen (vgl. S. 105).

Auf **Rodrigues** ist das Naturreservat François Leguat, in dem 1500 Riesen-Landschildkröten leben, ein schönes Ziel für Familien mit Kindern (vgl. S. 175 f.).

Auf **La Réunion** sollte man sich unbedingt die Schildkrötenfarm Kélonia anschauen, die mit großem Open-Air-Bassin und Unterwasser-Aquarium, Kinderfilmen sowie lehrreicher Ausstellung zu den besten Institutionen für Meeresschildkröten weltweit gehört (vgl. S. 205). Auch die Abenteuer-Kletterparks mit Seilbahn-Parcours in den Wäldern sind ein Spaß für die ganze Familie, ebenso die beiden Aquarien, diverse Reiterhöfe und Tierparks.

Notfälle, wichtige Rufnummern

Mauritius und Rodrigues
Polizei: ✆ 999, vom Mobiltelefon ✆ 112
Krankenwagen: ✆ 118, 114
Sir Seewoosagur Ramgoolam Pamplemousses National Hospital ✆ 209 35 00
Feuerwehr: ✆ 995, 115
Touristenpolizei: ✆ 8910 und 210 38 94, 213 17 40
Touristen-Info: ✆ 152
Zentralen Kartensperrnummer ✆ +49 116 116 (www.sperr-notruf.de) und ✆ +49 30 40 50 40 50

La Réunion
Polizei: ✆ 17
Notarzt, Entgiftungszentrum: ✆ 112 und ✆15
Feuerwehr: ✆ 18
Zustand der Wanderwege: ✆ 0262 37 38 39 und ✆ 0810 16 00 00
Wettervorhersagen: ✆ 32 50, 0892 68 08 08 (0,30 €/Min.)
Zyklon-Information: ✆ +33-897-65 01 01, www.meteo.fr
Straßenzustand (nach Zyklon): ✆ 0262 97 27 27
Vulkanaktivitäten, Observatorium: ✆ 0262 27 52 92

Manche Hotelstrände auf Mauritius werden von Sicherheitsleuten dezent bewacht

Bergwacht, Rettung im Gebirge: ✆ 0262 93 09 30
Rettung am Meer: ✆ 0262 43 43 43
Zentralen Kartensperrnummer ✆ +49 116 116, ✆ +49 30 40 50 40 50

Öffnungszeiten

Mauritius und Rodrigues
Allgemeine Geschäftszeiten in Port Louis sind Mo–Sa 9.30–19.30 Uhr. In anderen Städten wie Curepipe und im Hochland um Curepipe allerdings Do nur 9.30–13 Uhr. In kleineren Städten machen die Geschäfte später auf und früher zu.

Die Geschäfte in den Shoppingcentern öffnen unterschiedlich, in der Regel Mo–Fr 9.30–17.30, Sa 9.30–19, So 9.30–12 Uhr, manche Center wie das Trianon haben wochentags länger bis gegen 20/21 Uhr und So bis 15 Uhr geöffnet. Märkte finden Mo–Sa 6–18, So 6–12 Uhr statt.

Die Banken öffnen Mo–Fr 9–15 Uhr, nur die State Bank of Mauritius in Port Louis ist außerdem Sa 9–12 Uhr geöffnet. Postämter sind Mo–Fr 8.15–11.15 und 12–16 sowie Sa 8.15–11.45 Uhr geöffnet (Briefe und Postkarten können auch in allen Hotels abgegeben werden).

Restaurants sind meist täglich geöffnet von 11.30–14.30/15 und 18.30–22.30 Uhr, in den Einkaufszentren von ca. 10 Uhr bis nach Mitternacht.

La Réunion
Die Geschäfte auf La Réunion sind in der Regel 8.30–12 und 14.30–18 Uhr geöffnet, Märkte finden Mo–Sa 6–18, So 6–12 Uhr statt. Banken haben Mo–Fr 8–16 Uhr auf und Restaurants sind meist täglich 11.30–14.30 und 18.30–22.30 geöffnet.

Post, Briefmarken

Postämter sind auf Mauritius und Rodrigues reichlich vorhanden. Das Porto für eine Postkarte nach Europa kostet je nach Größe bis zu Rs 16, ein Brief Rs 32. Die Post nach Europa ist rund eine Woche unterwegs.

Auch auf La Réunion existieren ausreichend Postämter. Postkarten werden in Kuverts verschickt, die man beim Kauf gleich dazu bekommt. Daher zahlt man auch genauso viel Porto wie für einen Brief, nämlich € 1 nach Europa. Briefmarken erhält man auch in Tabak- und Zeitschriftenläden.

Presse

Es gibt unzählige Tages- und Wochenzeitungen auf **Mauritius**, die meist von den verschiedenen Ethnien oder Parteien herausgegeben bzw. gelesen werden, etwa *L'Express* (www.lexpress.mu) und die inselälteste Tageszeitung *Le Mauricien* (auf Französisch, www.lemauricien.com) sowie den *Mauritius Globe* und *Mauritius Sport* (auf Englisch). Auf **Rodrigues** liest man *Le Vrai Rodriguais* und *La Voix du Peuple*. Auf **La Réunion** erscheinen *Le Quotidien* und *Le Journal de l'Île*.

Rauchen

Auf Mauritius und Rodrigues gilt theoretisch Rauchverbot auf allen öffentlichen Plätzen, durchgesetzt wird es aber vor allem in geschlossenen Restaurants und Hotels. Auf La Réunion gilt Rauchverbot in der Öffentlichkeit, besonders in Lokalen. In den Hotels gibt es spezielle Raucherzimmer und ausgewiesene Raucherbereiche.

Sicherheit

Mauritius, Rodrigues und La Réunion gehören zu den am wenigsten riskanten Urlaubsländern. Dennoch sollte man in einsamen Gegenden und an Stränden nicht allein spazieren gehen oder wandern, vor allem als Frau und nachts (z. B. an der Festung in Port Louis und in Baie du Tombeau, in Grand Baie und Flic en Flac kommt es in letzter Zeit außerdem verstärkt zu Diebstählen aus Hotelzimmern und Ferienwohnungen). Selbstverständlich sollte man niemals die Kreditkarte aus der Hand geben, kein Bargeld oder Schmuck im Zimmer herumliegen und Wertsachen stets im Hotelsafe aufbewahren lassen.

Vorsicht ist geboten beim Verlassen einer Bank und vor Taschendieben auf den dicht gedrängten Märkten (Port Louis, Grand Baie, Flic en Flac). Die meisten Unfälle mit Urlaubern ereignen sich im Verkehr beim Fahren mit dem Mietwagen und durch Haiattacken auf La Réunion.

Mit dem Speedboot machen Hobbyfischer Jagd auf Marlins und Bonitos (Trou aux Biches)

Sport und Erholung

Angeln, Hochseefischen
In der Saison von September/Oktober bis April/Mai schwärmen die Yachten und Hochseefischer in den Indischen Ozean aus und müssen gar nicht weit hinausfahren, um schwarze und blaue Marlins, kampflustige Schwertfische, Mako-Haie, hundeschnäuzige Thunfische, Bonitos, Wahoos, Barrakudas und vieles andere Meeresgetier an die Angel zu bekommen und immer wieder Rekorde zu brechen. Nur ein bis zwei Kilometer von den Küsten entfernt, fällt der Meeresboden bis auf 600 Meter ab, besonders vor den Westküsten von Mauritius (Rivière Noire, Trou aux Biches) und La Réunion.

In fast jedem Küstenort gibt es einen Angler-Club, Angeltouren sind meist über Hotels oder Bootsverleiher zu buchen. Ein Angelwettbewerb auf Mauritius ist beispielsweise im Februar die Marlin Master Competition. Zentren für Angeln und Hochseefischen finden sich in Grand Baie, Le Morne, Grande Rivière Noire und Flic en Flac, Vieux Grand Port und Trou d'Eau Douce und natürlich auch auf Rodrigues und La Réunion, dort z. B. in Saint-Gilles und Saint-Pierre. Informationen auf www.blackriver-mauritius.com, www.reunionfishingclub.com.

Baden

Auf **Mauritius** locken etwa 160 Kilometer weißer Sandstrand, Schatten unter Kasuarinen (Filaos) und Palmen, eine seichte und türkis schimmernde Lagune vor einem tiefblauen Indischen Ozean mit all seinen (tierischen) Gefahren hinter dem Korallenring und über allem stets eine leichte Brise – was will der Urlauber mehr? Die schönsten Strände sind Trou aux Biches und Mont Choisy (und Baie du Tombeau) nördlich von Port Louis, Belle Mare Plage und Île aux Cerfs an der Ostküste, Le Morne und Flic en Flac an der Westküste. Vorsicht gilt nur vor Seeigeln und Steinfischen. Wegen des Korallenschrotts sind an manchen Stränden Badeschuhe zu empfehlen, vor allem im Norden und Nordwesten.

Die Mauritier gehen nur im mauritischen Sommer zwischen November und April ins Meer, da den Einheimischen zwischen Mai und Oktober das Wasser und die Lufttemperatur mit 25 Grad zu kalt ist. Zudem ist es vor allem an der Süd- und Ostküste wegen des Südostpassats oft windig. Die Badezonen in der durch das Korallenriff geschützten Lagune sind meist markiert. Es kommt jedoch immer wieder zu Unfällen durch Schnellboote beim Schnorcheln und Tauchen außerhalb der Zonen an den Riffen.

Die schönsten Strände und Buchten von **Rodrigues** sind die im Osten gelegene Cotton Bay, die einen Kilometer südlich gelegenen Strände Fumier und Anse Ally, die kleine Bucht bei Saint-François und der bezaubernde Trou d'Argent.

Der 9-Loch-Platz des »One & Only Le Saint Géran« in Belle Mare

Auf **La Réunion** erstreckt sich die geschützte Lagune an der Westküste, eine 60 Kilometer lange »Riviera« mit eher schmalen, aber schattigen Stränden vor allem bei und südlich von Saint-Gilles-les-Bains. Dort kann man in der Regel gefahrlos baden – man sollte aber darauf achten, ob der gewählte Strand an der korallengeschützten Lagune liegt oder mit Anti-Hai-Netzen geschützt wird wie in Boucan-Canot. Anders sieht es an offenen Meeresabschnitten und in Hafennähe aus. Hai-Warnungen und gesperrte Abschnitte sollte man unbedingt beachten und dort nicht ins Wasser gehen, auch nicht vorn im seichten Bereich!

Seit 2011 kam es mehrfach zu tödlichen Haiattacken (allein drei Tote 2013), die meisten waren Bodyboarder oder Surfer. Im Februar 2015 wurde eine 20-jährige Urlauberin in Saint-Paul nur fünf Meter vom Strand im hüfthohen Wasser beim Schnorcheln von einem Hai getötet. Absperrungen von Stränden und eine rote Beflaggung müssen daher unbedingt von Schwimmern, Schnorchlern, Surfern und Kitesurfern beachtet werden. Niemals in der Nähe von Hafeneinfahrten baden (etwa am Yachthafen von Saint-Gilles-les-Bains und am dortigen Ende des Roche Noires Beach sowie in Boucan-Canot) und nahe Flussmündungen, nicht bei Sonnenuntergang oder nach starkem Regen. Seit 2012 wird gezielt Jagd auf Haie gemacht und die bekanntesten Surfer-Regionen wie Saint-Paul, Saint-Leu und Trois-Bassins werden vom Wasser und der Luft aus überwacht, außerdem werden im Zuge eines Projekts Haie markiert und per Satellit beobachtet. Aktuelle Hinweise auf www.reunion.fr/de/reisevorbereitung/sicherheit.html.

Strömungen (auch in der Lagune) und Wellen können extrem stark sein. An nicht geschützten Stränden oder Küsten gibt es oft kleine (natürliche) Felsbecken, in denen man baden kann, etwa Manapany im Südosten der Insel.

Flyboard

Auf La Réunion haben sich ganz neue Sportarten und Vergnügungen etabliert – teils witzig, teils sehr verrückt für Adrenalinsüchtige. Etwa das futuristisch anmutende Flyboard, bei dem man angetrieben durch einen Jetski mitsamt Schlauch senkrecht wie eine Rakete aus dem Meer schießt, wie eine Robbe durchs Wasser taucht, durch die Luft surft und Delphinsprünge macht – eine Mischung aus Skifahren, Snowboarding, Jetski und Akrobatik (www.flyboard-reunion.fr).

Es werden aber auch andere, ungefährlichere und umweltfreundlichere Vergnügungen angeboten wie unmotorisierte Quad-Bikes, Strandtennis oder durchsichtige Kanus aus Acrylglas.

Golfen

Die Urlauberklientel auf Mauritius ist bekanntlich exklusiv und so sind viele größere Hotels mit eigenen Golfanlagen vor der Haustür ausgestattet. 9-Loch-Plätze gibt es z. B. im Maritim in der Baie aux Tortues, im Le Saint Géran in Belle Mare und im Le Shandrani in Mahébourg, 18-Loch-Plätze im Belle Mare Plage in Belle Mare, im Gymkhana Golf Club nahe Vacoas, in Bel Ombre und im Le Paradis im Süden, im Tamarina im Westen und auf der Île aux Cerfs. Die Lage der Plätze macht sie besonders: Der über die Küste brausende Wind stellt für Könner eine Herausforderung dar, der Golfer hat stets den Indischen Ozean im Blick und vielleicht kann er sich mit einem der internationalen Golfstars messen, die regelmäßig auf Mauritius spielen und Urlaub machen.

Urlauber können auch an den Golfturnieren teilnehmen. Die Mauritius Open finden im Dezember im Belle Mare Plage Hotel statt, der Golf Trophy im November/Dezember für Schweizer und im Januar/Februar für Deutsche im Le Paradis Hotel. Spezielle Golfreisen werden von diversen Reiseveranstaltern angeboten.

Golfplätze auf **La Réunion** gibt es bei Bassin Bleu bei St-Gilles-les-Hauts in Villèle (www.bassinbleu.fr, 18-Loch-Platz), in Le Montagne und in L'Etang-Salé.

Klettern, Abseiling, Canyoning, Rafting

Im **mauritischen** Nationalpark Black River Gorges können sich sportlich-abenteuerliche Urlauber am Kletterseil durch Schluchten und Wasserfälle hangeln und durch Flüsse schwimmen. Die Ausrüstung besteht aus Helm und Neoprenanzug (ab 15 J.; Infos z. B.: bei Vertical World Ltd., Curepipe, ✆ 697 54 30, www.verticalworldltd.com).

La Réunion ist mit vielen schroffen Bergen und Wasserfällen im Grunde eine einzige Canyoning- und Abseiling-Strecke. Anfänger üben z. B. in der Nordostecke der Insel bei Sainte-Suzanne an den Niagara-Fällen (vgl. S. 245) oder in der Ravine Fleurs-Jaunes bei Cilaos (vgl. S. 254), die Könner zieht es in die Takamaka-Schlucht an der Ostküste der Insel (vgl. S. 242) oder zum sagenhaften Trou-de-Fer (Infos z. B. auf www.canyoning-ilereunion.com, www.pranaventure.com, www.cilaosaventure.com).

Am Strand in Flic en Flac

Kajaking und Canyoning-Abenteuer erlebt man auch auf den Bergflüssen und Seen, z. B. am Grand Bois, Rivière de Roche und Rivière Langevin (www.aquasens.re, www.alpanes.com).

Auf Klettersportler warten 6000 Meter Kletterstrecken und etwa 20 Routen, einige überschreiten die 300-Meter-Marke. Beliebte Wildwasser-Rafting-Strecken bieten die Stromschnellen der Flüsse Rivière du Mat und Rivière des Marsouins im Osten.

Eine inseleigene Spezialität La Réunions sind die Exkursionen in die Lavatunnel bei Saint-Philippe – ein Abstieg in diese Hölle führt zehn Kilometer durch die erkaltete Lava-Schlacke (www.canyonreunion.com, vgl. S. 234).

Auf **Rodrigues** kann man die 600 Meter lange Tropfsteinhöhle Caverne Patate mit Führer erkunden (vgl. S. 175).

Reiten, Pferderennen

Jeden Samstag in der Saison zwischen Mai und November treffen sich die Pferdesportfreunde auf dem Champs de Mars in Port

Louis auf **Mauritius**, einer der ältesten Pferderennbahnen der Welt. Ab 1812 frönten die Kolonialbeamten und Plantagenbesitzer, heute die Geschäftsleute ihrer Wettleidenschaft (vgl. S. 44). An vielen mauritischen Stränden kann man Reitpferde und Ponys ausleihen.

Auf **La Réunion** gibt es zahllose Reiterhöfe, ob am Strand oder im Hochland. Informationen erhält man beispielsweise bei Shaiena (www.shaiena.com).

Rundflüge
Auf **Mauritius** werden Rundflüge im ultraleichten Flugboot oder Wasserflugzeug über der Küste angeboten (vgl. S. 77).

Per Helikopter oder im ULM-Ultraleichtflugzeug schwebt man auf **La Réunion** über die sensationelle Landschaftskulisse, direkt über Vulkankrater und Steilhänge, Lagune und Wasserfälle. Am freiesten, einem Vogel gleich und ohne Kabine sitzt man im ULM Paraplane, einem dreirädrigen Flug-Gestell.

Felix ULM
63, rue Marthe Bacquet, Cambaie
Saint-Paul, La Réunion
✆ 0262 43 02 59, www.felixulm.com
Tandem-Flüge € 65 bis € 250
Man sollte vorher genau mit dem Piloten absprechen, wohin er fliegen soll und wie lange es dauert, sonst kann es hier unter Umständen zu recht eigenwilligen »Verkürzungen« der Tour wegen Wolken und Nebel kommen, die mit dem gewährten Preisnachlass leider nicht immer im Verhältnis stehen.

Corail Helicopteres
Am Pierrefonds Flughafen, in der Nähe von Saint-Pierre, Saint-Pierre Cede, La Réunion
✆ 0262 22 22 66
www.corail-helicopteres.com
Im Helikopter sitzen bis zu vier Fluggäste, der hinten in der Mitte Sitzende hat meist keine gute Sicht.

Segel- und Katamaran-Ausflüge, Yachtcharter
Die Inselwelt um die drei Maskarenen-Inseln lässt sich hervorragend mit dem Segelboot erkunden. Ein organisierter Segel- oder Katamarantörn bzw. das Chartern einer Yacht inklusive Skipper gehört unbedingt zum Mauritius-Urlaub. Motorboote können übrigens nicht ohne Skipper gechartert werden, da die Seekarten zu ungenau sind. Touren bieten u. a. Croisières Turquoises (www.croisieres-tur quoise.com) und Croisières Australes (www.croisieres-australes.mu), chartern kann man bei Dream Yacht Charter (www.dream yachtcharter.com, unter deutscher Leitung). Infos über Bootsausflüge auf La Réunion: www.grandbleu.re.

Skydiving und Gleitschirmfliegen
Die wilde Kulisse von **Mauritius** lässt sich auch im freien Fall aus der Vogelperspektive erleben. Beim Skydiving kann der Wagemutige bei einem Tandemsprung aus 3000 Meter Höhe die Natur von oben genießen. Fast eine Minute dauert der freie Fall mit 200 Stundenkilometern Richtung Erde, bis die Reißleine gezogen wird und der Fallschirm sich öffnet.

Skydive Austral
Skydive Center, Belle Vue Maurel, Mauritius
✆ 054 99 55 51 (mobil)
http://skydivemauritius.com

Auf **La Réunion** starten die meisten Gleitschirmflieger oberhalb von Saint-Leu (v. a. Anfänger, vgl. S. 206), am Le Dimitile und in Dos d'Ane am Piton Maïdo.

Surfen und Jetski-Fahren
Kanus, Surfbretter, Tretboote und andere sportliche Geräte sind in den Hotels auf **Mauritius** meist kostenlos zu erhalten, in vielen Anlagen ist sogar das Wasserskifahren inklusive. Die besten Surfplätze für Anfänger liegen an der mauritischen Südwestküste bei Le Morne und an der Westküste bei Tamarin. Die Ostküste erfreut erfahrene Surfer vor allem im Sommer mit richtigen Wellen und jeder Menge Wind. Eine deutsche Kiteschule betreut Kitesurf-Novizen in den Kuxville Beach Cottages am Cap Malheureux (www.kuxville.com).

Auf **Rodrigues** treffen sich Surfer an der Südostküste beim Hotel Mourouk Ebony. Die besten Monate sind Oktober und November.

Mit Rücksicht auf die Korallen und die Urlauber ist das gefährliche Jetski-Fahren auf Mauritius und Rodrigues verboten, dafür hat das gemütliche und angesagte

Stand Up Paddling (SUP) seit einiger Zeit viele Anhänger gefunden.

Auf **La Réunion** ist das Jetski-Fahren leider weiterhin erlaubt, vor allem in Saint-Gilles. Beliebte Ecken zum Surfen, Kite- und Windsurfen sowie Bodyboarding sind Saint-Leu – wegen der »la gauche«, einer linksdrehenden Welle, ist dies einer der besten Surfspots der Welt –, in Saint-Pierre und die nicht korallengeschützten Abschnitte in Saint-Gilles (La Saline-les-Bains, Trois Bassins), wo man innerhalb der seichten Lagune natürlich auch das Stand Up Paddling ausprobieren kann (www.surfingreunion.com; vgl. Warnhinweise zu Hai-Attacken auf S. 300).

Tauchen und Schnorcheln
Die Unterwasserwelt von **Mauritius** ist atemberaubend: Der Korallenring umschließt die Insel fast vollständig (außer im Süden), was die Lagune zu einem Paradies für Schnorchler und Taucher macht. In den meisten Hotels und Badeorten werden Tauchlehrgänge und -exkursionen von qualifizierten Lehrern angeboten inklusive Ausrüstung (Taucher müssen mindestens 16 Jahre alt sein und eine Gesundheitsbescheinigung mitbringen).

Die meisten der rund 50 Tauchgründe liegen kaum eine Stunde Bootsfahrt von der Küste entfernt. Es herrschen angenehme 27 Grad Celsius, allerdings kann im Januar und Februar das Wasser wegen eventueller Zyklone zu aufgewühlt sein, ebenso ganzjährig an der Ostküste.

Die Tauchzentren auf **Rodrigues** befinden sich in den Hotels Mourouk Ebony und Cotton Bay. Beste Tauchzeit auf Rodrigues: Oktober und November. Die Mauritius Scuba Diving Association (MSDA, www.msda.mu) unterhält 25 Tauchzentren und fünf Tauchklubs auf Mauritius und Rodrigues.

Auch auf **La Réunion** ist für Tauchkurse ein ärztliches Attest notwendig, die besten Tauchgegenden liegen vor Saint-Leu und Saint-Pierre. Ein Anbieter ist Bleu Marine Réunion (www.bleu-marine-reunion.com).

Zu den Attraktionen unter Wasser gehören Sandbänke, Korallengärten, steile Felswände und Vulkanriffe und versunkene Schiffswracks. In diesem Garten Eden tummeln sich Löwenfische, Engelbarsche, Dicklippen- und Trompetenfische, Clown- und Papageienfische sowie Tintenfische.

Das Berühren und Abbrechen der Korallen sowie das Sammeln von Muscheln oder das Speerfischen sind verboten! Man sollte sich auch beim Schnorcheln nicht unbedingt zum Ausruhen auf die Korallen stellen, sondern lieber mit einer Schwimmweste losschnorcheln, was ohnehin auch für gute Schwimmer entspannender ist (T-Shirt und Shorts wegen der Sonneneinstrahlung anziehen!).

Unterwasserspaziergänge
Der besondere Urlaubsclou auf Mauritius sind die Unterwasserspaziergänge in Grand Baie und Belle Mare. Mal aus ganz anderer Perspektive können hier auch Nicht-Taucher, Nicht-Schwimmer und Kinder den Fischen und Korallen ganz nah kommen.

Solar Undersea Walk
Coastal Rd., Grand Baie, Mauritius
✆ 263 78 19, www.underseawalk.mu

Vogelbeobachtung
Für die Vogelbeobachtung auf **Mauritius** zieht es viele Besucher ins Kestrel Valley (derzeit leider geschl.) und ins Vallée de Ferney (vgl. S. 124) sowie zur Île aux Aigrettes (vgl. S. 132 ff.). Besucher können außerdem an der Westküste bei Grande Rivière Noire die Wissenschaftler und Tierschützer der Mauritius Wildlife Foundation (MWF) besuchen (vgl. S. 104 f.). Eine große Chance auf eine Begegnung mit dem berühmten Mauritiusfalken besteht im Black River Gorges Nati-

Bezaubernde Einblicke in die Unterwasserwelt bieten sich beim Schnorcheln und Tauchen

onal Park, hier hat sich das Falkenprojekt der MWF mit spektakulären Zuchterfolgen einen Namen gemacht (vgl. S. 150 f.). Auf **Rodrigues** ist die Île aux Cocos ein Vogelschutzreservat, in dem während des europäischen Winters bis zu 40 000 Wasservögel leben (vgl. S. 176).

Walbeobachtung, Schwimmen mit Delfinen
Ein Stelldichein mit Delfinen und Walen (im mauritischen Winter nur Wale) können Interessierte an der Westküste von **Mauritius** bei Grande Rivière Noire wagen.

Von Mitte Juni bis Mitte Oktober treffen sich die Buckelwale zum Kalben auch vor der Küste **La Réunions**.

Dolswim
Island Sports Club Hotel
Grande Rivière Noire, Mauritius
✆ 054 22 92 81 (mobil), www.dolswim.com
Wal- und Delfinbeobachtungen.

Globice
30, chemin Parc Cabris, Grand Bois
97410 Saint-Pierre, La Réunion
✆ 06 92 65 14 71 (mobil)
www.globice.org

Croisières & Découvertes
Îlot du port de Saint-Gilles-les-Bains
La Réunion
✆ 0262 33 28 32, www.grandbleu.re

Wandern und Mountainbiking
Etwa zwei Prozent der Landesfläche auf **Mauritius** sind Wälder im Originalzustand und stehen unter Naturschutz. Einige der bizarren Bergspitzen der Insel können auf Tagesausflügen bestiegen werden. Der Le Pouce bei Port Louis (ca. 4 Std.) und der Piton de la Petite Rivière Noire (Black River Peak; 1–2 Std.) sind die beliebtesten Bergwanderziele, die von ihren Gipfeln aus mit fantastischen Panoramen belohnen (vgl. S. 50 und 149). Die Naturschutzgebiete sind täglich zwischen 6 und 18 Uhr geöffnet. Es sind vorwiegend leichte Wege, machbar mit Turnschuhen mit geriffelter Sohle. Wegweiser sind teilweise vorhanden, Führer werden über Reiseveranstalter bzw. in den Naturschutzgebieten gestellt. Trinkwasser und Verpflegung sollte man mitnehmen. Ein Veranstalter für Öko-Abenteuertouren mit Rad oder Kanu, am Kletterseil oder zu Fuß ist Yemaya Adventures (www.yemaya adventures.com).

Auf **Rodrigues** führen Wanderungen mit immer wieder grandiosen Ausblicken auf den Ozean zu feinsandigen Badebuchten und wild zerklüfteten Klippen sowie zu Fischerdörfern, z. B. zur schönen Bucht Trou d'Argent an der Ostküste.

Die Insel **La Réunion** ist das Wanderziel schlechthin im Indischen Ozean mit insgesamt 1100 Kilometer gekennzeichneten Wanderwegen, meist gut instand gehalten und ausgeschildert, die auf und um die vielen Zwei- und Dreitausender und durch die Cirques führen. Beste Wanderzeit ist der kühlere tropische Winter von April/Mai bis Oktober/November. In den Bergen kann es dann ziemlich kalt werden, aber die Gipfel sind wolkenfreier als im tropischen Sommer. Grundsätzlich gilt: sehr früh morgens in die Berge aufbrechen (bis spätestens 10 oder 11 Uhr zieht es sich meist zu), nachmittags an den Strand. Frauen sollten in einsamen Ecken nicht alleine wandern und man sollte kein Wasser aus Flüssen und Becken trinken.

Herrlichste 360-Grad-Panoramen und Satellitenbilder der Wanderstrecken findet man auf www.reunion.fr/de/entdecken/wandern.html und über den Zustand der Wanderwege kann man sich auf www.onf.fr/la-reunion erkundigen. Wanderkarten und Reservierung von Berghütten bietet die Maison de la Montagne in Saint-Denis. Kartenmaterial ist auch in Buchhandlungen und Supermärkten erhältlich. Lizenzierte Wanderführer sind:

Pascal »L'Allemand«
✆ 06 92 63 74 83 (mobil)
www.reunion-erleben.de
Pascal Zancopé bietet individuelle, aber nicht gerade preiswerte Touren (€ 110–140 pro Tag und Person bei 2–3 Personen). Spricht Deutsch und Englisch.

Centrale d'information et de réservation régionale IRT (vormals: Maison de la Montagne)
4, rue Jules Thirel, Saint-Paul
✆ 0262 90 78 78
www.explorelareunion.com

Mo–Fr 9–16, Sa 9–12.30 Uhr
Hier erhält man Karten und kann Reservierungen v. a. von Berghütten vornehmen.

Das internationale Sportereignis auf La Réunion ist übrigens der Grand Raid: An dem weit über die Insel hinaus bekannten Ultra-Marathon, dem »Lauf der Verrückten«, nehmen alljährlich im Oktober Tausende Läufer aus aller Welt teil, vor allem aus dem Mutterland und der EU. Dabei absolvieren die Extremsportler innerhalb von drei Tagen eine Berg- und Talstrecke von 162 Kilometern und fast 10 000 Höhenmetern einmal quer über die Insel. Der Schnellste braucht weniger als 24 Stunden! Infos und Anmeldung mit Arztattest auf www.grandraid-reunion.com (vgl. S. 234).

Auf La Réunion gibt es außerdem zehn Mountainbike-Anlagen und insgesamt 500 Kilometer Mountainbike-Wege (VTT), allerdings mit Instandhaltungsmängeln. Im Dezember findet der Wettbewerb Mégavalanche statt, bei dem es vom Piton Maïdo bei Saint-Paul abwärts geht.

Sprachhilfen

Auf **Mauritius und Rodrigues** herrschen babylonische Verhältnisse! Englisch ist zwar die offizielle Amtssprache, weiter verbreitet sind jedoch Französisch und Kreolisch (letzteres ist ein französisch gefärbtes Pidgin).

GLOSSAR MIT KLEINER GÖTTERKUNDE

Cavadee – ein Joch, das die hinduistischen Pilger zum Büßerfest Cavadee im Januar/Februar tragen
Durga – eine Erscheinungsform der Shiva-Gattin Parvati, reitet auf einem Tiger
Ganesh – der elefantenköpfige Gott, Sohn von Shiva und Parvati, zuständig für Weisheit und Wohlstand
Hanuman – der Affengott und General der Affenarmee aus dem indischen Heldenepos Ramayana
Kali (Durga) – eine furchterregende Erscheinung von Parvati, der Frau Shivas
Kanwar – ein mit Verzierungen geschmücktes Bambusgestell, das beispielsweise beim Maha-Shivaratni-Fest dem Meer und den Göttern übergeben wird
Krishna – eine bekannte Inkarnation von Vishnu
Lakshmi – die Gemahlin von Vishnu und als Göttin zuständig für Schönheit, Wohlstand und Glück
Lingam – phallisches Symbol für die Energie Shivas, meist im Tempelzentrum
Mandir – hinduistischer Tempel
Murugan – der Sohn Shivas (auch als Skanda und Kartik bekannt)
Nandi – Stier und Reittier Shivas
Parvati – die Gemahlin Shivas und Göttin (auch Durga)
Rama – Held im Epos Ramayana und eine der Wiedergeburten von Vishnu
Sari – Kleidungsstück der indischen Frauen: eine sechs Meter lange Stoffbahn, die kunstvoll um den Körper gewickelt wird
Shiva – der Retter der Menschheit und Zerstörer des Bösen, einer der drei wichtigsten Götter im hinduistischen Pantheon nach Brahma, dem Weltenschöpfer, und Vishnu, dem Erhalter

Für die blauhäutige Kali: Opfergaben der Zuckerrohrarbeiter der Médine Sugar Estate in einem Hindu-Tempel nördlich von Flic en Flac

Außerdem werden zahlreiche indische (z. B. Tamil und Bhojpuri) und chinesische Sprachen gesprochen (z. B. Kantonesisch und Hakka). Insgesamt bekommt der Fremde hier 22 Sprachen mit etwa 33 Dialekten zu Ohr. Wenn wundert es, dass die Zyklonwarnungen in mindestens fünf Sprachen verbreitet werden. Für eine Bevölkerung von nur einer Million beachtlich: Auf Mauritius erscheinen mehr als 30 Zeitungen!

Auf **La Réunion** ist Französisch die offizielle Amtssprache, weit verbreitet ist Kreolisch. In manchen Hotels wird Deutsch gesprochen, zumindest jedenfalls Englisch.

Strom

Die Stromspannung auf Mauritius und Rodrigues beträgt 220/240 Volt. Adapter für Dreipol-Stecker (Vierkant) sind in allen mauritischen Hotels vorhanden, werden aber in gehobenen Hotels meist nicht mehr benötigt. Auf La Réunion beträgt die Spannung 220 Volt. Man benötigt keine Adapter.

Telefonieren

Internationale Telefonate von Mauritius, Rodrigues und La Réunion sind problemlos im Selbstwählverfahren möglich (vom Hotel aus teuer). Es gibt **Telefonkarten** für nationale und internationale Gespräche (zu erhalten in Tankstellen, Souvenirgeschäften, Kaufhäusern, kleinen Läden). Außerdem kann man sich über **Call-by-Call- und Call-through-Nummern** sehr günstig in den Hotels anrufen lassen. Dafür wählt sich der Anrufende zuerst über die Einwahlnummer des jeweiligen Anbieters ein und gibt dann die Rufnummer ein.

Telefonieren mit dem **Handy:** Beim Telefonieren über die heimische SIM-Karte sollte man bedenken, dass Roaming sehr teuer werden kann. Auf Mauritius kommen außerdem noch 15 Prozent Steuern dazu! Am günstigsten telefoniert man mit einer mauritischen oder réunionesischen **Prepaid-SIM-Karte** (International Calling Card), die vor Ort in einem der zahlreichen Shops von z. B. Mauritius Telecom (www.myt.mu, Rs 100 inkl. Rs 86 Guthaben) oder Emtel (www.emtel.com, nach Deutschland Rs 9 = 0,22/Min. plus Mehrwertsteuer) gekauft werden kann. Meist ist schon ein kleines Guthaben auf der Karte. Beim Kauf muss der Ausweis vorgezeigt werden.

Achtung: Auf Mauritius wurden ab 1. September 2013 die Mobilnummern erweitert, alle beginnen jetzt mit einer 5 und sind achtstellig, mit vorangestellter 0 neunstellig.

Landesvorwahlen

Deutschland: ✆ 020-49, dann die Vorwahl ohne 0 und die Rufnummer
Österreich: ✆ 020-43, dann die Vorwahl ohne 0 und die Rufnummer
Schweiz: ✆ 020-41, dann die Rufnummer ohne 0
Mauritius und Rodrigues: ✆ +230, dann die siebenstellige Nummer
La Réunion: ✆ +262, dann die neunstellige Nummer ohne 0
Von Mauritius nach Rodrigues: ✆ 000 95, dann die siebenstellige Nummer

Trinkgeld

Trinkgelder sind nicht zwingend notwendig, aber als Anerkennung von Zimmermädchen, Kellnern und Taxifahrern gern gesehen. Im Restaurant sollte man rund zehn Prozent des Rechnungsbetrages als Trinkgeld geben.

Unterkunft

Die luxuriösen und originellen Hotelanlagen auf **Mauritius** haben einen legendären Ruf. Besonders der unvergleichliche Service und die durchweg hervorragenden Restaurants sind ausschlaggebend für den hohen Preis. Vor allem Prominente lassen sich die vergleichsweise ruhige, exklusive Atmosphäre in Privatvillas mit eigenem Koch und Butler, Pool und separatem Eingang etwas kosten. Die meisten Anlagen liegen noch immer relativ weit auseinander (besonders an der Ostküste und im Süden), die Bauten dürfen laut Gesetz nicht höher als die umgebenden Bäume sein. Mittlerweile sind viele Anlagen etwas erschwinglicher geworden und öffnen sich dem All-inclusive-Publikum, Wassersportangebote sind ohnehin oft im Preis

Sehr geehrte Damen und Herren,

anbei übersenden wir Ihnen Ihren ausgewählten Reiseführer im Namen Ihres Reiseveranstalters. Wir wünschen Ihnen viel Vergnügen mit Ihrer Reiseliteratur.

Für Rückfragen zu Ihrem Reiseführer wenden Sie sich bitte ausschließlich an uns.

Parkteam AG
An den Kirchen 12
D-97348 Rödelsee
Tel.: ++49 (0)9323 – 8 777 444
(Montags – Freitags von 9 – 12 Uhr)
e-Mail: logistik@parkteam.de

inbegriffen. Die meisten Luxushotels sind behindertengerecht ausgestattet.

Kleine Gästehäuser und Pensionen *(chambre d'hôtes)* mit Unterkunft bei Familien gibt es auf **Mauritius und Rodrigues** zu erstaunlichen Preisen. Besonders auf dem eher ländlichen Rodrigues ist dies eine sehr preiswerte Möglichkeit, Urlaub zu machen.

Campen ist auf Mauritius und Rodrigues offiziell verboten. Auch Jugendherbergen sind nicht vorhanden.

Selbstversorger und Familien auf Mauritius, Rodrigues und La Réunion finden eine große Auswahl an Villen und Ferienhäusern, Bungalows, Apartments und Studios (ab ca. € 50 pro Tag), auch mit Butler, Köchin und Hausmädchen. Alle Unterkünfte sind in der Regel billiger, wenn sie im Paket in Deutschland gebucht werden.

Zwar gibt es ca. 60 Hotels mit einem bis fünf Sternen auf **La Réunion**, aber die Auswahl ist deutlich eingeschränkter. Daher ist der Standard meist geringer und das Preisniveau höher als auf Mauritius. Auf La Réunion finden sich dafür mehr Apartments für Selbstversorger *(meublé de tourisme)* und Chambre d'hôtes bei Familien (www.allonslareunion.com). Man sollte übrigens nicht nur in der Hochsaison frühzeitig buchen. In bestimmten Gegenden wie den Wanderdörfern in den Cirques sollte man die Berghütten *(gîtes)* reservieren unter:

i Centrale d'information et de réservation régionale IRT (vormals: Maison de la Montagne)
4, rue Jules Thirel, Saint-Paul
✆ 0262 90 78 78
Deutschsprachige Reservierungszentrale:
✆ 0810 16 00 00
Onlinereservierung: www.gitesdefrance.re
Eine Liste der Hütten findet man hier: www.reunion.fr/de/unterkunft/berg-und-wanderhuetten.html.

Verhaltensregeln

Beim Betreten von Hindu-Schreinen und buddhistischen Tempeln und Pagoden sollte man die Schuhe ausziehen und die Kopfbedeckung abnehmen. In Moscheen wird der Kopf dagegen bedeckt, aber das Betreten ist nur außerhalb der Gebetszeiten und ebenfalls nur ohne Schuhe erlaubt. Frauen sollten hier ausdrücklich fragen, ob der Einlass auch für sie gilt. In allen Tempeln, Gotteshäusern sowie am heiligen Kratersee Grand Bassin auf Mauritius sollten die Besucher auf angemessene Kleidung achten (keine Shorts, Miniröcke und Trägerhemdchen), um die Gefühle der hier betenden Hindus, Moslems, Buddhisten und Christen nicht zu verletzen.

Auf La Réunion sind die Tempel für Nichtgläubige meist nicht zugänglich.

FKK und Oben-ohne-Baden verstößt auf allen drei Inseln gegen die Landessitten und ist unerwünscht – besonders Mauritius ist bei aller Modernität und Modänität ein Land mit hinduistisch und moslemisch geprägter Kultur.

In Tempeln und bei Angehörigen der muslimischen Minderheit (besonders Frauen) sollte man sich mit dem Fotografieren zurückhalten, ansonsten ist es immer höflich, vorher zu fragen.

Verkehrsmittel

Taxis

Die **mauritischen Taxis** verfügen zwar über einen Taxameter, der jedoch oft nicht eingeschaltet wird, da es Preislisten für die meisten Strecken gibt (z. B. vom Flughafen, vgl. S. 284). Der Fahrgast sollte den Fahrpreis vor dem Einsteigen erfragen und zustimmen oder auf das Einschalten des Taxameters bestehen. Die geforderten Preise vom Flughafen quer über die Insel nach Norden, etwa nach Grand Baie (ca. 50 km), sind nicht selten nahezu dreimal so hoch wie der Normaltarif (der Tarif nach Grand Baie z.B. sollte bei ca. Rs 2100/€ 52 liegen).

Ab 20 Uhr zahlt man aufgrund des Nachttarifs ca. 40 Prozent mehr. Die vor Hotels und am Flughafen wartenden Taxis verlangen ca. elf Prozent mehr, größere Gepäckstücke werden extra berechnet. Infos zu Richtpreisen erhält man auf www.taxisilemaurice.com/taxismauritius/taxis-mauritius.html

Für Tagestouren sind Pauschalpreise auszuhandeln, die unter den Mietwagenpreisen liegen sollten (ca. Rs 2500–3500/€ 62–87, Richtpreis € 10/Std.). Außerdem sollte bei Tagesausflügen abgesprochen werden, ob

Abstecher zu Schneidern und Schmuckläden gewünscht sind, um ungewollte »Einkaufsfahrten« zu vermeiden (die Fahrer erhalten von bestimmten Läden Provision).

Taxis auf **La Réunion** sind selten und teuer. Für die Stadtbesichtigung von z.B. Saint-Paul und Saint-Gilles-les-Bains stehen Räder und Segways zur Verfügung (La Semto, am Busbahnhof, ✆ 0262 22 54 65/-66, Räder und Rikschas € 11/Tag, Segways € 18/Tag) sowie Pedalautos und ein kleiner Touristenzug namens »Rosalie« (✆ 0262 33 82 41).

Busse

Das Busnetz auf den **beiden mauritischen Inseln** ist spottbillig und gut ausgebaut. Allerdings verkehren die Busse nur tagsüber ab etwa 6.30 bis 18 Uhr (in den Städten 5.30 bis ca. 20 Uhr, auf der Strecke Port Louis–Curepipe bis 23 Uhr). Expressbusse sind schneller als die normalen Bummelbusse, die an jeder Haltestelle und auf Handzeichen anhalten (ein interaktiver Busfahrplan findet sich auf www.mauritius-knowhow.de).

Das Bussystem auf **La Réunion** reicht bis ins letzte Bergdorf, vor allem die gelben Car Jaunes (✆ 0810-12 39 74) an der Küste sind empfehlenswert. Wer abseits einer Haltestelle aussteigen will, klatscht in die Hände. Die Busse verkehren 5–19 Uhr, Fahrpläne gibt es in Touristeninformationen, pro Kilometer zahlt man in allen Bussen ca. € 0,10.

Boote und Fähren

Die Ausflugsboote auf Mauritius fahren meist von den Hotels ab. Gegen Bezahlung dürfen auch Nicht-Hotelgäste mitfahren. Außerdem gibt es teilweise öffentliche Fähren (auf die Île aux Cerfs) sowie Boot-Exkursionen, die man über Reiseagenturen und die Rezeptionen buchen kann. Auf Rodrigues fahren Ausflugsboote auf die Île aux Cocos ab Baie du Nord an der Nordküste und auf die Île Hermitage ab Port Sud-Est.

Zeitzone

Die Zeitverschiebung für alle drei Inseln beträgt MEZ plus drei Stunden während der mitteleuropäischen Winterzeit, im Sommer MEZ plus zwei Stunden.

Zoll

Bei der Einreise nach **Mauritius** dürfen Personen über 18 Jahre zollfrei einführen: ein Liter Spirituosen, zwei Liter Wein, Ale oder Bier oder Sekt, 250 Gramm Tabak (Zigarren, Zigaretten), 250 Milliliter Eau de Toilette und 100 Milliliter Parfüm. Die Einfuhr von Drogen, Pornographie und Rohzucker ist strengstens verboten, ebenso die Einfuhr von Pflanzen und Lebensmitteln. Waffen und Munition zur Jagd benötigen eine spezielle Einfuhrgenehmigung und müssen bei der Ankunft angegeben werden. Da für manche pharmazeutische Produkte, z.B. Schmerzmittel, ein Einfuhrverbot besteht, wird die Mitnahme eines ärztlichen Rezepts empfohlen. Es gibt keine Einschränkung bei der Einfuhr und Ausfuhr von ausländischen Devisen und der Mauritischen Rupie.

Bei der Ausreise und Ausfuhr gilt das Washingtoner Artenschutzgesetz, das u.a. die Ausfuhr von beliebten Mitbringseln wie Muscheln und Korallen untersagt. Die Kontrollen in Europa sind wegen der starken Zunahme von Pflanzen- und Tierschmuggel verschärft worden und bei Wiedereinreise im europäischen Heimatland besonders streng. Hier drohen bei Verstoß drastische Geldstrafen von bis zu 50000 Euro oder sogar Gefängnisstrafen.

Die Freimengen bei der Wiedereinreise in die EU und Schweiz für Personen über 17 Jahre: 200 Zigaretten, 50 Zigarren oder 250 Gramm Tabak, ein Liter Alkohol über und zwei Liter Alkohol bis 22 Vol. (Schweiz: 15 Vol.), andere Waren wie Kaffee, Tee, Parfüm sowie Geschenkartikel bis zu einem Warenwert von € 430. Informationen erhält man auch auf www.zoll.de.

Für das französische Überseegebiet **La Réunion** gelten nicht die Zollbestimmungen für Reisen innerhalb der EU (und Schweiz), sondern die Bestimmungen für Einreisen aus Drittländern (vgl. Zollbestimmung für Mauritius), ebenso das Washingtoner Artenschutzgesetz. Bargeld über € 10000 muss deklariert werden. Weitergehende, aktuelle Zollinformationen zur Einfuhr von Waren erhält man bei der Botschaft, nur dort kann eine rechtsverbindliche Auskunft gegeben werden.

Fett hervorgehobene Seitenzahlen verweisen auf ausführliche Erwähnungen, *kursiv* gesetzte Begriffen und Seitenzahlen beziehen sich auf den Service von A bis Z.

Mauritius

Rodrigues

La Réunion

Namenregister

Klaus Acker, Köln: S. 13, 44 o. r., 44 o. l., 58, 61 o., 95 o., 146 o., 159, 272, 275

Alamy/Kumar Sriskandan: S. 50, 52 u.

Fotolia/Airmaria: S. 5 Mitte; Asab974: S. 186; Aylerein: S. 188 o.; Beboy: S. 17 o., 182 u.; Bjul: S. 220; Bourbon numérik: S. 200; Hervé Charrel: S. 110; Clombumbus: S. 14 u., 241; Color_lulu: S. 262; Dedalo03: S. 103; Digital Cam: S. 76; JC Drapier: S. 243 u.; Damien Duponchelle: S. 203; Andreas Edelmann: S. 64, 65, 72/73, 274; Enaoky: S. 190 u.; Fabian Faber: S. 53; Franck: S. 246 u.; Frog 974: S. 191, 197, 209, 219, 222, 222/223, 223, 228 o., 246 o.; Gaiuslulius: S. 27 o.; Gilspictures: S. 119; Gloriette: S. 68; Graphies.thèque: S. 206 o., 206 u., 231 o., 231 u., 261 u.; Hessbeck: S. 93; Instants Captures: S. 66 u.; Aufort Jérome: S. 126; Tarikh Jumeer: S. 160, 163 u.; A. Karnholz: S. 15, 184 o., 185 o., 192/193, 213 u., 220/221, 233, 237, 250 u., 266 o., 295; Konstantin Kulikov: S. 5 o., 69, 71 o., 74, 134 o., 303; Nicolas Larento: S. 150; Fons Laure: S. 187 o.; jf Lefèvre: S. 253; Fred Liron: S. 175 u.; lirtlon: S. 108 o.; Charles de Lisle: S. 202; Jean-Marie Maillet: S. 47 Mitte, 174, 301; Robert Mandel138: S. 8 u.; Mgkuijpers: S. 258; Adam Moskal: S. 75; Nektarstock: S. 48; Pascal06: S. 245; Patquetant: S. 139, 170; Pixel974: S. 250 o., 255; Prod. Numérik: S. 185 u., 193, 196, 259 u., 266 u., 277; Riko23: S. 155 u., 169 u.; Sapsiwai: S. 108 u., 130/131; SDLR: S. 194, 251; Sophie: S. 188 u.; Unclesam: S. 11 u., 12 o., 12 u., 86 o., 101 u., 106/107, 121, 164 o., 165 u., 168, 170/171, 172 u., 179, 199 u., 201, 205 o., 226, 230, 232, 235 o., 235 u., 236 u., 244, 254, 291; Alcel Vision: S. 96 u.; Jassada Watt: S. 130

Andrea Herfurth-Schindler, Köln: S. 4 o., 5 u., 21 u., 31 u., 37 o., 46, 54 o., 54 u., 59 o., 59 u. l., 59 u. r., 60 o., 60 u., 62 o., 63 o., 63 u., 67 o., 67 u., 77, 79 u., 80, 84, 85 o., 92, 94, 95 u., 100 o., 105 o., 105 u., 112 u., 120, 133 o., 136, 138 o., 138 u., 144 o., 144 u., 154 o., 157, 158, 162, 214 u., 299, 305

iStockphoto/35007: S. 285; Andyd: S. 175 o.; Xavier Arnau: S. 109, 145 o., 276/277; Asian Dream:S.43;Asmithers:S.35o.;Charliebishop: S. 151 o. r.; Cjp: S. 23 u.; Demarfa: S. 124 u.; Dibrova: S. 143; Judy Dillon: S. 41 o.; Fotolinchen: S. 101 o.; Gwengoat: S. 215 o.; Hanmon: S. 38 u.; Hessbeck: S. 31 o., 118/119; IBorisoff: S. 140; Ikpro: S. 90 u., 91; Infografick: S. 180/181, 227, 265, 286; Jan-Otto: S. 102/103; Kelifamily: S. 205 u., 243 o.; letty17: S. 182 o.; Robert Mandel: S. 10, 28/29, 98/99, 140/141; Mendelewski: S. 195; Mseidelch: S. 147 o.; mtcurado: S. 41 u.; Narvikk: S. 39, 82/83, 155 o.; Nicolasboivin: S. 96 o., 124 o., 151 u.; OceanFishing: S. 135; Pierivb: S. 132; Pilesasmiles: S. 236 o.; Quaser: S. 71 u.; Rbiedermann: S. 225; Red-baron: S. 104; Rhow: S. 11 o.; Santosha: S. 9 u., 26, 55, 87 u., 100 u., 116 o., 116 u., 161 o., 298; Sapsiwai: S. 4 u., 7 o., 51, 176, 252; Shalamov: S. 163 o.; Simeon: S. 256/257; Squaredokki: S. 8 o.; Stocknshares: S. 118, 145 u.; Tarikh: S. 33, 36, 52 o., 149 o., 149 u.; Tarzan9280: S. 27 u., 142; Titine974: S. 224; Tony740607: S. 47 u.; Tropicalpixsingapore: S. 228 u.; vale t: S. 44 u., 45; VinceWoodward: S. 129 o.; Wrangel: S. 30 o.

mauritius images/age: S. 30 u.

mauritius images/Alamy: S. 87 o., 90 o., 133 u., 156, 169 o., 187 u., 215 u.

mauritius images/imageBROKER/Hans Blossey: S. 81; Oliver Gerhard: S. 35 u., 47 o.

mauritius images/SuperStock: S. 37 u., 38 o.

Martina Miethig, Berlin: S. 6, 7 u., 9 o., 16, 61 u., 62 u., 66 o., 70 o., 79 o., 85 u., 97, 113, 117 o., 117 u., 123 o., 123 u., 125, 127 u., 128, 134 u., 146 u., 147 u., 148, 151 o. l., 152 o., 152 u., 153, 154 u., 161 u., 164 u., 165 o., 172 o., 173, 177, 178, 190 o., 198, 199 o., 207, 212, 214 o., 217, 240/241, 247, 259 o., 260, 261 o., 263, 270, 271, 278, 279, 281,

One&Only Resorts, Inc.: S. 114, 300; Barbara Kraft: S. 112 o., 115 o., 115 u., 267

VISTA POINT Verlag (Archiv), Potsdam: S. 14 o., 17 Mitte, 17 u., 18 o., 18 u., 19 o., 19 u., 20, 21 o., 22 o., 22 u., 23 o., 24, 25, 42 o., 42 u., 127 o., 129 u.

Wikipedia (CC BY-SA 2.5)/Bouba: S. 213 o.; Jean François Koenig: S. 86 u.; (CC BY 3.0)/Dunog: S. 204; (CC BY-SA 3.0)/Bbb: S. 184 u.; B.navez: S. 216; Hansueli Krapf: S. 34, 70 u.; David. Monniaux: S. 264; Reggaie: S. 242; Simisa: S. 40

Titelbild: Le Morne Brabant und die gleichnamige Halbinsel im Süden von Mauritius, Foto: Beachcomber Hotels
Vordere Umschlagklappe (innen): Übersichtskarte des Reisegebietes mit den eingezeichneten Reiseregionen
Schmutztitel (S. 1): Der hinduistische Schöpfergott Shiva bildet mit seiner Gemahlin Parvati eine zweigeschlechtliche Gestalt, Foto: iStockphoto/Santosha
Haupttitel (S. 2/3): Am Cap Malheureux mit Blick zur Insel Coin de Mire, Foto: iStockphoto/Fadylr
Hintere Umschlagklappe (außen): Traumstrand an der Nordwestküste von Mauritius, Foto: Fotolia/Dedalo03
Umschlagrückseite: Aussichtspunkt auf dem Piton Maïdo (La Réunion), Foto: Fotolia/Damien Duponchelle (oben); Riesen-Drückerfisch, Foto: Fotolia/Konstantin Kulikov (unten)

2., aktualisierte Auflage 2018

Reihenkonzeption: Horst Schmidt-Brümmer, Andreas Schulz
Bildredaktion: Andrea Herfurth-Schindler
Lektorat: Franziska Zielke, Christina Richter
Layout und Herstellung: Sandra Penno-Vesper
Reproduktionen: Noch & Noch, Datteln
Kartografie: Kartographie Huber, München
Druckerei: Florjančič, Slowenien

ISBN 978-3-95733-090-1

An unsere Leser!
Die Informationen dieses Buches wurden gewissenhaft recherchiert und von der Verlagsredaktion sorgfältig überprüft. Nichtsdestoweniger sind inhaltliche Fehler nicht immer zu vermeiden. Für diese kann der Verlag keine Haftung übernehmen. Für Ihre Korrekturen und Ergänzungsvorschläge sind wir dankbar.

VISTA POINT Verlag
Birkenstr. 10 · D-14469 Potsdam
Telefon: 0331/817 36-400 · Fax: 0331/817 36-444
www.vistapoint.de · info@vistapoint.de
www.facebook.de/vistapoint